本书系国家社会科学基金一般项目"全国'百强县'主政官员个体特征、行动策略与行动绩效研究"（18BZZ070）的结项报告；受教育部人文社会科学重点研究基地苏州大学中国特色城镇化研究中心、江苏高校新型城镇化与社会治理协同创新中心和苏州大学人文社会科学学术专著出版项目共同资助

发达县域

治理

GOVERNANCE
IN DEVELOPED COUNTIES

从核心行动者出发

FROM
THE CORE ACTORS

沈承诚 著

社会科学文献出版社
SOCIAL SCIENCES ACADEMIC PRESS (CHINA)

摘　要

县域作为最为全面的基层单位，承载国家意志与政策在基层的"落地生根"，县政改革将可能开启中国改革新篇章。发达县域作为县域体制转轨的试验载体，有意愿、有需求、有能力去承载中国式现代化的宏伟愿景。行动者对既定制度环境自适应及基于激励的反应行为是政府治理的重要组成，行动者与制度共同构成政府治理生态。本书以"百强县"为基础样本，辅以经济特区的对比样本，采用定性与定量结合的研究方法阐释县域核心行动者个体特征、行动策略和行动绩效之间的互动关联，并明晰县域核心行动者个体特征、教育背景及任职经历等对体制运行和治理效能的差异影响。

激烈板块竞争下的发达县域核心行动者要在环比绩效决定的政治晋升中胜出，就必须在规定动作和常规绩效外，以自选动作实现"弯道超车"。由于原有科层的迟钝响应，需要借助领导小组、指挥部、工作专班和相关"节点"干部任免等方式再造科层，并通过持续性政治动员让"节点"干部有效捕捉其注意力动态配置。通过对县域核心行动者行动模式的拆解和拼装，形成"项目制+科层再造+注意力配置+容纳式治理"的表征归纳。

县域核心行动者的复杂利益结构形成行动策略和行动绩效的差异向度，呈现为核心行动者的动力衰竭，在心理契约破裂背景下必然产生庸官、懒官和贪官的行为异化。本书基于150个县域核心行动者腐败案例的实证分析，研究核心行动者个体特征、成长轨迹与行为异化间的复杂关联，并基于理论与实践双重视角提出相应建议。

最后，归纳如下结论向度：官员拔擢的"因地制宜"，需选拔匹配区域发展需要的官员主政;官员激励的"多维一体",需打造权力、物质和精神等多要素组合激励机制;行动模式的"动静相宜",需相机选择适配差异治理任务的工具;行动规约的"内外兼修",需建构制度与心理的双重约束体系,规塑官员合理且合规的行为。

目 录

第一章 导论 …………………………………………………………… 001
  第一节 研究背景与研究意义 ………………………………………… 001
  第二节 研究现状与研究评述 ………………………………………… 003
  第三节 研究对象与研究目标 ………………………………………… 021
  第四节 研究框架与研究方法 ………………………………………… 023
  本章小结 ………………………………………………………………… 026

第二章 核心概念与理论基础 …………………………………………… 027
  第一节 核心概念 ……………………………………………………… 027
  第二节 理论基础 ……………………………………………………… 031
  本章小结 ………………………………………………………………… 052

**第三章 发达县域核心行动者个体特征、行动策略与行动绩效的
        实证分析** ………………………………………………………… 053
  第一节 发达县域核心行动者个体特征与行动策略研究 …………… 053
  第二节 发达县域核心行动者组合行动绩效研究 …………………… 069
  本章小结 ………………………………………………………………… 082

第四章 基于经济特区样本的对比实证检验 …………………………… 083
  第一节 经济特区核心行动者个体特征差异对地区经济的影响 …… 083
  第二节 经济特区核心行动者个体特征差异和个体偏好影响分析 … 095
  第三节 经济特区核心行动者行动绩效对晋升的影响分析 ………… 113

本章小结 …………………………………………………………… 122

第五章 发达县域核心行动者个体特征、行动策略与行动绩效的理论分析 …………………………………………………… 123
第一节 县域治理核心行动者的生成逻辑 …………………… 123
第二节 发达县域核心行动者个体特征与行动策略的交互演化 …… 135
第三节 发达县域核心行动者组合行动绩效的提升路径 ……… 143
第四节 两类核心行动者个体特征、行动策略与行动绩效的比较 …… 147
本章小结 …………………………………………………………… 152

第六章 发达县域核心行动者的行动模式"偏好" ……………… 153
第一节 激烈排名竞争：发达县域核心行动者的行动动机 …… 154
第二节 两型科层再造：发达县域核心行动者行动的科层响应 …… 159
第三节 持续政治动员：发达县域核心行动者的注意力被感知 …… 170
第四节 容纳式治理：发达县域核心行动者的行动方式选择 …… 184
本章小结 …………………………………………………………… 189

第七章 发达县域核心行动者的动力衰竭与行为异化 …………… 191
第一节 县域核心行动者动力衰竭与行为异化的外溢表现 …… 191
第二节 发达县域核心行动者个体特征与行为异化关联的
　　　　实证检验 …………………………………………… 203
第三节 发达县域核心行动者动力衰竭与行为异化的矫正 …… 218
本章小结 …………………………………………………………… 225

结论与讨论：县域核心行动者
　　——拔擢、激励、行动与规约 …………………………… 226

附　录 …………………………………………………………………… 240

参考文献 ………………………………………………………………… 285

后　记 …………………………………………………………………… 299

第一章

导论

通过对中西方地方官员相关研究的梳理，细致把握县域核心行动者研究的时空场景、多维向度和逻辑结构。在对研究现状的综述中，强调从纵向关系的动态变化中，明晰地方官员的行动逻辑和行动空间，并选择文献分析、内容分析、数据分析和对比分析的融合方法来予以阐释。

第一节 研究背景与研究意义

一 研究背景

习近平总书记曾指出："如果把国家喻为一张网，全国三千多个县就像这张网上的纽结。'纽结'松动，国家政局就会发生动荡；'纽结'牢靠，国家政局就稳定。"[①] 从古至今，县（包括与县同级建制的市、区、旗，以下统称为县）一级党政机构在我国当今政治治理体系中处在承上启下的关键环节，承载发展经济、保障民生和维护稳定的功能。可以说，县域始终处于国家治理体系中的基础板块，而县域核心行动者作为板块负责人和"纽结"施政者，成为地方科层治理最能动的主体。事实上，政治不是简单的权力与制度及其运行，而是人与制度的不断互动所构成的政治生活。另外，制度结构虽然塑造着改革，但结构最终离不开行动者的诠释，诠释能力的高低往往直接决定改革的不同结果。

作为解释我国经济增长绩效的新视角，关于地方官员与区域经济增长之间内在关系的研究，是政治经济学研究的一个重要学术增长点，并可在

---

① 习近平：《摆脱贫困》，福建人民出版社，1992，第24页。

实践层面为我国地方官员的遴选和晋升提供经验参考。在中国的现实语境中，地方政府核心行动者包括党、政两条线的首长，通常而言，两位核心行动者共同构成地方的决策主体，因而核心行动者组合间的差异对于决策的制定、确定以及推行具有重要影响。

全国县域经济与县域基本竞争力百强县（简称"百强县"）是客观衡量中国县域社会经济综合发展、协调发展、可持续发展的重要样本。系统分析、长期跟踪，并合理预测全国"百强县"核心行动者个体特征、行动策略与行动绩效之间的内在关联，有利于我们在官员个性剖析、行为塑造、成长路径等方面得出更有针对性和可操作性的结论。[①]

综上所述，地方政府功能的形成和发挥是我国地方政府持续发展的重要条件，而地方政府功能的形成和发挥又依赖地方政府官员，特别是核心行动者的行为选择和行动绩效。[②] 因此，县域核心行动者的行动理念、行动策略和行动绩效会直接反映在县域治理的过程与结果上，需要予以学理层面的阐释和实践层面的观察。

二 研究意义

（一）学术价值

无论是对县级政权、政府官员的单列研究，还是对县级政府官员的综合分析，都有基于不同研究视角和研究方法的相关成果。纵观这些研究，存在视域、学科和方法上的不足。根据国家统计局（1991~2007年）以及由全国县域经济专业研究机构中郡县域经济研究所、中国社会科学院财经战略研究院发布的发达县域名单（2007年后），完整收集县委书记和县长个体特征、行动策略及行动绩效的数据，建构逐年观察的面板。如此将具有如下效果：首先，突破现有研究过于侧重宏观体制分析和静态逻辑演绎的局限，致力建构体制空间与行动策略、政策文本与主体响应、制度局中人与制度间互动关系的学理分析模型；其次，突破单独聚焦某一县级政府官员的个体个案研究或政治生活追踪观察的研究局限，对其与区域治理效能之间的

[①] 沈承诚：《全国百位优秀县委书记个体特征、行动策略与行动绩效研究》，《江海学刊》2021年第4期。

[②] 沈承诚：《经济绩效是主政官员晋升的最关键指标吗？——基于经济特区26年面板数据的实证研究》，《中国行政管理》2019年第12期。

关联性进行回归分析,这将使这些研究摆脱抽象与随性,逐步走向具体与理性;最后,突破单一学科研究的视野局限,形成融合政治学、经济学、管理学和社会学的理论分析模型和路径,这对于进一步自下而上建构我国各级核心行动者理论分析模型和路径有较强指导意义。

(二) 应用价值

首先,通过对"百强县"的县委书记和县长(作为政策制定的主导者和政府行为的领导者)在施政过程中所拥有的制度空间与行为自主性进行分析,我们能进一步观察到县委书记、县长的个体特征与行动策略对行动绩效产生怎样的影响、如何产生影响以及会在多大程度上产生影响;其次,虽然政府官员对所在行政区治理的个体影响已是不争的事实,但这些影响的显现是一个长期的过程,且会伴随官员的成长、职位变动而不断改变其方向、程度和形式,然而现有研究普遍缺乏对官员个体的长期跟踪,从而也难以产生长期性、系统性的研究成果。通过长期跟踪发达县域县委书记与县长在施政过程中对区域治理效能所产生的个体性作用,以及其政治晋升后在新的岗位上的施政行为与绩效,能够形成可以长期观察的样本面板,及时提炼和回应县域治理的现实问题;最后,对"百强县"核心行动者个体特征、行动策略与行动绩效之间的关联性进行分析,从而为县域核心行动者的拔擢、培训及其体制空间的重构和行动模式的重塑提供智力支持和对策建议。

第二节　研究现状与研究评述

一　国外研究现状

国外研究现状梳理如单纯从笼统的地方官员研究出发,难以有效挖掘出理论的内蕴逻辑,仅可能描绘出理论的表征。话语是一种理解世界的共享方式,即通过话语建构的修辞与隐喻来描述意义与关系,帮助人们界定与认识世界,形成对问题的假设和判断。基于地方官员研究的话语逻辑,大致从行动空间、角色界定、动力结构与体制运作方面进行学术史归纳。

(一) 地方官员行动空间研究

马克思指出:"人是最名副其实的社会动物"[①],人的社会性可见一斑。

---

① 《马克思恩格斯选集》第2卷,人民出版社,1972,第87页。

地方官员生活在社会中，其所有行为都受社会环境的规约或激励。因此，要对地方政府核心行动者的行动空间进行描述，就需要梳理其所处的总体社会环境。早在20世纪80年代前，德裔美国政治学家弗里德里希（CJ Friedrich）就指出计划经济体制下的中国社会是一个"总体性社会"，并提出"集权模型"。地方官员仅仅是中央政府推行政策和指令的执行者，其行动空间相对匮乏，鲜有制度创新。

党的十四大正式将社会主义市场经济体制作为国家改革的目标和方向，纵向权力关系和治理格局产生了系统性变化。西方学者相应提出了具有代表性的研究成果。牛津大学学者许慧文（Vivienne Shue）提出的"蜂窝状组织"[1]形象地描述了当时中国县乡地区相对独立、缺乏横纵向联系的社会结构。地方官员大都下沉在自己的辖区内，闭门造车，缺乏垂直和水平方向上的交流、反馈与沟通。这种相对割据的政治结构，在一定程度上抑制了中央协调和渗透网络的运作。美国学者李侃如（K Lieberthal）提出的"碎片式威权主义"模型认为，"在中央政治系统之下，权威是分散的、不连贯的"[2]，而正是基于这种结构上的分化，在地方官员间衍生出"谈判"和"讨价还价"等非正式的官僚关系。德国学者海贝勒（Thomas Heberer）更是直言："中国并非是一种同质的、铁板一块的权威主义政体，而是一种分散的或分权的权威主义体制。"[3] 美国学者欧博文（Kevin J O'Brien）等在研究中国地方官员时发现，有些中国地方官员会选择性地执行中央的政令，地方官员对征收税款等会带来财政增长的政令大力推行，但可能忽视保障公民权益的政策。他们有时甚至会把一项广受欢迎的中央政策，如经济增长政策，转变成一项有害的"地方政策"，为浪费性投资开展辩护。[4] 可以看到，这一时期的地方官员已在辖区内拥有了一些自主性，具备了一定的行动空间。

社会主义市场经济体制的演化与确立呈现"从点到面、因地制宜"的

---

[1] Vivienne Shue, *The Reach of the State: Sketches of the Chinese Body Politic* (Stanford: Stanford University Press, 1988), pp. 146–147.

[2] Lieberthal K., Lampton D. M., *Bureaucracy, Politics, and Decision Making in Post-Mao China* (Berkley: University of California Press, 1992), pp. 573–575.

[3] 〔德〕托马斯·海贝勒：《关于中国模式若干问题的研究》，《当代世界与社会主义》2005年第5期。

[4] O'Brien, Kevin J. Lianjiang Li, "Selective Policy Implementation in Rural China," *Comparative Politics*, Vol. 31, No. 2 (1999): 167–186.

施政思想。德国学者海尔曼（Sebastian Heilmann）指出，"中国政府在推动经济改革和制度创新的过程中，'分散性实验'起到了关键作用。中央政府鼓励地方官员尝试解决问题的新方法，然后将地方经验反馈到国家政策制定中"。[①] 改革开放以来，国家在全国多地开展了不同类型、不同层次的试点，包括经济特区、自贸区、经济技术开发区、高新产业园区等。地方官员根据辖区特色，因地制宜地做出政策创新，考察推行绩效，凝练核心内容，辐射周边地区，带动经济发展。而在这些试点地区，地方官员的行动空间相对较大，具有极强的自主性。

从高度计划向市场体制的转轨，促成了经济从封闭与僵化走向自由与开放，政治和社会思想相应得以放开与激活。需要关注到，体制转轨过程相伴的是央地间权力的交互调适，调适过程部分形成"一放就乱、一收就死"的难解困局。但总体而言，改革开放以来的纵向权力关系，还是呈现为自上而下的放权格局，地方政府核心行动者的行动动机得以孕育与激活，行动空间得以开辟与扩张，行动绩效得以激励与展示。

（二）地方官员角色界定研究

差异的政治经济情境引致地方官员多样的行动表征，相应产生多型角色归纳，诸如"政治企业家"、"社区领导者"、"庇护者"和"创新主导者"等。这些角色范式或长期延存，或是特定时段的缩影，仅风靡一时，但都对认识地方官员、解释其行为有着基础性作用。

斯坦福大学教授奥伊（Jean C. Oi）最先提出"政治企业家"的观点。他认为，并非只有区别于政府的个人才能成为企业家，也并非只有将产权分配给个人才能对经济发展形成正向激励。[②] 中国的财政体制改革给予了地方政府与中央分税的合法权利，对地方官员追求辖区经济发展产生了正向激励作用。地方政府以协调其所在辖区内的各类企业为抓手，将自身塑造成"一家多元化的商业综合实体"，在这一实体中，地方官员则成为企业的代理人和行动者，也即扮演着"政治企业家"的角色。政治和经济的结合代表着一种必然的发展趋势——地方法团主义（local state

---

[①] Sebastian Heilmann, "From Local Experiments to National Policy: The Origins of China's Distinctive Policy Process," *The China Journal*, No. 59 (2008): 1-30.

[②] Jean C. Oi, "Fiscal Reform and the Economic Foundations of Local State Corporatism in China," *World Politics*, Vol. 45, No. 1 (1992): 99-126.

corporatism)。斯坦福大学社会学系教授魏昂德（Walder A. G.）提出了论点——"政府即厂商"。他指出，在中国经济体制转型的过程中，国家工业产值的急速增长是由国有企业主导的。其中，工业基础较为薄弱的地方政府具有明确的财务激励和约束条件，拥有较强的监管能力。而产量和生产率增长最快的国有企业是政府所有权最清晰、政策最容易执行的地方，这使得地方官员能够将国有企业作为一个多元化的市场导向公司来管理。[1] 康奈尔大学的维克多·尼尔（Victor Nee）提出了"市场过渡理论"，认为中国改革带来的命令导向向市场导向的变迁导致了地方法团主义的形成，这是一种"代表着解决市场结构薄弱和市场过渡不完整问题的制度安排"[2]。在社会主义市场经济体系尚未完全建立的情况下，地方官员作为"政治企业家"，通过选择合适的管理人员、促进资源的合理配置、提供必要的公共服务以及控制投资和信贷决策等途径实现企业的高效运作。这些西方学者主要着眼于动态调整的经济形势，分析制度变迁带来的角色转变。

相较之下，纽约州立大学奥尔巴尼分校教授理查德·霍尔（Richard H. Hall）等认可地方政府官员具备"政治企业家"这一身份的同时，还指出其另一重身份，即"社区领导者"。[3] 在政治企业家的角色中，地方政府与国有企业紧密合作，试图增加辖区的财税收入；而在社区领导者角色中，地方政府与国有企业和私营企业通力合作追求当地的经济发展是为了更好的社区服务，突出了地方政府官员在治理辖区过程中的公益性。美国杜克大学教授林南（Nan Lin）针对大邱庄的改革实例，分析地方政府和当地利益集团之间的动态关系，形成了"地方市场社会主义"[4]（local market socialism）的分析路径，即在复杂的家庭-亲戚-村民社会网络中，党、政、企三位一体，整个地方政府以经济建设为中心，将大邱庄打造成一个企业联合体，地方官员与大宗族共同管理这个"联合体"，

---

[1] Walder A. G., "Local Governments as Industrial Firms: An Organizational Analysis of China's Transitional Economy," *American Journal of Sociology*, Vol. 101, No. 2 (1995): 263 - 301.

[2] Victor Nee, "Organizational Dynamics of Market Transition: Hybrid Forms, Property Rights, and Mixed Economy in China," *Administrative Science Quarterly*, Vol. 37, No. 1 (1992): 1 - 27.

[3] Shanhe Jiang, Richard H. Hall, "Local Corporatism and Rural Enterprises in China's Reform," *Organization Studies*, Vol. 17, No. 6 (1996): 929 - 952.

[4] Nan Lin, "Local Market Socialism: Local Corporatism in Action in Rural China," *Theory and Society*, Vol. 24, No. 3 (1995): 301 - 354.

合作共赢。

"庇护者"角色是近年来西方学者对地方官员角色研究的重要角度之一。如今的"庇护关系"已经不局限于人际的、半制度化的双边关系，而已拓展至相对宏观的社会政治领域。政治生活中的庇护关系与政治资源匮乏、政治权力和地位不平等有关。学者杰里米·博伊塞万（Jeremy Boissevain）就曾指出，"庇护关系是庇护者与被庇护者之间互相沟通的结果，庇护者利用自己的政治资源、政治权力帮助他人实现利益诉求，被庇护者则向庇护者回报以政治支持"。[1] 约翰·霍普金斯大学学者欧文·拉蒂摩尔（Owen Lattimore）以"细胞结构"[2] 理论揭示中央和地方的关系，认为：一方面，中国疆域广阔，地方政府之间的交流相对匮乏；另一方面，中央垂直管辖存在鞭长莫及的劣势，有时候中央权力到达地方政府时仅剩下维持社会稳定和汲取税收两个功能。地方官员作为中央与地方之间的一个"中间人"，接受国家赋予的权力，去管辖与治理一方土地，也就是人们所说的"庇护者"，或者说是民众的"父母官"。美国学者杜赞奇（Prasenjit Duara）在对我国华北地区进行研究时提出了"经纪型社会"[3] 的概念。在20世纪40年代的华北地区，市场规律和国家政权在国家治理的"神经末梢"尚未真正落地，一方面，辖区公民为了在规则不完善的市场中进行有序交易，往往会寻求一个地方强人施以保护，而另一方面，上级政府也需要一个地方强人在地方执行政令。这个地方强人作为普通民众和上位官员之间的中间人，往往就是地方官员，所以其"庇护者"的角色就呼之欲出了。索菲亚大学学者大卫·万克（David L. Wank）从经济视角出发，提出了"共存庇护主义"[4] 理论。他认为私营企业的企业家和负责国家行政、分配和生产工作的地方官员之间产生的庇护关系可以看作本地化的商业财富与官僚力量的交换。这种交换在刺激私营企业发展的同时，通过资源分配创造稳定的期望，进而推动市场化进程。随着这种交换的频繁发生，这个过程逐渐被固定下来。

---

[1] Jeremy B., "Patronage in Sicily," *Man* (New Series), Vol. 1, No. 1 (1966): 18–33.
[2] Owen Lattimore, *Inner Asia Frontiers of China* (Boston: Beacon Press, 1962), pp. 143–144.
[3] 杜赞奇、王福明：《现代化的陷阱——1900—1942年中国国家政权的扩张对华北乡村社会的影响》，《战略与管理》1994年第4期。
[4] Wank, David L., "The Institutional Process of Market Clientelism: Guanxi and Private Business in a South China City," *The China Quarterly*, Vol. 147 (1996): 820–838.

随着改革开放进程的推进,经济特区、开发区和高新区等"试点"不断涌现,经济发展水平成为地方官员政绩考核的重要指标。地方官员间以发展经济为着力点展开角力,而政策创新是打破原有固化经济模式的最佳路径之一,因此,地方官员的一个新的角色呼之欲出,即"创新主导者"。意大利费拉拉大学学者乔治·普罗迪(Giorgio Prodi)指出国家权力在地方行政单位削减之后,地方官员可以制定基于地域的发展战略,如推动本土创新活动聚集在工业园区和技术园区附近。[①] 为了保障并推动创新活动,地方官员在市场制度、社会制度、法律制度和政府自身制度等方面做出了优化。

(三)地方官员动力结构研究

地方官员的动力结构较为复杂,针对地方政府内部的激励与约束,以经济学激励理论为雏形,演化出了激励契约、效率工资、职业前景等动力流向。西方学者以纵向动态权力配置和利益分配关系为背景,形成了经济激励、政治激励、多目标与多委托人状况下的弱激励、标尺竞争激励理论等动力结构观点。

以亚当·斯密(Adam Smith)为代表的西方经济学家认为,虽然政府具有公益性、非营利性等公共属性,作为政府官员的个人却是"经济人",即地方官员没有天然的理由增加公民福利,如果有机会,甚至会从政治决策中挪用大部分资金。因此,只有辅以较强的经济激励才能使地方官员的政策取向和增进社会福利保持一致。斯坦福大学温格斯特等(Barry R. Weingast)在对经济体制改革背景下的中国进行调研后,提出了中国特色财政联邦主义[②]理论。传统财政联邦主义强调通过合理配置公共产品和税收管辖权达到增进社会福利的目的,但是,美国或其他西欧国家地方政府的实际财权相较于联邦政府是受到限制的,例如,地方政府无法直接得到中央银行的借贷,虽然这在一定程度上降低了地方政府无力偿贷的可能性,但也很难对地方政府发展自身起到激励作用。

---

① Prodi G., Nicolli F., Frattini F., "State Restructuring and Subnational Innovation Spaces Across Chinese Prefectures," *Environment and Planning C: Politics and Space*, Vol. 35, No. 1 (2017): 94 - 112.

② Yingyi Qian, Barry R. Weingast, "Federalism as a Commitment to Perserving Market Incentives," *Journal of Economic Perspectives*, Vol. 11, No. 4 (1997): 83 - 92.

中国特色财政联邦主义认为，地方政府获得强激励的原因有二：一是中央政府通过权力下放深化经济体制改革，地方政府获得大量的经济管理权力和一定的经济决策权力；二是中央政府允许地方政府产生预算外收支，地方经济越发达，地方政府可以保留的税收则越多。在这两大经济政策的激励下，地方官员自然会将发展地方经济、提高财税收入作为首要目标。

当然，向地方官员下放权力固然很重要，但仅靠权力下放本身并不足以产生积极的结果。可以说，经济利益激励是地方官员动力结构中的众多分力之一，而政治激励则是这众多分力中最古老、最常用的激励手段。在我国的官僚体系中，地方官员不仅要对当地社会负责，也要对上级政府负责。香港科技大学 Danqing W 等认为地方官员和上级政府间存在信息不对称，而想在竞争中获得政治晋升，就必须不断地展现自己的能力、树立自己在辖区的声望，那么，地方官员自然会做出和国家利益一致的政策选择。此外，政治激励对处于政治生涯早期的地方官员效果更为显著，而年长的地方官员更关注退休后的福利待遇等，政治激励很难在他们身上发挥作用。[1]

政治经济环境中，企业和政府间具有"委托"与"代理"关系，即企业将自己的一部分权力让渡给政府，由政府代其统一行使。这种委托代理关系中的激励问题也是西方学者研究地方官员动力结构的一个关键点。斯坦福大学伯恩海姆（Bernheim）和美国学者温斯顿（Whinston）最先对这一关系展开研究并将其命名为共同代理（common agency）。共同代理包括授权型共同代理和内生型共同代理，其中与地方政府相关的内生型共同代理（intrinsic common agency）是指政府作为代理人天然地具有使多个互斥委托人产生正向或负向收益的决策权。[2] 市场上的每一家企业都是一个独立的委托人，而政府的财政部门、民政部门、环境部门等机构则是多个代理人，在这种共同代理的情境下，企业让渡出部分监管权限，而地方政府则天然地承袭了这份权力。地方官员与企业间就如"九龙治水"，但多头

---

[1] Danqing Wang, Xiaowei Rose Luo, "Retire in Peace: Officials' Political Incentives and Corporate Diversification in China," *Administrative Science Quarterly*, Vol. 64, No. 4 (2019): 773–809.

[2] B. Douglas Bernheim, Michael D. Whinston, "Common Marketing Agency as a Device for Facilitating Collusion," *The RAND Journal of Economics*, Vol. 16, No. 2 (1985): 269–281.

管理和多目标使得实际效率低下，地方官员乐于掌权却对权力对应的责任讳莫如深，而委托人恰好又不能完全掌握代理人的信息，因此，给每一条"龙"以激励，使"九龙"组合起来治好水是必由之路。普林斯顿大学学者迪克西特（Dixit）等在温斯顿等的基础上，关注到了共同代理关系中，信息不对称之于这场博弈的作用。[1] 即使双方处于完全信息情况下，多委托人的存在也使得有效产出和剩余产出分配格外复杂。图卢兹社会科学第一大学学者蒂罗尔（Tirole）指出，与企业追求利润最大化不同，政府通常会追求多个目标，而很多目标的效益是较难衡量的，必须严格把控针对衡量困难目标的激励措施，以不危害社会福利为基本导向，提出包括削弱政府作为市场监管者而掌握信息的利益优势在内的多个架构性建议。[2]

英国伦敦经济学院教授贝斯丽（Timothy Besley）和普林斯顿大学学者凯斯（Anne Case）将标尺竞争（yardstick competition）引入官员绩效与激励机制的分析中，其主要功效就在于以绩效竞争的方式弱化或消除委托代理关系中信息不对称的消极影响。在标尺竞争中，委托人将代理人的绩效和提供同类产品及服务的其他代理人进行比较，优中选优，以此达到降低成本、提高效率的目的。在中国这种自下而上的官僚政治结构中，形成的则是一种基于上位官员考核结果的标尺竞争。[3] 德国学者海贝勒（Thomas Heberer）指出，利用考核，党和国家把行政管理等级的概念灌输给了地方干部，引导他们把思想和行为投入到政策执行上来。其除了是统治和监督的渠道外，也是中央政府和地方政府双向沟通的渠道之一，中央政府将考核任务下达给地方政府，地方官员则利用这一途径实现晋升，给地方官员行动带来了巨大的群体性动力。[4]

（四）地方政府运作过程研究

在地方政府运作过程中，西方学者关注到了一些有趣的现象，特别是

---

[1] Dixit A., Grossman G. M., Helpman E., "Common Agency and Coordination: General Theory and Application to Government Policy Making," *Journal of Political Economy*, Vol. 105, No. 4 (1997): 752-769.

[2] Tirole J., *The Internal Organization of Governmen* (Oxford Economic Papers, 1994), pp. 1-29.

[3] Besley T. J., Case A., *Incumbent Behavior: Vote Seeking, Tax Setting and Yardstick Competition* (Social Science Electronic Publishing, 1992), pp. 24-25.

[4] 〔德〕托马斯·海贝勒、雷内·特拉培尔、王哲：《政府绩效考核、地方干部行为与地方发展》，《经济社会体制比较》2012年第3期。

"美食政治""建设性喝酒",这些非正式的途径往往为正式决策埋下了伏笔。印裔美国学者阿琼·阿帕杜赖(Arjun Appadurai)指出,随着食物制作的精细化以及社会经济的发展,美食承载社会信息的能力得到了提高。食物以其不同的价值量、呈现形式和存在环境,传递出不同的等级、身份、亲疏等社会信号。美食政治(Gastro-Politics)就是以美食为媒介的、以特定的资源为竞争对象的社会交易。[①] 著名人类学家玛丽·道格拉斯(Mary Douglas)也提到,如果食物是一种密码,那么它进行编码的信息就是社会关系,这些信息表达的是社会等级高低、接纳和排斥、界限和穿越界限。[②] 美食政治或者酒文化在一定程度上弥补了中国官僚体制在垂直沟通困难、上下级信息不对称、缺乏组织激励等方面的问题,以一种非正式的方式促进了官员行政的合理化。但是,从另一方面来看,这种"饭桌制度""圈子文化"往往醉翁之意不在酒,意在对社会资源进行低效率的配置,以权谋利、以权谋私。

与西方国家的联邦制有所不同的是,中国官僚体系中的地方官员在纵向上与上位官员之间是一种命令与服从的关系,这种权力运作模式导致地方官员的行为导向往往是以上位官员马首是瞻而非普通百姓。针对这一现象,西方学者提出了"用脚投票"和"棘轮效应"等概念。美国学者查尔斯·蒂布特(Charles Tiebout)提出了"用脚投票"理论,即地方政府会根据税收情况提供不同水平的公共产品,若民众认为自己缴纳的税收和政府提供的公共产品不匹配或达不到预期水平,就会"用脚投票","走"到他认为公共产品符合自己纳税水平的地方。[③] 基于"用脚投票"理论,以辖区居民对所在地政府的认同为绩效考核指标,可以肃正官僚体制中的"唯上之风",使地方官员将权力真正用到民众需要的地方去。

"棘轮效应"由俄罗斯学者约瑟夫·柏林(Joseph S. Berliner)提出,指的是在实行计划经济的苏维埃俄国,若国有企业工人在政府制定指标的

[①] Arjun Appadurai, "Gastro-politics in Hindu South Asia," *American Ethnologist*, Vol. 8, No. 3 (2010): 494-511.

[②] Mary Douglas, "Deciphering a Meal," in Carole Counihan and Penny Van Esterik, eds., *Food and Culture: A Reader, 3rd. Ed.* (New York: Routledge, 2013), p. 36.

[③] Tiebout, Charles M., "A Pure Theory of Local Expenditures," *Journal of Political Economy*, Vol. 64, No. 5 (1956): 416-424.

基础上超额完成计划,则可获得特定数额的奖金,以此来激励工人提高生产率。但是,国企工人对大幅提高生产率表示反感,他们认为,一次性的大幅超额完成,会导致来年制订计划如棘轮一般走高,增加了获得奖金的难度。[1] 比利时学者罗兰(Roland)和赛卡特(Sekkat)将棘轮效应用到官僚体系的研究中。他们认为,政府官员具有管理的垄断地位,即使不优化服务供给,官僚体系也能正常运转,而改革或者重构反而会降低部分官员的"租金",从而遭到抵制。因此,政府优化服务供给不具有迫切性,只有引动政府间的竞争才能打破棘轮效应,释放治理活力。[2] 以城市市容环境为例,若无竞争性策略,则城市间会形成一种低水平的纳什均衡,而评选全国文明城市这一策略则打破了这一均衡,推动地方政府提供更良好的城市环境。

"鞭打快牛"作为一个中式提法,意指在竞争中脱颖而出的,反而会遭到不公。西方学者在分析财税改革时期的中国时,形成了类似的观点。英国学者克里斯托弗·海蒂(Christopher Heady)等指出,20世纪80年代开始推行的"财政包干"制度,从其制度设计的角度出发是给予地方政府一种财政激励,刺激地方政府大力发展地方经济,达到中央政府规定的基础绩效后,可以获得额外的收入。但在政策实际运行中,仅依靠中央直属企事业单位和关税收入的中央财政时常无法应付巨额的财政支出,转而改变过去的"合约",向绩效靠前的地方政府寻求支援。[3] 从财政包干到分税制改革的转变,正是"鞭打快牛"在权力运作领域的真实写照。

另外,西方学者也从财政角度对地方政府运作过程进行了研究。具有代表性的是由美国政治学家尼斯坎南(William A. Niskanen)提出的官僚预算最大化模型——"尼斯坎南模型"[4],认为政府因其天然的公共性,应当致力于提供公共产品与服务,但是,官僚制下的每一个个体也是相对独立

---

[1] Joseph S. Berliner, "The Informal Organization of the Soviet Firm," *Quarterly Journal of Economics*, Vol. 66, No. 3 (1952): 342-365.

[2] Gérard Roland, Sekkat K, "Managerial Career Concerns, Privatization and Restructuring in Transition Economies," *European Economic Review*, Vol. 44, No. 10 (2000): 1857-1872.

[3] Christine P. W. Wong, Christopher Heady, Wing T. Woo, *Fiscal Management and Economic Reform in the People's Republic of China* (Hong Kong: Oxford University Press, 1995), p.271.

[4] Mitchell W. C., Niskanen W. A., *Bureaucracy and Representative Government* (American Political Science Association, 1971), p.28.

的自然人，会致力于个人收益的极化。财政预算越庞大，则每一个官员的收益也会相对提高，包括工资、津贴、声望、权势等因子都会对财政预算产生正向的诱导。西方学者对官僚预算最大化模型进行了大量的接续研究。尼斯坎南在1991年对该模型做出了优化处理。值得注意的是，他将自己早期的假设从"官僚组织总能实现预算最大化的目标"修改成"官僚组织为实现预算最大化，在审批过程中暴露出的信息可以成为立法者与官员进行博弈的切入点"。[1] 财政预算在政府运作过程中的重要性可见一斑。面对我国连年增长的财政预算水平，可以肯定的是，人大代表加大审查力度，将增长的财政预算与政府提供公共产品和服务的水平进行耦合分析，将对官员行为产生正向激励，推动政府的有序高效运行。

二　国内研究现状

相较于国外研究聚焦于对地方政府官贵群体的研究，国内研究更多基于地方政府权责体系和差异治理情境进行结合式论述。对此，本书相应围绕财政分权下的纵向关系转变、经济增长率与地方官员晋升、地方政府治理能力提升困境三方面展开。

（一）财政分权下的纵向关系转变

"财政"一词源起西方，日本明治维新时期传入中国。"财"是国家依法征收的税金及其他公共性收入；"政"是政府将税金及其他公共性收入投入各项社会性事务中的行为。财政在国家治理中具有重要地位，若中央政府财政吸纳能力过强，则地方政府无力落实各项民生保障事务，陷入"中央财政喜气洋洋，省市财政勉勉强强，县级财政拆东墙补西墙，乡镇财政哭爹叫娘"的恶性循环[2]；若地方政府财政吸纳能力过强，则中央政府难以号令地方，宏观调控和微观规制能力大大下降，"国家能力"严重削弱。因此，做好财政分权是实现国家治理现代化的必由之路。集权绝非实恶，分权亦非真善，权力有效分割方能助推国民经济稳定有序增长。一

---

[1] Niskanen A. William, "A Reflection on Bureaucracy and Representative government," Blais Andre & Stephane Dion. eds., *The Budget-maxi Mizing Bureaucrat: Appraisals and Evidence*, (Pittsburgh: University of Pittsburgh Press, 1991), p.22.

[2] 周飞舟、赵阳：《剖析农村公共财政：乡镇财政的困境和成因——对中西部地区乡镇财政的案例研究》，《中国农村观察》2003年第4期。

直以来，中央政府和地方政府都试图通过不断调适，深化分税制改革，找寻动态平衡点以实现国家的高效治理。

1993年以前，在"分灶吃饭"的财政包干制下，地方政府拥有一定的财政自主性及独立的预算制定权，可以不受干扰地决定预算支出，和中央政府分享预算收入。① 但在此政策环境下，东南沿海地区经济发展的蓬勃之态和中西部地区"吃饭财政"的区域怪象形成鲜明对比，地区间两极分化严重。并且，政府财政总收入占GDP的比重与中央政府财政收入占财政总收入的比重双双下降，导致认证能力、规管能力、再分配能力等政府能力发生相应的弱化。②

为扭转央地间异化的发展态势，中央政府于1994年对财政体制做出重大调整，国家进入"分税制"时代。分税制改革力图通过分设中央、地方两套税务机构建构一个新的财税分配机制，避免无休止的谈判和讨价还价③，结束"大干快上"理念下"画地为牢"的"诸侯经济"局面，打破"条块分割"的行政隶属关系，为厘清央地分配关系提供新思路。④ 同时，中央政府通过税收返还、体制补助、专项补助、过渡期转移支付补助等方式对地方财政支出缺口进行弥补，尤其是对欠发达地区实行"少取""多予"政策，辅以"中部崛起""西部大开发"战略，地区间差异扩大的趋势得以放缓并于2004年首次实现逆转。⑤ 但是，强化中央财权的同时并未实现事权的共振，事权的反向加码和财权的整体性削弱导致了地方政府对土地财政等极端政策行为的路径依赖。

因此，2013年之后开启了新一轮的财税体制改革，于2015年试点"5+7+N"方案。2018年全国"两会"公布的国务院机构改革方案提出，"拟改革国地税征管体制。将省级和省级以下国税地税机构合并，具体承担所辖地区内各项税收、非税收入征管等职责。国税地税机构合并后，实行以国家税务总局为主与省（区、市）人民政府双重领导管理体制"。⑥ 国地税合并后，

---

① Michel Oksenberg, James Tong, "The Evolution of Central-Provincial Fiscal Relations in China, 1971 – 1984 The Formal System," *The China Quarterly*, Vol. 125, No. 125（1991）：1 – 32.
② 王绍光：《国家治理与基础性国家能力》，《华中科技大学学报》（社会科学版）2014年第3期。
③ 周飞舟：《分税制十年：制度及其影响》，《中国社会科学》2006年第6期。
④ 王敏、袁娇：《中国税制改革四十年回溯与发展趋向》，《经济纵横》2018年第6期。
⑤ 王绍光：《大转型：1980年代以来中国的双向运动》，《中国社会科学》2008年第1期。
⑥ 《中共中央印发〈深化党和国家机构改革方案〉》，《人民日报》2018年3月22日，第1版。

统一了财税征收标准，降低税收征管成本的同时优化税收环境，有效调整资源与经济增量的动态配置，助力央地间财权与事权动态平衡的找寻。

1994年以来，两套税务系统的设立在相当长的时间里有效解决了地方政府财权过多而中央政府事权过多的矛盾，一方面极大地扩充了中央财政收入，另一方面使财政转移支付和预算管理等得到了显著改善。[①] 但2017年财政部公布的财政收支数据显示，2017年中央一般公共预算与地方一般公共预算的比例为47∶53；而中央一般公共预算本级支出与地方一般公共预算支出的比例为15∶85。[②] 由此可见，在政治集权与财政分权的模式下，形成了央地间财权和事权的不平衡划分，中央政府虽然减少了财权，却承担着更少的事权，事权减少的比例远远超过财权减少的比例。[③] 同时，为实现地区间的差异化治理，中央政府将大量的公共产品供给责任转嫁至地方政府，但分税制的存在使地方政府难以支出足量的预算资金保障公共产品供给。而压力型体制下，标尺竞争和政治锦标赛的潜性制度设计，对地方政府及其官员的行为也形成了超强塑造。譬如，地区间招商引资上的恶性竞争，产业同构带来的市场分割、公共服务潜绩指标的忽视，等等。财权的萎缩迫使地方官员不得不通过资源性交易和官商勾结扩大财政汲取能力，从而强化了地方政府对市场的行政性控制，使得政府成为决定地区资源配置的唯一标尺，政府职能亦逐步由基本服务型向掠夺型发展。[④]

分税制改革中央地间财权和事权的不平衡划分使地方政府被迫以行政性手段汲取市场资源，同时取消农业税的政策安排也深刻影响了基层官员的行为特征。官员脱离土地，成为悬浮于城市与乡村之间的存在。同时，在信访工作考核"一票否决"和稳定压倒一切的压力下，一种消极和不作为的"不出事逻辑"逐渐成形。[⑤] 当然，也有学者指出，中央与地方的关系一直处在动态变化中，因此，财政收入上的分权作为一种对地方官员行

[①] 董蕾、王晓、李佳朋：《我国国地税机构合并衍生问题探析》，《税务与经济》2018年第6期。
[②] 董蕾、王晓、李佳朋：《我国国地税机构合并衍生问题探析》，《税务与经济》2018年第6期。
[③] 董蕾、王晓、李佳朋：《我国国地税机构合并衍生问题探析》，《税务与经济》2018年第6期。
[④] 罗也骁、段龙龙、胡春：《财政分权、政府规模扩张与官员腐败——基于中国省际动态面板数据的研究》，《上海经济研究》2015年第1期。
[⑤] 贺雪峰、刘岳：《基层治理中的"不出事逻辑"》，《学术研究》2010年第6期。

为的影响因素只有在短时期内是稳定的。①

"分灶吃饭"时期，允许地方政府保留大量企业税收的制度设计建构了其对地方企业的保护逻辑，作为重要税源的乡镇企业因而实现了短周期、高速率的业态膨胀。分税制实行后，所有企业税收均需与中央分享，且税收系统独立于地方存在，缺乏税收激励的地方政府发展乡镇企业的热情迅速消解，形塑了乡镇企业走向消亡的历史定位。值得一提的是，2013年之后，随着国家不断出台政策规定深化分税制改革，厘清税制名目，合并国地税机构，有效避免了地方税务对地方企业的经济盘剥，实现了营商环境的再优化，为地方企业的可持续发展注入了新活力。

经过多年的央地调适，财政分权已进入一个相对合理的动态平衡阶段。基于财政分权的央地关系调适会稳定存在或周期性重现，但财权也仅是调适的一个部分，绝非关键点。②后财政分权时代，中央政府通过发布模糊性任务以实现对多地域的差异化治理，伴随着治权、事权的进一步下放，地方政府的行动空间在管辖的范围内得到放大。但是，在治理困境中，地方政府则试图通过共谋、变通、模糊处理、消极应对等途径与中央政府的政策期许发生偏离，对中央在政治权威体制中的地位产生冲击。③基于此，在现有国家监察体系下，国家监察机关及其派出机构在中央政府授权下实施监察和问责，进而提高了检查验收对地方政府的威慑力，引导其行为逻辑发生转变，强化了中央政府对地方的统摄能力，以权力向上归拢消弭央地间信息不对称导致的委托－代理问题。④可以推断，基于政治权威体制和治理能力现代化的内在张力与矛盾展开的，以治权、事权、统合权为中心的，以监察和问责为手段的央地调适会通过不断在治权的"收""放"之间找寻新的平衡，实现国家的有效治理。

（二）经济增长率与地方官员晋升

历经2000余年的发展完善，我国业已形成相对完备的现代官僚体系，

---

① 王贤彬、徐现祥：《转型期的政治激励、财政分权与地方官员经济行为》，《南开经济研究》2009年第2期。
② 吴园林：《财政改革的双向运动：中国财政分权二十年》，《文化纵横》2018年第5期。
③ 周雪光：《权威体制与有效治理：当代中国国家治理的制度逻辑》，《开放时代》2011年第10期。
④ 何艳玲、肖芸：《问责总领：模糊性任务的完成与央地关系新内涵》，《政治学研究》2021年第3期。

遍及基层至中央的组织结构就如数个大小不等、平行运转的"圆盘",而打通这些"圆盘",推动上下互动交流的核心中轴即政治晋升。在官员任期内,多因素复合建构了地方官员的晋升路径,但对社会主要矛盾的研判肯定了经济增长之于政治晋升的核心地位。在政治晋升的强激励作用下,地方官员试图通过常规政策与非正式措施的逻辑组合促成经济的超常规增长,以期形成超越同级官员的政绩优势。而晋升渠道狭窄及"晋升年龄"卡口等现实成因与地方官员的晋升期许形成二元冲突,催化演绎出多样态的地方政府竞争。专家学者主要围绕政治晋升与经济增长的正负向反馈展开研究。

改革开放 40 多年,中国实现了举世瞩目的"经济增长奇迹",而"政治锦标赛"正是实现经济超常规增长的重要制度因素。将所有地方官员卷入其中的这场"政治锦标赛"是由上级直至中央政府作为裁判员,各级地方官员作为运动员,以行政、人事集权作为条件保障,以获得政治晋升作为激励目标展开的一种地方官员治理模式。[①] 其逻辑进路主要有二:一是中央政府下放事权,赋予地方官员相对宽松的行动空间,地方官员得以通过行使土地征用权、行政审批权、贷款担保等行政权力深刻参与地方社会的建设发展[②];二是作为强激励目标的政治晋升隐含着经济收入增加、社会地位提高和行政权力扩大等多重诱惑,激励地方官员达成上级目标。通过假设检验、多元回归等量化方法可以证实,经济绩效较之其他要素更能决定地方官员的晋升,这检验了政治晋升与经济增长的强关联。[③] 所以,对地方官员做必要赋能、以 GDP 增长为政绩考核关键指标的政治晋升制度设计促成了中国的经济增长奇迹。

当然,政治晋升的制度设计并非完美无缺,部分学者的研究指出了其中的制度缺口。一是地方官员处于经济竞争和政治晋升的二元竞争模型中,在考虑竞争获益时不仅需要计算经济收益,还要计算"晋升竞赛"中的政治收益,两者的总和才构成有效激励。[④] 因此,为成为"竞赛赢家",

---

[①] 周黎安:《中国地方官员的晋升锦标赛模式研究》,《经济研究》2007 年第 7 期。
[②] 周黎安:《中国地方官员的晋升锦标赛模式研究》,《经济研究》2007 年第 7 期。
[③] 沈承诚:《经济绩效是主政官员晋升的最关键指标吗?——基于经济特区 26 年面板数据的实证研究》,《中国行政管理》2019 年第 12 期。
[④] 周黎安:《晋升博弈中政府官员的激励与合作——兼论我国地方保护主义和重复建设问题长期存在的原因》,《经济研究》2004 年第 6 期。

避免"到站下车"的窘境，地方官员在水平层级上发生合作的可能性微乎其微。而拒绝合作则诱致了"地方保护主义"和"区域封锁"的发生，这种恶性竞争直观表现为封锁市场、垄断资源和生产服务，进而导致资本市场混乱、经济下滑。二是为获得上级青睐，地方官员在达成上级指标的基础上往往会主动叠高标准，这种追求"锦标"的行为引发了地方政府间的竞争，造成了"层层加码"现象[1]；而在无法有效应对上级政府的繁重任务时，则会通过"变通执行"国家政策和上级指示来应对基层问题和冲突[2]，这种变通囊括了地方政府上下级之间、地方政府与企业之间等关系组合，形成了独特的"共谋"现象，进而对经济健康发展造成负影响。因此，为有效促成政治晋升对区域经济的正向影响，打破地方保护主义与恶性共谋，塑造既清又亲的政商关系，形成经济增长的"官场+市场"模式是破局之举。[3]

虽然围绕政治晋升与经济增长的讨论从未停止，但可以肯定，以政治晋升推动经济增长的制度逻辑实现了党从革命型政党向经济型政党的转变，赋予了其和平年代的执政合法性。可以预见，经济增长仍将在较长的时间内作为地方官员晋升考核的关键指标。具体考量如下：一是经济增长可以通过诸多量化指标实现政绩的显化，易于成为上级部门拔擢地方官员的依据；二是人民对于经济增长、美好生活的向往日渐强烈，发展经济仍是国家治理的重中之重。当然，习近平生态文明思想的提出、党的十九大对经济高质量发展的研判传递出党中央对生态环境保护的关切，从环境保护"一票否决"到"领导干部任期生态文明终身追责"再到"党政同责"的制度安排，晋升考核指标呈现单一向多元的演化趋势，晋升不仅与经济增长挂钩，上级党委政府的注意力分配也将占有重要比重。[4]通过各级党校和行政学院的宣传、政治任务的下达，地方官员为表明政治站位、规避政治风险，在不发生环境群体性事件的情况下，会投入以经济发展为核心，以环境保护、文化培植、养老服务为多元的新

---

[1] 周飞舟：《锦标赛体制》，《社会学研究》2009年第3期。
[2] 周雪光：《基层政府间的"共谋现象"——一个政府行为的制度逻辑》，《社会学研究》2008年第6期。
[3] 周黎安：《"官场+市场"与中国增长故事》，《社会》2018年第2期。
[4] 周黎安：《中国地方官员的晋升锦标赛模式研究》，《经济研究》2007年第7期。

型"晋升锦标赛"中。①

（三）地方政府治理能力提升困境

在实现国家治理能力现代化的过程中，如何形成地方官员的有效"竞标"导向，规范地方政府借贷发债融资行为，肃清官商之间的非正式合作关系，形成官员更替的平稳过渡，是重要的突破目标。

"政治锦标赛"的制度设计使地方官员为在经济竞争和政治晋升的二元竞争模型中抢得先机，必然热衷于多途径"竞标"的行为逻辑，而"竞标"的最佳路径是以大项目、大工程为抓手，刺激地方经济在短周期内实现高速率增长。但分税制改革背景下，地方财政往往无力支撑高爆点、夺眼球的政绩成果，此类项目的落地常常伴随着地方官员为一己私利而罔顾经济社会发展的非正式行为，或大搞土地财政筹集资金，或以政府担保的形式发债融资。贵州省独山县的水司楼项目即典型的案例范本，将数倍于地方年度财政收入的资金投入项目建设中，而一旦核心行动者获得升迁，那原有债务就抛给了下一任领导集体，而下一任领导集体又会寻求新政绩而导致前期项目搁置，资金成本无法收回。② 因此，在政治锦标赛的制度背景下，尚未明晰的政绩考核债务指标给予了地方官员寻求规则漏洞的可能空间，引致"债务递延"和"前任推后任"的场域乱象，最终形成"人走政息"的现实困境。③

同时，在目前经济分权与垂直政治管理体制紧密结合形成的中国式分权机制和以相对绩效为核心的官员晋升考核机制下，④ 地方政府拥有较大权力与较强动机去制定经济政策，而与经济政策息息相关的地方企业则被迫处于一个高政策波动概率的系统环境中。为规避官员频繁变更对企业正常经营活动形成的系统性风险，以宴请、贿赂为代表寻求政治庇护的非正式行为蔚然成风。此外，随着2017年习近平总书记在党的十九大报告中将生态文明提升为"千年大计"并于2018年将习近平生态文明思想写入宪

---

① 任丙强：《地方政府环境政策执行的激励机制研究：基于中央与地方关系的视角》，《中国行政管理》2018年第6期。
② 李一花、张芳洁：《机会成本视野的地方政府举债逻辑及其风险防控研究》，《中央财经大学学报》2020年第11期。
③ 罗党论、佘国满：《地方官员变更与地方债发行》，《经济研究》2015年第6期。
④ 傅勇、张晏：《中国式分权与财政支出结构偏向：为增长而竞争的代价》，《管理世界》2007年第3期。

法，环境治理具有了较高的政治和法律地位。相应地，环境治理也逐步纳入地方官员绩效考评的序列中，而企业环境治理又是环境治理中的突出难点，因此愈加受到地方官员的关注与官员更替的影响。[①]

三 简要评析

综合国内外研究现状可以发现，累积性理论研究主要聚焦西方政府与社会，相关理论引入中国治理情境后，仍以宏观叙事为主，缺乏特定空间层级政府的厚植研究，需要实现研究视域、研究内容和研究方法上的转换、拓展和优化。首先，关于地方官员研究，现有研究更多聚焦某一县级政府官员的个体个案研究或政治生活追踪观察。其次，就研究视角而言，过于侧重宏观体制分析和静态逻辑演绎，缺乏制度、行动者与行动绩效之间的联动分析。最后，就研究方法而言，中国学者更加偏爱定性研究的方式，定量研究稍显不足。

基于上述研究，新时代背景下对发达县域治理现代化背景下县域核心行动者个体特征、行动策略与行动绩效的整体性研究仍有进一步深化及提升的空间。其一是不同学科研究的有效融合。消除研究视角的局限、研究方法的弱交叉与研究过程的分割现象，基于多学科的有效融合建构基于实践应用的可操作性方案。其二是坚持理论联系实际的中国学风。在县域政府治理研究中，理论与应用之间"两张皮"的隔离状态始终存在。"理论+应用"的"拼盘式"对接，使相关理论脱离县域治理发展实际，成为悬置空中的一种包装和点缀。其三是研究方法的单一化。大多数研究侧重县域治理现状和原因的笼统性描述，而针对县域治理中行动者对结构的主体阐释和效能影响的实证研究则少之又少。

无论是国外学者视角下的中国地方官员，抑或是本土学者话语中的地方官员，都是国家治理的关键一环，作为我国经济政策、制度变迁的推动者和执行者，其权力、行为以及施政经验等因素都将最终影响当地的经济发展业绩。因此，作为解释我国经济增长绩效的新视角，地方官员的个体特征与行动策略选择及行动绩效表现具有或明或暗的关联。而"百强县"以卓越的经济发展实力与广泛的治理实践经验获得大量学者的关注，紧抓

[①] 王红建、汤泰劼、宋献中：《谁驱动了企业环境治理：官员任期考核还是五年规划目标考核》，《财贸经济》2017年第11期。

"百强县"核心行动者这个具有代表性的地方官员群体，探寻其个体特征、行动策略与行动绩效间的互动联系，可深入挖掘县级治理场域中制度局中人与治理绩效间的关联关系，进而在为县域核心行动者的择选提供经验样本的同时，为后发县域提供场域建设的路径建议。

第三节　研究对象与研究目标

一　研究对象

（一）核心行动者个体特征与行动绩效的关联性研究

对发达县域核心行动者个体特征的两类指标（人口学指标和职业类指标）与官员绩效评估的两类指标（考核性绩效与非考核性绩效）进行交叉回归分析（如图1-1所示）。具体包括：

（1）发达县域核心行动者个体特征的统计分析：基本现状与总体趋势；

（2）发达县域核心行动者个体特征、GDP增长与政治晋升的关联性

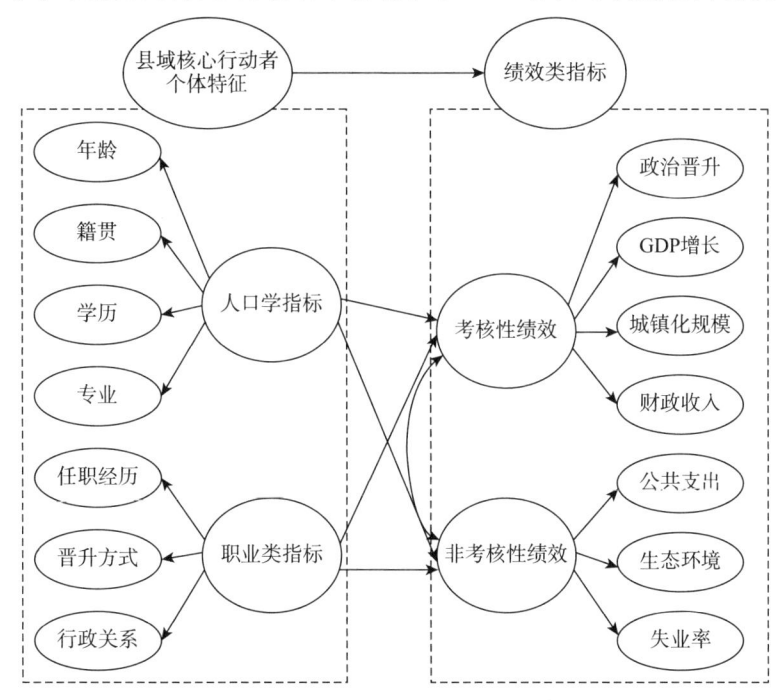

图1-1　核心行动者个体特征与行动绩效相关指标

探析；

（3）发达县域核心行动者个体特征与考核性绩效的关联性探析：城镇化规模与财政收入；

（4）发达县域核心行动者个体特征与非考核性绩效的关联性探析：公共支出、生态环境与失业率。

（二）核心行动者个体特征与行动策略的关联性研究

对核心行动者个体特征的两类指标（人口学指标和职业类指标）与官员行动策略的五类指标（产业结构偏好、环境结构偏好、民生结构偏好、经济结构偏好、其他结构偏好）进行交叉回归分析（如图 1-2 所示）。具体包括：

（1）核心行动者个体特征与产业结构偏好的关联性研究；

（2）核心行动者个体特征与环境结构偏好的关联性研究；

（3）核心行动者个体特征与民生结构偏好的关联性研究；

（4）核心行动者个体特征与经济结构偏好的关联性研究；

（5）核心行动者个体特征与其他结构偏好的关联性研究。

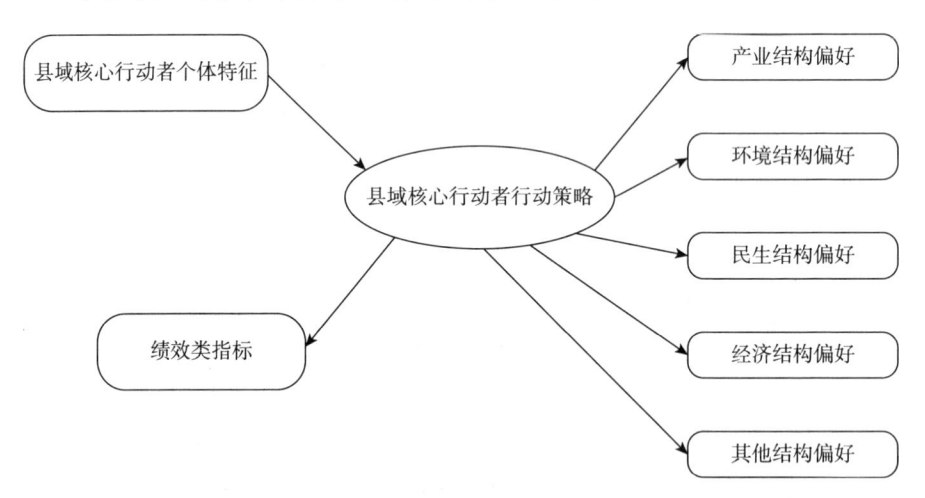

图 1-2　核心行动者个体特征与行动策略相关指标

（三）核心行动者行动策略与行动绩效的关联性研究

通过分别探讨"个体特征与行动绩效"和"个体特征与行动策略"的内在关联，尝试对"百强县"核心行动者个体特征、行动策略与行动绩效进行整体性解读。

二 研究目标

将高阶理论与县域核心行动者实证分析相结合,借助个体特征与行动策略、个体特征与行动绩效以及行动策略与行动绩效间的关联分析,生动展现县域核心行动者作为制度局中人与制度、效能之间的有效互动。研究的重点在于,如何更好厘清"百强县"核心行动者个体特征、行动策略与行动绩效之间的整体关联。为实现这一研究重点,需要着重解决以下三个方面的难点问题。首先,"百强县"核心行动者在体制环境中的主体响应:宏观制度分析难以与微观个体剖析相结合;其次,"百强县"核心行动者个体特征对行动策略的影响轨迹:难以找寻到一个统合性兼具定量可操作性的分析框架;最后,"百强县"核心行动者行动策略与行动绩效间的因果关联:难以对数据处理显著性结果进行系统性的理论逻辑阐释。

基于以上重点难点,研究致力达成以下目标。

(1)理论目标:对"百强县"核心行动者的体制空间与行动策略、政策文本与主体响应、制度局中人与制度间互动关系进行学理分析,为相关理论创新做出一定贡献。

(2)实践目标:通过对"百强县"核心行动者个体特征、行动策略与行动绩效之间的整合分析,为县域核心行动者的拔擢、培训及其体制空间的重构和行动模式的重塑提供智力支持和对策建议。

第四节 研究框架与研究方法

一 研究框架

基于我国政治统一和有效治理之间存在张力的现实基础,针对高度组织化国家内的社会结构低度整合带来的基层治理问题,需要通过赋予县域核心行动者较大自由行动空间来实现对治理压力的应急性反应和基于权重排序的选择性治理。县域主政官员是县域治理场域的核心行动者,县域治理效能与县委书记的行动理念、行动策略与行动结果密切相关。县委书记作为个体会对其所面临的情境和选择做出高度个性化的诠释,并以此为基础采取行动。因此,对"百强县"核心行动者样本、全国百位优秀县委书记及县长样本的个体特征和行动策略对行动绩效的影响加以分析，有助于明晰优秀县域核心行动者对所在行政区治理产生的个体影响，为县域核心行动者的选拔、考核、培育提供参考，进而助益国家治理体系建设。

研究内容大致可分为四个部分。首先，对县在现代中国国家构建的框架中进行定位，进而明确县域治理改革的重要性。在此基础上，将县域核心行动者作为主要分析对象，对其所处的体制空间进行分析。其次，结合"百强县"核心行动者与全国百位优秀县委书记及县长的现实样本，进一步分析县域核心行动者个体特征对行动策略的影响，县域核心行动者的个体特征、行动策略对县域治理效能的影响。同时，引入经济特区核心行动者的数据样本，进行相关对比实证检验。再次，在对个体特征、行动策略与治理效能研究的基础上，提出县域核心行动者行动模式的产生与逻辑、行为异化的原因与应对。最后，提出县域核心行动者拔擢、培训及其行为规塑的路径（见图1-3）。

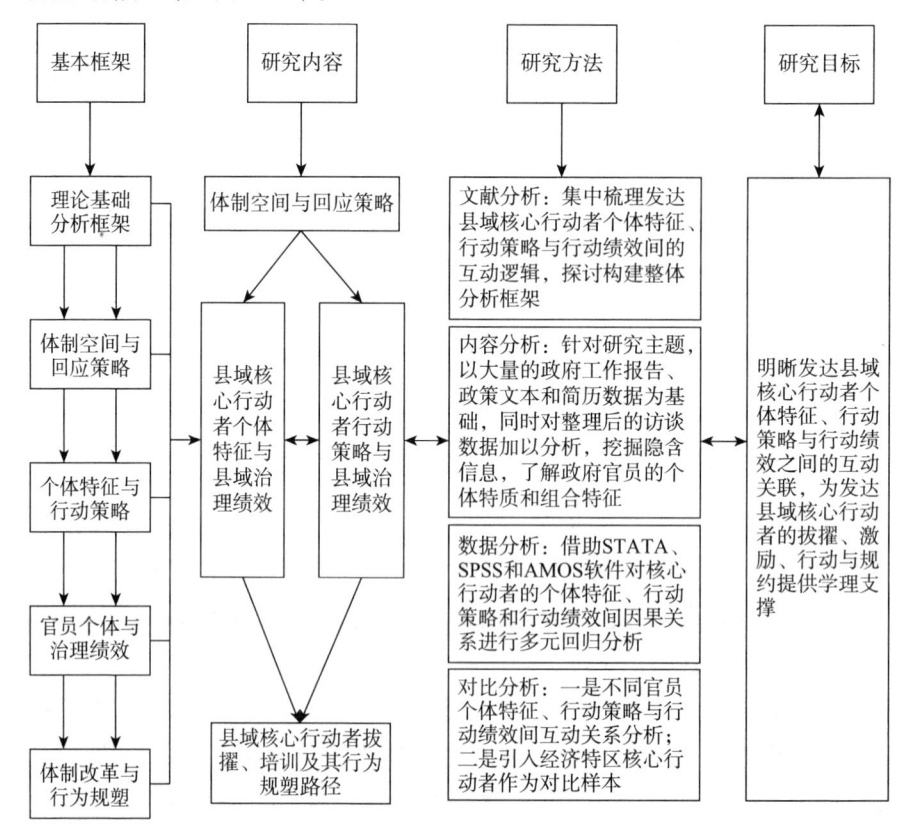

图1-3 本书整体研究框架

二　研究方法

围绕研究框架,在规范、实证和对比研究中,具体采用文献分析、内容分析、数据分析、对比分析等方法。

(一) 文献分析

充分结合政治学、社会学、经济学和公共管理学等学科相关成果,集中梳理发达县域核心行动者个体特征、行动策略与行动绩效间的互动逻辑,探讨构建整体分析框架。围绕县级政权、政府官员和县级政府官员三个关键词,对国内外相关文献进行系统梳理,从宏观上把握有关研究的学术见解、研究进展以及存在的不足,为本研究的目标定位和研究内容提供理论遵循。

(二) 内容分析

针对"百强县""核心行动者"等研究主题,以大量的政府工作报告、政策文本和简历数据为基础,同时对整理后的访谈数据加以分析,挖掘隐含信息,了解政府官员的个体特质和组合特征,为研究提供事实依据。

(三) 数据分析

借助STATA、SPSS和AMOS软件对核心行动者的个体特征、行动策略和行动绩效间因果关系进行多元回归分析。回归分析是一种应用极为广泛的数量分析方法,用于分析事物之间的相关性,侧重考虑变量之间的数量变化规律,并通过回归方程的形式描述和反映这种关系。[1] 因此,在探讨一个变量是否受到其他变量的影响,以及影响程度如何时,可以借助回归分析。在研究中,首先,对数据进行描述性统计,从整体上把握数据信息并对结果做出初步预测,了解县域领导干部的特征;其次,通过主成分分析、卡方检验和线性回归分析等统计工具,探究和检验不同类型的县域领导干部的组合效能;最后,依据统计结果归纳出规律性结论。

(四) 对比分析

一方面进行不同时期体制环境的对比分析;另一方面引入经济特区核

---

[1] 范晓春、王晰巍:《新媒体环境下企业知识管理影响因素实证研究——基于信息生态系统要素视角的分析》,《情报科学》2015年第10期。

心行动者作为对比样本，通过对发达县域核心行动者与经济特区核心行动者之间有关个体特征、行动策略与行动绩效间互动关系的横向比较，为发达县域治理核心行动者的行为探究提供辅证依据，从而进一步把握地方政府核心行动者的行动逻辑。

基于以上研究内容和研究方法，本研究预期产生三部分成果：其一，县域核心行动者个体与县域治理模式的模型建构与数据检验；其二，县域核心行动者个体与县域治理效能的模型建构与数据检验；其三，重构县域核心行动者的行动空间并重塑县域核心行动者的行动策略。

本章小结

县委书记、县长作为县域治理场域内的核心行动者，对辖区内治理行动策略的选择与行动绩效的影响不言而喻。我国经济分权与垂直政治管理体制紧密结合形成的中国式分权机制和以相对绩效为核心的官员晋升考核机制，使县域核心行动者有充足动力影响所辖区域的治理方式。因此，要明晰中国式现代化背景下县域治理现代化的逻辑与现实，就必须在深入扎根理论基石的前提下，结合实证数据，对县域核心行动者个体特征、行动策略与行动绩效进行全面分析。

第二章
核心概念与理论基础

基于明晰发达县域核心行动者个体特征、行动策略和行动绩效间的逻辑关联，拆解出"百强县"、核心行动者和治理效能三个核心概念，并基于学理研究需要，对高阶理论、理性选择理论、领导人注意力分配理论和行动者网络理论进行相适内容和契合逻辑的提取，从而为研究提供穿透力和阐释力兼具的概念工具及理论基础。

第一节 核心概念

"百强县"与核心行动者是本研究两个核心的研究对象，而治理效能则是研究的主要分析元素，三者之间的互动关系与作用逻辑相应地构成研究的核心结构和主体逻辑体系。从概念的核心和定义的边界而言，"百强县"不同于一般县域，"核心行动者"也区别于"县域官员"，对相关核心概念进行内在解构与逻辑建构，既是课题研究之方向性保障，又是建构三者内在逻辑链条的必然要求。

一 "百强县"

中国"百强县（市）"是指中国县域经济与县域基本竞争力"百强县（市）"，[1] 是对现行中国县级行政区域（以县份、县级市与旗为主，包括部分市辖区）的综合评价。为了客观衡量中国县域社会经济综合发展、协调发展、可持续发展的状况，国家统计局连续多年根据全国2000多个县域的

---

[1] 中国社会科学院财经战略研究院：《中国社会科学院财经战略研究院〈中国县域经济发展报告（2015）〉在京发布》，《经济研究参考》2015年第2期。

社会经济统计资料,从发展水平、发展活力、发展潜力三个主要方面对县域的社会经济综合发展进行测算,[1] 选出综合实力排名前一百的县域地区。全国经济"百强县"是我国县域经济发展的重要参照标杆,为后发县域经济发展提供必要的经验支持。[2]

研究样本的选取参考 2017~2019 年全国县域经济与县域基本竞争力"百强县"名单,在此三年度名单中,江苏昆山市、江阴市、张家港市连续三年包揽"百强县"榜单前三位。湖南省长沙县连续多年居中西部地区第一,且三年来名次不断上升,2019 年位列第五,仅次于江苏昆山、江阴、张家港与常熟。"百强县"榜单的发布全面呈现我国各地经济发展的缩影,深度揭示城建之变、产业之变、人口流动之变。[3]

作为现代中国国家治理体系的核心接点,县域及其发展备受重视,从中央到地方均将发展县域经济作为夯实"基本盘"的重要抓手,出台一系列政策激发县域经济高质量发展活力和潜能,国家也在县域创新驱动发展及大力提升县城公共设施和服务能力方面做出密集部署。《2021中国县域经济百强研究》指出,"县域要构建先进制造业体系,承接中心城市制造转移,成为新兴产业成长的加速器",县域发展对推动国家经济育先机、开新局,融入新发展格局,实现高质量发展具有重要意义。[4] 因此,选取具有代表性的"百强县"核心行动者进行研究,有利于在官员个性剖析、行为塑造、成长路径等方面得出更有针对性和可操作性的结论,从而有助于对县域核心行动者的遴选、考核、培育等管理体系进行评估和完善,[5] 为我国县政改革做出有益的探索,从根本上提升县域治理的效能。

二 核心行动者

在中国的现实语境中,地方政府核心行动者包括党、政两条线的首

---

[1] 《中国百强县》,https://baike.baidu.com/item/中国百强县/2583737?fromtitle=百强县&fromid=9084151,最后访问日期:2023 年 6 月 10 日。
[2] 徐文强:《我国县域经济百强县(市)聚集分布特征、典型类型与启示》,《商业经济》2014 年第 19 期。
[3] 唐姚:《稳中微变的百强县之争》,《产城》2021 年第 12 期。
[4] 唐姚:《稳中微变的百强县之争》,《产城》2021 年第 12 期。
[5] 沈承诚:《全国百位优秀县委书记个体特征、行动策略与行动绩效研究》,《江海学刊》2021 年第 4 期。

长，通常而言两位核心行动者共同构成地方的决策主体，因而核心行动者间的差异对决策的制定、确定以及推行具有重要影响。[①] 核心行动者作为领导集体中处于主导和核心地位的负责人，是区域治理的主要决策者，面对诸多矛盾，处理大量问题，对区域经济发展具有重要影响，这就要求核心行动者具备宏观调控能力和驾驭全局的领导艺术。地方政府功能的形成和发挥是我国地区持续发展的重要条件，而其又依赖地方政府官员，特别是核心行动者的行为选择和行动绩效。正如周黎安等所言："在中国经济以奇迹般速度增长的过程中，地方官员对当地经济发展所体现的兴趣和热情在世界范围内可能也是不多见的。"[②] 伴随着我国地方政府愈加凸显的个人特征和主观性色彩，地方政府核心行动者在决策和施政向路上的个体倾向逐渐明晰，而政治擢升作为地方政府官员个人利益的核心内容，无疑成为学界研究的重要因素。因此，虽然研究重点为对县域核心行动者的分析，但同时选取了经济特区核心行动者进行对比研究，以求从侧面证实对县域核心行动者的分析结果的普适性。

对1992~2018年的经济特区核心行动者晋升信息和相应区域经济增长数据的分析证明，任职期间的经济绩效往往比其他要素更能决定其晋升与否。分析结果对"关系论"进行了有力回击，证实了中国现行官员晋升体系在国家治理上的有效性，有利于通过晋升指标结构的调整促成官员，特别是地方政府核心行动者对新时代、新理念的主体适应，促进相关制度设计来消除晋升激励的时间空档或晋升与否的稳定预期所带来的"庸政"、"怠政"和"懒政"现象。[③] 对县域核心行动者组合模式的探索，有利于在县域党、政核心行动者选任组合等方面得出更具现实参考意义的结论。通过对核心行动者学历背景、搭配时长、升任方式等的统计分析，明晰什么背景特征的县委书记与县长组合可以最大限度地提升县域治理效能，这有助于县域党、政核心行动者选拔、考核及搭配体系的完善。

---

① 沈承诚：《地方党、政首长间背景特征差异影响地区经济增长吗？——基于经济特区25年的面板数据》，《学习与探索》2019年第1期。
② 周黎安、李宏彬、陈烨：《相对绩效考核：中国地方官员晋升机制的一项经验研究》，《经济学报》2005年第1卷第1辑。
③ 沈承诚：《经济绩效是主政官员晋升的最关键指标吗？——基于经济特区26年面板数据的实证研究》，《中国行政管理》2019年第12期。

三 治理效能

学界对"效能"概念的运用,较早可以追溯至 2000 年福建省在全国首推的机关效能建设,随后以行政效能建设为核心内容的机关效能建设在全国公共部门广泛开展和推广。"效能"与西方的"绩效"的内涵在本质上是同义的,都以结果为导向,以效率、效果、效益等为基本构成要素。但是,从关注的焦点问题来看,"效能"既关注结果"效",也侧重对过程"能"的考量,其内涵更加丰富。

学界在深度比较"绩效"与"效能"的基础上,围绕"什么是治理效能"展开了诸多探索,赋予了治理效能丰富的内涵。有学者通过类比绩效"4E"的内涵,认为治理效能是对考核其有效性指标的具体实现度,既包括所获效率与效益的显性结果,又反映出直接或间接的潜在影响效应。[1]从这个方面来说,可以将治理效能理解为一系列治理活动取得的实际效果。也有学者提出,国家治理效能受特定因素影响而产生波动,是一种动态的治理过程。[2]可见,治理效能是一个既关乎结果又关乎过程的概念。党的十九届四中全会提出:"国家治理体系和治理能力是中国特色社会主义制度及其执行能力的集中体现。"[3] 一方面,以结果为导向的治理效能是由一系列国家治理活动带来的对社会产生积极的、趋利的一组复合型的治理成效、效益和结果,是治理成效在现实中的集中体现;另一方面,以过程为导向的治理效能是一组正向的价值状态和波动性的治理过程,且深受特定历史阶段、制度环境、目标任务等因素的影响,是治理能力在现实中的动态表征。

总之,治理效能具有一语双关的丰富内涵,它不仅将治理成效和治理能力提高到同等重要的层次,还将提高治理成效视为目标,将增强治理能力作为手段。同时,治理效能在不同发展阶段有其"时代使命",在社会转型、经济转轨及社会主要矛盾转变的新时代背景下,治理效能又被赋予

---

[1] 徐顽强:《基层应急治理效能优化:赋权模式、内在机理与实现逻辑》,《求索》2021 年第 1 期。

[2] 杜楠、刘俊杰:《化制度优势为治理效能:探究"中国之治"的有效路径》,《广西社会科学》2021 年第 4 期。

[3] 《中共中央关于坚持和完善中国特色社会主义制度推进国家治理体系和治理能力现代化若干重大问题的决定》,《人民日报》2019 年 11 月 06 日,第 1 版。

了系统性的中国特色和时代意蕴，即治理效能更加注重人民群众的获得感，追求高质量的发展，以获得更大更多更好的社会效应为旨归。[①] 作为县域核心行动者的县委书记和县长是域外经济、政治和社会因素作用于此县域治理的基本中介，是县域中的组织行为者，其行动绩效是实现县域治理效能的基本保证。核心行动者有较高的灵活性与自主性，可以通过自身治理行为实现实际治理手段与现实制度压力的松散耦合，进而在充分结合所在县域特征的前提下，以科学行动决策和合理行动策略所实现的持续性行动绩效来生成县域治理效能，从而达成治理目标，回应纵横向治理压力。

第二节　理论基础

县域党、政长官作为治理区域的党政一把手，是区域内的核心行动者，并非只是被动接受制度规范，并在约定行动空间中机械地行动，而是基于复杂利益结构实现对制度规范和制度空间的主体回应，以对制度性剩余的追逐来松绑制度约束和拓展制度空间，进而直接、间接以自身的行动绩效影响乃至决定辖区治理效能。而对上述过程的学理演绎分析，需要对如下相关理论进行相适内容和契合逻辑的摘取。具体包括高阶理论、理性选择理论、领导人注意力分配理论与行动者网络理论。

一　高阶理论

美国著名管理学者 Hambrick 和 Mason 于 1984 年发表在 *Academy of Management Review* 上的经典论文——《高阶：组织作为高层管理人员的反映》，提出了"高阶理论"（Upper Echelons Theory），[②] 开创了领导理论研究的新领域。高阶理论是当前企业组织与战略管理领域的前沿理论之一，其认为高层管理者的背景特征对不同类型的战略选择和绩效水平等组织结果有一定的预测性，因此，该理论主要研究企业高层管理团队可观测的背景特征与不同类型的战略选择（如产品创新、多元化、差异化等）和企业

[①] 卓越、罗敏：《制度优势如何转化为治理效能？——基于比较分析的视角》，《广西师范大学学报》2021 年第 6 期。

[②] Hambrick D. C., Mason P. A., "Upper Echelons: The Organization as a Reflection of Its Top Managers," *Academy of Management Review*, Vol. 9, No. 2 (1984): 193 – 206.

绩效之间的关系。①

与高阶理论不同，传统战略管理理论主要从外部环境和企业实力的关系上探讨战略取向，从而界定战略理论研究的基本问题。由于受到早期经济学研究范式的影响，这些理论都会将战略决策者假定为同质的、完全理性的，并把企业的战略选择、战略决策看成追求效能最大化的经济过程。但是人们逐渐发现，企业高层对战略选择也起了很大的作用，同样的企业内外部环境和条件，换一个领导可能就会采取不同的战略。那么，企业高层管理者或管理团队的自身特征是否会影响其对企业战略的选择，进而影响企业的绩效？对此，Hambrick 和 Mason 通过高阶理论给出了自己的观点。起先，他们认识到杰出的企业家有自己的喜好、价值观和偏见，这些因素一方面对信息起到了过滤，甚至扭曲的作用，另一方面也影响着决策的偏好。进而他们发现，像公司如何转型这样的重大决策，和公司最高层的个人特质、选择偏好关系很大，并据此展开了对高阶理论的深入研究。

高阶理论以人的有限理性为前提，将高层管理者的特征、战略选择、组织绩效纳入高阶理论研究模型中，突出人口统计学特征对管理者认知模式以及组织绩效的影响。同时认为企业的战略选择、战略决策不仅受到纯粹的经济技术因素的影响，还会受到不完全理性的战略制定者的认识和意识形态的影响。它的基本观点是，组织的行为是高层管理者个人特征的反映，而组织的结果（战略选择和绩效）可以通过高层管理者的人口统计学特征来有效地预测。

首先，高层管理者（例如首席执行官，简称"CEO"）是根据个人的特征（包括经验、价值观等要素）来采取行动。若想把握一个组织为何会采取某种战略行动，只需去了解该组织中的高层管理者的个人特征。相关实证研究也验证了了解企业管理者的个性对于把握企业战略有很大帮助。比如，Gupta 和 Govindarajan 发现企业优秀增长型业务战略与其 CEO 丰富的市场销售经验、高容忍不确定性相关；优秀成熟型业务战略与其 CEO 的丰富财务和会计经验、低容忍不确定性相关。②

---

① 孙德升：《高管团队与企业社会责任：高阶理论的视角》，《科学学与科学技术管理》2009年第4期。
② Gupta, A. K., Govindarajan, V., "Business unit Strategy, Managerial Characteristics, and Business unit Effectiveness at Strategyimplementation," *Academy of Management Journal*, Vol. 27 (1984): 25-41.

其次，高层管理者团队（Top Management Team，TMT）的综合特征对于预测组织结果来说，比高层管理者个体更加有效。其一，虽然许多企业的高层管理者有很大权力，但战略制定是一个复杂的决策过程。面对不断变化着的外部环境，相较于与其他高层管理者组成决策团队，个人很难把握对企业有利的准确信息。其二，团队决策往往会提高战略决策质量。由于特征分散而形成的团队，其行为融合可以进行信息交换、合作协同，进而改善组织绩效，所以战略制定常常依靠群体决策的形式。其三，在保留原有高层管理者个体人口统计学特征的同时，将 TMT 的特征加入模型中，可显著提高模型解释力。

最后，年龄、任期、职业背景、教育、社会经济根源、财务地位等人口统计学变量，有效地代表了高层管理者或 TMT 的认知基础和价值观。高阶理论强调可观察的管理者特征变量，即人口统计学变量。由于能够表现高层管理者认知基础、价值观的变量不易测量，加之某些具有较强解释力的人口统计学变量，如任期、职业背景等难以找到类似心理因素变量，并且在高阶理论的应用过程中心理因素变量难以形成可观察的数据进而支撑研究结果，因此，尽管人口统计学指标与心理因素指标相比无法做到全面精确，但高阶理论中的人口统计指标与组织结果（战略选择和绩效）之间的显著关系同样在许多实证研究中得到了证明。[1]

高阶理论认为，高层管理者的人口统计学特征可以有效预测组织结果（战略选择和绩效），具体而言，就是特定的战略情境与高层管理者的特征共同决定了战略选择，而情境、高层管理者、战略选择之间的相互作用则决定了组织绩效。因此，每个决策制定者都会将他已有的积累带入管理情境分析中，战略选择必然反映决策制定者的独特性。[2] 这些积累反映了决策制定者的认知基础、价值观，并且受到来自组织内外的潜在刺激而不断更新进而助力高层管理者筛选、改变其对管理情境的认识并做出决策。

高阶理论本质上是一种高层管理者认知理论，提供了一个系统方法来阐释高层管理者如何在有限理性下采取行动。高层管理者面对一个远远超

---

[1] Eisenhardt, Kathleen M., C. B. Schoonhoven, "Organizational Growth: Linking Founding Team, Strategy, Environment, and Growth Among U. S. Semiconductor Ventures, 1978 – 1988," *Administrative Science Quarterly*, No. 35 (1990): 504 – 529.

[2] 陈守明、郑洪亮：《高阶理论的认知逻辑及其管理实践含意》，《经济论坛》2009 年第 16 期。

出其能完全理解范畴的复杂情境,并通过特有的心理机制(价值观、认知模式、认知类型、个性)进行战略分析定位。因此,情境与高层管理者的最终认识之间就会形成一道信息处理屏障。高阶理论认为中间的认识过程,或称为信息筛选的过程具体包括三个步骤:首先,高层管理者由于受到有限理性和多种行为因素的限制,无法全面扫描战略情境的每个方面,即视野有限;其次,进一步受到选择性认知的限制,战略决策者将对可感知信息进行选择、加工;最后,对掌握的信息进行合理解释,形成对现实的理解,进而做出最终的战略选择。高阶理论强调企业战略是高层管理者或 TMT 的价值观和认知的体现,不同的情境与管理者的特征决定了不同的战略选择,战略选择最终会影响组织的绩效。而就高层管理者与组织结果两者之间的关系来看,后者反映了前者,前者在一定程度上可以有效地预测和解释后者的变化。[①]

高阶理论的认知视角给管理实践提出了非常有用的改进思路和方法。从逻辑上讲,战略选择的正确与否在很大程度上取决于高层管理者对真实环境和条件认识的准确性。而高阶理论假定组织的高层管理者个人或团队都是有限理性的,他们对组织所处的纷繁复杂的环境不能完全了解,也就是说,他们所认知的环境不是真实的环境,而只是他们自己"理解的现实"。然后根据这些理解的现实,高层管理者制定相应的组织战略。

因此,针对现实管理实践,可总结以下改进思路。一是需根据不同情形选择不同类型的高层管理者。不同类型的管理者对环境认知的侧重点不同,因此可能对真实环境的认知"能力"不同,在不同行业特征的组织管理实践中,要结合组织治理现实,寻找对组织所处行业环境认知能力强的高层管理者。同时,组织可以根据未来发展的战略方向,选择认同组织战略方向的高层管理者,或者结合组织战略,有目的性地选择合适的高层管理者进行培养。二是减轻高层管理者的认知模式刚性。高层管理者对内外部环境和条件的错误认知可能来自高层管理者的认知模式刚性。高阶理论提醒我们,需减轻高层管理者的认知刚性,以便提高他们认知真实世界的能力。三是预测竞争对手的战略。高阶理论强调,战略选择是高层管理者认知基础和价值观的反映。因此,对于高层管理者而言,通过分析竞争对

---

① 陈守明、郑洪亮:《高阶理论的认知逻辑及其管理实践含意》,《经济论坛》2009 年第 16 期。

手的人口统计学特征有利于预测竞争对手的战略变化,为企业提高竞争力提供有效的建议。四是建立有效的高层管理团队。从高阶理论的管理者认知视角出发,分析团队的人口统计学特征,有利于建立一个适应组织内外环境、减少决策失误的高效高层管理团队,促进组织健康发展。

核心行动者偏好对经济绩效影响的行为逻辑与高阶理论的核心观点相契合,因而高阶理论成为本次研究的一个重要理论参考。高阶理论预设的研究假定为"人口统计学变量可以作为管理人员认知和价值观的代理变量,如年龄、性别、籍贯、政治背景等",使个体抽象的、不可观测的内在特征得以以具体的、可观测的外在表征进行体现,从而打破了高管研究的"黑箱"。同时强调"高层管理人员会对其所面临的情境和选择做出高度个性化的诠释,并以此为基础采取行动,即高层管理人员在行为中注入了大量自身所具有的经验、性格、价值观等特征",而这些个体特征是可以外显化为人口统计学特征的。并且,决策团队的异质性能提供多样化的认知,产生多种问题解决方案,或给予问题全面的考虑,从而有助于决策质量的提高。因此,对地方政府核心行动者的个体特征及其异质性进行分析,十分重要且必要。

一般而言,地方政府核心行动者面临政治、经济、文化、历史等多维要素交织的复杂决策环境,且复杂程度往往超出了地方政府核心行动者能够完全掌握的能力范畴。在复杂多变的环境中,对地方政府核心行动者在有限理性下的政治决策影响最深的三个因素为其个人特征(包括性别、年龄、籍贯、民族、工龄和任职区域)、教育经历(最高学历、学科特点和就读专业)和工作经历(是否有过下乡经历和是否有企业工作背景)。依据高阶理论,官员背景特征异质性对绩效表现的影响大体体现在两个方面。一是面对情境的行为,即"高层取向"(executive's orientation)。地方官员以该取向为基础,通过信息筛选过程,最终产生高度个性化的"诠释现实"(construed reality),而"被诠释的现实"构成了官员做出政策选择的现实因素,进而影响决策制定,并系统影响执政绩效。二是决策团队的异质性,包括教育水平及任职经历的异质性,年龄、任期、晋升方式的差异性,这会使党、政核心行动者对不同问题产生差异化的认知视角与观察层面,进而形成多种问题解决方案或经济发展思路,这虽能在一定条件下提高决策的质量和全面性,但也会不可避免地使核心行动者间产生关于经济发展思路和路径的差异。

二 理性选择理论

理性选择理论最早可追溯至以亚当·斯密为代表的古典经济学派。亚当·斯密将人们在利益权衡中选择最大收益,以最小代价来满足最大需要称为人的理性。门格尔在这一理性定义的基础上提出经济人假设,即个体的行为动机以利己为导向,追求效用和利益的最大化。新古典经济学家继承发展了古典经济学的理性人假定,认为人的行为假定需要包含个体行动遵循目的-手段模式、完全信息假定和效用最大化假定三方面的内容。

第二次世界大战后,传统政治学面对世界格局的变化需要调整其注重整体和宏观的研究方式,在受到科技革命的冲击后,政治学积极探索与其他学科的联结,行为主义从而成为主流框架。行为主义将公民和集团视为研究对象,关注政治过程,采用严格的分析方法解释现实,并提出现实问题的解决措施。制度理论复兴后,行为主义稍显衰微,但其研究思想被理性选择理论吸收,因其本身较强的解释力,理性选择理论在政治学领域逐渐掀起研究热潮。1951年,美国学者肯尼斯·阿罗(Kenneth Arrow)的《社会选择和个人价值》出版,标志着理性选择理论正式进入政治科学领域。他试图在该书中说明,通过民主这种方式,可否从个体的理性加总出集体的理性。[①] 20世纪50年代以来,学者们以经济学的理论逻辑和研究方法来探索和刻画政治世界,以求以人的经济理性行为为桥梁,融贯经济与政治的相通之处,理性选择理论在政治学领域得到了极大的发展。支持理性选择理论的学者认为,商品的市场竞争如同政党的政治竞争,在政治场域中的人们遵循着成本-收益的理性人计算,也常常因为稀有资源而开启竞争之门。与传统理论中认为政治是追求公共幸福的观念不同,在理性选择理论看来,政治生活中的个人同样具有自利的性质。比如,布坎南(James Buchanan)主张,"议员或任何个人在参与市场和参与政治时的行动都是基于同样的、普遍适用的价值尺度"。[②] 也就是说,个体在政治生活

[①] 〔美〕肯尼斯·J.阿罗:《社会选择与个人价值》,丁建峰译,上海人民出版社,2012,第1~2页。

[②] 〔美〕格林、沙皮罗:《理性选择理论的病变:政治学应用批判》,徐湘林、袁瑞军译,广西师范大学出版社,2004,第1页。

中同样也在进行着理性经济人的计算。

在随后的发展中，美国学者安东尼·唐斯（Anthony Downs）在《民主的经济理论》中将选举类比为经济学中的交换市场，选民与政党希望通过这个市场各取所需。[①] 他还运用经济学逻辑和空间模型分析了两党制下的投票行为，在此基础上提出中间投票人定理。布坎南和塔洛克（Buchanan and Tullock）在合著的《同意的计算》一书中，分析了立宪民主的逻辑基础问题，并试图建构一种规范理论来描述和解释社会用来协调各种利益冲突的手段。[②] 借用经济学上的个体交换—合作—互惠共赢这一过程，说明政治现实中个人在参与集体决策时也有最大化自身效用的渴望，同时也指出这不同于一些政治学家所认为的个人权力最大化假设，即"零和博弈"，而是一种正和博弈，因为人并不必然，也没有任何证据能够显示其对权力的终极渴望。政治过程不是简单的善恶较量或权力角逐斗争，而是一个互利的过程。美国学者奥尔森（Mancur Olson）于其1965年出版的《集体行动的逻辑：公共物品与集团理论》一书中，通过将搭便车的概念引入政治学领域，探究集体行为及其对公共物品供给的影响，并推翻政治学中盛行的利益集团理论的共同假设，即具有共同利益的集体，一定会为实现这个共同利益而采取集体行动。[③] 在奥尔森看来，社会压力和个人与他人的互动关系将会对搭便车行为产生直接的影响，而团体规模、重复互动、有选择的激励也会改变人们的行动策略，这些研究进一步促进了博弈论和理性选择理论的交融。[④] 以上这三部著作深刻影响着理性选择理论的拓展应用，当然还有很多学者也为此做出了贡献。

发端于经济学领域的理性选择理论在经过不断的实证观察和假设修正后，其解释范围逐渐向政治学、社会学、公共管理学等社会科学领域渗透，其基本概念、研究逻辑与实践应用日趋完善，成为西方社会研究理论流派中一种重要的研究范式。社会学引入理性选择理论几乎与政治学一

---

① 〔美〕安东尼·唐斯：《民主的经济理论》，吉林人民出版社，2005，第7页。
② James M. Buchanan, Gordon Tullock, *The Calculus of Consent* (Ann Arbor: University of Michigan Press, 1962), p. 20.
③ 参见邢瑞磊《理解理性选择理论：历史、发展与论争》，《武汉大学学报》（哲学社会科学版）2015年第3期。
④ 〔美〕曼瑟·奥尔森：《集体行动的逻辑：公共物品与集团理论》，陈郁等译，上海人民出版社，2018，第7、12页。

致。一般认为，霍曼斯（Georec Homans）最早将理性假设运用到社会学研究中，用以分析小群体的交往行为，在他看来这实际上是把利益最大化作为目标的一种交换行为，并在此基础上形成了社会交换理论（Social Exchange Theory）。随后，科尔曼（James S. Coleman）等学者也将理性选择理论应用到社会学领域，其著作《社会理论的基础》被视为社会学理性选择理论发展历程的里程碑，[①] 其以个人微观行动来解释宏观社会现象、结构等，不仅创立了新的社会行为理论，而且也是对理性选择理论的深化。虽然经过学者们的应用实践，社会学领域中积累了丰富的理性选择理论的拓展研究成果，但是它也面临诸多困境和挑战。20 世纪 90 年代，美国学者格林（Donald P. Green）和沙皮罗（Ian Shapiro）在《理性选择理论的病变：政治学应用批判》中对理性选择理论的探讨就是印证。两位学者针对政党竞争、投票决策、集体行动等运用理性选择理论的多个领域进行批判，提出了理性选择理论在实证研究和方法论上的不足：首先，他们认为由该理论得出的结论无法经过事实检验和数据测量；其次，他们还指出在研究议题时往往是以理论为导向而非以问题为导向，陷入了为理论而研究问题的泥沼之中。[②]

除了有关经验实证和方法论方面的批判外，学者们也探讨了理性选择理论在其他方面存在的问题。其一是关于理论假设的批判。古典经济学家眼中的经济人建立在工具理性和完全理性的基础上，认为人能够掌握所有的信息资源并且实现效用的最大化，但学者们也发现这种解释不能完全适用于所有的经济活动，因此，美国经济学家阿罗（Kenneth Arrow）用"有限的理性"代替完全的理性。而后美国学者西蒙（Herbert Alexander Simon）又指出，由于环境的复杂性、信息的不完全性和人认知的局限性，不可能找出最优的方案，但可以获得令人满意的方案。这种有限理性的模式较好地处理了理性选择理论的局限性，进一步增强了该理论的解释力和应用度。其二是关于理论逻辑的批判。理性选择理论家们认为结构决定行为，解释个体行为差异需要将其置于具体的基础条

---

① 〔美〕詹姆斯·S. 科尔曼：《社会理论的基础》，邓方译，社会科学文献出版社，1999，第 431~456 页。
② 〔美〕格林、沙皮罗：《理性选择理论的病变：政治学应用批判》，徐湘林、袁瑞军译，广西师范大学出版社，2004，第 8 页。

件或是环境因素进行分析,忽略了个体的能动性。同时,该理论重视个人主义,较少关注来自制度或文化的影响。但人的行为不仅仅在于外部条件的形塑,也会因自身或是周围人的思想观念和意识发生改变,甚至还存在一些不确定因素的影响。因此,无论是结构和能动,或是集体与个人,都需要处在相对平衡的位置,过分突出其中一方,都会对研究结果的科学性产生影响。其三是关于理论解释力的批判。为了追求强大的解释效力,理性选择理论期望用单一因素对复杂现象加以研究,但也正是这种简单性的诉求,将宏观、系统的要素排除在外,反而大大降低了它的适用性。比如,将理论放在不同文化和制度的条件下就会产生分歧。在西方个体主义与东方集体主义的矛盾冲突中,理性选择理论就展露出了它的解释边界问题。在强调以个人主义为主的西方,人们的经济行为也会较多地体现出个人主义和理性选择。① 但是,在注重集体主义的东方,特别是中国,"人的社会行为的取向始终是和家长权威、道德规范、利益分配、血缘关系等四个因素联系在一起的"。② 因此,其理论解释在面对不同的文化价值体系时,可能会存在普遍主义的危险倾向,忽视甚至无视其他文明和文化的存在。

我国学者对理性选择理论的研究虽然晚于西方,但也积累了相当的学术成果。在历史发展方面,邢瑞磊提出,随着"理性"概念内涵的不断扩充,现在的理性选择理论已经可以把文化和制度因素纳入其中,构成一种以个体工具理性为基础,同时亦能考察个体"价值理性行动"的综合性理论框架。③ 何大安认为探索西方理性选择理论的演变脉络及其主要发展,需要综合梳理该理论在假设前提、要素分析谱系和方法论等方面的演变脉络和发展轨迹。④ 在面临困境提出应对策略方面,有学者就对理性经济人的利己原则在一些经济活动或政府规制场合中的应用提出质疑,认为理性选择理论的假定只是一种理想状态。还有学者指出,理性选择理论强调个人利益而忽视公共利益,甚至漠视公共精神,更容易造成政府失灵的发生。因此,在研究中不能过于夸大工具理性的取向,而应加入价值理性或

---

① 卢学晖:《理性选择理论的理论困境与现实出路》,《天津行政学院学报》2015年第3期。
② 翟学伟:《中国人行动的逻辑》,社会科学文献出版社,2001,第279页。
③ 邢瑞磊:《理解理性选择理论:历史、发展与论争》,《武汉大学学报》(哲学社会科学版)2015年第3期。
④ 何大安:《西方理性选择理论演变脉络及其主要发展》,《学术月刊》2016年第3期。

其他理性的考量。① 同时，需要采取包容态度，调整和规范其研究方法，进一步提升理论的科学性。

综上所述，理性选择理论在经过不断的发展和完善后，其解释能力越发强大，但不同的学者对待理性选择理论的态度截然不同，甚至有学者提出了"经济学的帝国主义"之说，虽然这种说法略显激进，但它也提醒我们，需要提防工具理性的无限扩张，切莫陷入唯工具论的深渊。②

如前所述，地方官员在创造政绩时面临充满风险和挑战的决策环境，如经济条件、政策环境、文化氛围、历史模式、媒体影响、团体关联以及他人游说等，其行为动机的复杂程度都远远超出了地方官员所能完全认识并且全部理解的能力范围。在中国盘根错节的政治场域中，地方官员受到晋升考核和激励机制的影响，有着自身的行政逻辑，他们期望上级看到自己的政绩并且以此为晋升的依据。因此，可以把官员视为政治场域中的"理性人"，他们会对自己已知的信息进行优化整合，在对诸多影响因素权衡比较后，通过优先排序、偏好反应等进行"理性"选择，做出相对满意也最有利于自身的决策。同时，基于对以往文献的阅读，发现理性选择理论与政府官员的结合研究较少，因此，本书将理性选择理论作为研究基石，既是对该理论的继承，也期望在运用过程中发展和深化这一理论内涵。

三 领导人注意力分配理论

当领导人的注意力集中到某项议题时，通常伴随着重要的政策出台、大量的资源聚集和密集的人员调配，可以说，领导人对议题的关注推动着政策的制定和执行，影响着整个政策系统，形塑着我们的认知世界。

实际上，领导人的注意力分配具有无处不在、影响巨大和难以观测的运作特点。其一，通过广播电视、网络媒体、报纸杂志等传播媒介，社会公众每天都可以感知到领导人注意力分配的存在。例如，新闻中常见的关于"在＊＊＊会议上，＊＊＊对＊＊＊工作作出重要指示，当地干部群众围绕＊＊＊主题产生热烈讨论"的报道即领导人注意力分配的具象化表现，通过

---

① 程同顺、张国军：《理性选择理论的困境：纠结的理性与不确定性》，《理论与现代化》2012年第2期。
② 李培林：《理性选择理论面临的挑战及其出路》，《社会学研究》2001年第6期。

这些报道，社会公众可以了解到相关地区当前工作的重心所在。其二，领导人注意力的聚焦往往伴随着重要政策的出台、大量资源的积聚和相关人员的调动，深刻影响着人们日常生活的某个方面。例如，内蒙古自治区腾格里沙漠腹地发生的废水污染事件，经各大媒体报道之后，得到了习近平总书记的多次重要批示。随后，国务院立即成立督察组，奔赴腾格里工业园区进行调查与规训，并对相关责任人员进行追责处罚。其三，领导人注意力分配的内在机制是难以观测的。一方面，领导人注意力分配受自身偏好的影响，而作为一个个体，其偏好具有内在性，不易被观察；另一方面，一些能够表征领导人注意力的文本文件，如领导人批示、领导人日记等，都按照严格的管理规定，由相关责任单位严格落实保密工作，相关信息难以获取，这种保密规定塑造的信息壁垒客观上也为了解领导人注意力分配增加了难度。

领导人注意力分配理论是一个跨学科的重要议题，涵盖了心理学、社会科学、组织行为学、政治学和政策科学等多个学科门类，每一个学科都从自身的学科特色出发，对深化领导人注意力分配理论作出了重要的贡献。心理学对领导人注意力分配理论的关注集中在领导人为什么关注这一个议题，而不是另一个议题，这种选择性的机制是如何发生作用的。[1] 对于这一问题的争论，心理学界形成了前选择视角、后选择视角和载荷理论三种主流观点。前选择视角认为，由于人的有限感知能力即注意力瓶颈的存在，个体只会感知他们所关注的信息，而选择性忽略他们不感兴趣的信息，因此，会在信息处理的早期阶段就屏蔽不感兴趣的信息而使感兴趣的信息进入理解与思考的认知阶段。为了印证这一理论，产生了著名的"鸡尾酒舞会"实验，实验结果表明，一方面，对不感兴趣的议题，当信息源具有显著的物理特征差异时，个体能够在一定程度上感知到；另一方面，对不感兴趣的议题，即使其与关注的议题具有高度相似的信息传播源，个体仍然知之甚少。在此基础上，形成了"过滤器理论"，该理论提出，个体的感知过程是由两个连续且完全不同的阶段构成的：第一阶段，信息传播的物理特征被大脑从众多传播源中提取出来，并被平行放置；第二阶

---

[1] Murphy G., Groeger J. A., Greene C. M., "Twenty Years of Load Theory—Where Are We Now, and Where Should We Go Next?" *Psychonomic Bulletin & Review*, Vol. 23, No. 5 (2016): 1 - 25.

段，更加复杂的心理学内容被提取出来，如声音的内在意涵等。由于信息处理能力的局限性，对同时涌入的信息只能先后而非平行处理，这一模型在很大程度上解释了当时心理学家关注的注意力分配现象。按照过滤器模型的思路，不被关注的信息并没有通过选择性的过滤器，因此不会进入解析过程。而这一理论与流电皮肤反应实验的结论大相径庭。流电皮肤反应实验是由克顿和邓恩发明的经典实验方法，受试人群听到特定单词时，辅以适当电流刺激，当受试人群形成条件反射，再次听到特定单词时，受试者就会出现流电皮肤反应。[1] 后续研究指出，即使这些单词出现在不被关注的音频中，并且受试者仍然不知道这些单词的具体含义，皮肤仍然会呈现流电反应。对不被关注单词的流电反应是前选择模型需要修正的谬误所在，即不被关注的刺激受到了相比过滤器模型所预测的更高水平的处理。[2] 考虑到过滤器模型的瓶颈所在，"后选择理论"应运而生，该理论认为，感知能力是不受限制并且自动处理的，无论相关还是不相关的刺激都会被无差别地处理，只有在注意力的后期过程，诸如进行记忆或者行为回应时，才会出现选择的动作。该理论对二重听力实验的阐释是，受试者之所以对不被关注的信息知之甚少，并不是因为在早期发生了信息过滤，而是在随后的选择阶段里，为了防止信息进入记忆或者被深思熟虑，才产生了过滤的行为。[3] 相关学者研究发现，不被关注的刺激比前选择理论预测的被处理得更为深入，这些信息并不是直接被完全过滤掉的，而是逐渐衰减的，随即提出"衰减模型"。[4] 该模型进一步指出，当信息的过滤机制产生作用时，无用的信息并不是被完全阻隔的，相反，信息在通过潜意识层面的所有阶段后刺激会逐渐变弱，正是这些信息的刺激太微弱，所以大多数情况下才会在第二阶段难以提取出诸如文字定义和文字内涵等特性。[5] 虽

---

[1] CORTEEN, R. S., WOOD, B., "Autonomic Responses to Shock Associated Words in An Unattended Channel," *Journal of Experimental Psychology*, Vol. 94, No. 3, (1972): 308 – 313.

[2] G. M. Donald, "Aspects of the Theory of Comprehension, Memory and Attention," *Quarterly Journal of Experimental Psychology*, Vol. 25, No. 1 (1973): 22 – 40.

[3] J. Duncan, "The Locus of Interference in the Perception of Simultaneous Stimuli," *Psychological Review*, Vol. 87, No. 3 (1980): 272 – 300.

[4] M. T. Anne, "Contextual Cues in Selective Listening," *Quarterly Journal of Experimental Psychology*, Vol. 12, No. 4 (1960): 242 – 248.

[5] A. Treisman, "Monitoring and Storage of Irrelevant Messages in Selective Attention," *Journal of Verbal Learning and Verbal Behavior*, Vol. 3, No. 6 (1964): 449 – 459.

然这一模型在之后的研究中获得了持续性的发展,但是总体来讲,衰减模型依然是前选择理论范式下的子模型。为了有效避免实验设计中明显的选择性偏误,杨缇斯(Yantis)和约翰斯(Johnston)提出了一个混合的选择性注意力模型。该模型认为只要任务需要,过滤器是可以发生位移的,即需要处理多个目标的时候,注意力是高度选择性的,当需要过滤掉无关信息时,过滤器可以提前发生作用,而在特定情况下,过滤器也可以移到后一个阶段。[①] 基于这个模型,"载荷理论"被提出,该理论包含两个关键概念,即感知载荷和认知载荷。感知载荷是指一个外部事物的复杂程度,而认知载荷是指个体本身的生物特性,包括记忆力、理解能力等。当一个人接受测试,若处理的信息是数学难题或是一段难以理解的文字,这个时候感知载荷就相对较高,干扰事物发生作用的可能性相对较低;若受试者需要同时处理多组信息,且信息对记忆能力的要求较高,例如听音乐的时候记住一组电话号码,这个时候的认知载荷就处于较高水平,干扰事物的作用更加明显。

在社会科学领域,测度领导人注意力的表征工具是多种多样的,包括领导人在公开场合发表的讲话、撰写的私人日记、曾经到访或调研的地点、组织机构下发的正式文件以及对公文的个人批示等,当然,不同的测度指标各有其优劣之处。具体来说,首先,领导人在公开场合发表的讲话通常能够较好地反映领导人的态度和观点,这一测度指标的主要特征是篇幅长短、涵盖内容是否全面。但缺点也很明显,由于公开讲话一般是在特定场合和重要会议,相邻两次公开讲话的时间间隔可能较长,其间发生的注意力转变或被隐藏。此外,领导人公开讲话一般要求具有全面性,其真正的关注点可能隐藏在大量的文字描述中,对研究工作造成干扰。领导人撰写的私人日记是反映领导人注意力转变的重要工具,其中往往详细记录着领导人每天从事的工作与关注的具体事项,并备注上对相关事件的感想,这是领导人注意力最真实的反映。但非常遗憾的是,一方面,领导人的私人日记并不会对外披露,社科领域的学者获得此类研究素材相对困难,同时由于领导人日记的私密性,其对公共政策系统转变的真实作用难

---

① S. Yantis, J. C. Johnston, "On the Locus of Visual Selection: Evidence from Focused Attention Tasks," *Journal of Experimental Psychology, Human Perception and Performance*, Vol. 16, No. 1 (1990): 135 – 149.

以度量；另一方面，并非所有领导人都会撰写日记，因此在实际测量中会存在系统性误差。其次，领导人曾经到访或调研的地点可以反映其注意力所在，领导人筛选的调研地点，通常是契合其重视的政策活动，富有一定的政治意涵。例如，邓小平同志1992年的南方之行，就是契合了其改革开放的宏伟巨制。但是，领导人到访或调研的频率较之发表讲话更低，并且领导人外出也并不一定是因公出行，因此其本身也存在一定的测度误差。再者，由组织机构下发的正式文件通常蕴含着组织领导的治理理念，在一定程度上可以用来表征领导人的注意力分配情况。但是，由组织机构下发的正式文件一般是多位领导人共同商讨决定的结果，以正式文件为考察对象去分析领导人的注意力分配情况，可能会产生较大的系统性误差。最后，领导人对下级官员上报的各类纸质文件签署书面意见，就形成了批示。批示是领导人表达个人意愿、传递重要关切、行使政治权力的重要途径。但是，中央领导的批示需要按照有关规定严格管理、逐级保密，并且按期结办。领导人批示在传阅范围、传播途径、审批程序等方面有着天然的壁垒，获取此类素材存在较大的困难。总之，领导人注意力的表征形式是多种多样的，对每一种表征的测度都存在或多或少的误差，需要对这些表征形式进行整合性的宏观考量，才能确保科研活动的准确性。

组织行为学将政府组织抽象成一般的微观企业或社会组织，把领导人的注意力与组织环境、组织结构等因素联系在一起，将组织作为限定框架去研究领导人的注意力分配过程。① 个体是组织中的个体，组织是个体凝聚而成的群体，组织是个人认知情况作用的对象，个人认知情况又受到组织框架的限定。在组织中，决策者的注意力受到个人有限的注意力处理能力和组织结构的双重影响。奥卡西奥（Ocasio）提出了企业注意力基础观，该模型采用开放系统视角，试图解释企业组织如何分配和规制决策者的注意力。模型提出三个相互关联的原则：①基于个人认知层面的关注焦点；②基于社会认知层面的情境注意力；③基于组织层面的结构性注意力分配。该模型的关键要素包括六个：①决策时所面临的环境；②议题和答案的清单；③程序性的和通讯性的渠道；④企业的注意力结构；⑤决策者；⑥组织整

---

① William Ocasio, "Towards an Attention-based View of the Firm," *Strategic Management Journal*, Vol. 18, No. S1 (1997): 187–206.

体的行动。其中，情境注意力分配是指决策者的注意力是根植于企业的程序和沟通渠道的，结构性注意力分配是指企业的规则、资源、参与者和社会地位对决策者注意力分配产生影响。[1]

政治学领域对领导人注意力分配的研究分别从精英主义视角和多元主义视角展开。支持多元主义视角的学者认为，政策过程是众多利益集团相互争夺的产物，政治精英进行国家治理需要平衡各个利益集团之间的利益，政治精英、官僚、智库、媒体都可能成为利益集团的代理人；支持精英主义视角的学者认为，社会中的每个人对政策过程的重要性是不一样的，存在不同类型的权力精英，例如美国的权力精英包括政治精英、经济精英和军事精英，当然，美国媒体大亨、名校校长等社会精英同样参与美国的国家治理。总的来讲，多元主义和精英主义实际上是一个连续的图谱，这个图谱的中轴是权力配置的状态，核心的问题应当是权力资源趋于积累性分布还是趋于弥散性分布，精英是寡头还是多头的？在实际研究中，美国的治理情形与多元主义视角更为类似，中国的治理情形与精英主义视角更为类似。美国学者在多元主义视角下，主要关注美国总统注意力、议会注意力和媒体注意力之间的互动关系。在美国总统注意力与议会注意力的互动研究中，关于总统注意力能否催生议会注意力的变化，产生了一分为二的见解。关于支持总统注意力无法影响议会注意力的研究，不得不提到美国学者爱德华兹（George C. Edwards Ⅲ）和伍德（B. Dan Wood）在《美国政治学评论》发表的经典论述，他们基于向量自回归模型（VAR）和周度数据发现，总统所关注的美国－苏联议题或阿拉伯－以色列议题的增加，并没有导致议会注意力的增加。[2] 罗伯特·恩特曼和妮基·厄舍提到，从政治精英到公众的信息通路更加多样化，而并不像以前一样，主要是通过主流媒体进行框架的传递。[3] 总统对媒体以及议会的注意力是有限的，更多是回应而不是引领议题。公众利用市场自下而上

---

[1] Ocasio W., "Towards an Attention-based View of the Firm," *Strategic Management Journal*, Vol. 18, No. S1 (1997): 187-206.

[2] George C. Edwards, B. Dan Wood, "Who Influences Whom? The President, Congress, and the Media," *American Political Science Review*, Vol. 93, No. 2 (1999): 327-344.

[3] Robert M. Entman, Nikki Usher, "Framing in a Fractured Democracy: Impacts of Digital Technology on Ideology, Power and Cascading Network Activation," *Journal of Communication*, Vol. 68, No. 3 (2018): 298-308.

地将信息通过主流媒体传输，主流媒体以舆论的形式向政治精英进行反馈，向以总统为代表的政治精英和决策者施加压力，引起其对焦点事件的关注。媒体通过报道影响舆论，政府则通过民意测验或投票了解民众想法进而作出决策，甚至不少大型媒体拥有比政府部门更快获取有效信息的能力与资源，同样可以为政策进入议程提供支持，虽然"没有证据表明新闻媒体本身迫使政府官员改变了政策"，但在某些条件下媒体在很大程度上能够影响决策过程，因为"在美国，没有任何国会的重大立法、任何国外冒险、任何外交活动、任何重大的社会改革能够成功，除非新闻界做好了公众的思想准备"。[1] 一方面对媒体在公共问题转化为政策问题过程中的效能予以肯定，另一方面也不能盲目夸大这一作用。媒体不是理念的来源，相反，媒体是最好的政治交流的桥梁。

政策科学领域对领导人注意力分配理论的贡献在于，提出了多源流模型和间断-均衡模型。在多源流模型中，与注意力变动最相关的要数问题流本身的变化机制。在解释问题流的时候，金登认为指标、焦点事件和反馈是决定注意力变化的三个关键机制。指标能评价某一问题的重要性以及该问题的变化，焦点事件包括灾害、危机、个人经验和符号，反馈可以提供关于那些可能不符合立法议题或上级行政意图的信息。[2] 当然，金登对三个机制的划分存在一定的相互交叉，即统计学上讲的变量之间的多重共线性。某一议题上升为政策议题，可能是先前政策反馈的结果，也可能是指标突变的作用。因此，多源流模型仅仅描述注意力的变化因素，并没有展现其间的因果关系，对变量的划分并不完善。选定某一固定的政策领域，细致观察该政策领域随时间变化的原因，可以发现政策过程中的某种机制。例如，安东尼·唐斯关注美国民众注意力的变化，提出议题"注意力循环"，即美国民众对议题的注意力经历前问题阶段、惊慌发现和欣快热情阶段、认识到解决问题的代价阶段、公众兴趣逐步消退阶段和后问题阶段，反复轮回，不断重现，并以美国的环境问题为例，对该循环进行了检验。[3] 虽然纵

---

[1] 张友伦、李剑鸣：《美国历史上的政府运动和社会改革》，天津教育出版社，1992，第185页。
[2] 陈思丞、孟庆国：《领导人注意力变动机制探究——基于毛泽东年谱中2614段批示的研究》，《公共行政评论》2016年第3期。
[3] Downs, A., *Up and Down with Ecology—The "Issue-Attention Cycle"* (The Public Interest, 1972), pp. 28, 38-50.

向历史类研究非常适合对单个议题从兴起到衰退的周期性描述,但无论这类研究本身做得多深入,其对于其他领域或者其他议题的适用性都会遭到质疑,不利于得出一般化的结论。经过不断地研究与论证,美国学者弗兰克·鲍姆加特纳(Frank R. Baumgartner)和布赖恩·琼斯(Bryan D. Jones)提出了间断-均衡模型,该模型所分析的单元不是特定的政策领域,而是整个政策系统,关注政治系统如何处理信息,如何分配注意力,并从系统的角度回应政府注意力分配为何不成比例的问题。[①] 在间断-均衡模型中,制度摩擦的概念被抽象出来。决策系统在应对变化的环境而做出决策的过程中有四种成本的来源,包括决策成本、交易成本、信息成本和认知成本,这些成本构成制度摩擦,制度摩擦又使政策突变更加明显,同时不同制度间的制度摩擦也存在差异。根据制度摩擦的大小,可以将制度分成四个阶段,即政策输入阶段、政策议程设置阶段、政策过程阶段和政策产出阶段。其中,越靠近政策输入端,制度摩擦越小,突变现象越不明显,变化率累加图展现出低峰度短尾巴;越靠近政策产出端,制度摩擦越大,突变现象越发明显,变化率累加图展现出高峰度长尾巴。

四 行动者网络理论

行动者网络理论(Actor-network Theory,ANT)又被称作转译社会学,[②] 是20世纪80年代中期以法国布鲁诺·拉图尔(Bruno Latour)、米歇尔·卡龙(Michel Callon)以及英国社会学家约翰·劳(John Law)等为代表的巴黎学派创立的一种社会分析方法,[③] 在对社会建构论爱丁堡学派"强纲领"和巴斯学派"话语分析"进行批判的基础上,提出科学实践及其社会背景是同一过程的两个方面,它们相互建构,共生演进,而非因果关系,是一种适用于探寻相互关联事物的经典社会网络方法。行动者、转译和异质性网络是ANT的三个主旨概念。米歇尔·卡龙从法国哲学家米歇尔·塞尔(Michel Serres)那里引入"转译"(translation)的概念,并尝

---

① 〔美〕弗兰克·鲍姆加特纳、布赖恩·琼斯:《美国政治中的议程与不稳定性》,曹堂哲等译,北京大学出版社,2011,第235页。
② 郭俊立:《巴黎学派的行动者网络理论及其哲学意蕴评析》,《自然辩证法研究》2007年第2期。
③ Bruno Latour, Steve Wooigar, *Laboartory Life: The Construction of Scientific Facts* (New Jersay: Princeton University Press, 1986), pp. 187–230.

试用"行动者网络""行动者世界""转译"三个新概念解释行动者网络理论。[1] 约翰·劳确定了异质性网络的概念,强调在异质性网络建构中,网络如何在面对敌对或偶然力量的威胁情境下保持其稳定性。[2] 以上学者为拉图尔的研究创新培植了深厚的理论土壤,拉图尔重新把握科学研究定位,从实验室研究扩展到社会整体研究,用"实践建构"取代强社会建构论,发现转译机制(一种作用方式)可以联结人类行动者与非人类行动者,并建立行动者网络,以关系主义重新组织社会,强调在动态考察中实现人与非人的能动作用。这种实践科学观使行动者网络理论日趋成熟,行动者、网络与转译成为其内核。[3]

1. 行动者

行动者网络理论对"行动者"的界定非常宽泛,认为凡是能够对事物施加影响或改变事物状态的元素都可以被称为行动者。[4] 拉图尔在指导假设中将任何通过制造差别而改变事物状态者称作"行动者"(agency),行动者又分为"人类行动者"(humans)和"非人类行动者"(non-humans),前者也被称为"生命体",包括个人、集体、组织等;后者包括观念、资金、设备、生物、信息、制度或其他任何东西。由于缺乏主观能动性,非人类行动者的意愿需要通过"代言人"(spokesman)来表达。[5] 所有行动者都具有能动作用,是具有行动能力的个体,这也使行动者成为网络中最具活力的要素。同时,异质性是行动者的最基本特性,即各行动者在兴趣、利益、诉求、行为等方面存在差异。作为网络中的节点,行动者主要通过在网络中的位置来维护自身利益与目标。[6] 由于每个行动者在网络中的位置不同,与其他节点联系的多少不同,其重要

---

[1] Callon. M., "Struggles and Negotiations to Define What is Problematic and What is Not: The Sociology of Translation," *The Social Process of Scientific Investigation: Sociology of the Sciences Yearbook*, No. 4 (1980): 197 – 219.

[2] Law J., "On the Methods of Longdistance Control: Vessels, Navigation and the Portuguese Route to India," *The Sciological Review*, No. 32 (1984): 234 – 263.

[3] 刘伟忠、张宇:《与异质性行动者共演进:基于行动者网络理论的政策执行研究新路径》,《贵州社会科学》2022 年第 8 期。

[4] 〔法〕布鲁诺·拉图尔、〔英〕史蒂夫·伍尔加:《实验室生活:科学事实的建构过程》,张伯霖、刁小英译,东方出版社,2004,第 133~169 页。

[5] 王玉洁、张京祥、王雨:《行动者网络视角下渐进式更新协作机制研究——以江苏省南京小西湖地段更新为例》,《上海城市规划》2022 年第 1 期。

[6] 杨华锋:《协同治理的行动者结构及其动力机制》,《学海》2014 年第 5 期。

程度和网络地位也就不同，承担的角色功能也存在差异。一般来讲，按照在网络构建中的重要程度，行动者分为核心行动者和其他行动者，前者指在网络构建中发挥主导作用的行动者。①

拉图尔提出的行动者具有现代本体论的哲学意义，体现着一种关联性思维："纯粹稳固的、个体的、自主的行动者是没有意义的，行动者的身份必须在它所处的联结网络中得到确定，体现一种关系型效应。"② 关联中的行动者才具有意义，"行动者存在于实践和关系之中"③，因此也引出了网络这一核心要素。

2. 网络

单个或多个行动者的集合被拉图尔描述为一种"节点"，对这些行动者的联结轨迹进行追踪标注，形成网络的形态结构，"'网络'这个词暗示了资源集中于某些地方——节点，他们彼此联结——链条和网眼：这些联结使分散的资源结成网络，并扩展到所有角落。④ 这里的网络不是实体状的技术性网络（Internet），也不是非正式联结的结构化网络（Network），而是工具意义上研究行动者流动性、联结性的一个概念。具体来讲，行动者网络是异质行动者之间交互关联的一种关系语境，是一种描述行动者之间联结和实际运作过程的有效工具。行动者网络之所以存在，是因为异质行动者之间存在复杂而强大的网络联结，他们以同等的身份彼此连接成链条和网眼。⑤ 行动者网络中的行动者被置于相对平等的位置，没有中心边缘、主动被动、主体客体之分，也没有"支配-被支配"的等级结构，每个行动者都被视作网络中的一个节点，节点之间相互联结形成网络，每个节点都是一个成熟的转译体并在各自位置上发挥着不可替代的作用⑥，单个

---

① 〔法〕布鲁诺·拉图尔：《科学在行动：怎样在社会中跟随科学家和工程师》，刘文旋、郑开译，东方出版社，2005，第177~178页。
② 戴雨频：《"旧相识"和"新重逢"：行动者网络理论与媒介（化）研究的未来：一个理论史视角》，《国际新闻界》2019年第4期。
③ 郭俊立：《巴黎学派的行动者网络理论及其哲学意蕴评析》，《自然辩证法研究》2007年第2期。
④ 〔法〕布鲁诺·拉图尔：《科学在行动：怎样在社会中跟随科学家和工程师》，刘文旋、郑开译，东方出版社，2005，第298页。
⑤ 谢元、张鸿雁：《行动者网络理论视角下的乡村治理困境与路径研究——转译与公共性的生成》，《南京社会科学》2018年第3期。
⑥ 雷辉：《多主体协同共建的行动者网络构建研究》，人民出版社，2017，第127页。

节点元素的变化均会对整个网络产生影响。通过以上描述可以看出，网络"是一种描述连接（关联轨迹）的方法，它强调工作、互动、流动、变化的过程"。①

3. 转译

转译被认为是行动者网络理论最核心的思想。转译最早由米歇尔·塞尔提出，后被法国哲学家米歇尔·卡龙引入 ANT 中，拉图尔将其拓展为"由事实构建者给出的、关于他们自己的兴趣和他们所吸收的人的兴趣的解释"。② 转译是核心行动者通过创造某种链接，形成自身与其他行动者的彼此之间的联系，从而改变元素的角色、动因，进而使其他行动者认可自身主导构建的网络并参与进来，即行动者之间通过交流融通以协调利益、达成共识的动态过程，此动态过程是由行动者们通过转译（processes of translation）实现。转译包括以下五个基本环节：问题呈现（problematization）、利益赋予（interestement）、征召（enrolment）、动员（mobilisation）和排除异议（dissidence）③。关键行动者将异质利益取向和行为方式的行动者关注的对象问题化，聚焦核心问题形成所有行动者利益目标的"共同强制通行点"；各行动者基于角色的相互界定通过"共同强制通行点"，采用不同的策略赋予异质行动者相应的利益，以达成"征召"和"动员"，结成网络联盟；关键行动者提升为网络代言人，对联盟其他行动者行使权力，通过与联盟成员共同行动维护网络稳定，异质行动者利益的不断转译可能会影响网络的稳定性，需克服转译过程中可能出现的各种"异议"。④ 但这五个阶段只是概念性步骤，并不是按时间顺序列出的，它们可以以重叠的方式进行。⑤ 面对行动者之间相互作用的复杂变化性，拉图尔采取了不同的战术与策略进行微观研究与剖析。

---

① 吴莹、卢雨霞、陈家建等：《跟随行动者重组社会——读拉图尔的〈重组社会：行动者网络理论〉》，《社会学研究》2008 年第 2 期。
② 〔法〕布鲁诺·拉图尔：《科学在行动：怎样在社会中跟随科学家和工程师》，刘文旋、郑开译，东方出版社，2005，第 185 页。
③ 杨忍：《珠三角地区典型淘宝村重构过程及其内在逻辑机制》，《地理学报》2021 年第 12 期。
④ 程叶青、王婷、黄政等：《基于行动者网络视角的乡村转型发展机制与优化路径——以海南中部山区大边村为例》，《经济地理》2022 年第 4 期。
⑤ 王佃利、付冷冷：《行动者网络理论视角下的公共政策过程分析》，《东岳论丛》2021 年第 3 期。

转译的目的就是"揭示网络建构的动力机制与运行模式，分析网络的稳定性与可能发展"。① 人类行动者和非人类行动者通过转译过程的展开，互相嵌入、共同建构或演进成一个异质性网络（network），并通过不断转译，界定各自在网络中的角色，将所有异质性因素纳入统一的解释框架。② 转译是一种角色界定，所有行动者都处于转译和被转译之中，并依靠转译在网络中相互连接，建立起行动者网络。行动者网络将转译看作内在的动力机制，是构建的基本途径和关键环节。

转译是连接行动者网络的纽带，通过转译的过程，行动者之间不断互动，互相连接建构出一个异质性网络，并不断地互相解释，确定各自在网络中的角色，进而导致网络关系的动态变化。行动者的利益、功能和定位也会在新的行动者网络中加以重新界定、排序和赋予，进而建立相对稳定的复杂网络关系。③

在中国这种后发现代化的特定政治生态中，面对治理社会维度的阙如和治理技术行政化的偏好，无论普通意义的传统行政区，还是肩负引导功能的发达县域，它们生成与治理的依据都是经济的政治逻辑，这表明地方政府作为纵向权力运行的"中间板块"，已日益成为地方经济社会发展的主导力量。根据地方政府治理的现实情境，可以发现根据地方政府官员特别是地方政府核心行动者的"行动"，往往能较为准确地勾勒出地方政府治理的图景。所谓县域治理地方政府"核心行动者"，是指县域行政区内治理组织或结构中那些掌控丰富公共资源、拥有显著公共事务信息优势、其行动策略与行动结果直接决定行政区治理走向与绩效的政府官员。④ 事实上，西方组织理论一直存在结构研究模式与行动者研究模式的争论，两者在逻辑起点、研究视角、研究方法及对策主张上均存在明显差异。国内学界也主要基于结构研究模式对中国行政机构改革进行理论解释，但这些囿于组织结构视角的研究在地方政府日益形成独特利益结构和利益视角的

---

① Law J., "Notes on the Theory of the Actor Network: Ordering, Strategy, and Heterogeneity," *System Practice*, Vol.5, No.4 (1992): 379-393.
② 刘宣、王小依：《行动者网络理论在人文地理领域应用研究评述》，《地理科学进展》2013年第7期。
③ 程叶青、王婷、黄政等：《基于行动者网络视角的乡村转型发展机制与优化路径——以海南中部山区大边村为例》，《经济地理》2022年第4期。
④ 沈承诚：《经济特区治理困境的内生性：地方政府核心行动者的动力衰竭》，《社会科学》2012年第2期。

条件下，可能缺乏透彻的理论阐释力。① 因此，要想突破传统的就体制谈体制的固有思维，可结合县域治理体制的生命周期规律和多元体制形态，以地方政府核心行动者为逻辑切入路径来解释治理体制变革失序的原因，这也会对探讨传统行政区的治理体制问题有一定裨益。

本书尝试采用行动者网络理论进行剖析，主要基于以下三点：①县域治理贯穿县域经济与社会发展全过程，是一个多层次、多要素、多尺度的地域系统演进过程，静态的解释模型无法较好地契合渐进式更新的，整体、有机、动态的系统性特点，而行动者网络理论（ANT）是基于多个主体行动的动态网络，旨在更准确地展示演化过程；②协作始于各主体诉求导向的交会点，不同主体的地位与利益随时间而发生变化，识别每一阶段的参与主体有助于精准施策；③县域核心行动者的行动策略是内在因素和外援驱动力共同作用的结果。县域核心行动者的个人经历、资源禀赋、政绩基础等内在因素决定其治理理念与框架，与外来投资倾向、大城市辐射带动、区域发展政策等外援驱动力共同作用影响县域治理。各种要素在其余行动者的介入下进行"转译"，即实现新旧更替，这对于提升要素能动性即主体参与县域治理的积极性具有启发意义。

本章小结

县域治理的核心行动者作为县域治理场域内的重要组成部分，其背景特征与县域治理不同类型的战略选择间具有密切联系。作为县域治理场域中的"理性人"，县域治理核心行动者会对已知信息进行优化整合，在诸多影响因素的权衡比较后，通过优先排序、偏好反应等进行"理性"选择，做出相对满意也是最利于自身的决策，并通过不同转译过程将决策落实至治理网络中。作为县域治理的制度局中人，核心行动者的个体特征、行动策略与行动绩效之间的关联互动在实践过程中的学理性呈现已然明朗，但现实治理过程中的具体表征，需要结合实证数据进行进一步关联性分析。

---

① 沈承诚：《经济特区治理困境的内生性：地方政府核心行动者的动力衰竭》，《社会科学》2012年第2期。

第三章

发达县域核心行动者个体特征、行动策略与行动绩效的实证分析

作为复杂的、不确定情境中的决策者，地方政府核心行动者的理性往往受到其信息认知能力和处理能力的限制，故而其更多是依据行为因素而非理性选择做出最后的判断[1]；由于行为因素与个体价值观是相互影响的，因此受其个人行为因素之影响而做出的判断和选择在其自身看来又是"理性"的，由此决策者的价值观必然会与其决策选择形成相互之间的强化和固化。地方官员与区域经济增长之间的内在关联性，作为解释我国经济增长绩效的新视角，将成为政治经济学研究的一个重要学术增长点，并可在实践层面为我国地方官员的遴选和晋升提供经验参考。本书基于发达县域核心行动者个体特征与行动策略、核心行动者组合行动绩效和核心行动者治理模式三部分的理论设计与研究假设，结合全国"百强县"的主体样本与全国百位优秀县委书记的辅助样本，借助 SPSS、STATA 和 AMOS 软件，进行数据分析与样本对比，就发达县域核心行动者个体特征、行动策略与行动绩效进行实证分析。

第一节 发达县域核心行动者个体特征与行动策略研究

在战略管理的研究范式中，战略决策过程与决策者自身特性被长时间分隔，研究者往往忽略了决策者个体差异性特征对组织战略选择的影响，而假设决策者是同质的、完全理性的。高阶理论预设的研究假定为"人口

---

[1] C. H. Donald, A. M. Phyllis, "Upper Echelons: The Organizations as a Reflection of Its Top Managers," *The Academy of Management Review*, No. 9 (1984): 193–206.

统计学变量可以作为管理人员认知和价值观的代理变量，如年龄、性别、籍贯、政治背景等"①，使个体抽象的、不可观测的内在特征得以以具体可观测的外在表征进行体现，从而打破了组织管理研究的"黑箱"。核心是"高层管理人员会对其所面临的情境和选择做出高度个性化的诠释，并以此为基础采取行动，即高层管理人员在行为中注入了大量自身所具有的经验、性格、价值观等特征"，而这些个体特征是可以外显化为人口统计学特征的。②

研究认为，在复杂多变的环境中，对地方政府核心行动者在有限理性下的政治决策影响最深的三个因素为个体特征、教育经历和工作经历。图3-1为地方政府核心行动者在有限理性下做出政策选择和行动策略的路径。

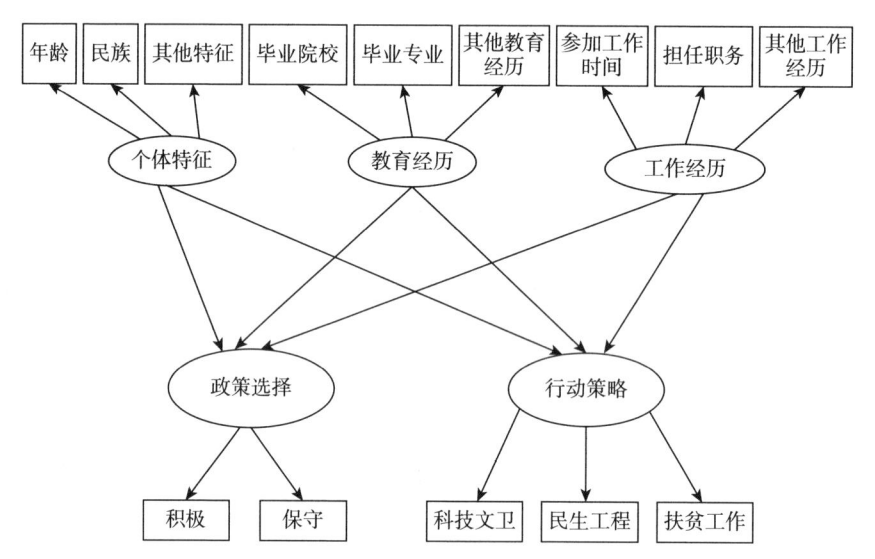

图 3-1 地方政府核心行动者在有限理性下的政策选择及行动策略路径

以往对县级政府官员的研究一般将县乡政府作为一个抽象的整体加以处理，并不关注政府内部具体的个体或群体的行为与角色。但实践证明，

---

① C. H. Donald, A. M. Phyllis, "Upper Echelons: The Organization as a Reflection of Its Top Managers," *The Academy of Management Review*, Vol. 9, No. 2 (1984): 193-206.

② C. H. Donald, A. M. Phyllis, "Upper Echelons: The Organization as a Reflection of Its Top Managers," *The Academy of Management Review*, Vol. 9, No. 2 (1984): 193-206; C. H. Donald, "Upper Echelons Theory: An Update," *The Academy of Management Review*, Vol. 32, No. 2 (2007): 334-343.

发达县域治理效能与县委书记、县长的行动理念、行动策略与行动结果密切相关，县委书记、县长可通过自身治理行为的输出影响上述因素的作用结果，进而可能决定发达县域治理的绩效。因此，县委书记、县长是发达县域治理场域的核心行动者。本书以"百强县"核心行动者与全国百位优秀县委书记两组样本为研究对象，力求获取更为全面的发达县域核心行动者个体特征与行动策略间的关联逻辑。

一 "百强县"核心行动者的主体样本分析

改革开放以来，纵向权力分工促成了以县域为主要空间载体的地方政府利益和功能的塑造，地方政府日益成为地方利益的代表人和运营者。同时，中央选择性控制下的压力型体制匹配官员晋升的政治锦标赛模式，促成了地方利益和核心行动者利益在特定空间、具体时点和治理内容上的匹配性契合。县域核心行动者有意愿和动机摆脱科层制对其意图的迟钝反应，热衷采用项目制、领导小组以及运动式治理等方式来获取"政绩"。基于此，本书以项目制为切入点，结合"百强县"统计数据，以求分析发达县域核心行动者行动策略的选择与偏好。

（一）研究设计

本书尝试基于对赛迪 2016～2019 年"百强县"前 25 位的政府工作报告的文本分析，结合县域核心行动者个体特征与治理绩效的关联分析，探寻县域核心行动者个体特征对其行动策略与行动绩效的影响。为此，本书设定如下研究步骤。

1. 发达县域核心行动者的行动策略量化。行动策略量化的前提是对研究维度的划分，本研究基于当前形成共识的县域治理基本方向，结合项目制应用的现实领域，界定相应的测量维度为政府建设、经济发展、城乡建设、民生保障、生态文明。继而通过对 2016～2019 年赛迪"百强县"前 25 位的县域政府工作报告进行词频分析，依托词频数据，对各研究维度进行具体量化。具体方法为，统计整合不同测量维度的关键词词频，就同一维度关键词的词频数据测量核心行动者对县域治理不同领域的注意力分配，即行为策略的倾向性。

2. 发达县域核心行动者的个体特征选取。研究选取参加工作时长、本地任职时长、年龄、学历、是否本地任职、有无下乡经历、有无企业工作背景为核心行动者个体特征的具体呈现维度，并将其作为自变量开展后续有关行动策略的分析工作。

3. 构造发达县域核心行动者的个体特征与行动策略的线性模型，探究核心行动者个体特征对行动策略的影响逻辑。

（二）数据准备与变量定义

1. 数据预处理

（1）数据来源

本书以 2016～2019 年赛迪"百强县"榜单每年前 25 位的县域为研究对象，收集整理相关政府工作报告。同时，借助政府官方网站收集当地县长和县委书记的公开背景资料，建构县域核心行动者个体特征数据库，资料来源正规，内容可信度强。

（2）文本预处理

为更好地开展分析，研究首先将 2016～2019 年共计 100 份政府工作报告进行合并。而后利用 python 的 jieba 库进行分词，统计各个词语的词频。根据词频统计结果，形成研究原始词库，并绘制词云图（如图 3 - 2 所示。）

图 3 - 2　2016～2019 年百份政府工作报告词云

(3) 关键词选取

在词频预处理基础上，选取原始词库词频前 1% 的相关词语作为文本分析关键词。而后，研究结合前沿文献，通过专家咨询、共同判断等，自关键词词库中选取并确定本书研究所需的二级关键词，具体见表 3-1。

表 3-1 关键词汇总

筛选类别	关键词
项目	工程、建设、项目、工作、全面、重点、中心、综合、着力、启动、试点、全力、力度、大力、质量、战略、任务、专项、突破、力争、问题、目标、能力、功能、模式、计划、责任、领域、活动、资源、特色、水平、品牌、规模、规范、成果、攻坚、事项
政府建设	改革、政府、管理、全国、国家、机制、优化、制度、行动、规划、市场、行政、政策、监督、监管、市委、整治、政府领导、机构、法治、政务、基层、中央、决策
经济发展	发展、企业、产业、经济、投资、工业、生产、招商、金融、产业园、服务业、科技、融合、转型、经济社会、活力、生产要素、资金、技术、供给、行业、生产总值、制造业、电商、实体、产业链、开发区、产品
城乡建设	农村、城乡、农业、乡村、社区、区域、园区、城区、地区、土地、公共设施、基础设施、示范区、交通、道路、农民、市民、小区、农产品、村庄、城乡居民
民生保障	社会、服务、文化、群众、人才、民生、教育、人民、生活、医疗、公共服务、医院、学校、救助
生态文明	环境、生态、污水、绿色、垃圾、公园、绿化、污染、河道

2. 变量定义

为了方便后续研究，引入表 3-2 所示的变量与对应符号。

表 3-2 变量解释和说明

特征	类别	变量名	变量赋值规则
行为策略	项目	Y_1	项目相关词频/论文总词频
	政府建设	Y_2	政府建设相关词频/论文总词频
	经济发展	Y_3	经济发展相关词频/论文总词频
	城乡建设	Y_4	城乡建设相关词频/论文总词频
	民生保障	Y_5	民生保障相关词频/论文总词频
	生态文明	Y_6	生态文明相关词频/论文总词频
	县委书记综合经济指标	M_1	经济指标的加权平均
	县长综合经济指标	M_2	经济指标的加权平均

续表

特征	类别	变量名	变量赋值规则
官员特征	县委书记参加工作时长	x_1	定量数据，当前年龄减去开始工作年龄
	县委书记本地任职时长	x_2	定量数据，当前年龄减去开始本地任职年龄
	县委书记学历	x_3	x_{31}-专科，x_{32}-本科，x_{33}-硕士研究生，x_{34}-博士研究生
	县委书记本地任职	x_4	籍贯和本县相同设值x_{41}，籍贯与本县不同设值为x_{42}
	县委书记有无企业工作背景	x_5	有企业工作背景标记为x_{51}，无企业工作背景为x_{52}
	县委书记年龄	x_6	任职当时的年份减去其出生年份
	县长参加工作时长	z_1	同县委书记参加工作时长
	县长本地任职时长	z_2	同县委书记本地任职时长
	县长学历	z_3	z_{31}-专科，z_{32}-本科，z_{33}-硕士研究生，z_{34}-博士研究生
	县长本地任职	z_4	籍贯和本县相同设值z_{41}，籍贯与本县不同设值为z_{42}
	县长有无企业工作背景	z_5	有企业工作背景标记为z_{51}，无企业工作背景为z_{52}
	县长年龄	z_6	同县委书记
经济指标	国内生产总值增速	m_1	（本期进出口总额－上期进出口总额）/上期进出口总额
	一般公共预算收入增速	m_2	（本期预算收入总额－上期预算收入）/上期预算收入
	固定资产投资增长	m_3	（本期投资增长－上期投资增长）/上期投资增长
	进出口增长率	m_4	（本期进出口总额－上期进出口总额）/上期进出口总额

（三）发达县域核心行动者个体特征对项目偏好的影响

为更好筛选显著性变量，研究采取逐步回归方式开展回归分析。相对于一般线性回归，逐步回归的主要优势在于其可进行自动特征选择，通过逐步筛选自变量，其可构建更加简洁、有效的回归模型，避免不必要的复杂性，提高预测精度与可解释性。同时，逐步回归还能处理多重共线性问题，增强模型的稳定性。

1. 县委书记个体特征对项目的偏好分析

为深入探究县委书记对项目设置的偏好逻辑，研究在收集发达县域县委书记个体特征相关数据与相关政府工作报告文本分析的基础上，先对县委书记个体特征与项目指标进行相关分析，而后分别对县委书记个体特征在不同治理维度的项目偏好进行解析。

（1）县委书记个体特征对项目的偏好分析

表 3 - 3　县委书记个体特征对项目的偏好分析

	线性回归分析结果 N = 71					
	非标准化系数		标准化系数	t	P
	B	标准误	Beta		
常数	0.149	0.003	0	53.027	0.000***
是否本地任职__是	0.005	0.003	0.186	1.585	0.118
本地任职时长	-0.001	0.001	-0.146	-1.239	0.220
因变量：项目指标						

注：*** 代表1%的显著性水平。

基于表 3 - 3，可得如下回归方程：

$$Y_1 = 0.149 + 0.005 * x_{41} - 0.001 * x_2$$

表 3 - 3 展示了县委书记个体特征对其项目偏好的实证结果。其中，县委书记本地任职对其项目偏好具有正向影响。传统观点认为，受"乡土情结"影响，本地任职的核心行动者倾向于增加本地财政投入。因而在项目治理的背景下，自上而下的项目发包作为一种财政转移支付方式，对本地任职的县委书记争取和运用项目治理形成了一种强激励，进而促进其增加对项目的偏好。另外，县委书记在本地任职时长对项目偏好具有负向影响。本地任职的前期阶段，县委书记策略偏好短视，容易采取急功近利的措施，而随着任期延长，县委书记可能降低晋升预期与工作积极性，从而减少其通过各类项目促进地区经济、社会发展的行为。

（2）县委书记个体特征对不同领域项目设置的具体偏好

为更好地探究发达县域核心行动者个体特征对县域治理不同维度项目设置的偏好影响，研究选取政府建设、经济发展、城乡建设、民生保障、生态文明五个维度进行具体分析。

① 县委书记个体特征对政府建设项目的影响

表 3-4 县委书记个体特征对政府建设项目的影响

线性回归分析结果 N=71						
	非标准化系数		标准化系数	t	P
	B	标准误	Beta		
常数	0.069	0.01	0	6.766	0.000***
本地任职时长	-0.001	0.001	-0.242	-1.929	0.058*
学历_本科	-0.006	0.003	-0.216	-1.845	0.069*
参加工作时长	0.001	0	0.19	1.497	0.139
因变量：政府建设指标						

注：***、* 分别代表 1%、10% 的显著性水平。

基于表 3-4，可得如下回归方程：

$$Y_2 = 0.069 - 0.001 * x_2 - 0.006 * x_{32} + 0.001 * x_1$$

表 3-4 中的实证结果表明，县委书记在本地任职时长对政府建设的影响显著为负。一般认为随着县委书记任期增加，其晋升压力会同步提升，此时，核心行动者往往会将行动注意力和资源投向易于量化的项目，以更好地向上级展示政绩，从而忽视政府建设项目。县委书记本科学历对政府建设项目产生显著负向影响。相较低学历主政官，本科学历县委书记更能理解"晋升锦标赛"中注重经济增长的隐性内涵，从而投入更多注意力至能明显促进地区经济增长的政绩工程，降低对政府建设的关注。另外，县委书记参加工作时长对其政府建设项目偏好具有正向影响，随着官员工作时间增加，其对晋升前景的判断转变，晋升激励减弱，致使其出现从"邀功"到"避责"的策略演变，即不再一味追求 GDP 增长的政绩，转而将注意力投向一些保证不犯错的维度，进而提高其对政府建设项目的关注。

② 县委书记个体特征对城乡建设项目的影响

表 3-5 县委书记个体特征对城乡建设项目的影响

线性回归分析结果 N=71						
	非标准化系数		标准化系数	t	P
	B	标准误	Beta		
常数	0.045	0.006	0	7.802	0.000***

续表

线性回归分析结果 N=71					
	非标准化系数		标准化系数	t	P
	B	标准误	Beta		
学历__博士研究生	0.009	0.005	0.232	1.964	0.054*
参加工作时长	0	0	-0.162	-1.369	0.175
因变量：城乡建设指标						

注：***、*分别代表1%、10%的显著性水平。

基于表3-5，可以构造以下方程：

$$Y_4 = 0.045 + 0.009 * x_{34} - 0.0 * x_1$$

表3-5中的实证结果表明，县委书记的博士研究生学历对城乡建设项目具有显著正向影响。高学历的"学者型官员"智识水平较高，能准确领悟和执行党和国家的战略方针，同时具有强烈的"事业感"，秉持办实事和服务人民的信念。① 因而，在城乡融合发展和乡村振兴等政策导向和城乡民生福祉提升的背景下，高学历县委书记更有动力投入城乡建设项目。同时，县委书记参加工作时长将对城乡建设项目偏好产生负向影响。伴随县委书记工作时长增加，其工作重心可能逐渐转移至类似经济发展等对其职业生涯具有直接影响的发展领域，而对城乡建设项目的关注度逐渐降低。

③县委书记个体特征对生态文明项目的影响

表3-6 县委书记个体特征对生态文明项目的影响

线性回归分析结果 N=71					
	非标准化系数		标准化系数	t	P
	B	标准误	Beta		
常数	0.018	0.001	0	23.272	0.000***
学历__本科	0.002	0.001	0.198	1.677	0.098*
因变量：生态文明指标						

注：***、*分别代表1%、10%的显著性水平。

---

① 孙应帅：《"学者型官员"的特征、价值及能力提升》，《人民论坛》2020年第19期。

基于表 3-6，可以构造以下方程：

$$Y_6 = 0.018 + 0.002 * x_{32}$$

表 3-6 展示了县委书记的本科学历对生态文明项目偏好的回归结果，县委书记本科学历对生态文明项目建设具有显著正向影响。相较于低受教育程度，具有本科学历的县委书记知识储备较完备，更能领悟上级政府的绿色发展政策理念和生态建设的重要性，进而对生态文明项目投入更多关注。

另外，对县委书记个体特征指标与民生保障及经济发展项目的逐步回归结果显示，县委书记个体特征的变化并不会对民生保障及经济发展项目产生显著影响。可能的解释在于以下两方面。其一，自改革开放后，经济建设始终处于我国国家治理与地方治理的核心位置，同时与县委书记的政治晋升紧密相连。因此，几乎所有县委书记都会将经济发展作为履职期间的工作焦点。其二，中国共产党的宗旨是为人民服务，而县委书记作为地方核心行动者，自然需要始终奉行党的宗旨，践行党的理念，因此会始终关注民生保障建设，将其作为重要工作内容之一。

2. 县长的个体特征对行为策略的探究

在县级治理场域中，县委书记与县长在权责之间存在较为明显的合作分工。县委书记更加关注县域政治方向把握和战略决策工作，负责跟随党和国家及上级政府的发展方向制定本县的发展规划并推动实施。相较于县委书记，县长更加关注县域内具体行政事务与公共事务的落实推进，负责解决县域社会发展过程中的各种实际问题，保障县域各项事业稳步发展。县委书记与县长在职责划分、工作重点和影响力等方面各有侧重，县委书记负责"领航"，而县长则负责"划桨"，二者相互协作、相互支持，共同推动县域政治稳定、经济发展和社会进步。

（1）县长个体特征对项目的偏好分析

表 3-7 县长个体特征对项目的偏好分析

	线性回归分析结果 N = 96				
	非标准化系数		标准化系数	t	P
	B	标准误	Beta		
常数	0.148	0.003	0	56.319	0.000 ***

续表

线性回归分析结果 N = 96					
	非标准化系数		标准化系数	t	P
	B	标准误	Beta		
参加工作时长	0	0	0.162	1.589	0.115
有无企业工作背景_有	-0.004	0.003	-0.144	-1.414	0.161
因变量：项目指标						

注：*** 代表1%的显著性水平。

基于表3-7，可以构造以下方程：

$$Y_1 = 0.148 + 0.0 * z_1 - 0.004 * z_{51}$$

表3-7表明，县长参加工作时长可能对其项目偏好产生正向影响。可能的解释在于，较长的工作经历使县长更能明白其治理实践中可能遇到的多样化挑战。项目作为一种能够"集中力量办大事"的重要手段，可以在短时间内实现资源整合、达成任务目标，因此成为县长在履职过程中的重要工具。同时，项目作为一种从中央到地方的转移支付手段，既为改善地区民生、公共服务提供了条件，也通过投资拉动有效促进地方经济增长。理论上讲，有企业工作经历的县长更具"经济人"思维，相较之下，理应表现出对项目的偏好。但表3-7中的实证结果显示，县长的企业工作背景对其项目偏好回归系数为负，并未验证这一逻辑假设。

（2）县长个体特征对不同领域项目设置的具体偏好

如对县委书记的相关分析所示，关于县长个体特征对不同领域项目偏好的分析将从政府建设、经济发展、城乡建设、民生保障、生态文明五个维度展开。

①县长个体特征对政府建设项目的影响

表3-8　县长个体特征对政府建设项目影响的回归结果

线性回归分析结果 N = 96					
	非标准化系数		标准化系数	t	P
	B	标准误	Beta		
常数	0.079	0.002	0	51.673	0.000 ***

续表

线性回归分析结果 N = 96					
	非标准化系数		标准化系数	t	P
	B	标准误	Beta		
有无企业工作背景＿有	−0.004	0.003	−0.131	−1.277	0.205
因变量：政府建设指标						

注：*** 代表1%的显著性水平。

基于表3-8，可以构造以下方程：

$$Y_2 = 0.079 - 0.004 * z_{51}$$

据表3-8中的实证结果，县长的企业工作背景对其政府建设项目偏好的回归系数为负，整体呈负向影响。具有企业工作经历的县长，市场化倾向和实现经济增长目标的意愿更强，对经济领域注意力的投入挤占了其对政府建设项目的关注，从而呈现县长的企业工作背景会抑制其对政府建设项目的偏好。

②县长个体特征对经济发展项目的影响

表3-9　县长个体特征对经济发展项目影响的回归结果

线性回归分析结果 N = 96					
	非标准化系数		标准化系数	t	P
	B	标准误	Beta		
常数	0.094	0.004	0	25.83	0.000 ***
参加工作时长	0.001	0	0.237	2.358	0.020 **
本地任职时长	0.001	0.001	0.117	1.166	0.246
因变量：经济建设指标						

注：***、** 分别代表1%、5%的显著性水平。

基于表3-9，可以构造以下方程：

$$Y_3 = 0.094 + 0.001 * z_1 + 0.001 * z_2$$

表3-9的结果显示，县长的参加工作时长对其经济建设项目偏好影响显著为正。理论上，随着官员工龄增长，其社会资本、政治资本及资源整合能力越强，官员在晋升竞争中比较优势相对更强，推进经济发展的动力

更强,其对经济建设项目的偏好也更强。此外,县长本地任职时长对其经济建设项目偏好存在正向影响。官员任期越长,面临的晋升压力递增,推动其在经济增长领域"奋力一搏"的意愿增加,进而提升其对经济建设项目投入更多关注。

③县长个体特征对城乡建设项目的影响

表3-10　县长个体特征对城乡建设项目影响的回归结果

	线性回归分析结果 N=96				
	非标准化系数		标准化系数	t	P
	B	标准误	Beta		
常数	0.037	0.001	0	41.751	0.000***
有无企业工作背景__有	0.004	0.002	0.204	1.988	0.050**
因变量:城乡建设指标					

注:***、**分别代表1%、5%的显著性水平。

基于表3-10,可以构造以下方程:

$$Y_4 = 0.037 + 0.004 * z_{51}$$

表3-10的实证结果表明,县长具有企业工作背景能促进其对城乡建设项目偏好的提升。企业工作经历赋予官员丰富的管理经验和实践能力,同时,企业工作经历帮助其积累了企业关系,进而有效提升官员的资源配置能力。因而在城乡发展、基础设施建设领域,有企业工作经历的官员更具优势,相应地,其对该领域项目的关注和偏好自然更多。

④县长个体特征对民生保障项目的影响

表3-11　县长个体特征对民生保障项目影响的回归结果

	线性回归分析结果 N=96				
	非标准化系数		标准化系数	t	P
	B	标准误	Beta		
常数	0.049	0.001	0	40.514	0.000***
学历__硕士研究生	-0.003	0.001	-0.2	-1.994	0.049**
是否本地任职__是	0.002	0.001	0.182	1.807	0.074*
因变量:民生保障指标					

注:***、**、*分别代表1%、5%、10%的显著性水平。

基于表 3-11，可以构造以下方程：

$$Y_5 = 0.049 - 0.003 * z_{33} + 0.002 * z_{41}$$

根据表 3-11 的回归结果，县长的硕士研究生学历对民生保障项目偏好的影响显著为负。可能的原因在于，硕士研究生学历的县长具备更丰富的校友关系和政治资源，同时高学历也是晋升竞争中官员的比较优势，但在政治晋升扭曲下，他们可能将更多注意力投入政绩工程项目，忽视对任期内经济增长无明显促进作用的民生保障项目[①]，进而淡化了对民生保障项目的偏好。另外，县长本地任职对民生保障项目偏好具有显著正向影响。个人决策偏好被认为与个体成长环境具有极大关联，在"乡土情结"这一非正式制度的作用下，本地任职核心行动者出于对本地社会网络关系和情感联系的考虑，往往会更为关注民生诉求，进而提升对民生保障项目的关注和偏好。

⑤县长个体特征对生态文明项目的影响

表 3-12 县长个体特征对生态文明项目影响的回归结果

线性回归分析结果 N-96					
	非标准化系数		标准化系数	t	P
	B	标准误	Beta		
常数	0.018	0.001	0	31.02	0.000***
有无企业工作背景_有	0.003	0.001	0.22	2.183	0.032**
因变量：生态文明指标						

注：***、** 分别代表 1%、5% 的显著性水平。

基于表 3-12，可以构造以下方程：

$$Y_6 = 0.018 + 0.003 * z_{51}$$

表 3-12 中的实证结果表明，县长的企业工作背景对其生态文明项目偏好具有显著正向作用。与传统 GDP 至上的粗放型增长不同，当前中国已经转向以高质量发展为导向，生态治理被纳入官员考核体系，地方核心行动者在生态治理维度甚至面临"一票否决"的处罚。从理性人视

---

① 宋冉、陈广汉：《官员特征、经历与地方政府教育支出偏好——来自中国地级市的经验证据》，《经济管理》2016 年第 12 期。

角分析,官员对生态治理的关注度取决于处罚成本与晋升收益之间的权衡。① 现阶段,生态治理考核权重相对增加,潜在的"一票否决"制度更进一步提高了处罚成本,具有企业工作背景的县长在企业管理中被赋予了成本—收益权衡的优势,因此,其在行动决策时能更敏锐地察觉环境治理的成本—收益变化,进而修正个人决策偏好,提高对生态文明项目的关注。

需要注意的是,本研究为更好地筛选对核心行动者行动策略产生影响的个体特征,且基于政府工作报告中相关词频统计结果的差异度并不显著,因此并未严格地遵循统计学中显著性水平 p 值为 0.1、0.005、0.01 的取值惯例,而是采取逻辑回归,结合模型效果,设置引入方程显著性水平为 0.25,筛选变量显著性为 0.30。最终挑选出相对重要的个体特征,并分析其与行动策略的联系。

(四) 发达县域核心行动者个体特征与行动绩效间的关联测量——以发达县域经济指标为例

高阶理论认为,高层管理者的认知能力、价值观念和风险偏好等同样可对企业绩效产生影响。因此,为拓展研究内容、核验研究结果,本书选取发达县域相关经济指标,解析发达县域核心行动者与其行动绩效之间的逻辑关联。

1. 研究设计

(1) 为便于资料收集,研究选取县域生产总值增速、一般公共预算收入增速、进出口增长率等相关经济指标为因变量。核心行动者相关个体特征指标如籍贯、学历、工作经历等仍为自变量。

(2) 以逐步回归方式分析发达县域核心行动者个体特征与经济绩效之间的关联关系。

2. 发达县域核心行动者个体特征与行动绩效的逐步回归

研究先利用熵权法将各个指标进行加权平均,得出一个综合指标作为最终指标。同时将原始数据集拆分为县委书记与县长两份,而后分别对数据集缺失量进行剔除,分别得出县委书记的经济相关指标的权重与县长的经济相关指标的权重。得到的结果见表 3-13。

---

① 金刚、沈坤荣:《地方官员晋升激励与河长制演进:基于官员年龄的视角》,《财贸经济》2019 年第 4 期。

表 3-13 熵权法结果

	项	信息熵值 e	信息效用值 d	权重（%）
县委书记的经济相关指标权重	县域生产总值增速（%）	0.987	0.013	13.423
	一般公共预算收入增速（%）	0.946	0.054	58.316
	固定资产投资增长（%）	0.989	0.011	11.510
	进出口增长率（%）	0.984	0.016	16.751
县长的经济相关指标权重	增速（%）	0.989	0.011	9.196
	一般公共预算收入增速（%）	0.921	0.079	68.262
	固定资产投资增长（%）	0.988	0.012	9.998
	进出口增长率（%）	0.985	0.015	12.544

为更好地呈现数据结果，研究将最终结果同时扩大 100 倍，结合表 3-13，可以得到如下结果：

$$M_1 = (0.13423 * m_1 + 0.58316 * m_2 + 0.1151 * m_3 + 0.16751 * m_4) * 100$$

$$M_2 = (0.09196 * m_1 + 0.68262 * m_2 + 0.09998 * m_3 + 0.12544 * m_4) * 100$$

于是可以根据上方因变量，分别对核心行动者个体特征进行回归分析，探究其显著性水平。

表 3-14 发达县域核心行动者个体特征对经济建设实绩的影响

线性回归分析结果 N = 96						
县委书记对经济策略落实效果的影响	非标准化系数		标准化系数	t	P
	B	标准误	Beta		
常数	918.187	111.688	0	8.221	0.000***
本地任职时长	-98.529	33.533	-0.342	-2.938	0.005***
县长对经济策略落实效果的影响	非标准化系数		标准化系数	t	P
	B	标准误	Beta		
常数	440.939	168.362	0	2.619	0.011**
参加工作时长	39.652	16.346	0.3	2.426	0.018**
有无企业工作背景_有	-499.834	194.394	-0.318	-2.571	0.013**

注：***、** 分别代表 1%、5% 的显著性水平。

由上建立方程：

$$M_1 = 918.187 - 98.529 * x_2$$

$$M_2 = 440.939 + 39.652 * z_1 - 499.834 * z_{61}$$

表3-14呈现了县委书记和县长个体特征对地区经济绩效的回归结果。其中县委书记本地任期对地区经济绩效的回归系数显著为负，即县委书记任期越长反而阻碍地区经济绩效提高。可能的原因在于，任期长会增加核心行动者同地方企业之间的交流机会和频率，放大潜在的政商合谋风险，进而对地区经济绩效产生负面影响。另外，从县长个体特征对经济绩效的影响来看，县长参加工作时长对地区经济绩效存在显著促进效应。从县长的职能范围来看，参加工作时长越长，其积累的行政经验和专业知识越多，更有助于提高经济政策制定质量和执行效果，进而能够为当地经济增长提供良好政策基础。同时，丰富的行政工作经验也使县长更加熟悉政府的运作和县域的发展需求，进而能够更有效地推动经济发展。与张尔升的结论相似[1]，县长有企业工作背景对地区经济绩效具有显著负向影响。一定程度说明有企业工作经历的县长在管理微观经济事务上具备的优势和经验，可能成为管理宏观经济领域、提升地方经济绩效的掣肘。

另外，由于"百强县"相关经济数据存在比较大的差距，核心行动者与行动绩效间的关联研究严格按照统计学的标准。逐步回归分析中显著性水平p值，变量进入模型重新设置为0.05，变量筛选设置为0.1。

第二节 发达县域核心行动者组合行动绩效研究

在中国的政治体制框架中，县域核心行动者包括党、政两条线的领导，其决策过程不仅受到自身认知或理念的影响，还受到党政关系的制约，因而县域核心行动者个体特征以及党政之间的同质性，及其分别对区域治理体制效能的影响机制，是研究探索的重要切入点。对县域核心行动者个体特征与行动策略的研究需要强有力的现实数据进行支撑，因此本书结合"百强县"与全国百位优秀县委书记的102个县委书记、县长组合的辅助样本，采用相关数据分析技术，就核心行动者个体特征与行动绩效的相关关系进行实证分析，以为理论研究提供强有力的材料支持。

---

[1] 张尔升：《地方官员的企业背景与经济增长——来自中国省委书记、省长的证据》，《中国工业经济》2010年第3期。

一 理论设计与研究假设

（一）理论设计

高阶理论[①]将高层管理者的个体特征、企业经营决策和企业绩效联系在一起，认为高层管理者个体特征会影响企业的战略选择，从而影响企业的绩效。同时，将高层管理者的认知能力、价值观念和风险偏好等通过人口统计学特征（年龄、任期、教育程度和工作经历等）表现出来，进而进行探究。Finkelstein 等将高阶理论拓展为战略领导力理论，并开始直接检验高管的心理特征，如个性、认知、价值观，以及团队动态过程等，考察这些主观变量对信息处理和战略决策的影响。[②] 有学者总结了 1995~2003 年基于高阶理论的实证研究，提出高层梯队理论修正模型。[③] 后来，学者们出于对数据的可获得性考虑，对高层管理团队的模型进行了修正和完善，最终形成以下模型（如图 3-3 所示）。

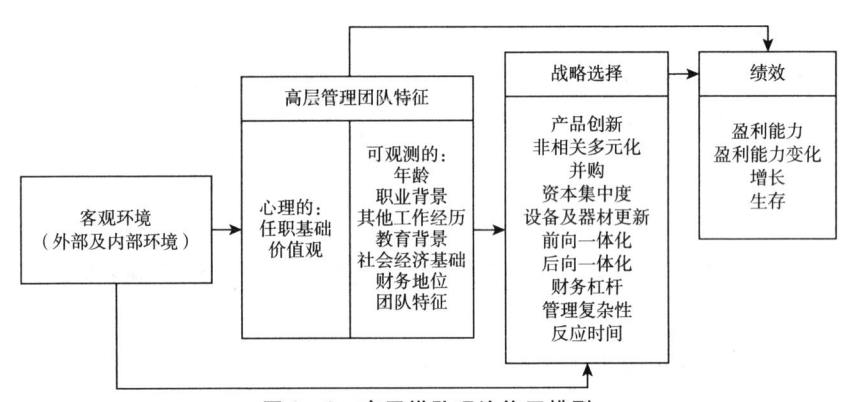

图 3-3 高层梯队理论修正模型

资料来源：杨艳、李红梅《基于人口统计特征的高层梯队理论模型修正与运用》，《统计与决策》2018 年第 3 期。

[①] C. H. Donald, A. M. Phyllis, "Upper Echelons：The Organization as a Reflection of Its Top Managers," *The Academy of Management Review*, Vol. 9, No. 2 (1984)：193 – 206.

[②] R. K. Reger, S. Finkelstein, D. C. Hambrick, "Strategic Leadership：Top Executives and Their Effects on Organizations," *The Academy of Management Review*, Vol. 22, No. 3 (1997)：802 – 802.

[③] A. C. Mason, "Upper Echelons Research Revisited：Antecedents, Elements, and Consequences of Top Management Team Composition," *Journal of Management*, Vol. 30, No. 6 (2004)：749 – 778.

高阶理论及由其发展而成的战略领导力理论,以高层管理人员(主要为CEO)或高层管理团队(TMT)的人口统计学特征作为更深层次的个性、认知等心理特征的代理,便利了数据的获取,同时增强了分析的可靠性。[1] Donald 等提出 CEO 的任务、绩效挑战性以及抱负决定了其工作要求,进而调节 CEO 与战略结果之间的关系。[2] 这进一步加强了高阶理论与组织行为和产业组织心理学的联系,动机(如成就或权力动机)、激励(如薪酬结构)等理论可以指导更为严谨的研究。孙海法等早期对"高阶理论"进行研究的学者,提出了"高层管理团队运作效率模型",突破了以往的研究视角,从高管团队资源整合到过程整合视角对高管团队进行了研究。[3]

中国情境下的研究较为注重人口统计学特征与企业决策及绩效的关系,并取得一些成就,但仍有以下问题:①仅仅关注人口统计学变量与企业决策或企业绩效间的直接关系,缺乏对具体情境的挖掘;②人口统计学特征集中于年龄、任期、教育程度等简单易获的变量,缺乏对职业背景、管理经验等更深层次特征的挖掘,存在类似的度量效度问题;③绝大部分国内研究并没有注意到高阶理论数据易获性所引入的人口学背景黑箱问题,无论在管理学领域还是在心理学领域,很少发现对公司高层管理者潜在心理特征的直接度量研究。[4]

基于此,以"百强县"与全国百位优秀县委书记的 102 个县委书记、县长组合数据为样本,在以年龄、任职地与籍贯、学历和院校为研究变量的基础上,将专业、晋升方式和工作经历也添加进来,形成较为完备的变量体系,进而探讨什么样的县委书记与县长的组合能带来高的治理效能,以期为发达县域核心行动者的组合选择提供经验参考。

(二) 研究假设

基于以上分析,大致归纳出以下假设:

---

[1] Andrew M. Pettigrew, "On Studying Managerial Elites," *Strategic Management Journal*, Vol. 13, No. S2 (1992): 163–182.
[2] C. H. Donald, F. Sydney, C. M. Ann, "Executive Job Demands: New Insights for Explaining Strategic Decisions and Leader Behaviors," *The Academy of Management Review*, Vol. 30, No. 3 (2005): 472–491.
[3] 孙海法、伍晓奕:《企业高层管理团队研究的进展》,《管理科学学报》2003 年第 4 期。
[4] 汪金爱、宗芳宇:《国外高阶梯队理论研究新进展:揭开人口学背景黑箱》,《管理学报》2011 年第 8 期。

假设1：县域核心行动者合作时长、平均工龄与当地经济增长显著相关；

假设2：县域核心行动者籍贯与任职地差距与当地经济增长显著相关；

假设3：县域核心行动者教育背景与当地经济增长显著相关；

假设4：县域核心行动者工作经历、晋升方式与当地经济增长显著相关。

为更好地进行研究分析，将研究假设作进一步细化，具体为：

假设1-1：县域核心行动者组合（在一定期限内）的合作年数越多，对彼此越熟悉，工作越默契，对当地经济增长越有帮助；

假设1-2：县域核心行动者组合（在一定期限内）的平均工龄越大，工作越有经验，对当地经济增长越有帮助；

假设2：县域核心行动者组合的籍贯与任职地越接近，越了解当地，对当地经济增长越有帮助；

假设3-1：县域核心行动者组合的平均学历越高，对当地经济增长越有帮助；

假设3-2：县域核心行动者组合的最终毕业院校的平均水平越高，对当地经济增长越有帮助；

假设3-3：县域核心行动者组合的所学专业涉及经济学、管理学或法学，对当地经济增长会有帮助；

假设4-1：县域核心行动者组合的平均下乡经验越多，对当地经济增长越有帮助；

假设4-2：县域核心行动者组合中直接升任的越多，就越了解当地，对当地经济增长越有帮助。

二　描述性统计与变量定义

（一）描述性统计

在全国百位优秀县委书记及其所在县县长的相关数据中，用均值填充的方式处理缺失值。为了探究优秀县领导的共性，将每个县的党政领导看成一个组合，共得到102对组合，分析这些组合的共有特征可以将县域核心行动者对县域经济增长起到的作用更透彻地展现出来。

1. 年龄

县长的平均年龄为46岁，县委书记的平均年龄为51岁，5岁的年龄差异在县级及以上领导干部中已经显得足够大，可以认为这样的组合方式综合了县委书记的老道干练和县长的年富力强；也是这样一种以"老"培养"壮"的方式更容易擦出效益的火花。图 3-4 为 102 对县域核心行动者组合的平均年龄直方图及其概率密度拟合曲线。

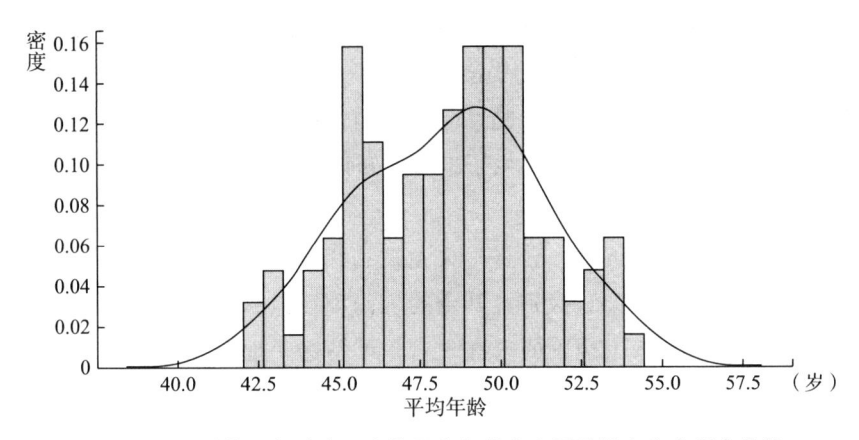

图 3-4　县域核心行动者组合的平均年龄直方图及概率密度拟合曲线

总体上看，平均年龄集中在 49 岁左右，正值从政人员的事业顶峰期，由于其已积攒足够多的工作经验，且精力方面还尚未走下坡路，所以在此期间更能够做出政绩。从概率密度拟合曲线来看，这是左偏分布，人数上 46 岁左右的年轻干部比 52 岁左右的老干部要多一些，可见精力相对于工作经验是一个更重要的影响因素。

2. 任职地与籍贯

在这 204 个研究对象中，任职地属于该官员籍贯所在省份的比例高达 84%，且在这 102 个县中高达 98 个县至少有一位县领导的籍贯与该县属于同一个省份。可见，至少在县域层面，县领导更多源于"本土"型干部。这也与后文的升任方式形成互补性阐证。同时可见"百强县"的县域核心行动者组合，大多从小就生活在这片土地上，对该地域的经济发展、政治风貌、生态建设等均有先验认知，这对其做政治决策大有裨益。

3. 升任方式

在 204 人中，只有 2 人具有海外留学经历、1 人有中央工作经历，其余全部从基层发展而来。在 102 位县委书记的任职来源中，有 59 人是从外部调任的；而县长中仅有 14 人是从外部调任而来，其余均是由副县长职位直接升任。在这 102 对县域核心行动者组合中，仅有 8 对是同时从外部调任而来。可见"百强县"的县域核心行动者基本都是从基层一步一个脚印、稳扎稳打发展而来，对任职地十分熟悉，能够较好地洞察和把握该县的发展方向。

4. 学历

在最高学历方面，有大专学历 3 人、本科学历 69 人、硕士学历 109 人、博士学历 4 人，对于 20 世纪五六十年代的人来说，这样的学历绝对算得上是高知分子。102 对组合均至少有一个人为大学学历及以上，这表明至少县域核心行动者的学历情况发生了结构性改变，知识武装了县领导的头脑，为其政治决策的选择提供了丰富的知识储备。

5. 院校

在最终毕业院校方面，若将中央党校和 985 高校视为第一级别、省委党校和 211 高校视为第二级别、其余的视为第三级别，则在 102 对组合中最终毕业院校均为第三级别的只有 9 对，可见这一批优秀县领导普遍接受过高等学府文化氛围的熏陶，这在很大程度上扩展了他们的视野。

6. 专业

在毕业专业方面，高达 87% 都属于经济学、管理学和法学专业，102 对组合中同时不属于这三个专业的仅有 5 对。这三个专业更加符合县域治理情境对专业知识结构的需要。

7. 工作经历

工作经历上所有人员均有政治工作背景，单一从政的有 130 人，还具备教育、企业、军警、医疗工作背景的分别为 46 人、24 人、3 人、1 人。

（二）变量定义

根据描述性统计中的结论以及原始数据，定义表 3-15 中所示变量来刻画县域核心行动者组合的特征。

表 3-15 变量定义

选择变量	变量定义
Log（合作年数）	将同一个县的县委书记和县长的任职年份取交集（任职时若为 11 月、12 月，则记为次年）作为二者的共同任期，其时长即为合作年数，再取对数用以刻画该组合合作的默契程度
Log（工龄）	一般来说年龄与工龄呈正相关，此处为了刻画县领导组合的工作经验特征，将县委书记和县长的平均工龄取对数进行研究

续表

选择变量	变量定义
籍贯特征	若籍贯与任职地所在省份相同，则记为1，否则记为0，将两位县领导的数据加和作为籍贯特征，用以刻画该组合对该地域的熟悉程度
学历	将大专学历记为1、本科学历记为2、硕士学历记为3、博士学历记为4，再将两位县领导的数据加和作为学历特征，用以刻画该组合的整体学历情况
院校	将中央党校和985高校记为3、省委党校和211高校记为2、其余的记为1，再将两位县领导的数据加和作为院校特征，用以刻画该组合最高学习平台的整体情况
专业	若所学专业包括经济学、管理学和法学中至少一个，则记为1，否则记为0，将两位县领导的数据加和作为专业特征，用以刻画该组合的整体专业情况
下乡经历	若有下乡经历记为1，否则记为0，将两位县领导的数据加和作为下乡经历特征，用以刻画该组合的下乡工作经验
升任方式	若升任方式为直接升任记为1，若为外部调任则记为0，将两位县领导的数据加和作为升任方式特征，用以刻画该组合对该县的熟悉程度
任期前后GDP平均增长率净增长	考虑到研究对象均为正样本（均为优秀县领导），且比较不同地区的GDP增长率的意义不大，故此处将该批县领导共同任职期间的平均GDP几何增长率减去此前数年（最早至2008年）的平均GDP几何增长率的结果作为县领导组合的经济增长效应值，用以刻画该组合为任职地所做出的经济贡献

由图3-5可以看出，大部分的县域核心行动者组合的合作年数为3~5年，足够长时间的合作可以帮助县域核心行动者在做决策时更加协调高

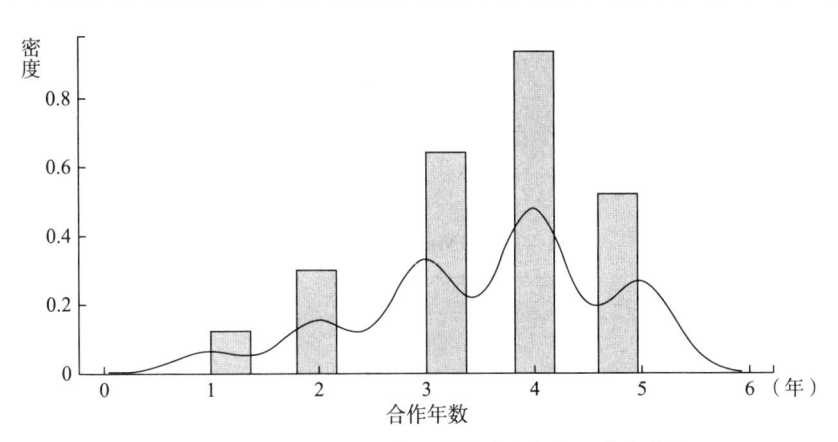

图3-5 县域核心行动者组合的合作年数及密度曲线

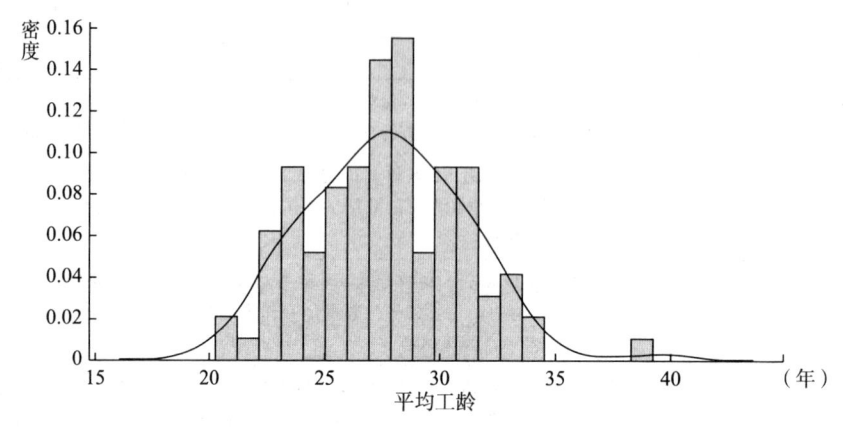

图 3-6　县域核心行动者组合的平均工龄及密度曲线

效。由图 3-6 可以看出县域核心行动者组合的平均工龄基本集中在 28 年左右，说明积攒较多工作经验对提高绩效具有积极影响。

三　实证分析：主成分分析与回归分析的结合

本研究在实证分析中希望可以考虑因素的二次项以及两两因素之间的交互作用，但若直接分析上述假设，将会产生 8 个二次项和 28 个交互作用项，那么在线性回归方程中将会有 45 个待估参数（包括常数项），这显然是不切实际的。考虑到上述因素之间可能存在共线性，所以此处先提取主成分，对因素进行降维，再对得到的主成分进行考虑二次项和交互作用的线性回归分析。

（一）主成分分析

由于因素较多，且直观上部分因素存在共线性，所以先进行主成分分析，提取主成分。

表 3-16　KMO 和巴特利特检验

KMO 取样适切性量数		.682
巴特利特球形检验	近似卡方	72.421
	自由度	28
	显著性	.000

如表 3-16 所示，KMO 检验通过（显著），说明适合进行主成分分析。

表 3-17 主成分分析的总方差解释

成分	初始特征值			提取载荷平方和		
	总计	方差百分比	累积%	总计	方差百分比	累积%
1	3.612	45.151	45.151	3.612	45.151	45.151
2	2.244	28.050	73.201	2.244	28.050	73.201
3	.783	9.786	82.987			
4	.517	6.462	89.449			
5	.309	3.863	93.312			
6	.286	3.576	96.888			
7	.166	2.075	98.963			
8	.083	1.036	100.000			

注：提取方法为主成分分析法。

表 3-18 成分矩阵

	成分	
	1	2
Log（合作年数）	.047	.816
Log（工龄）	.279	-.085
籍贯	-.167	.063
学历	.669	.056
院校	.652	-.216
专业	.709	-.296
下乡经历	-.231	-.131
升任方式	.369	.776

注：1. 提取方法为主成分分析法；
2. 提取了 2 个成分。

根据表 3-17 中的成分矩阵，提取出 2 个主成分，可以分别称为：F_1 "教育背景"，主要由 "学历"、"院校" 和 "专业" 叠加构成；F_2 "熟悉度"，主要由 "Log（合作年数）" 和 "升任方式" 叠加构成。但总体解释程度不太理想，为 73.201%（<80%），可能是相对无关的因素形成了噪声，所以剔除解释度较低的 "Log（工龄）"、"籍贯" 和 "下乡经历"，重新进行主成分分析。

表 3-19　删除噪声因素后的 KMO 和巴特利特检验

KMO 取样适切性量数		.751
巴特利特球形检验	近似卡方	55.139
	自由度	10
	显著性	.000

如表 3-19 所示，删除噪声因素后的 KMO 检验也通过（显著），故也适合进行主成分分析。

表 3-20　删除噪声因素后的主成分分析总方差解释

成分	初始特征值			提取载荷平方和		
	总计	方差百分比	累积%	总计	方差百分比	累积%
1	2.249	44.981	44.981	2.249	44.981	44.981
2	1.835	37.060	82.041	1.835	37.060	82.041
3	.437	8.742	90.783			
4	.341	6.813	97.596			
5	.120	2.404	100.000			

表 3-21　删除噪声因素后的成分矩阵

	成分	
	1	2
Log（合作年数）	.028	.823
学历	.702	.070
院校	.649	-.296
专业	.773	-.281
升任方式	.486	.694

注：1. 提取方法为主成分分析法；
　　2. 提取了 2 个成分。

在删除了噪声因素之后，提取出同样的主成分 F_1 "教育背景" 和 F_2 "熟悉度"，且总体解释程度高达 82.041%（>80%），效果较为理想。

表 3-22 删除噪声因素后的成分得分系数矩阵

	成分 1	成分 2
Log（合作年数）	.016	.619
学历	.401	.053
院校	.371	-.222
专业	.442	-.212
升任方式	.278	.522

注：提取方法为主成分分析法。

根据表 3-22 中的成分得分系数矩阵，写出两个主成分如下：

$F_1 = 0.016 * \log$（合作年数）$+ 0.401 *$ 学历 $+ 0.371 *$ 院校 $+ 0.442 *$ 专业 $+ 0.278 *$ 升任方式

$F_2 = 0.619 * \log$（合作年数）$+ 0.053 *$ 学历 $- 0.222 *$ 院校 $- 0.212 *$ 专业 $+ 0.522 *$ 升任方式

F_1 刻画了县领导组合的教育背景，平均学历越高、院校越好、专业是经济学或管理学或法学的越多，则 F_1 得分越高。F_2 刻画了县领导组合对彼此以及对该县情况的熟悉程度：合作时间越长，两人办公就越默契、效率越高；升任方式中直接升任的越多，该县领导对该县的经济情况、生态建设就越熟悉，也越容易把握住发展命脉，则 F_2 得分越高。

（二）回归分析

将该批县领导共同任职期间的平均 GDP 几何增长率减去此前数年（最早至 2008 年）的平均 GDP 几何增长率的结果作为县领导组合的经济增长效应值 Y，与主成分 F_1、F_2 构建考虑二次项和交互作用的线性可加模型：

$$Y = a_0 + a_1 * F_1 + a_2 * F_2 + a_{11} * F_1^2 + a_{22} * F_2^2 + a_{12} * (F_1 F_2)$$

其中 a_i 分别表示各项系数，F_1、F_2 分别表示两个主成分，F_1^2、F_2^2 表示两个主成分的平方项，$F_1 F_2$ 表示两个主成分的交互作用。回归结果如表 3-23 至表 3-25 所示。

表 3 – 23　回归模型摘要

模型	R	R方	显著性F变化量
1	.863a	.745	.087

注：1. 预测变量：（常量），F1∗F2，F_1^2，F_2^2，F1，F2。

表 3 – 24　方差分析表

模型		平方和	自由度	均方	F	显著性
		ANOVAa				
1	回归	619.436	2	309.718	2.827	.087b
	残差	10846.173	99	109.557		
	总计	11465.609	101			

注：1. 因变量：任期前后平均GDP几何增长率净变化；
　　2. 预测变量：（常量），F1∗F2，F_1^2，F_2^2，F1，F2。

表 3 – 25　回归系数表

模型		B	标准误差	t	显著性
		系数 a			
1	（常量）	-4.559	1.532	-2.976	.004
	F1	-.223	1.090	-.205	.838
	F2	-.052	1.227	-.042	.966
	F_1^2	.928	.572	1.623	.097
	F_2^2	.111	.760	.146	.884
	F1∗F2	1.890	1.098	1.721	.088

注：1. 因变量：任期前后平均GDP几何增长率净变化。

根据上述回归结果，可以发现在显著性水平取10%的情况下，总体回归显著，但存在多个项的系数不显著。保留系数显著的两项：F_1^2 和 F_1F_2。再考虑回归模型：

$$Y = b_0 + b_{11} * F_1^2 + b_{12} * (F_1F_2)$$

其中 b_i 表示各项系数，F_1^2 表示主成分 F_1 的平方项，F_1F_2 表示两个主成分的交互作用。回归结果如表3 – 26至表3 – 28所示。

表3-26 删除不显著变量后的回归模型摘要

模型	R	R方	显著性F变化量
1	.878a	.771	.065

注：1. 预测变量：（常量），F1 * F2，F_1^2。

表3-27 删除不显著变量后的方差分析表

<table>
<tr><td colspan="7">ANOVAa</td></tr>
<tr><td>模型</td><td></td><td>平方和</td><td>自由度</td><td>均方</td><td>F</td><td>显著性</td></tr>
<tr><td rowspan="3">1</td><td>回归</td><td>670.394</td><td>2</td><td>335.197</td><td>3.074</td><td>.065b</td></tr>
<tr><td>残差</td><td>10795.215</td><td>99</td><td>109.043</td><td></td><td></td></tr>
<tr><td>总计</td><td>11465.609</td><td>101</td><td></td><td></td><td></td></tr>
</table>

注：1. 因变量：任期前后平均GDP几何增长率净变化；
2. 预测变量：（常量），F1 * F2，F_1^2。

表3-28 删除不显著变量后的回归系数表

<table>
<tr><td colspan="6">系数 a</td></tr>
<tr><td>模型</td><td></td><td>B</td><td>标准误差</td><td>t</td><td>显著性</td></tr>
<tr><td rowspan="3">1</td><td>（常量）</td><td>-4.455</td><td>1.342</td><td>-3.320</td><td>.001</td></tr>
<tr><td>F_1^2</td><td>.761</td><td>.448</td><td>1.699</td><td>.080</td></tr>
<tr><td>F1 * F2</td><td>1.928</td><td>1.055</td><td>1.827</td><td>.071</td></tr>
</table>

注：1. 因变量：任期前后平均GDP几何增长率净变化。

在显著性水平取10%的情况下，总体和各项系数均显著。由表3-20中的结果可以得到回归方程：

$$Y = -4.455 + 0.761 * F_1^2 + 1.928 * (F_1 F_2)$$

由回归方程可以看出：优秀县领导组合中，任期前后平均GDP几何增长率净变化与教育背景的二次项、教育背景和熟悉度的交互作用均呈正相关线性关系。

经由主成分分析和回归分析，可以发现假设1-1、3-1、3-2、3-3、4-2均得到检验。

研究结论1：县域核心行动者组合搭配时长与治理效能正相关，一套县域领导班子的经济绩效一般呈现"先升后降"的倒U形，其峰值将在领导班子组成后的5年左右达到，这是组合搭配时长中的最大值，因此在此年限内，县委书记与县长的组合时间越长，其治理效能的正向效应越大。

研究结论2：县域核心行动者组合平均学历水平、毕业院校水平与治理效能正相关，县委书记与县长的学历越高、毕业学校越好，其辖区内的经济发展情况越佳。

研究结论3：县域核心行动者毕业于经济学、管理学或法学专业的情况与治理效能正相关，出身于以上几个专业的县域核心行动者，会在辖区内的经济发展工作上取得更明显的成果。

研究结论4：县域核心行动者的直接升任与治理效能正相关，县域核心行动者中当地出身的越多，对当地的发展情况了解得越多，因而更加容易找准发展机遇，推动当地经济发展。

本章小结

高阶理论将高层领导（本书中为县域治理核心行动者）的个体特征（既包括年龄、籍贯等人口统计学特征，也包括学历、专业等教育背景，亦包括任职经历、升任方式等工作背景）与党政之间的同质性水平作为解释组织绩效的自变量，从而打开了从不确定的高层领导到可观测的组织绩效之间的研究黑箱。通过构建县域治理核心行动者个体特征、行动策略与行动绩效之间的实证分析模型，实证检验了发达县域治理体制效能与核心行动者之间的关联关系，并根据数据结果揭示了有趣、重要且具有实践启示意义的研究发现。结合定量分析结果可知，发达县域核心行动者个体特征与其行动策略之间具有密切联系，包括成长背景、教育经历与职业经历等，都会对其工作展开产生显著影响。发达县域核心行动者之间不同的组合搭配，同样会对治理选择产生一定影响。这些现实证据都证明了核心行动者作为制度局中人，会因其个体特征做出导向性行政选择，从而影响治理效能。

第四章
基于经济特区样本的对比实证检验

对中国改革开放40多年经济超常规增长的原因进行变量分析，无法忽视地方政府核心行动者在区域经济增长中的主体角色与行动功能。在中国的现实语境中，地方政府核心行动者包括党、政两条线的首长，他们共同构成地方治理的决策主体。而地方党、政核心行动者间的个体特征差异对地方治理决策的制定、执行和效能会产生什么样的影响？需要基于差异样本，并专注经济增长主线视角，予以更好的阐释。经济特区是中国体制转轨改革的试验载体，因其显性的经济增长绩效而成为合理样本选择。

第一节 经济特区核心行动者个体特征差异对地区经济的影响

本研究基于高阶理论的基本要素与演绎逻辑，阐释地方党政核心行动者年龄、教育水平、任期、任职经历等可观测的个体特征对地方治理的嵌入逻辑，相应提出在有限理性条件下，地方党、政核心行动者的个体特征及彼此差异对治理效能影响的相关研究假设。选取1992~2017年深圳、珠海、厦门、汕头和海南五大经济特区党、政核心行动者资料，进行针对性实证分析，以求得到更为可信的研究结果。

一 理论分析与研究假设

（一）理论分析

高阶理论认为，决策团队的异质性能提供多样化的认知，产生多种问题解决方案，或给予问题全面的考虑，从而有助于决策质量的提高。[①] 因此，对地方党、政核心行动者的个体特征及其异质性进行分析，就显得十分重要且必要。为了更为直观地反映地方党、政核心行动者间个体特征差异对地区经济增长的影响以及高阶理论在测量上的应用价值，参考 Hambrick、Mason 和 Flinkelstein 对企业最高管理者的研究，并结合地方官员的任职情境与执政逻辑来解释和预测现实的决策过程（见图 4-1）。

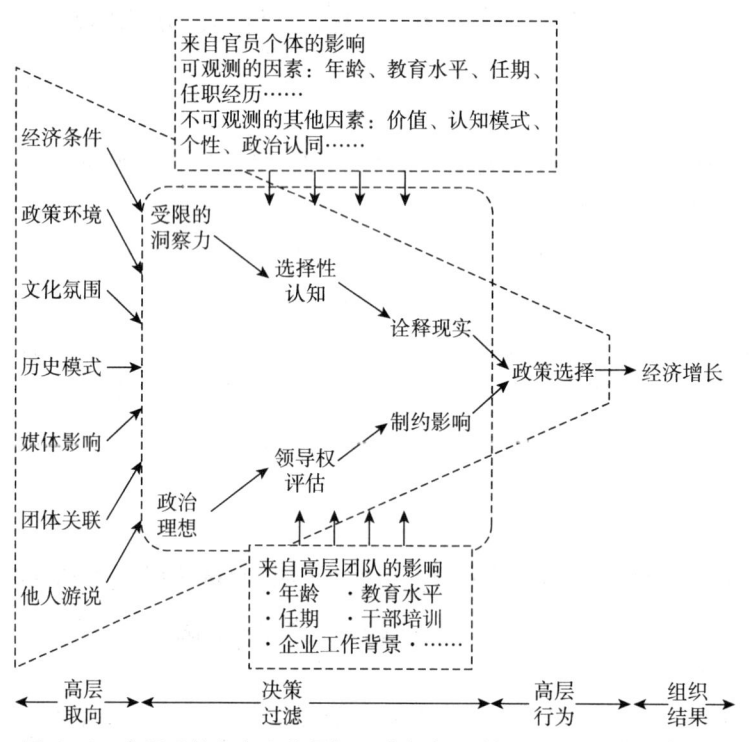

图 4-1 有限理性与自由裁量权：地方党、政核心行动者的政策选择

图 4-1 中上面一条路径为地方党、政核心行动者在有限理性下的政策选择的过程。由于外在环境的复杂性，地方官员难以完全掌握治理环境的现实特征。面对情境的行为即"高层取向"（Executive's Orientation），由相互交织的心理特征和可观测到的经历所组成。地方官员以该取向为基础，通过信息筛选过程，最终产生高度个性化的"诠释现实"（Construed Reality）。这些"被诠释的现实"构成官员做出政策选择的现

[①] Dutton J, Duncan R, "The Creation of Momentum for Change Through the Process of Strategic Issue Diagnosis," *Strategy Management Journal*, Vol. 8, No. 3 (1987): 279-296.

实因素，从而影响到决策的制定，进而会对其执政绩效产生系统性的影响。

然而，除个体因素的影响之外，地方官员在不同的权力范围也会做出差异性的政策选择。正如图4-1下面一条路径所示，决策团队的异质性会使党、政核心行动者间产生差异化的认知，产生多种问题解决方案或经济发展思路，这虽然能在一定条件下提高决策的质量和全面性，但也会不可避免地使党、政核心行动者间产生关于经济发展思路的差异。应该说，党、政核心行动者在原则上具有不同的职能分工。例如，我国政府的主要职能是管理国家的行政事务，在市场经济条件下和以经济建设为中心的背景下主要是经济事务。周恩来在20世纪五六十年代就说过，政府工作的重点，就是组织领导经济建设。[①] 1992年国务院机构改革报告也提到，国务院第一位的任务就是领导经济建设。[②] 然而，从目前的实际运作情况来看，党通过在政府机构中设置党组，而成为政府工作的实际领导者：党组是政府工作实际的最高决策机构，党组讨论和决定本单位的重大问题；做好干部管理工作；党组成员和负责人同时也是政府机构的领导人员和主要负责人，党通过政府部门的党组和党组负责人，贯彻党的路线、方针、政策，落实党管干部原则，实现党和政府工作的一致性。因此，在党委领导、政府负责的经济发展领导体系中，党、政核心行动者间的关系对辖区经济发展绩效必将产生显著的影响。根据高阶理论，党、政核心行动者间是否会在领导风格、执政方式、发展思路等方面产生差异甚至分歧，取决于党、政核心行动者间个体特征的异质性程度；年龄的差异可以使决策团队既获得年长者丰富的经验又获得年轻者独特的创新力；任期的差异则赋予决策团队新鲜血液的必要补充和对决策情境的充分认知；教育水平及任职经历的异质性则使决策团队具有对问题的差异化认知视角和不同的观察层面。另外，根据社会学关于群体异质性的两个相关理论——类似人相互吸引理论和社会分类理论，异质性影响着团队成员的交流频率、沟通效果、整合程度、一致性等，进而影响到最终的政策选择以及政策执行的效力。较大的团队成员异质性会妨碍团队内部的沟通、合作，提高情绪冲突水平。同时，任职经历、干部来源等异质性甚至会影响官员的领导权及决策自由

---

① 程华：《周恩来和他的秘书们》，中国广播电视出版社，1992，第6页。
② 乌杰：《中国政府与机构改革》，国家行政学院出版社，1998，第139页。

度，对地方党、政核心行动者个体特征与经济绩效之间的关联关系产生调节甚至消解作用。

为了更为清晰地呈现地方党、政核心行动者间个体特征差异对辖区经济增长的影响程度及其方式，研究选择我国经济特区作为对比样本数据来源，其原因在于：一方面，经济特区的创立初衷与评判标准都是基于经济增长，核心行动者都有清晰的目标定位，其作用和能力的发挥也有明确的界定和评价依据；另一方面，经济特区的设立伴随着独特的政策和制度创制，给予了其核心行动者极大的制度创制空间和自由裁量权以推动特区经济的超常规增长。因此，官员个体的价值取向、思维模式以及行为选择都会直接影响特区政府的政策输出，进而影响区域经济绩效。以经济特区为研究场域，可以有效克服以往地方官员研究中控制变量复杂多变的困难，从而能够更为直观和清晰地观察地方政府核心行动者间个体特征差异与经济增长的内在关联。

（二）研究假设

根据上述分析，大致归纳出如下假设：

假设1：经济特区党、政核心行动者间异质性越高，则经济绩效表现越差；

假设2：经济特区党、政核心行动者间异质性越低，则其个体特征对经济绩效影响越显著。

为更好地进行研究分析，将两个假设作进一步细化：

假设1a：党、政核心行动者间年龄差异越大，则经济发展绩效越差；

假设1b：党、政核心行动者间教育水平差异越大，则经济发展绩效越差；

假设1c：党、政核心行动者间任职经历不同，则经济发展绩效越差；

假设1d：党、政核心行动者间晋升方式不同，则经济发展绩效越差；

假设1e：党、政核心行动者间任期差异越大，则经济发展绩效越差；

假设2a：党、政核心行动者间异质性指数越小，则其年龄特征对经济绩效影响越显著；

假设2b：党、政核心行动者间异质性指数越小，则其教育水平特征对经济绩效影响越显著；

假设2c：党、政核心行动者间异质性指数越小，则其任职经历特征对

经济绩效影响越显著;

假设2d：党、政核心行动者间异质性指数越小，则其晋升方式特征对经济绩效影响越显著;

假设2e：党、政核心行动者间异质性指数越小，则其任期特征对经济绩效影响越显著。

二　研究设计与数据来源

（一）研究框架与模型建构

分析可知，官员个体特征异质性对绩效表现的影响大体体现在两个方面：一是对官员做决策和政策选择时的个性化诠释产生影响；二是对官员的政策选择自由度以及权力影响力的影响。前者可直接体现在地方党、政核心行动者作为决策团队，其政策选择对经济绩效的作用表现，可以作为辖区经济绩效的解释变量引入回归模型中；后者则是作为官员个体特征与经济绩效之关联关系的调节变量而发生作用。调节变量的一个主要作用是为现有的理论划出限制条件和适用范围，将地方党、政核心行动者个体特征之间的异质性作为调节变量，可以更加清晰、精细、准确地探究官员个体特征对辖区经济绩效的作用逻辑。

基于分析，以年龄、教育水平、任期、企业工作背景以及任职来源为个体特征衡量指标，分别进行实证检验与分析。具体的实证分析模型如下：

$$\text{per-GDP rate} = \beta_0 + \beta_1 \text{age} + \beta_2 \text{education} + \beta_3 \text{tenure} + \beta_4 \text{enterprise} + \beta_5 \text{source} + \beta_6 \text{control} + \eta + \mu \quad (1)$$

在模型（1）中，per-GDP rate是指以人均GDP增长率为被解释变量，β_0为常数项，$\beta_1 \sim \beta_5$分别为解释变量的回归系数，β_6为控制变量的回归系数，age是指官员年龄，education是指官员教育水平，tenure是指官员任期，enterprise是指官员企业工作背景，source是指官员任职来源，control是指纳入回归模型的控制变量，η与μ则分别为固定区域效应与固定时间效应。

然而，根据上述内容，年龄二次项、任期二次项等变量的衍变同样对经济绩效产生显著的影响，而学历水平以及干部培训班经历则同样可以作为衡量教育水平的解释变量；另外，根据Mankiw等基于新古典经济增长理论所发展的实证经济增长模型①,研究将人口增长率、资本折旧率和技术进步率纳入回归分析中,计算时将三项加和取对数,并统一以"其他相关项"为控制变量纳入回归模型中。另外,根据实际情况以及相关研究,全国 GDP 增长率以及官员党、政职位的区别同样会对地方政府核心行动者的经济绩效产生影响,故也将其作为控制变量纳入回归模型中(相关控制变量遴选以及测量方法可参见"三、实证研究的结果与对假设的回应"部分)。

因此,模型(1)可进一步具体化为:

$$per - GDP\ rate = \beta_0 + \beta_1 age + \beta_2 age^2 + \beta_3 degree + \beta_4 training + \beta_5 tenure + \beta_5 tenure^2 + \beta_6 enterprise + \beta_7 source + \beta_8 country - per - GDP\ rate + \beta_9 others + \beta_{10} occupy + \eta + \mu \quad (2)$$

在模型(2)中,除模型(1)已有的部分之外,age^2 是指官员年龄的二次项,degree 是指官员的学历水平,training 是指官员的干部培训班经历,$tenure^2$ 是指官员任期的二次项,country - per - GDP rate 是指全国人均 GDP 增长率,occupy 是指官员的行政职位(党/政)。

在统计学上,明确了自变量(X)与因变量(Y)的因果关系之后,异质性变量(H)的作用一部分(作为解释变量)需要作为自变量引入回归模型,另一部分(作为调节变量)则需要用自变量与调节变量的乘积($X*H$)来表示,即:$Y = \beta_0 + \beta_1 X + \beta_2 H + \beta_3 X*H$

自变量 X 对因变量 Y 的影响是 β_1,异质性变量 H 对因变量 Y 的影响是 β_2,异质性变量发生调节作用的大小则是通过 β_3 表现出来的。

为什么调节作用的大小可以用 X 和 H 的乘积来表示呢?这是因为,在上式中,对 Y 关于 H 求偏导数,可以得到:

$$\partial Y / \partial H = \beta_2 + \beta_3 X$$

也就是说,H 对 Y 的影响取决于 X 的取值,而这正是调节作用发挥的逻辑所在。如果 β_3 在统计学意义上显著,就说明异质性的确对官员个体特征与经济绩效之间的关联关系存在调节作用,而这正是研究所要关注的问题。

---

① Mankiw N., Romer D., Weil D., "A Contribution to the Empirics of Economic Growth," *Quarterly Journal of Economics*, Vol. 107, No. 2 (1992): 407–437.

因此，模型（2）进一步扩展为模型（3）和模型（4）：

$$per-GDP\ rate = \beta_0 + \beta_1 h-age + \beta_2 h-degree + \beta_3 h-tenure + \beta_4 h-experience + \beta_5 h-source + \beta_6 H + \beta_7 country-per-GDP\ rate + \beta_8 start-per-GDP + \beta_9 others + \beta_{10} occupy + \eta + \mu \quad (3)$$

$$per-GDP\ rate = \beta_0 + \beta_1 age*H + \beta_2 degree*H + \beta_3 tenure*H + \beta_4 experience*H + \beta_5 source*H + \beta_6 country-per-GDP\ rate + \beta_6 start-per-GDP + \beta_7 others + \beta_8 occupy + \eta + \mu \quad (4)$$

在模型（3）中，h-age 是指党、政核心行动者间的年龄异质性，h-degree 是指党、政核心行动者间教育水平的异质性，h-tenure 是指党、政核心行动者间任期的异质性，h-experience 是指党、政核心行动者间任职经历的异质性，h-source 是指党、政核心行动者间晋升方式的异质性。H 指研究在结合实际需要和现实情况的基础上，构建了一个衡量官员个体特征异质性的测算指标，并根据该指标所得到的官员个体特征异质性指数。在研究的实际开展过程中，分别按照模型（3）和模型（4）进行实证分析。

（二）异质性测度与标准化方法

在以往的研究文献中，关于决策团队异质性的研究往往是在分别测算个体特征的异质性后，逐个将其与相应的被解释变量进行回归分析，即根据模型（3）的研究框架开展。然而，如前所述，党、政核心行动者间个体特征异质性会对党、政核心行动者的个体认知以及相互关系产生影响，从而调节党、政核心行动者对经济特区经济绩效影响的显著性水平。因此，探究官员在异质性水平不同的情况下，其个体特征对治理效能的作用，则必然具有一定的理论价值和实践意义。

本书构建了一个能够对地方党、政核心行动者间异质性进行测度的指标体系。分别对同期、同辖区党、政核心行动者间年龄、教育水平、任职经历、晋升方式以及任期的异质性进行了测算（测算方式见表4-1），并对每一项独立的异质性水平进行标准化处理，以使其可以在同一统计意义上进行相加等计量处理。在此基础上，各独立异质性水平加总后即异质性指数 H。

表 4-1 党、政核心行动者间异质性指标与测量方法

指标	测量方法
H_1 年龄异质性	党、政首长间年龄相减，将差值进行标准化
H_2 教育水平异质性	党、政首长间学历水平相减，将差值进行标准化
H_3 任职经历异质性	党、政首长都有或都无企业工作背景则为0，否则为1，标准化
H_4 晋升方式异质性	党、政首长同时来自本地或同时来自外地为0，否则为1，标准化
H_5 任期异质性	党、政首长间任职时间相减，将差值进行标准化
H_6 异质性指数	将标准化后的 $H_1 \sim H_5$ 相加，其和即异质性指数

在数据的标准化过程中，研究采用的是 Z 分数标准化方法。Z 分数，即标准分数，通常以 Z 符号表示。标准分数是某一原始分数与平均分数之差除以标准差所得之商。它是以标准差为单位表示某一分数在全体中所处地位的相对地位量数，是一个抽象数值，不受原始测量单位的影响，并可进行代数方法的处理，可以加减或平均，具有较大的实用价值。标准化数据的计算公式为：

$$z = (x - \mu)/\sigma (其中 \sigma \neq 0)$$

其中，x 是需要被标准化的原始数据，μ 是原始数据组成的数据母体的平均值，σ 是原始数据组成的数据母体的标准差。z 值的量代表着原始数据和数据母体的平均值之间的距离，是以标准差为单位计算的，在原始数据低于平均值之时 z 值为负数，反之则为正数（当然，从严格意义上来说，计算 z 值时需要的是整个数据"母体"的平均值和标准差，而非"样本"的平均值和标准差，因此需要了解整个地方党、政核心行动者的样本数据情况，但是这一工作近乎不可能实现，且研究所选取的样本无论在时间跨度还是范围广度上都可视为总体样本，因此不会产生较大的测度误差）。

三 实证研究的结果与对假设的回应

（一）描述性统计分析

为了从整体上了解数据结构并初步预测分析结果，研究先对地方党、政核心行动者间个体特征异质性和经历异质性调节的各个体特征以及分布相对应的相对经济绩效（辖区经济绩效与全国总体经济绩效之差）进

行了描述性统计分析。经过初步统计，党、政核心行动者间年龄相差平均为3.59岁，故以差值3.59岁作为党、政官员年龄特征是否为同质的判断标准，同辖区、同期内党、政核心行动者间年龄差值≤3.59岁，则认定为同质，否则为异质；党、政核心行动者之间任期相差平均为1.33年，故以差值1.33年作为党、政核心行动者任职特征是否同质的判断标准，同辖区、同期内党、政核心行动者间任期差值≤1.33年，则认定为同质，否则为异质；经过计量处理的党、政核心行动者之间异质性指数平均值为1.12，故以1.12作为判断是否具有显著异质性的标准，同辖区、同期内党、政核心行动者间异质性指数≤1.12，则认定为同质，否则为异质。

表4-2 对党、政核心行动者间异质性水平与个体特征的描述性统计

	同质			异质		
	N	%	相对经济绩效	N	%	相对经济绩效
年龄（3）	83	63.4	4.69	48	36.6	4.17
任期（2）	87	66.4	2.63	44	33.6	6.31
教育水平	102	77.9	4.02	29	22.1	4.66
任职经历	89	67.9	4.27	42	32.1	3.01
晋升方式	104	79.4	4.05	27	20.6	3.13
异质性指数（1.12）	68	51.9	4.67	63	48.1	4.61

根据表4-2，描述性统计结果表明：党、政核心行动者间年龄、任职经历、晋升方式等三个特征同质的官员，其相对经济绩效要高于异质的官员；而任期和教育水平两个特征同质的官员，其相对经济绩效则低于异质的官员。而从整体来看，党、政核心行动者间个体特征异质性越高，则其辖区内的经济绩效越差（异质性指数低时，平均相对经济绩效为4.67；而异质性指数高时，平均相对经济绩效则为4.61）。不过，随着时间推移，总体趋于稳定。

描述性统计结果部分支持了假设1，即经济特区党、政核心行动者间异质性越高，则经济绩效表现越差，对子假设1a、1d、1c也在不同程度上给予了数据支持；然而却与子假设1b和1e相反。为了更深入地剖析数据

所蕴含的现实语义，进一步对其进行了多元回归分析。

（二）对核心行动者间个体特征异质性的多元回归分析

为更深入地探究经济特区党、政核心行动者间个体特征异质性与经济绩效的内在关系与作用逻辑，分别以年龄、任期、教育水平、任职经历以及晋升方式的异质性和异质性指数为解释变量，分不同年份（总样本、1992~2004年样本、2005~2017年样本）针对其与被解释变量（GDP增长率）使用STATA进行多元回归分析（结果见表4-3）。

由表4-3中的模型1可知，官员的年龄和晋升方式的异质性对经济特区经济绩效的提升具有显著的正向作用，相关系数分别为0.031、0.859（分别在0.01和0.05的显著性水平上），且这一积极影响在近年（2005~2017年）表现得尤为明显，相关系数为0.029、1.583（分别在0.01以及0.05的显著性水平上）。与此相对，官员的任期、教育水平以及任职经历异质性则明显不利于经济绩效的提升（分别在0.05、0.05和0.01的显著性水平上）。对此可能的解释是，官员的年龄和晋升方式可能只对党、政核心行动者的决策产生影响，不同的年龄和晋升方式能够带来差异化的认知，使决策更为全面、科学、合理，从而促进经济绩效的提升；然而，官员的任期、教育水平和任职经历可能在更大程度上对党、政核心行动者间的协作关系产生影响，较大程度的异质性不利于良好的党、政关系的形成，容易引发意见分歧，且调和难度更大，从而影响决策的一致性和高效性，无助于产生较高的经济绩效。表4-3中的模型2则直接对核心行动者间的异质性指数进行了回归分析，结果表明：核心行动者间的异质性在整体上不具有统计显著性，然而如果考虑不同年份则会有显著不同的统计结果。例如，在1992~2004年，党、政核心行动者间的异质性水平与经济绩效具有负相关关系但不显著（$p<0.1$），而在2005~2017年，党、政核心行动者间的异质性水平越高则越能促进辖区经济绩效的提升（$p<0.05$）。对此可能的解释是，随着时间的推移，党、政核心行动者间的关系越发规范化和正常化，彼此间个体特征的差异性可能在更大程度上促进决策质量的提升，从而有更好的经济绩效表现。

表4-3 党、政核心行动者间个体特征异质性与经济绩效的多元回归分析

	模型1			模型2		
	全样本	1992~2004年	2005~2017年	全样本	1992~2004年	2005~2017年
年龄异质性	0.031** (0.14)	0.104 (0.38)	0.029** (0.11)			
任期异质性	-0.144* (0.20)	-0.500 (0.45)	-0.197 (0.28)			
教育水平异质性	-1.109* (0.93)	-4.731⁻ (2.72)	0.362 (0.45)			
任职经历异质性	-0.575** (0.70)	-1.300 (1.50)	0.239 (0.45)			
晋升方式异质性	0.859* (0.69)	1.52 (2.45)	1.583* (0.69)			
异质性指数				-0.341 (0.65)	-0.472⁻ (1.09)	0.37* (0.49)
全国人均GDP增长率	1.131*** (0.32)	0.97** (0.64)	0.778*** (0.012)	-1.352*** (0.34)	1.753** (0.66)	0.782*** (0.29)
期初人均GDP	-0.359** (0.41)	-5.98 (5.19)	-0.163 (0.17)	-0.275 (0.40)	-2.76 (4.05)	0.148 (0.18)
其他相关项	-0.277* (1.37)	2.96 (3.19)	-0.032* (0.98)	-0.116 (1.20)	0.916 (2.58)	-1.15 (1.69)
职位	-0.002 (0.21)	0.027 (0.76)	-0.024 (0.43)	-0.007 (0.73)	-0.029 (0.53)	0.591 (0.57)
常数项	1.125** (1.94)	27.318* (24.83)	1.106 (1.22)	0.80* (1.42)	5.870* (19.60)	0.737 (0.98)
区域效应	Control	Control	Control	Control	Control	Control
时间效应	Control	Control	Control	Control	Control	Control
F值	9.20***	14.76***	12.84***	10.14***	21.24***	30.92***
调整后 R^2	0.65	0.59	0.58	0.63	0.62	0.53
样本量 N	236	112	124	236	112	124

注：1. *** $P<0.001$；** $P<0.01$；* $P<0.05$；⁻ $P<0.1$；括号中为异方差稳健标准误；2. 所有统计量均经过 Eicker-Huber-White 调整；3. 在多元回归中控制年度效应的虚拟变量和控制区域固定效应的虚拟变量，表格中未列出；以深圳、1992年为基准变量。

（三）对异质性调节作用的多元回归分析

由表4-3可知，经济特区党、政核心行动者个体特征异质性对经济绩效

的确会产生影响,这在不同程度上支持了假设1,也印证了研究关于党、政核心行动者间个体特征异质性水平可能会产生影响的假设。这种影响是否会对核心行动者的个体效能产生调节或中和作用呢?为了回答假设2提出的问题,研究按照模型(4)对异质性调节作用进行了多元回归分析(见表4-4)。

表4-4 经异质性指数调节后的官员个体特征与治理体制效能的多元回归分析

	全样本		1992~2004年		2005~2017年	
调节后的年龄	-0.107** (0.042)	-0.026 (0.04)	-0.100* (0.05)	0.048 (007)	-0.063 (0.11)	-0.035 (0.09)
调节后的任期	0.217⁻ (0.12)	-0.31 (0.12)	0.599 (0.20)	-0.359 (0.26)	0.069 (0.53)	-0.046 (0.46)
调节后的教育水平	-1.346⁻ (0.42)	-0.797 (0.53)	-2.355* (0.91)	-3.590* (1.66)	-0.639 (0.64)	0.492 (0.44)
调节后的任职经历	-0.594 (0.63)	-0.284 (0.47)	-2.459** (0.76)	-0.896* (0.91)	1.017⁻ (0.61)	0.309 (0.47)
调节后的晋升方式	-0.003 (0.45)	-0.074 (0.48)	1.523 (1.01)	1.084* (1.72)	0.542 (1.28)	0.790 (1.08)
全国人均GDP增长率		1.129*** (0.31)		0.986 (0.66)		0.763*** (0.12)
期初人均GDP		-0.163 (8.36)		-6.697 (4.83)		-0.178 (0.203)
其他相关项		0.031 (1.36)		4.082 (3.82)		-0.972 (1.84)
职位		0.287 (0.44)		0.273 (0.74)		0.193 (0.43)
常数项	10.87*** (0.68)	1.59 (1.69)	12.527*** (1.33)	30.700* (23.41)	9.038*** (0.58)	10.12* (1.20)
区域效应	Control	Control	Control	Control	Control	Control
时间效应	Control	Control	Control	Control	Control	Control
F值	6.39***	6.84***	12.995***	10.87***	7.87***	11.05***
调整后R²	0.53	0.58	0.56	0.75	0.65	0.54
样本量N	236	236	112	112	124	124

注:1. ***$P<0.001$;**$P<0.01$;*$P<0.05$;⁻$P<0.1$;括号中为异方差稳健标准误;2. 所有统计量均经过Eicker-Huber-White调整;3. 在多元回归中控制年度效应的虚拟变量和控制区域固定效应的虚拟变量,表格中未列出;以深圳、1992年为基准变量。

根据表4-4,经过异质性指数调节后的全样本年龄、任期、教育水平、任职经历以及晋升方式，除年龄仍在0.01的显著性水平上与经济增长呈现相关关系之外，其他变量皆未发现与经济增长存在显著的相关关系（均未通过0.05的显著性水平检验）。这样的数据分析结果显著不同于上文中未考虑党、政核心行动者个体特征异质性时的数据分析结果，这表明党、政官员的异质性越高，则党、政官员对辖区经济发展的个体影响愈加不显著，从而支持研究假设2。这样的数据分析结果表明，党、政核心行动者异质性越高，则其产生意见分歧的可能性越大，从而导致其越难形成合力，不利于经济绩效的提升。

通过以上分析发现，首先，地方党、政核心行动者间个体特征的异质性水平的确会对经济绩效产生影响，且年龄、晋升方式等个体特征的异质性有利于提升辖区经济绩效，而任期、任职经历、教育水平等个体特征的异质性则不利于产出较好的经济绩效。其次，随着时间的推移，党、政核心行动者间的异质性对经济特区经济绩效的影响逐渐由负向转为正向。最后，党、政核心行动者间个体特征的异质性越高，则党、政核心行动者对经济发展个体化影响越不明显，这表明来自不同区域、不同晋升方式，具有不同年龄、不同任期和不同教育水平的官员所组成的地方决策团队，能够有效避免或制约个人权力过大、"一言堂"等集权行为的发生。

第二节　经济特区核心行动者个体特征差异和个体偏好影响分析

通过将经济特区核心行动者的个体特征纳入统一的分析框架中，整体性地将其对经济特区治理体制效能的影响进行系统化的实证检验，从而在排除不同个体特征之间的调节和中和作用的影响之后，综合考量经济特区核心行动者个体特征与经济特区治理体制效能的内在关联。但经济特区核心行动者个体特征的异质性会分别以解释变量和调节变量形式对经济特区治理体制效能（作为被解释变量）产生影响，因此接下来分别对样本进行针对性处理，从而能够对经济特区核心行动者的任职来源与个体特征异质性对经济特区治理体制效能的影响逐项进行实证分析。

一 理论设计与研究假设

(一) 理论设计

诺斯曾言,"政体在很大程度上决定经济绩效,因为它们确定并强制执行经济规则。因此发展政策的一个关键部分就是各种能够创造并能强制执行有效产权的政体的创设。然而,研究对如何创设这样的政体知之甚少"。[1] 关于从内而外地创设一个有效的政体,或如何剖解一个政体的内部元素从而展现其具体的运作逻辑,而不是基于制度-功能的外在视角的研究方法,在很长一段时间内都是政治学研究的黑箱。对此,西蒙指出了一个可能的分析视角:"在制订研究计划和确定研究方法上,没有什么比对我们正在研究其行为的人类的天性的看法更为重要的了。人性观在很大程度上影响着我们的研究战略;但它同时也对合理的政治制度设计产生了影响。"[2] 可以说,在同一以激励机制为核心的政治代理结构中,地方政府政策所呈现的差异性或独特性,在一定程度上就是由核心行动者——作为地方政府决策制定者和引导者的有限理性所致。有限理性是指"那种意图做到理性,但又只能有限度地做到理性的行为。这是一种获取、储存、重新得到或加工处理信息的有限认知能力状况。可以说,所有复杂的合约都将由于理性的种种限度而不可避免是不完全的"。[3] 这是因为管理者的理性受到其信息处理能力的限制,特别当面对复杂的、不确定的决策环境时,管理者更多是依据行为因素而非完全基于经济利益最大化的追求而做出最后的判断。既然战略的制定充满了行为成分,则在一定程度上必然会反映决策者的价值观。[4] 事实上,核心行动者的个体特征往往首先影响其价值偏好和行为选择,并在戴维·伊斯顿所建构的政治系统中作为重要的输入项而纳入地方政府决策系统中,并在产业政策转换和输出上烙下核心行动者个体特征之痕迹。而这样的决策逻辑不言而喻同样适用于且可能会主导经济特区政府产业发展政策的创制。

---

[1] North, Douglass, "Economic Performance through Time," *American Economic Review*, Vol. 84 (1994): 359-368.
[2] Simon, Herbert, "human Nature in Politics: The Dialogue of Psychology with Political Science," *American Political Science Review*, Vol. 79 (1985): 293-304.
[3] 〔美〕威廉森:《治理机制》,王健等译,中国社会科学出版社,2001,第478~479页。
[4] Cyert R. M., March J. G., *A Behavioral Theory of the Firm* (NJ: Prentice-Hall, 1963), pp. 1-16.

根据以上分析，研究提出如下设想：其一，核心行动者个体特征与其经济结构调整偏好存在相关关系；其二，核心行动者的经济结构调整偏好会对辖区内经济结构调整实绩产生影响。

为了对第一个设想进行验证和实证分析，研究将经济特区核心行动者的年龄、学历、任期、干部培训班经历、企业工作背景、是否本地直接晋升等六个个体特征纳入实证分析模型。之所以这样选择，是因为个体的经济结构偏好往往形成于其成长历程、教育学习过程以及工作经历之中。

1. 年龄

个体的年龄往往会影响其对经济发展形势及相应策略选择的判断和取向，年龄较长的官员因其减弱的风险倾向和变通能力而会越发抵制任何可能的变革[1]，从而不利于做出经济结构调整的决策。

2. 学历

伴随官员教育水平的提高（表现为学历的提升），其知识与技能也会相应得到积累，这是一种重要资产，能够带来更全面的洞察力和更广泛的能力去应对复杂的决策情境[2]，从而使核心行动者能够更有效地开展经济发展规划布置，进而做出有利于经济结构调整的产业发展政策。

3. 干部培训班

除了基本的教育水平之外，官员从在职培训中所获得的知识同样不应被忽视，因为公务员培训作为新公共管理运动的一部分，是政府组织重构和改善组织绩效的重要内容；受训干部在干部培训班所积累的人脉资源及其功能亦不能忽视。因而研究也将官员参加干部培训班纳入分析框架。

4. 任期

在任职初期，陌生的环境使个体的决策往往比较谨慎[3]，几乎所有官员都是首次任职类似区域，缺乏经验，容易决策失误，而且如果官员提前知道任期是短暂的，则会采取消极的主政态度甚至急功近利的做法；如果官员在某一职位任职时间过长或者因年龄限制而即将终结任期，则

---

[1] Wiersema M. F., Bantel K. A., "Top Management Team Demography and Corporate Strategic Change," *Academy of Management Journal*, Vol. 35 (1992): 91–121.

[2] 孙海法、姚振华、严茂胜：《高管团队人口统计特征对纺织和信息技术公司经营绩效的影响》，《南开管理评论》2006年第6期。

[3] Hambrick D. C., Fukutomi G. D., "The Season of a CEO's Tenure," *Academy of Management Review*, Vol. 16 (1991): 719–742.

其会降低自己被晋升的预期，从而降低工作积极性①，而且如果官员提前知道即将被晋升、任期即将终结，同样会倾向于维持现有的发展成果而采取保守性的政策选择，不利于有关经济结构调整的行政决策的做出。因此研究做出官员任期与经济结构调整偏好呈倒"U"形关系的假设。

5. 企业工作背景

经济特区具有较为稳定的宏观政策环境和较为单一的发展目标定位，在制度环境、目标导向和管理理念上也更接近企业组织，因此有企业工作背景的官员更能准确把握经济特区产业发展的趋势和策略，有利于做出促进经济结构调整的决策。

6. 本地直接晋升

本地晋升的任职经历将从两个方面影响经济特区核心行动者的个体偏好。其一是本地晋升的官员在辖区内拥有更为广泛的社会资本和关系资源，有利于其进行经济体制变革和产业政策调整；其二是本地晋升的官员对当地经济发展有更为全面的把握和更为深入的了解，能够做出有利于辖区经济发展的经济决策。

地方政府核心行动者作为所在行政区发展战略制定和经济政策选择的主导者，其个体特征（年龄、学历水平、干部培训班经历、任期、企业工作背景、晋升经历）会对其对经济形势或发展趋向的判断和选择产生重要影响，进而投射于行政区经济发展过程中，从而影响经济结构变化。那么，地方政府核心行动者对经济结构调整的个体偏好，具体会体现在哪些方面呢？或者说，核心行动者的经济结构调整偏好除了其个人的直接表态外，还会通过何种间接形式有意或无意地表现出来呢？当前缺乏对官员偏好的有效直接测量，寻找系统性替代指标来综合反映官员偏好无疑具有重要的理论和现实意义。而且，研究力图通过多指标综合性的测量方式来替代直接测量，主要是因为地方政府核心行动者可能会表面上赞同经济结构调整（特别是在上级和公开舆论面前），而事实上，他们对此并无内在的动力和实际的行为回应。

鉴于此，研究在观察地方政府核心行动者经济调整偏好时，并没有直接测度其偏好程度，而是采用了技术创新、市场经济、生态环境、文化产

---

① 张军、高远：《官员任期、异地交流与经济增长——来自省级经验的证据》，《经济研究》2007年第11期。

业四个指标作为替代变量,以此排除官员在面对上级和公开舆论时所做"表面文章"的影响。具体原因包括如下方面。

1. 技术创新

20世纪80年代中期,以资本和技术为驱动的全球经济结构调整拉开帷幕,突出表现为信息产业的突飞猛进和知识经济迅速发展,服务业日渐成为社会就业的主要渠道。在这场波及全世界的浪潮中,欧美各国因其所拥有的先进技术和持续创新能力而在世界经济结构分工链条中占据中上流地位,而拥有后发优势的发展中国家也日益重视先进技术的引入,以此来改造传统产业和发展新兴产业,促进产业结构的优化升级。因此,地方政府核心行动者如果对经济结构调整有所偏好,则必然认知和认可科学技术创新的关键作用。

2. 市场经济

毋庸置疑,经济结构调整的基础性平台是市场,价格信息和竞争机制是市场形塑经济结构的内在机制;市场机制内在的自发和滞后属性自然需要政府的经济产业政策来纠偏和推动,但前提是清晰认知市场的自我修复和调节的功能,切实尊重市场的基础性地位,不能将市场的自发性和滞后性放大并视同为市场失灵,须知政府干预市场的信息和能力并不充足,强行介入和过度干预,易出现政府与市场的"双失灵"窘境。因此,基于市场是经济结构调整的基础平台,对市场经济的强调应该是地方政府核心行动者经济结构调整偏好的重要特征。

3. 生态环境

我国自然环境的持续性整体衰退已是不争的事实,虽竭力避免但依然走上了先污染后治理之路。执政党正努力回应公众对环境治理的需求,党的十八大、十九大均强调生态环境治理的重要性。要治理生态环境就必须改善需求结构和优化产业结构,即在调整产业结构的过程中塑造资源节约型和环境友好型的经济发展方式。因此,地方政府核心行动者对生态环境(特别是节能减排工作)的重视,可成为研究判断其经济结构调整正向偏好的重要依据。

4. 文化产业

文化产业具有低消耗、低排放的特征,成为经济结构调整升级的新兴绿色产业。如果抓住新兴文化产业发展的机遇,就能够在中国经济产业转型升级中赢得先机。譬如，深圳经济特区基于自身特点，着力发展城市文化竞争力，相应形成了高附加值、低能耗并能突破地域空间制约的文化产业，这使深圳从一个"文化荒地"变成一个城市文化竞争力排名第一的城市。近年来，不少地区把大力发展文化产业作为转变经济增长方式的突破口，通过鼓励性政策促进文化产业的发展。因此，有经济结构调整偏好的地方政府核心行动者，必然会在文化产业上寻求突破。

如果说核心行动者的经济结构调整偏好需要通过替代性指标测度的话，那么如何辨别其不进行经济结构调整的个人偏好呢？直接性度量指标是可取的，为了避免给下级政府传递"错误"的信号，没有经济结构调整偏好的官员会避免过多地讨论与此相关的问题，即"我说的我不一定去做，但我不说的我一定不会去做"。除此之外，"政府主导"和"招商引资"偏好也可作为官员经济结构调整偏好的负向指标，因为多数经济学家认为经济结构调整的关键是减少政府主导[1]，"政府主导"必须进一步从经济领域退出；而"招商引资"则常被认为是政府干预市场的典型表现。[2]基于以上分析，研究构建了核心行动者经济结构调整偏好与经济结构调整实绩的路径（见图4-2）。

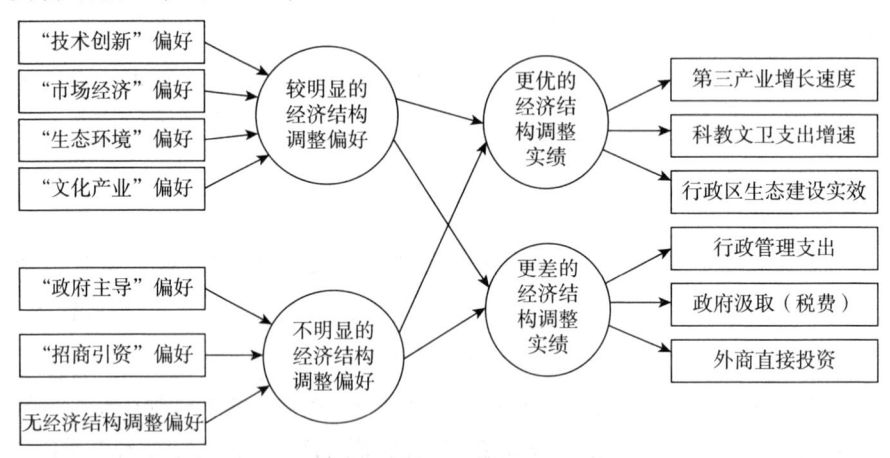

图4-2 核心行动者经济结构调整偏好与行政区经济结构调整实绩的结构化路径（结构方程模型）

---

[1] 朱峰：《多数经济学家认为调结构关键是政府减少对市场主导》，http://www.chinanews.com.cn/gn/2014/07-17/6395462.shtml，最后访问日期：2023年6月12日。

[2] 郭强：《地方政府干预市场的经济分析》，《管理科学》2005年第5期。

(二) 研究假设

根据上述分析，大致归纳出如下假设：

假设1：核心行动者个体特征与其经济结构调整偏好存在相关关系；

假设2：核心行动者的经济结构调整偏好与辖区内经济结构调整实绩存在显著关系。

而根据前述，假设1（核心行动者个体特征与其经济结构调整偏好存在相关关系）可进一步细化为以下六个子假设项：

假设1a：核心行动者的年龄与其经济结构调整偏好负相关；

假设1b：核心行动者的学历水平与其经济结构调整偏好正相关；

假设1c：核心行动者的干部培训班经历与其经济结构调整偏好正相关；

假设1d：核心行动者的任期与其经济结构调整偏好呈倒"U"形相关；

假设1e：核心行动者的企业工作背景与其经济结构调整偏好正相关；

假设1f：核心行动者的本地晋升经历与其经济结构调整偏好正相关。

二 变量设计与数据来源

在核心行动者个体特征与经济结构调整偏好（即假设1）的多元回归分析中，是以地方政府核心行动者的个体特征变量（年龄、学历、干部培训班经历、任期、企业工作背景和晋升经历）为解释变量的。而假设1中的被解释变量则是地方政府核心行动者的经济结构调整偏好（同时也是第二个研究假设的解释变量），具体包括"较明显的经济结构调整偏好"和"不明显的经济结构调整偏好"两个类别。在研究中，官员行为偏好的相关数据是通过对报刊、网络等大众传媒的新闻报道进行逐字阅读和识别而得到的。这些大众传媒包括《人民日报》《光明日报》、凤凰网、新浪网、腾讯网、网易新闻等，相关报道纳入研究范畴，须同时满足两个条件：一是相关报道必须完整、真实，须有时间、作者、来源且字数不少于300字；二是报道的重复性，须同时有两种不同的大众传媒对同一事件进行报道。

在内容分析法的运用过程中，相关信息转化为研究所需数据的编码过程如下：如果没有官员关于此项的相关报道，则计为0；如果仅是地方政府核心行动者在谈话或公开讲话中涉及此项，则计为1；如果地方政府核心行动者对此项进行针对性讨论，或在不同场合中数次谈到此项，则计为2；如果地方政府核心行动者对此项进行实践层面的部署，或进行制度化、常规化安排，或提出了系统而长远的顶层设计、制度安排，或提出了具体目标、指标等，则计为3。

其具体测量方式见表4-5。

表4-5 核心行动者经济结构调整偏好的测量

变量类别	变量名称	测量方法
较明显的经济结构调整偏好	技术创新	内容分析法： 0：无官员关于此项的报道 1：官员在谈话或公开讲话中涉及此项 2：官员对此项进行针对性讨论，或数次谈到此项 3：官员对此项进行实践层面的部署，或进行制度化、常规化安排，或提出了系统而长远的顶层设计、制度安排，或提出了具体目标、指标等
	市场经济	
	生态环境	
	文化产业	
不明显的经济结构调整偏好	政府主导	
	招商引资	
	无经济结构调整偏好	

研究将经济结构调整实绩分为"更优的经济结构调整实绩"和"更差的经济结构调整实绩"两个类别，分别以第三产业增长速度、科教文卫支出增速、行政区生态建设实效和行政管理支出、政府汲取（税费）、外商直接投资进行测量。该六项指标的数据来源于《中国区域统计年鉴》、《中国城市统计年鉴》和《中国经济特区年鉴》，并进行了数据的比对和统一。为了排除不同行政级别经济特区面临的政策环境不同所带来的差异，又考虑到经济结构调整是建立在一定经济基础之上的，在经济特区的初始期和成长期讨论转型的经济结构调整较为不妥，由此选取了深圳、厦门、珠海、汕头四个经济特区2000~2018年核心行动者经济结构调整偏好与辖区内经济结构调整实绩之间的数据，分析其内在相关关系。

三 实证分析：经济特区核心行动者与经济结构调整的关系逻辑

为了对假设1和假设2及其子假设进行验证，研究分别采用多元回归和结构方程模型的实证分析方法，进行了数据分析和实证研究。

(一) 核心行动者个体特征及其经济结构调整偏好的描述性统计分析

1. 官员更迭与经济结构调整偏好的变动情况

研究对四个经济特区核心行动者的经济结构调整偏好进行了追踪分析，分别观察了不同核心行动者的转型偏好与政府主导偏好的变动情况。具体描述性统计结果见图4-3。

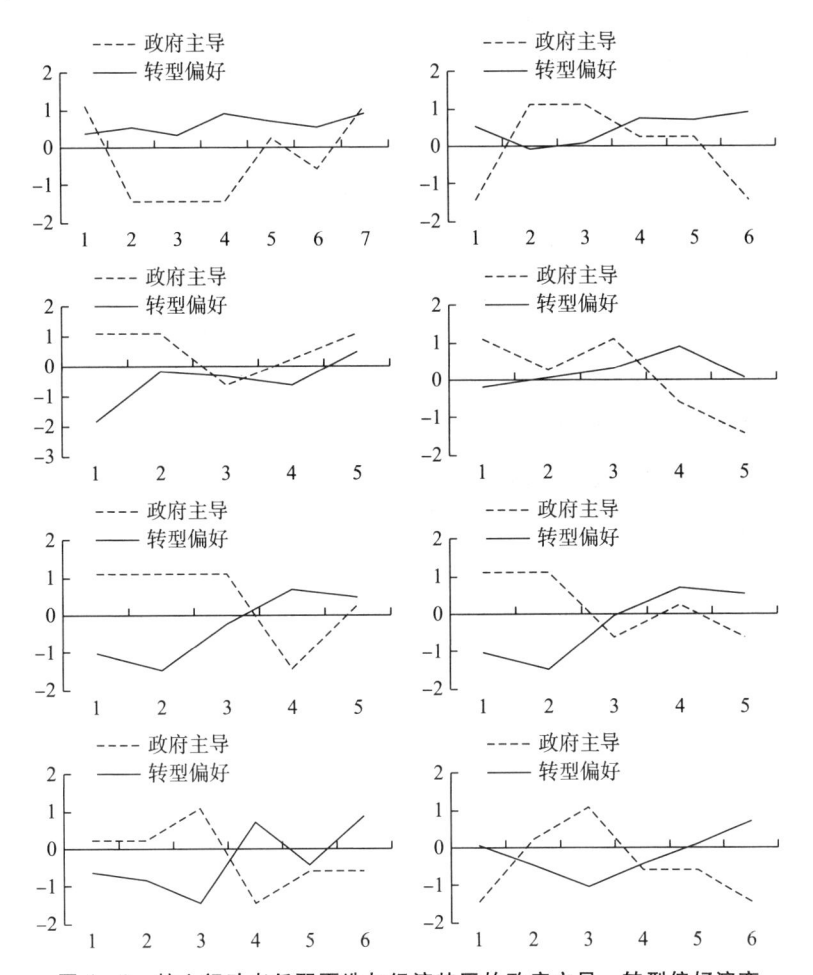

图4-3 核心行动者任职更迭与经济特区的政府主导、转型偏好演变

说明：在图中，坐标系横轴指示依照时间顺序的官员更迭，纵轴指示标准化的行为偏好水平，例如，深圳特区书记样本图形中横坐标1所对应的两个点，即指代第一位纳入统计视野的书记的政府主导和转型偏好，横坐标2所对应的点即指代第二位书记的偏好，以此类推。

由图4-3可以看出，对于四个经济特区（深圳、厦门、珠海、汕头）

而言,随着时间的推移,党委与政府的核心行动者分别呈现不同的行为偏好演化趋势:党委一把手(四个经济特区的市委书记)在统计期间的初始阶段都展现出较高水平的"政府主导"偏好,具体体现在加强政府宏观调控、频繁出台政府指令性文件等,在接下来的几年内"政府主导"偏好略有不同水平,在近年上任的党委书记则都重新展现出明显的"政府主导"行为取向,这可能与党委和政府的职能划分逐渐明确、党政关系越发健康有关,党委一方在政府协调运转、宏观方向把控等方面逐渐承担起更加清晰、更多的职责。

与此相对,政府一方核心行动者的"政府主导"偏好水平则呈现逐渐下降的趋势,这也从另一个角度印证了党委书记"政府主导"偏好趋于明显所彰显的实践启示,四个经济特区的市长逐渐将更多的精力和时间聚焦于中微观具体事务的管理和处置。

在转型偏好的演化过程中,图4-3显示,在经济特区中,无论市委书记还是市长的偏好都呈现越来越高的水平,即更多的官员逐渐表现出更高水平的经济结构转型升级偏好,这也验证和佐证了研究关于经济特区经济结构调整和升级的论述和猜想。然而,经济特区核心行动者越发明显的经济结构调整偏好是否能够实质性地转化为辖区内的经济结构调整实绩?因其会受到诸多影响因素的干扰和调节,从而理应引起研究的怀疑以及由此而引发的其他猜想。因此,研究将采用路径分析的方法,实证分析在考虑诸多调节和中介因素的影响后,官员经济结构调整偏好与辖区经济结构调整实绩之间的内在关联性。

2. 对各变量的描述性统计

表4-6 对各变量的描述性统计(基于时期分段)

变量名称	N	均值	标准差	2000~2005年 N	均值	标准差	2006~2011年 N	均值	标准差	2012~2018年 N	均值	标准差
技术创新	151	2.51	0.67	48	2.08	0.79	47	2.70	0.66	56	2.73	0.51
市场经济	151	2.04	0.86	48	1.90	0.75	47	1.91	0.90	56	2.29	0.86
生态环境	151	2.47	0.67	48	1.79	1.18	47	2.77	0.56	56	2.80	0.46
文化产业	151	2.06	0.89	48	1.27	1.09	47	2.40	0.88	56	2.46	0.57
政府主导	151	1.21	0.97	48	2.02	1.14	47	1.45	0.97	56	0.32	0.56

续表

变量名称	N	均值	标准差	2000~2005年 N	均值	标准差	2006~2011年 N	均值	标准差	2012~2018年 N	均值	标准差
招商引资	151	2.04	0.98	48	2.44	0.97	47	2.38	0.80	56	1.41	0.90
无经济结构调整偏好	151	0.20	0.30	48	0.38	0.49	47	0.02	0.15	56	0.01	0.13
第三产业增长率	151	0.13	0.03	48	0.13	0.05	47	0.16	0.05	56	0.17	0.02
绿化率增长率	151	0.04	0.06	48	-0.01	0.09	47	0.03	0.08	56	0.10	0.03
税收收入	151	0.39	0.54	48	0.12	0.47	47	0.28	0.10	56	0.74	0.64
固定资产投资	151	0.19	0.14	48	0.15	0.18	47	0.21	0.10	56	0.23	0.13
外商直接投资	151	0.16	0.20	48	0.04	0.35	47	0.16	0.16	56	0.27	0.24

由表4-6可知，随着时间的推进，官员的经济结构调整偏好呈现显著的上升趋势（前后三个时期技术创新、市场经济、生态环境、文化产业四个变量的均值的变化分别为从2.08到2.73、从1.90到2.29、从1.79到2.80、从1.27到2.46；而政府主导与招商引资偏好的均值则分别为从2.02到0.32和从2.44到1.41），而更为直接的，官员"无经济结构调整偏好"变量的变化趋势则更为明显，即从2000~2005年的0.38到2012~2018年的0.01，说明官员的行动策略越发偏向经济结构调整。而在经济结构调整实绩方面，经济特区的产业结构升级绩效明显，例如第三产业增长率和绿化率增长率都有了显著提升（分别从2000~2005年的0.13、-0.01到2012~2018年的0.17、0.10），而更差的经济结构调整实绩指标（税收收入、固定资产投资、外商直接投资）则呈现复杂的变化趋势，即税收收入明显增加（从2000~2005年的0.12到2012~2018年的0.74），固定资产投资有所提升（从2000~2005年的0.15到2012~2018年的0.23），而外商直接投资则有了显著的增加（从2000~2005年的0.04到2012~2018年的0.27）。作为潜变量的衡量指标，尽管这样的统计结果满足结构方程模型的研究标准，但这一复杂趋势仍值得结合现实情况进行思考。

（二）核心行动者个体特征与其经济结构调整偏好的多元回归分析

为了对假设1进行数据检验，研究分别构建了经济特区核心行动者个体特征与其经济结构调整偏好、政府主导偏好以及招商引资偏好的多元回归模型，分析结果见表4-7。

表 4-7　地方政府核心行动者个体特征与其经济结构调整偏好的多元回归分析

变量	模型 1 (1)	模型 1 (2)	模型 2 (1)	模型 2 (2)	模型 3 (1)	模型 3 (2)
常数项	3.810 (2.696)	0.541*** (0.646)	1.351 (0.987)	0.526** (0.241)	2.667 (1.873)	1.582*** (0.401)
年龄	0.079 (0.048)		-0.017 (0.018)		-0.028 (0.033)	
学历水平	0.141 (0.353)		-0.242* (0.129)		-0.105 (0.245)	
干部培训班	0.028 (0.218)		-0.251*** (0.080)		-0.224 (0.152)	
企业背景	1.033** (0.507)		-0.037 (0.186)		-0.453 (0.352)	
本地晋升	-0.793* (0.458)		0.213 (0.168)		-0.494 (0.318)	
任期	-0.425*** (0.136)	0.459 (0.490)	0.126** (0.050)	-0.110 (0.183)	0.205** (0.094)	-0.339 (0.305)
任期二次项		-0.009 (0.910)		0.012 (0.030)		0.085* (0.049)
区域效应	Control	Control	Control	Control	Control	Control
时间效应	Control	Control	Control	Control	Control	Control
F 值	4.801***	4.470**	3.568***	0.362	2.291**	3.453**
调整后 R^2	0.347	0.122	0.264	0.210	0.153	0.089
样本量 N	51	51	51	51	51	51

注：1. ***、**、*分别表示通过显著性水平为 1%、5%、10%的统计检验；括号中为异方差稳健标准误；2. 所有统计量均经过 Eicker-Huber-White 调整；3. 在多元回归中控制年度效应的虚拟变量和控制区域固定效应的虚拟变量，表格中未列出；以深圳、1992 年为基准变量。

在表 4-7 中，模型 1 分析了深圳、厦门、珠海和汕头四个经济特区核心行动者个体特征与其经济结构调整偏好的相关关系（被解释变量由技术创新、市场经济、生态环境、文化产业四个变量数据标准化后相加所得）。实证分析结果显示，具有企业工作背景的核心行动者更倾向于选择促进经济结构调整的政策（在 0.05 的水平上显著）；而随着官员任期的增长其经济结构调整的偏好越发不明显（在 0.01 的水平上显著），并且，通过任期二次项检验可知，官员任期与其经济结构调整偏好之间存在不显著的倒

"U"形相关关系。另外，官员的年龄、干部培训班经历等虽没有通过10%的显著性检验，但皆与经济结构调整偏好呈正相关关系，这在一定程度上支持了假设1。本地晋升的负相关结果说明，长期在本地工作的官员懒于改变当前经济结构（在0.01的水平上显著）。

模型2则显示了四个经济特区核心行动者个体特征与其政府主导偏好的相关关系。由表4-7可知，官员学历与政府主导偏好存在显著负相关关系（在0.1的水平上显著），即学历越高的官员倾向于反对政府过多地干预经济发展；而官员的任期则与政府主导偏好存在极其显著的正相关关系（通过了5%的显著性检验），说明官员的任期越长，则越强调政府作用的发挥，并且，通过任期二次项检验发现，官员任期与其政府主导偏好存在不显著的"U"形关系。另外，官员的年龄与企业任职经历等虽然没有通过10%的显著性检验，但皆与政府主导偏好呈负相关关系。

模型3则显示了四个经济特区核心行动者个体特征与其招商引资偏好的相关关系。由表4-7可知，官员的任期与招商引资偏好存在显著的正相关关系（通过了5%的显著性检验），说明官员的任期越长，越乐于招商引资。

（三）核心行动者行动策略对区域经济结构调整影响的实证分析

行动策略是个体偏好的反映，它是衡量个体在不同情境和不同时期内相对稳定的行为选择和行动模式的一般性指标。为了探寻经济特区核心行动者行动策略对治理体制效能的影响方式，研究以经济特区核心行动者的产业升级偏好作为行动策略的测量指标，以产业结构调整的实际绩效作为治理体制效能的替代性指标，构建了经济特区核心行动者产业升级偏好与产业升级实绩的实证分析模型。

由于官员的行动策略是复杂、可变且难以测量的，因此，一方面要针对性地探寻核心行动者某一突出特征与区域治理体制效能的对应关系，从而能够有效地识别、分辨并厘析出能够对区域产业升级产生影响的官员个体偏好；另一方面则需要基于系统、整体性的视角，建构一个一般性的、具有普适价值的分析框架。研究力图通过单因素方差分析，有针对性地识别官员行动策略对区域产业结构调整实绩的影响大小及其方向；同时，通过路径分析，建构一个地方政府核心行动者与区域产业结构之关系的宏观分析框架。

如表4-8所示,研究分别以地方政府核心行动者行动策略(分为0~3四个层级)和产业结构调整实绩为纵向和横向变量,构建了①~⑥共六组对应关系,并分别进行了单因素方差分析。

在第一组和第二组关系中,地方政府核心行动者的政府主导偏好与固定资产投资增长率和政府税费收入增长率都没有必然的相关关系,这说明在我国以地方政府为主导的发展模式中,地方的产业结构调整同样是由政府所引导的,无论地方政府核心行动者是否流露出不同的行为偏好或行动策略,都不会在根本上改变政府在产业升级中的地位和作用。

在第三组关系中,地方政府核心行动者的招商引资偏好与直接利用外资增长率不存在显著相关性,且其偏好的增长并不会引发直接利用外资增长率的规律变动。对此可能的解释是,利用外资额取决于区域政策环境、市场发育程度以及人文环境等诸多因素,且是一个循序渐进、逐步增长的过程,需要地方政府及其官员进行卓有成效的长期努力和政策创制。

在第四组关系中,地方政府核心行动者生态环境偏好的增强引发了环境绩效(绿化率增长率)的显著提升(P值为0.048),这说明在区域治理中,生态环境对政府政策或规制具有较为敏感的响应,且生态环境具有较大的波动弹性。

第五组和第六组分别检验了地方政府核心行动者的技术创新偏好和文化产业偏好对第三产业增长率的影响,且都发现了显著的相关关系(分别通过了99%和99.5%的显著性检验),说明官员的产业升级偏好能够直接带来产业结构调整的良好绩效表现。

表4-8 地方政府核心行动者行动策略与产业结构调整实绩的单因素方差分析

	产业结构调整实绩	地方政府核心行动者行动策略(均值)				One-way ANOVA	
		0	1	2	3	F	Sig.
		政府主导偏好						
①	固定资产投资增长率	0.218	0.183	0.231	—	0.423	0.657
②	政府税费收入增长率	0.070	0.080	0.133	—	0.300	0.742
③	直接利用外资增长率	招商引资偏好				2.395	0.680
		0.208	0.379	0.198	0.319		

续表

	产业结构调整实绩	地方政府核心行动者行动策略（均值）				One-way ANOVA	
		0	1	2	3	F	Sig.
④	绿化率增长率	生态环境偏好				3.219	0.048
		-0.040	-0.032	0.543	-0.01		
⑤	第三产业增长率	技术创新偏好				4.531	0.010
		-	-	0.085	0.090		
⑥	第三产业增长率	文化产业偏好				5.511	0.001
		-	0.069	0.088	0.090		

注：在官员行动策略中，0 表示无官员关于此项的报道；1 表示官员在谈话或公开讲话中涉及此项；2 表示官员对此项进行针对性讨论，或数次谈到此项；3 表示官员对此项进行了实践层面的部署，或进行制度化、常规化安排，或提出了系统而长远的顶层设计、制度安排，或提出了具体目标、指标等。

（四）核心行动者对区域产业结构调整影响的路径分析

依照路径分析的研究方法，采用结构方程模型为分析工具，具体分析地方政府核心行动者个体特征及行动策略对区域产业结构调整的影响及其规律与内在逻辑。根据前述研究假设，研究设计了结构路径图，并对四种假设路径进行检验和分析，详见表4-9。为了检验潜变量设计的合理性、可测变量设置以及测量的科学性，研究对数据进行了信度检验，结果显示整体数据的Cronbach's Alpha 系数为0.783，说明路径分析所使用的数据具有较好的信度。

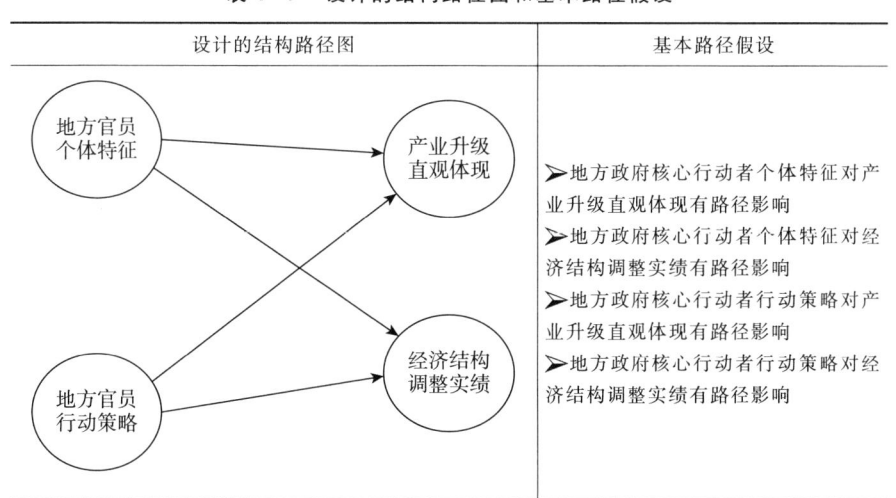

表 4-9 设计的结构路径图和基本路径假设

设计的结构路径图	基本路径假设
（地方官员个体特征、地方官员行动策略 → 产业升级直观体现、经济结构调整实绩）	▶地方政府核心行动者个体特征对产业升级直观体现有路径影响 ▶地方政府核心行动者个体特征对经济结构调整实绩有路径影响 ▶地方政府核心行动者行动策略对产业升级直观体现有路径影响 ▶地方政府核心行动者行动策略对经济结构调整实绩有路径影响

根据上一节的简单实证分析，研究发现地方政府核心行动者的政府主导偏好并不会对区域经济结构调整实绩产生实质性的影响，而招商引资偏好同样呈现复杂的对应变动情况，因而在整体性分析框架的建构中，研究并未将官员的"政府主导偏好"和"招商引资偏好"这两个变量作为潜变量"地方政府核心行动者行动策略"的可测变量引入分析过程之中。同样地，地方政府核心行动者个体特征对产业升级偏好的多元回归分析结果表明，在纳入回归模型的个体特征变量中，只有企业工作背景、本地晋升和任期三个变量通过了 0.05 的显著性水平检验，因而在所研究的诸多官员个体特征中，只有学历、企业工作背景和任期三个个体特征对官员行为绩效产生影响，因此在这里研究也仅将这三个变量作为潜变量"地方政府核心行动者个体特征"的可测变量。综上，路径分析的变量设定及其释义见表 4-10。

表 4-10 路径分析的变量设定及其释义

潜变量	代码	具体释义	潜变量	代码	具体释义
个体特征	a1	学历	经济结构调整实绩	a7	绿化率增长率
	a2	企业工作背景		a8	税收收入增长率
	a3	任期		a9	固定资产投资增长率
行动策略	a4	技术创新偏好	产业升级直观体现	a10	第三产业增长率
	a5	生态环境偏好		a11	第三产业就业人口增长率
	a6	文化产业偏好		a12	第三产业 GDP 占比增长率

根据表 4-9 和 4-10 所展现的研究设计和数据测量方法，研究对地方政府核心行动者个体特征、地方政府核心行动者行动策略、经济结构调整实绩以及产业升级直观体现四个变量进行了路径分析。结构方程模型拟合指数见表 4-11。如表 4-11 所示，虽然模型拟合的关键判断指数都通过了最低要求，但仍不否认该结构方程模型的模型拟合指数并未达到最优，但这并不能成为判断模型是否成立的唯一根据。尽管如此，研究仍有必要对模型设定潜在的不足或弊端进行探讨：一方面，该模型所用数据为 2000~2011 年四个经济特区的数据，样本量较小而变量较多，有可能对数据分析结果的稳健性产生影响；另一方面，当前国内外对官员行动策略（尤其是产业升级偏好相关的行为偏向）尚未有明确的、得到数据支持的

研究结论报道，鉴于研究属于探索性的，所建构的模型是间接地建立在相关研究基础上的，因而不可避免地存在欠缺和不足，这也可能影响结构模型的拟合程度。

表4-11 结构方程模型的统计结果指标

Index	X2/df	P	GFI	AGFI	CFI	IFI	TLI	RMSEA
估计值	3.320	0.001	0.814	0.709	0.749	0.773	0.669	0.125

参数估计结果见图4-4和表4-12。图4-4直观展现了结构方程模型的路径系数，而表4-12则将参数估计的具体结果展示出来。

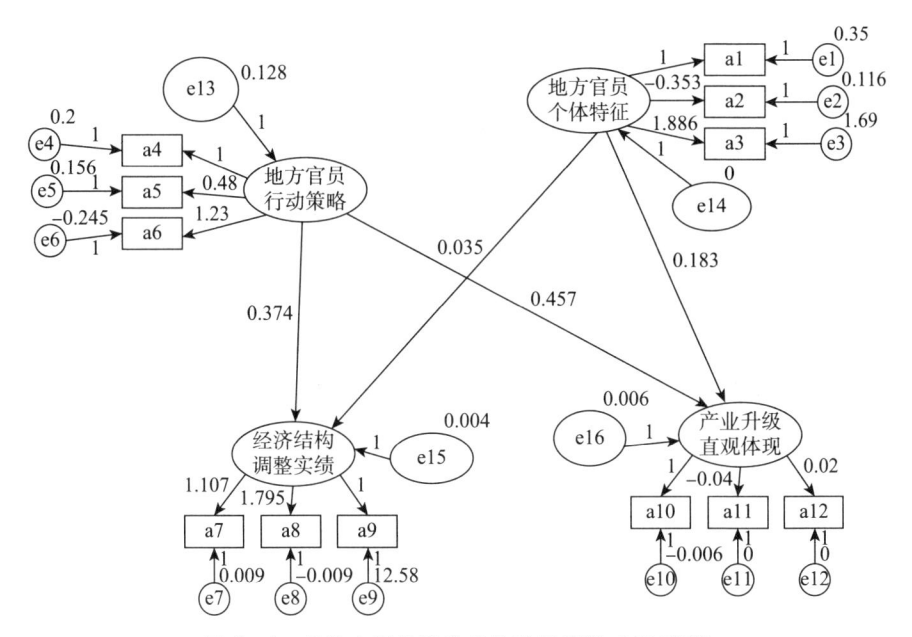

图4-4 结构方程模型分析的路径系数（AMOS）

在表4-12中，第一列是模型假设的逐条路径，第二列是标准化路径系数（Estimate），第三列是标准差，第四列是AMOS提供Z统计量C.R.（Critical Ratio，由参数估计值与其标准差之比构成），第五列是C.R.的统计检验相伴概率P，第六列则是标准化的路径系数（Standard Estimate）。由表4-12可知，潜变量"地方政府核心行动者行动策略"对潜变量"产业升级直观体现"与潜变量"地方政府核心行动者行动策略"对潜变量"经济结构调整实绩"的标准化路径系数分别为0.271和0.325，其C.R.

值分别为 2.405 和 2.382，相应的 P 值则分别小于 0.001 和 0.01，因而这两个路径系数都在 95% 的置信度下与 0 存在显著性差异，即可认为两个路径得到了数据的支持，而与地方政府核心行动者个体特征相关的两个路径则未得到数据支持。

表 4-12　结构方程模型分析的参数估计结果

			Estimate	S. E.	C. R.	P	Standard Estimate
经济结构调整实绩	←	核心行动者个体特征	0.035	0.36	0.097222222	.291	.032
产业升级直观体现	←	核心行动者行动策略	0.457	0.19	2.405263158	***	0.271
经济结构调整实绩	←	核心行动者行动策略	0.374	0.157	2.382165605	.007	0.325
产业升级直观体现	←	核心行动者个体特征	0.183	0.28	0.653571429	.207	.037
a1	←	核心行动者个体特征	1				.191
a2	←	核心行动者个体特征	-0.353	-0.172	2.052325581	.039	-.316
a9	←	经济结构调整实绩	1				.663
a8	←	经济结构调整实绩	1.795	1.073	1.672879776	.094	1.377
a7	←	经济结构调整实绩	1.107	2.326	0.475924334	.634	.029
a3	←	核心行动者个体特征	1.886	0.737	2.559023066	.06	.268
a6	←	核心行动者行动策略	1.23	0.568	2.165492958	.008	-1.205
a5	←	核心行动者行动策略	0.48	0.25	1.92	.656	-.308
a4	←	核心行动者行动策略	1				.073
a10	←	产业升级直观体现	1				2.626

续表

			Estimate	S. E.	C. R.	P	Standard Estimate
a12	←	产业升级直观体现	0.02	0.152	0.131578947	.949	.131
a11	←	产业升级直观体现	-0.04	-0.151	0.264900662	.946	-.075

通过以上分析发现，相对于地方政府核心行动者个体特征而言，官员的产业升级偏好对其所在辖区的经济结构调整实际绩效存在更加明确和显著的影响和作用，这表明虽然官员个体特征能够在一定程度上解释甚至预测其行为取向甚至组织绩效，但官员在成长、从政的过程中，其个体的价值判断、行为取向、自我观念都会发生转变，而这些转变会更加显著地对其政策选择及组织绩效产生影响。

第三节　经济特区核心行动者行动绩效对晋升的影响分析

对经济特区核心行动者个体特征与经济绩效之间的相关关系进行分析可知，经济特区核心行动者个体特征与治理效能间具有显著相关性。为进一步为县域核心行动者研究结果提供补充依据，研究就经济特区核心行动者行动绩效与晋升之间的相关性进行实证分析，以求进行分析结果的对比论述。

一　理论设计与研究假设

（一）理论设计

改革开放以来，中国何以能取得长达40年的经济超常规增长，这个主题一直是中西方学者的研究热点，相关研究经历了从"要素禀赋"到"制度安排"再到"政府激励"的探源性历程。关于经济增长原因的分析思维逐步呈现从静态到动态的变化，形成了"资源－制度－官员"的原因变量链条，并逐步认识到高层级地方官员作为我国经济政策、制度变迁的推动者和执行者，其权力、行为及施政经验等因素都将最终影响政府的治理效能水平。

GDP数据的显性增长是政府官员绩效考核的核心指标，此指标的环比考核使地方政府官员的施政逻辑主要是做大GDP、增加财政收入。官员晋升的层级年龄约束必然使上述施政逻辑的行为表征呈现短期机会主义色彩，相应产生产能过剩、环境污染和资源浪费等问题。由此，可以进行如下理论假设：经济特区核心行动者推动财政创收的动力将随晋升机会的加大而出现先强化后减弱的"倒U形"趋势。如果把"财政收入"作为衡量官员政绩的重要指标，官员势必会全力提升辖区内的财政收入。两种极端情况需要加以说明，即在晋升机会很大或很小的情况下，官员推动财政收入增加的动力都会比较弱。前者是自感顺理成章，动力衰退；后者是自感晋升无望，安守现状。因此，经济特区核心行动者推动财政创收的动力随着晋升机会的增大而加强，在晋升机会达到顶峰时便开始减弱，表现出"倒U形"趋势。当然，此视角成立的前提条件是财政收入确实是上级对经济特区核心行动者考核的重要评判指标，而经济特区核心行动者也确实有能力影响到经济特区财政收入的增减。

基于官员自身视角，晋升的影响要素莫过于背景和才干。统计数据表明，经济特区核心行动者一般在任期结束后均会获得晋升，巧合的是任内辖区经济都取得了快速发展。那么，可以认为管理经济的才干是晋升的核心影响要素。在分析经济特区核心行动者去向时发现，部分官员是因年龄因素而退休，极少数官员是因为表现欠佳和违法乱纪而遭到降职或党纪国法惩处。才干或者能力可能被相对显性的外在指标加以呈现，从而可以变相测量；而背景（关系）往往缺乏直观性，无法有效呈现和测量。从严谨度出发，研究似乎不能排除有较深背景（关系）的官员被调至经济特区工作，借助经济特区延续的发展成绩，在较短任期内即获得晋升的情况。研究当然不能否认这类官员自身的才干，否则其也难以主政于经济特区这类多方聚集的场域，但其晋升的动因从研究层面就较难归于在经济特区任期内的才干"输出"绩效了。

而就经济绩效与官员晋升间的关系而言，尽管当前学界已有诸多研究结果证明经济绩效与地方官员晋升之间的正向关系，并在阐释和解读这些研究结果的过程中建构起了一个较为完整的逻辑框架（即通常所说的"政绩论"）；然而，相关研究往往难以获得相同的研究结论，甚至会得出截然相反的研究结论（如"关系论"与"政绩论"相反，认为"关系"才是决定官员升迁的主要因素)。当然,单一制体制下的中央权威并没有也不能以官方文件的形式明确经济增长绩效在官员提拔中的核心指标作用。经济增长绩效似乎只是升迁的必要条件,而不是绝对条件或充要条件。

综上所述,经济增长绩效与官员晋升间的关系存在争论,普遍性共识尚未建立。但研究依然认为,根据中国官员治理体制和纵向权力关系的结构模式,"晋升锦标赛"的政治激励是存在的,且正在发挥重要作用。

(二)研究假设

基于理论分析,大致归纳出以下假设:

假设1:来自上级政府部门、为上级党委常委、有上级政府任职经历的核心行动者更易晋升;

假设2:经济绩效好的核心行动者更有可能获得晋升;

假设3:来自上级政府部门、为上级党委常委、有上级政府任职经历且经济绩效好的核心行动者更有可能获得晋升。

为更好地进行分析,研究将三个假设作了进一步拆分:

假设1a:与晋升和平级调任相比,上级调任的核心行动者更有可能获得晋升;

假设1b:与非常委相比,为上级党委常委的核心行动者更有可能获得晋升;

假设1c:与没有上级政府任职经历相比,有上级政府任职经历的核心行动者更有可能获得晋升;

假设2:经济绩效好的核心行动者更有可能获得晋升;

假设3a:来自上级政府部门和经济绩效好的核心行动者更有可能获得晋升;

假设3b:为上级党委常委和经济绩效好的核心行动者更有可能获得晋升;

假设3c:有上级政府任职经历和经济绩效好的核心行动者更有可能获得晋升。

二 变量选择与描述性分析

针对提出的研究假设,拟通过数据检验的方法对其进行实证分析,以期从数据分析结果中获取有价值的实践启示。

（一）变量选择

1. 履历背景与政治晋升

在以往的研究文献中，由于学者对核心行动者的履历背景尚未给予较高的关注和重视，并没有较多的研究经验和既有成果可供借鉴和参考。较有创见性和影响力的测度方法为 Victor 等所采用的常委排名的方法，但这一方法仍存在衡量方式过于单一、不同级别行政单位无法采用等固有弊端。为了更加全面地对官员的履历背景进行测度，研究分别采用任职来源、是否为上级党委常委和是否有上级政府部门任职经历三个变量进行测量。采用这三个变量的原因包括三点：其一，任职来源往往被视为政治晋升的决定性因素，因为如果是上级政府指派的"空降型"官员，则其必然带有特定任务或目标，或者是上级政府出于对该官员政治历练的目的，因此这类官员一般而言比较容易引起上级考核部门的注意从而获取政治晋升机会；其二，是否为上级党委常委则从另一个层面决定了该官员在同级别官员中的政治排名情况，而对于这些具有竞争关系的同级别官员来说，获取更为靠前的政治排名则无疑会获得更多的擢升机会，更何况作为上级党委常委拥有更多的机会接触上级政府核心行动者，而这些官员常常是做出拔擢决策的核心人员；其三，拥有上级政府部门任职经历的官员会在上级政府中拥有更为广泛的人脉关系，这一方面使其能够获得更多的政治、经济资源从而有利于其获得更为突出的执政绩效，另一方面则使其拥有更多渠道和机会寻求与上级政府实现纵向共谋，而这也常常被视为官员政治晋升的"快车道"。[①]

2. 经济绩效与政治晋升

对核心行动者经济绩效的测量在一定程度上获得了学界共识，GDP增长率和人均GDP增长率成为最为普遍的替代性指标。但需要特别指出的是，这两个看似相同的测量指标实则是具有显著差异性的：GDP增长率是实务界通行的评价指标，该指标较为全面、系统地衡量了某一区域的经济发展情况；而人均GDP增长率则更关系到辖区内人们的收入水平和福利状况。[②] 为了更全面地衡量经济特区核心行动者的经济绩效产出情

[①] 倪星、杨君：《经济奇迹、转型困境与地方官员纵向共谋》，《武汉大学学报》（哲学社会科学版）2011 年第 1 期。

[②] 徐现祥、王贤彬、舒元：《地方官员与经济增长——来自中国省长、省委书记交流的证据》，《经济研究》2007 年第 9 期。

况，研究分别采用 GDP 增长率和人均 GDP 增长率对经济绩效进行衡量。

3. 经济绩效、履历背景与政治晋升

在核心行动者政治晋升的考核过程中，研究将任职来源、为上级党委常委和有上级政府任职经历等方面统一归纳命名为履历背景，显然此履历背景与经济绩效是两类性质完全不同的评价指标，因此任何一个指标的比较优势可能都会受到另外一个指标的掣肘，只有在两个方面都有一定的比较优势时才会有获得更大政治晋升的可能性，因此两个指标的交互作用也应被充分考虑（见图 4-5）。

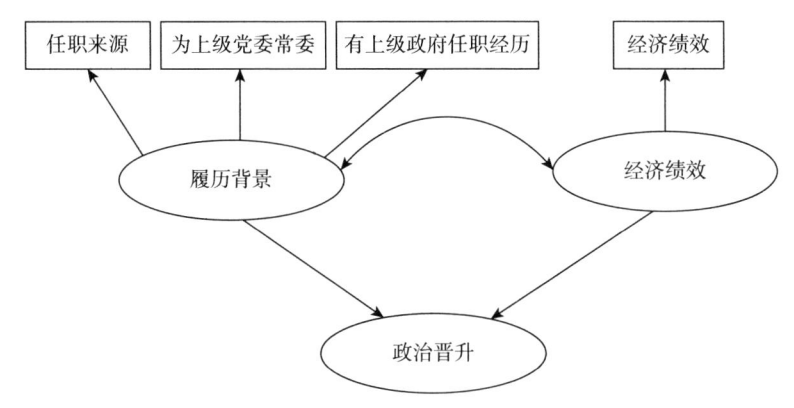

图 4-5　履历背景、经济绩效与政治晋升的关系

说明：其中方框表示观测变量，椭圆表示因变量，A→B 表示变量 A 对变量 B 的影响，A↔B 表示 A 与 B 之间的相互作用

另外，在对官员是否得到晋升进行度量和编码时，原则是按照行政级别的变动情况进行编码，即级别得到上升计为 1，级别没有改变或者级别下降计为 0。然而，由于中国地方官员的任职变动存在"明升暗降""戴罪提拔"等情况，研究在对官员是否晋升进行编码时结合实际情况做了特别处理。这些被特殊处理的情况包括以下几个方面：首先，当官员的任职单位为政协、人大等部门时，虽级别有所提升但仍计为 0；其次，当官员从某一较低行政级别单位到某一较高行政级别单位任职，或者从同一级别的经济发展水平较低的区域到较高的区域任职时，虽级别并无变化，但仍计为 1，例如，由于深圳为副省级城市，从汕头到深圳任职，便属于从行政级别较低的单位到较高的单位任职的情况；最后，当官员从政府机关到上级政府的下属职能部门任职时，虽级别有所升高，但仍计为 0。

（二）描述性分析

1. 样本选择与数据源

为了对上述模型进行数据分析，研究构建了逐个样本的观察值。五个经济特区设立的时间有所不同，样本选取的时间区间为1992~2018年。在数据获取的过程中，经济特区核心行动者的是否晋升、任职来源、是否为上级党委常委以及是否有上级政府任职经历等变量数据来源于地方官员的个人简历，作为0~1虚拟变量，而经济绩效变量则来源于对深圳、珠海、厦门、汕头、海南五个经济特区统计年鉴的手工整理。具体情况见表4-13。

表4-13 核心行动者政治晋升的变量定义

变量	定义	来源
是否晋升	晋升记为1，未晋升记为0	个人简历
任职来源	来自上级政府部门记为1，本地晋升或平级调任记为0	
是否为上级党委常委	为上级党委常委记为1，非上级党委常委记为0	
是否有上级政府任职经历	有上级政府任职经历记为1，无相关任职经历记为0	
相对GDP增长率		统计年鉴
相对人均GDP增长率		

2. 模型构建

根据分析奠定理论基础，演绎出研究假设，构建起理论框架，确定研究变量后，建立如下实证模型：政治晋升 = a 任职来源 + b 为上级党委常委 + c 有上级政府任职经历 + d 经济绩效 + e 任职来源 * 经济绩效 + f 为上级党委常委 * 经济绩效 + g 有上级政府任职经历 * 经济绩效 + h，其中，a~g 分别为各解释变量的系数；h 为回归分析的常数项。

3. 描述性统计

在实证分析开始之前，研究对分析的整体数据进行了简单的描述性统计，见表4-14。

把晋升与否用百分比的方式来展现，可以看出，前两者（任职来源、为上级党委常委）与否相对应的晋升比例差异不大，而后者（上级任职经历）与否相对应的晋升比例差异极大（20%）。可以认为，任职来源、是否为上级党委常委与政治晋升没有显著关系,而有上级政府任职经历的官员,更容易得到晋升。这样的结果不同于研究的传统认知。

表 4-14 核心行动者政治晋升相关变量的描述性统计

统计类别		晋升(%)	未晋升(%)
任职来源	来自上级政府部门	57	43
	本地晋升或平级调任	59	41
是否为上级党委常委	为上级党委常委	62	38
	非上级党委常委	59	41
是否有上级政府任职经历	有上级政府任职经历	67	33
	无相关任职经历	47	53
相对GDP增长率		4.51	3.88
相对人均GDP增长率		2.07	1.65

三 实证分析:基于数据检验的定量研究

为了对上述模型进行实证分析,研究运用多元回归分析和卡方检验,对履历背景和经济绩效与政治晋升的关系进行了数据检验。

(一) 政治晋升与履历背景和经济绩效的回归分析

由于研究假定经济特区核心行动者的政治晋升与任职来源、是否为上级党委常委、是否有上级政府任职经历等履历背景变量和以GDP增长率为衡量指标的经济绩效变量具有相关关系,研究对这些变量进行了多元回归分析。在分析中,由于GDP增长率和人均GDP增长率都曾作为经济绩效的替代变量出现在以往的研究文献中,研究对二者分别进行了分析,其中模型1所示为以GDP增长率为经济绩效替代变量的回归分析结果,模型2所示为以人均GDP增长率为经济绩效替代变量的回归分析结果(表4-15)。

表 4-15 政治晋升与履历背景、经济绩效的多元回归分析

变量	模型1			模型2		
	(1)	(2)	(3)	(1)	(2)	(3)
任职来源	0.146			0.146		
是否为上级党委常委	0.247			0.247		

续表

变量	模型1 (1)	模型1 (2)	模型1 (3)	模型2 (1)	模型2 (2)	模型2 (3)
是否有上级政府部门任职经历	0.312			0.312		
经济绩效		0.103**			0.086*	
任职来源*经济绩效			0.034**			0.047*
是否为上级党委常委*经济绩效			0.009			-0.021
是否有上级政府部门任职经历*经济绩效			0.148**			0.159***
常数项	0.210	0.574**	0.725***	0.210	0.512**	0.634***
区域效应	控制	控制	控制	控制	控制	控制
F值	1.37	1.45	5.08***	1.37	1.75	8.25***
调整后R^2	0.17	0.35	0.37	0.17	0.19	0.24
样本量N	82	82	82	82	82	82

1. ***、**、*分别表示通过显著性水平为1%、5%、10%的统计检验，括号中为异方差稳健标准误；2. 所有统计量均经过Eicker-Huber-White调整；3. 在多元回归中控制区域固定效应虚拟变量，表格中未列出；以深圳为基准变量。

由表4-15可以看出，在模型1（即以GDP增长率作为经济绩效替代变量）中，在履历背景与政治晋升层面，与研究的假设基本一致，核心行动者的履历背景（任职来源、是否为上级党委常委、是否有上级政府部门任职经历）与政治晋升的关联都为正值，表明与晋升和平级调任相比，从上级调任的官员更有可能获得晋升，与非党委常委相比，为上级党委常委的地方官员更有可能获得晋升，与没有上级政府部门任职经历的地方官员相比，有上级政府部门任职经历的地方官员更有可能获得晋升。

但是假设1a、假设1b、假设1c都没有通过显著性检验（P值>0.1）。在其辖区内的经济绩效与政治晋升关系层面，其相关系数为正值，表明经济绩效越好越容易获得政治晋升，这与研究假设2是一致的，并且通过了5%的显著性检验。另外，任职来源和是否有上级政府部门任职经历两个变量的交互变量都与政治晋升呈现较为显著的正相关关系，且假设3a与假设3c的显著性水平均为5%，与研究的假设是一致的。同样地，在模型2中，经济绩效与政治晋升也存在一定的显著关系（通过了10%的显著性检验），任职来源、是否有上级政府部门任职经历和经济绩效交互项与政治晋升都存在正向关系。这表明，在经济特区，虽然核心行动者的履历背景对政治晋升有所影响，但真正决定其是否升迁的核心因素依然是经济绩效表现。

（二）是否为上级党委常委、经济绩效与政治晋升的卡方分析

由表4-16所示卡方检验容易看出，对于非上级党委常委的官员，其政治晋升和经济绩效存在相关性（在0.1的显著水平下拒绝原假设），可以认为其经济绩效越好，越容易得到晋升。但担任上级党委常委的官员的政治晋升与经济绩效相互独立（在0.1的显著水平下不拒绝原假设），这与研究的原有推测存在一定差异。

表4-16 常委与否、经济绩效与政治晋升的列联表分析

	政治晋升	经济绩效较好 GDP增长率>13%	比例（%）	经济绩效较差 GDP增长率<13%	比例（%）	Sig. 值
上级常委	晋升	19	47.5	21	52.5	0.443
	未晋升	7	41.2	12	58.8	
非上级常委	晋升	11	91.7	1	8.3	0.081
	未晋升	1	33.3	2	66.6	

引入卡方分析的原因在于研究样本来源于深圳、珠海、厦门、汕头、海南。一方面，海南作为省级单位，其核心行动者如果具有上级党委常委身份，则必然属于政治局常委，而其他四个行政单位的核心行动者如果身为上级党委常委，则为省委常委，这在常委的重要性程度、遴选程序等方面皆有所不同；另一方面，由于在同一行政序列中，不同行政单位的相对行政地位有所不同，这必然会影响该行政单位在上级政府拥有常委的数量，例如同属于广东省，深圳市与珠海、汕头两市相对比则必然拥有更多的省委委员。因此，不宜将"是否为上级党委常委"这一变量作为自变量引入回归模型中。为了解决这一问题，研究控制了"是否为上级党委常委"变量，观察在不同分列中经济绩效对政治晋升的影响程度。

通过以上分析可知：第一，对于经济特区核心行动者而言，其任职期间的经济绩效往往比履历背景更能决定其晋升与否，经济绩效依然是晋升

锦标赛的核心指标；第二，有上级政府部门任职经历的地方政府核心行动者在政治晋升方面的表现较为理想；第三，为上级党委常委的地方政府核心行动者的政治晋升与经济绩效存在相互独立性，这表明上级党委常委的影响力较为显著；当然，上级党委常委的行政级别及影响力均高于所在区域其他官员，有利于有效统一治理理念、行动路径和资源整合，绩效的显现似乎应该更加突出；第四，晋升激励的时间空档和晋升与否的稳定预期带来了官员动力的衰退。

本章小结

基于深圳、珠海、厦门、汕头和海南五个经济特区样本，深度验证核心行动者个体特征与其行动策略及行动绩效间的互动关联，研究表明经济特区核心行动者个体特征（学历、企业工作背景和任期）对其经济结构调整偏好具有显著影响，而这种经济结构调整偏好也会直接体现在其所在辖区的产业升级实际绩效上；同时也发现，经济特区的经济结构调整实绩不会直接受核心行动者的个体特征影响，而会受到其行动偏好的调节影响。目前，研究仅就实证分析产生的数据结果进行初步阐释，后续章节将就数据结果予以延展讨论。

第五章
发达县域核心行动者个体特征、行动策略与行动绩效的理论分析

政治生活的鲜活是由人与制度的互动生成的，制度规约人的行动空间和行动方式，人也用自身的回应行动诠释着制度，寻求最大限度的利己行动空间与便己行动方式，制度规约和主体回应决定了制度运行的不同结果。政府治理不完全是纵横向权力在现存体制和机制环境中的运行，也包括治理情境中行动者对既定制度环境的自适应及基于激励的反应行为，行动者与制度共同构成了政府治理生态。行动者的行动受制于制度体制，同时又会主动诠释制度价值，利用自由裁量空间实现行动者的多维意图。作为县域核心行动者的县委书记和县长是域外经济、政治和社会因素作用于县域治理的基本中介，县作为有效承接国家治理意图的空间接点，需要通过自身改革提升治理效能，保障国家政策落于实处。县长与县委书记可通过自身治理行为的输出影响上述因素的作用结果，进而可能决定县域治理的绩效。

第一节　县域治理核心行动者的生成逻辑

20世纪80年代的中国改革展现了央地政府间纵向权力分工关系的互动变化，这种互动虽具"收—放"轮替的表状，本质上却为中央向地方的单向放权逻辑。伴随这一逻辑持续作用而至的复杂制度变革既为地方政府核心行动者的生成提供了巨大制度空间，又实现了对地方政府核心行动者的制度规引，即正式制度的规引与非正式制度的浸润。

一　县域治理核心行动者的生成逻辑之制度空间

从制度与制度局中人的互动逻辑来看，县域治理核心行动者的生成依赖制度体系变革产生的制度空间。制度体系变革产生的制度空间可分为主动性制度变革创造的制度空间和制度移植的非耦合创造的制度空间，前者即这一制度空间形成正是制度创新的目的所在；后者为制度移植所带来的旧制度条件下的既得利益群体与新制度条件下的预期收益群体的博弈引致的次优制度移植结果，及新旧制度之间难以有效整合、协作形成的"非耦性"[①] 共同创造的制度空间。制度耦合是指制度系统内的各项制度安排为实现某一确定的功能和目标，有机地组合在一起，从不同角度来约束人们的行为，使各主体间利益分配合理化，使整体利益最大化。或者说，在给定的资源存量条件下，现存的制度集合和制度安排的任何改变都不可能增加社会的总收益和增强制度集合的功能，整个制度系统处于"稳定"的状态。[②] 上述制度空间的形成并非制度移植和变革者的本意，是客观创造的。

（一）主动性制度变革创造的制度空间

从制度功能角度来看，改革开放的成功取决于一系列"纷繁复杂"的理念创新与制度变革。然而，这些制度体系之间存在明显的矛盾冲突。如何用较为清晰的逻辑线索厘清上述制度体系间的矛盾冲突呢？对这一问题的回答事实上就从根本上说明了县域治理核心行动者的制度空间是如何形成的。毕竟正如阿瑟·刘易斯指出的那样，"如果统治者思想的变化允许人们以从前被禁止的方式进行活动……在基本的经济因素没有变化的情况下也可能存在着允许有更大的行动自由的制度变化"。[③] 可从诸多学者对改革开放路径的认知与表达中探寻上述问题的答案。黄亚生认为相比苏联改革，中国改革计划性较弱、目标性不强[④]；王绍光指出每一项具体的改革

[①] 耦合是指两个或两个以上系统或运动方式之间通过各种相互作用而彼此影响以致联合起来，是在各子系统间的良性互动下，相互依赖、相互协调、相互促进的动态关联关系。

[②] 王文贵：《互动与耦合——非正式制度与经济发展》，中国社会科学出版社，2007，第312~313页。

[③] 〔英〕阿瑟·刘易斯：《经济增长理论》，周师铭、沈丙杰、沈伯根译，商务印书馆，1996，第187页。

[④] Yasheng Huang, "Information, Bureaucracy, and Economic Reforms in China and the Soviet Union", *World Politics*, Vol. 47, No. 1 (1994): 102–134.

措施都是对迫在眉睫的危机做出的应急性反应[①];因此,改革开放以来的理念创新与制度变革均是基于中央的选择性控制,即"中央对怎么改革并不预先设定一个原则和目标,而是通过对试验的不确定态度,实现对地方的选择性控制"[②]。当然,政策试验有基本规则约束,政治秩序的稳定是前提。中央政府既希望地方政府努力创新,又希望能迅速纠正地方政府破坏政治秩序稳定的"创新"行为。而地方政府既希望通过政策创新获取相应的经济收益和政治收益,又希望规避可能引发的政治风险。中央为激励与约束地方政府,借鉴"财政包干制",在行政区治理上也开始实行"政治承包制",即"国家放弃了对承包外行政权力的监控权,国家首先设定了各种硬性指标和禁止性规范,只要部门、地方和基层达到了国家各项硬性指标的规定,不违背各项禁止性规范,它们的行动就是自由的"[③]。

以包容制度为例,目前,国内包容制度陆续在各地出台,如2006年深圳市人大常委会审议并通过的《深圳经济特区改革创新促进条例》,随后的《重庆市促进开放条例》《西安市改革创新促进条例》《武汉城市圈资源节约型和环境友好型社会建设综合配套改革试验促进条例(草案)》等。包容制度从制度层面拓展地方政府核心行动者的行动空间,营造相对宽松的创新氛围,包容地方政府核心行动者的"合理性"错误。这种合理性错误显然是以公共利益增长为依归,遵循了现行的政治程序,只是因新旧制度之间存在"非耦合性"[④]的调适障碍或遭遇突发的意外情境,无法完全实现应有的制度效能,甚至产生了负效能的情况。那种以制度变革为旗号,以个人利益为依归引发的错误不在"合理性"错误的范围,自然无法包容。如"不对政策的目标、后果、成本收益以及各种可能的方案进行充分深入的研究论证,搞暗箱操作,甚至对其他正确的意见、建议进行压制和封锁,导致一些制度安排不能达到应有的效果,甚至偏离公共利益的目

---

① 王绍光也坦言"他们能做的仅仅是优先诊治最迫切的议题"。参见王绍光《学习机制与适应能力:中国农村合作医疗体制变迁的启示》,《中国社会科学》2008年第6期。
② 刘培伟:《基于中央选择性控制的试验——中国改革"实践"机制的一种新解释》,《开放时代》2010年第4期。
③ 戴长征:《国家权威碎裂化:成因、影响及对策分析》,《中国行政管理》2004年第6期。
④ "只有当各种制度之间形成了相互支持、相互匹配的耦合关系时,制度体系的整体约束力才能得到充分体现。"参见沈荣华、王扩建《制度变迁中地方核心行动者的行动空间拓展与行为异化》,《南京师范大学学报》(社会科学版)2011年第1期。

标，给社会带来不良的后果"。①

（二）制度移植的非耦合创造的制度空间

新制度主义一再强调制度的内生性是保证制度绩效的重要因素，但这并不意味着制度是难以移植的。改革开放以来，我国大量移植西方发达国家的制度，特别是经济制度（典型是市场经济制度）。从学理角度来看，制度移植不应是制度模式的照抄或简单模仿，而是不同制度局中人理念与利益的互动博弈过程，毕竟"由于社会交往的加深和参与的扩大，制度移植已经不再由单个治理主体或管辖权威单独决定"②。既然存在理念与利益的互动博弈，制度移植就难以实现理想化的帕累托最优状态，而只能是现实利益博弈及妥协的次优结果。另外，从制度移植的过程序列来看，制度移植过程应是从理论化、法律化到实践化，再到理念化的渐进过程。理论化表明制度移植的可能性，即越是理论化强的制度，越容易被移植者接受，从而成为制度移植的客体目标。③ 法律化是在法治社会，制度移植者建构制度移植行为合法性的基本程序或者方式。实践化强调对已文本化的制度的实践论证，即通过制度移植绩效论证制度移植行为的合理性。④ 理念化是新移植制度在实践中不断通过激励—惩罚机制规引人们的行为预期与行为模式，促成人们对相应制度体系与具体制度条文的认知和认可，从而"使制度成为个体和群体行为的准则，并大大减少了制度执行和监督的成本"。⑤

另外，移植过来的制度也需根据差异和变化进行自我调适。这一自我调适过程既指制度采纳者对制度从认知学习到领悟认可的过程，又指新移植制度与其他制度（本土制度与外来制度、新旧制度）逐步"耦合"的制度状态。正如青木昌彦所说，制度虽然是人为的，但并非任意设计或随意

---

① 谢志岿：《外部约束、主观有限理性与地方行政改革的制度供给》，《经济社会体制比较》2011年第2期。
② 杨雪冬：《制度移植与本土实践：以立法听证为个案的研究》，《华中师范大学学报》（人文社会科学版）2005年第6期。
③ 毕竟理论化的制度体系必然是经过充分理论研究与实践论证互动作用的结果。
④ "实践过程往往是对移植来的制度进行调适的过程，是制度从规范形式到多样形态的过程，更是实践者掌握'意会知识'的过程。"参见杨雪冬《制度移植与本土实践：以立法听证为个案的研究》，《华中师范大学学报》（人文社会科学版）2005年第6期。
⑤ 杨雪冬：《制度移植与本土实践：以立法听证为个案的研究》，《华中师范大学学报》（人文社会科学版）2005年第6期。

执行的产物,"只有相互一致和相互支持的制度安排才是富有生命力和可维系的。否则,精心设计的制度很可能高度不稳定"。① 当然,制度与利益密切相关,"被移植的制度是否能被所有相关利益者(不仅包括治理对象,还包括治理者)普遍遵守,甚至成为某种程度的共识或价值观"② 是制度移植能否成功的关键。Mantzavinos 和 North 等借助认知科学成果指出,从内部看,制度不过是对反复出现的社会交往问题所采取的"共同的心智模式或解决之道"。③ 制度正是由于能够反映到行为者的心灵中,所以才能对行为产生意义。易言之,行为主体的主体性(对制度的接受和遵守程度)是制度成功的关键。事实上,改革开放的渐进性制度变革模式就表明制度移植面临巨大的不确定性,毕竟从长期计划经济体制变革为市场经济体制,经济体制转变又带来政治体制转变与社会治理体制转变的需求。试想,大量复杂的制度进行移植本身就存在"水土不服"的可能,极易引致制度的非耦合性。另外,我国地区差异极大,同一制度安排无法在全国各地域均取得相同的制度绩效,甚至可能取得完全相反的制度实施结果。

二 县域治理核心行动者的生成逻辑之制度规引

县域治理核心行动者的生成除了需要相应的制度空间,也往往依赖制度体系及制度规章对县域治理核心行动者理念与行为模式的浸润与规引。这种作用既包括正式制度对县域治理核心行动者的规引,又包括非正式制度对县域治理核心行动者的浸润。

(一)正式制度对县域治理核心行动者的规引

正式制度是制度环境的基本构成要素,对身处这一环境中的县域治理核心行动者实施了系统且持续性的浸润,雕塑其理念,规引其行为模式。在复杂的正式制度体系中,研究选取雕塑与规引能力较为显著的党政关系制度、立法权制度和财税制度进行展开说明。

1. 横向权力关系规引

从地方领导权力的横向结构来看,"党委决策、市委执行、人大监督、

---

① 荣敬本:《比较经济学》,甘肃人民出版社,2002,第56页。
② Bogason Peter, *Public Policy and Local Governance: Institutions in Postmodern Society* (Cheltenham: Edward Elgar, 2000), p. 85.
③ C. Mantzavinos, Douglass C. North, Syed Shariq, "Learning Institution and Economic Performance," *Perspective on Politics*, Vol. 2, No. 1 (2004): 75 - 84.

政协协商"的基本模式仍占主导，呈现"党制"、"政权制度"和"政协制度"三种制度相结合的政治组织体系。三者之间的互动关系也构成了横向权力体系中引导地方政府核心行动者的基本模式。

首先，党政关系制度是执政党精英掌握与行使行政权力的基本程序安排。相比西方国家政党，中国共产党无论在宪法规定的领导地位，还是在领导的实现形式，再或是在党的组织分布形态方面均有所不同。宪法强调中国共产党的领导是政治领导、组织领导和思想领导。在领导的实现形式和组织分布形态上，党的组织以"主角"身份广泛存在于政治生活中，从作为政治权力中枢的中央政治机关到基层的村党支部，再到企事业单位与群众团体。林尚立教授指出，"中国社会的权力关系与一般国家（包括西方国家）有很大差别。这种差别决定了我们不能像研究其他国家那样，直接用国家与社会的二分法来研究中国问题，要充分考虑到党作为一种特殊的政治力量在国家生活、社会生活以及国家与社会关系中的重要作用"[①]。可以说，政党关系在某种意义上就是党内关系，毕竟"在党全面领导国家的条件下，政府内的许多关系，如中央与地方关系、政府与社会团体关系，都同时具有党内组织关系的性质，而党内的组织关系是强调组织间的领导与服从关系的"[②]。因此，虽然1977年党的十一大通过的新《党章》强调"党必须在宪法和法律的范围内活动"，但总体说来，党的领导核心作用并未发生改变。这种核心地位决定党委从中央到地方的权力核心地位。从县域治理视域来看，县域治理的党委书记必然在行政区治理上具有绝对主角身份，从而成为县域政府核心行动者的主要成员，其理念、行为与绩效直接决定县域的治理状况。

其次，从县级政府与人大的关系来看，县级政府往往主动贯彻执行党委和上级政府的决定和命令，对执行本级人大及其常委会的决定则积极性有限。有些县级政府在执行县级人大的决定时，会选择性执行，使人大决定难以真正落到实处，这既有人大决定和决议的可执行性问题，也因人大在决定做出后，缺乏持续性的跟踪问责和惩罚监督机制。县级党委与政府

[①] 林尚立：《集权与分权：党、国家与社会权力关系及其变化》，《复旦政治学评论》第1辑，上海辞书出版社，2002，第153页。

[②] 林尚立：《集权与分权：党、国家与社会权力关系及其变化》，《复旦政治学评论》第1辑，上海辞书出版社，2002，第167页。

主要领导人组成了党委书记办公会与党委常委会，"两会"成为县级领导核心。而人大常委会的主要领导多数情况下只能列席党委常委会，没有表决权。党的十六大以来，我国政治体制改革发生一些变化，其中的表现之一就是中央决定地方人大常委会主任一般由同级党委书记兼任。从这一制度安排的功能预期来看，地方人大常委会主任由同级党委书记兼任，有利于加强党对人大工作的领导，使党委的重大决策及时迅速地在人大工作中得以体现，并通过人大的合法程序变为国家意志，避免权力间的不协调情况。同时，鉴于县级权力系统中，行政权力的复杂职能体系及与生俱来的扩张性和难以监督性，县级人大常委会主任由同级党委书记兼任有利于"强化"和"实化"县级人大对县级行政权的监督。这一制度安排还促成人大工作与党委工作的协调同步。"书记兼主任后，自然而然地把人大工作的重点、步骤很好地与党委保持一致，有效地避免了把人大工作和党的工作搞成'两张皮'，从而更好地把党的领导、人民当家作主和依法治国有机地统一起来。"[①] 另外，人大建设中"诸如机构设置、人员编制、经费保障、人员交流、办公条件的改善等方面存在的问题，长期以来都没有得到很理想的解决。书记兼主任后，在中国目前的体制下，这些'老大难'问题应该可以得到较好的解决"。[②]

最后，从县级政府与政协的关系来看，中共中央在1989年颁布的《中共中央关于坚持和完善中国共产党领导的多党合作和政治协商制度的意见》中规定，"中国共产党领导的多党合作和政治协商制度是我国的一项基本政治制度"；现行《宪法》规定，"中国共产党领导的多党合作和政治协商制度将长期存在和发展"。与人大相比，政协主要是享有建议权和批评权，而没有人大那样的立法权、重大事项决定权、重要人事任免权和带有法律强制性的监督权。另外，在人民政协与政府之间，没有人大与政府之间的那种权力机关和执行机关的关系，人民政协没有对政府官员进行弹劾、罢免之类的权力，没有政府所拥有的直接管理国家和社会事务的权力。"人民政协作为中国政治体制内的政治协商机构，被赋予的职权是列席人大会议，听取、讨论政府工作报告和其他重要报告；对国家和地方的大政方针及重要问题、重要法律草案及重要人事任免进行协商；对宪法、

---

① 伏子和：《浅谈地方党委书记兼任人大常委会主任》，《民主法制建设》2003年第9期。
② 伏子和：《浅谈地方党委书记兼任人大常委会主任》，《民主法制建设》2003年第9期。

法律的实施和重大方针政策的贯彻执行，对执政党、国家机关及其工作人员的工作，通过建议和批评进行民主监督。"① 但与执政党处于权力核心、人大处于决策地位和政府行使国家权力并有宪法及法律等强制力的保障不同，人民政协履行政治协商、民主监督和参政议政职能，靠的是执政党和国家政策的保障，以及执政党和政府的政治开放态度及政治自觉。人民政协对执政党行为或政府重大决策必须享有知情权。政府权力运作的透明度和政协的知情权是相辅相成的，没有透明度，就无所谓知情权，人民政协就无法对执政党、政府及其工作人员实施有效的民主监督。透明度和知情权虽然密切相连，但二者关联不同主体的行为，透明度取决于执政者的执政理念、对自身行为规范的要求以及政治自觉，取决于是否具有强有力的规制执政者权力运作的法律监督制度；知情权属于监督者的权利，是用于监督执政者的决策行为、规制执政者权力的。由于没有在制度及其运行机制上将执政党和政府执政行为的透明度与人民政协的知情权有机结合起来，并作出必要的相应规定，更由于法律监督体系处于进一步的完善之中，人民政协履行民主监督职能的实效还有待提高。

综上所述，县级政府权力架构中，作为党、政一把手的党委书记与县长处于权力的核心，而人大与政协则更多呈现"虚化"特征，难以起到实际作用。县域重大事项也多由党委联合政府决策执行，县委书记和县长共同构成县域治理核心行动者的主体。

2. 纵向权力关系规引

纵向权力关系对县域治理核心行动者的引导作用是毋庸置疑的。无论探讨县域治理核心行动者的角色还是行为取向，都可以从纵向的权力关系中找到基本路径。纵向权力关系主要是指政府职能、立法权和财税资源的纵向配置关系。

首先是政府间权力下放。在我国，中央政府与地方政府职能的具体内容高度相似，包括政治职能、经济职能、社会职能、文化职能，等等。中央政府作为全国事务主管机构，占据主导地位和最终决定地位，并更多注重政治、经济和社会管理体制的改革与相应制度的创新与完善。而地方政府则更注重改革路径的遵循和制度的实施，承接中央政府指令并付诸实

---

① 张继良：《人民政协功能定位的缺失与完善》，《河北学刊》2011年第3期。

践。樊纲先生曾指出,"与苏联、捷克、波兰这些改革进程比较快的国家不同,我国是从一个贫穷落后、文化教育水平低、法律基础差、市场化程度低的小农经济社会转变过来的,这就决定了我国改革和现代市场制度的建立,可能比其他国家经历的时间更长"。[1] 那么,为什么我国改革开放取得了世人瞩目的成绩?究其原因则是地方政府拥有了地方政治、经济和社会发展的主导地位,享有了巨大的行动空间与行动自由。对这一制度效能的作用,学界尚有争议。洪银兴在《苏南模式的演进及其对创新发展模式的启示》一文中从判断一种模式的成功与否在于发展成果的前提出发,对苏南模式形成与发展过程中的苏南地方政府的作用给予了积极的评价。[2] 陈建军对江浙模式进行实证研究后认为:"20世纪70年代末到90年代初中期,中国经济改革和经济发展获得成功的关键在于使地方政府获得了指导和推进发展地域经济的主动权。"[3] 然而,部分学者认为"在市场经济体制的框架中,地方政府不应当成为市场主体,原因在于地方政府不能掌握与市场经济的运行相关的知识和信息、缺少市场主体应有的人格化的从而是硬化的产权约束、政府不能既是裁判员又是运动员等"。[4] 当然,作为"单一制"国家权力中枢的中央政府掌握了权力的"收放"节拍,这种以权力"收放"为基本调控逻辑的纵向关系,事实上形成了中央政府在政治、经济、社会治理和制度变革上的强势角色。[5] 但中央政府究竟如何评判地方政府功能及可能的效应,尚待观察与思考。

其次是财权的纵向配置。政治经济学领域的"分权论"主要讨论的是财政权力分配。新中国成立以来,财政权力的分配经历了新中国成立初期"统收统支"的高度集中,到20世纪80年代相对分权的财政包干制,再

---

[1] 樊纲:《当前的主要问题在于市场化改革不够深入》,《西部财会》2006年第5期。
[2] 洪银兴:《苏南模式的演进及其对创新发展模式的启示》,《南京大学学报》(哲学·人文科学·社会科学版)2007年第2期。
[3] 陈建军:《中国高速增长地域的经济发展——关于江浙模式的研究》,上海三联书店、上海人民出版社,2000,第25页。
[4] 李义平:《来自市场经济的繁荣》,生活·读书·新知三联书店,2007,第109~111页。
[5] 有学者认为,应消除分权的主观随意性,实现行政性分权向法治性分权的转变,即以宪法、法律为依据和手段,实现分权的制度化和科学化。而且,分权应以行政性放权为主,改变全面性和系统性分权的模式。具体可参见刘光大、莫勇波《论我国政府间纵向职权划分模式的战略选择——从行政性分权模式向法治性分权模式的转型》,《改革与战略》2006年第11期。

到 90 年代中期相对集权的分税制。财权分配节奏的调整主要是经济发展现状和中央与地方互相调适的结果。客观来看，80 年代的相对分权的财政包干制虽在较大程度上激发了地方政府发展经济的动力，促成了经济的快速发展，也在很大程度上创造了县域治理核心行动者的行动空间，孕育了县级政府及县域治理核心行动者的独特利益结构——追求地方财税收入的最大化。然而，这一制度的实施引致中央政府财政收入的锐减及中央政府宏观调控职能的持续弱化，带来了比较严重的"诸侯经济"或者说"蜂窝状经济"形态。王绍光先生认为，从逻辑上讲，恐怕没人会否认分权有其下限，超过了这个下限，也会出现种种危机。过度集权会造成严重的效率损失，过度分权则可能导致国家的分崩离析。① 王绍光先生明确阐述如下结论："在当今世界上，一国中央政府的财政收入或支出不应低于财政总收入或支出的 50% 或国内生产总值的 10%。当一个国家在这四个方面全部低于指标的话，就可以说是超过分权的底线了"②，进而认为我国的财政包干制已超越分权的底线。1994 年实施的分税制改革以基于规则的体系取代基于自由裁量权的体系，规则更为全面、清晰、透明，而且规则实施机制也更为可靠。当然，需明确的是，若没有必要的前提条件，财政分权不仅不能提高效率，还会带来意想不到的后果。这些前提条件都与政府行为模式有关，所以最重要的不是分权或集权，而是政府行为。政府行为对于分权和集权来说，是外生的，而非内生的，它是我们理解权力下放框架的前提而非结果。在这些前提条件中，最重要的是政府问责制度（accountability）的不完善及其带来的软预算约束问题（soft budget problem）。③

（二）非正式制度对县域治理核心行动者的浸润

诺斯认为，在人类行为的约束体系中，非正式制度具有十分重要的地位，即使在最发达的经济体系中，正式制度也只是决定行为选择的总体约束中的一小部分，人们行为选择的大部分行为空间是由非正式制度来约束的。④ 而且，"正式规则只是制度体系的一个部分。它们必须由非正式制度

---

① 王绍光：《分权的底线》，《战略与管理》1995 年第 2 期。
② 王绍光：《分权的底线》，《战略与管理》1995 年第 2 期。
③ 周飞舟：《分税制十年：制度及其影响》，《中国社会科学》2006 年第 6 期。
④ 〔美〕诺斯：《制度、制度变迁与经济绩效》，刘守英译，上海三联书店、上海人民出版社，1994，第 49 页。

加以补充——对规则进行扩展、阐述和假定。非正式制度解决众多无法由正式规则覆盖的交换问题,并有很强的生存能力"。① 令人遗憾的是,不论西方学者还是本土学者,均在制度功能研究中,给予正式制度以极大关注,缺乏对非正式制度的深入关注与研究。从制度局中人与制度互动过程来看,非正式制度往往更能切合局中人的角色定位与行为选择,正式制度要发挥应有功能,也必须实现正式制度的内在化,即融入制度局中人的内心评价体系中,实现对行为的主动与自觉式规约。因此,对县域治理核心行动者来说,非正式制度主要是与其生存制度环境相关的意识形态和官场文化。

1. 意识形态

意识形态"是在阶级社会中,适合一定的经济基础以及由树立在这一基础之上的法律和政治上层建筑而形成起来的,代表统治阶级根本利益的情感、表象和观念的总和,其根本的特征是自觉或不自觉地用幻想的联系来取代或掩蔽现实的联系"。② 可见,关于意识形态的定义,不同的思想家有不同的认识和表述。一般认为,意识形态是具有符号意义的信仰和观点的表达形式,它以表现、解释和评价现实世界的方法来形成、动员、指导组织和证明一定的行为模式或方式,并否定其他一些行为模式。③

意识形态作为社会上层建筑的重要部分,起着整合社会成员,特别是权力系统内成员思想,塑造主体行为的作用。④ 之所以起到对主体行为的塑造作用,是因为"意识形态'起作用'或'发挥功能'的方式是:通过我称之为传唤或呼唤的那种非常明确的作用,在个人中间'招募'主体(它招募所有的人)或把个人'改造'成主体(它改造所有的个人)"。⑤

---

① 〔美〕詹姆斯·A. 道、〔美〕史迪夫·H. 汉科、〔英〕阿兰·A. 瓦尔特斯编著《发展经济学的革命》,黄祖辉、蒋文华译,上海三联书店、上海人民出版社,2000,第112~113页。
② 陈振明:《政治学》,中国社会科学出版社,1999,第544~545页。
③ 〔英〕戴维·米勒、韦农·波格丹诺:《布莱克维尔政治学百科全书》,邓正来译,中国政法大学出版社,1992,第345页。
④ 意识形态的社会整合功能主要体现在以下两个方面:一是意识形态通过为社会成员提供合乎社会目标的社会价值观念和道德规范来实现社会整合;二是意识形态通过其社会和政治的理想来引导、动员社会成员,使社会成员的行为目标达到高度统一。参见王邦佐《执政党与社会整合——中国共产党与新中国社会整合实例分析》,上海人民出版社,2007,第214~215页。
⑤ 陈越:《哲学与政治——阿尔都塞读本》,吉林人民出版社,2003,第364页。

当然，意识形态只有反映出社会主体成员的集体人格，得到社会主体成员的认同才能具有导向和聚合功能。这种认同其实就是归于相互理解、共享知识、彼此信任、两相符合的交互主体的相互依存。从维持政治稳定的角度来看，被社会成员广泛接受的意识形态"可以使社会成员相信现行制度是公平的，并促使人们自觉地不违反规则和不侵犯产权，这将大大减少对规则和产权的执行费用，从而构建国家政权得以维持——即政治稳定的基础"。[1] 林毅夫也认为"意识形态是减少提供其他制度安排的服务费用的最重要的制度安排"。[2]

不可否认，伴随改革开放的深入，思想多元化和利益多元化格局的形成，以马恩经典为内核的主流意识形态与社会公众之间，特别是政府官员之间日益滋生出一种疏离感。这种疏离感既源于意识形态在阐释现实上的困境，又源于政府官员个体基于主观欲望与现实收益间的巨大差距，因为"欲望和产出之间的巨大差距可能是十分危险的，因为它会引起失望，而由于失望，几乎一切事情都是可能发生的"。[3] 因此，丰富现有主流意识形态的内涵，增强其现实指导能力是必然之举。从邓小平理论、"三个代表"重要思想，再到科学发展观、和谐社会与习近平新时代中国特色社会主义思想，都是党中央针对主流意识形态统合弱化现实，通过理论创新丰富主流意识形态内涵，增强其统合能力的正确举措。上述理论"通过吸引力而非靠强硬手段或利益引诱的方法去影响别人，来达到你所想要达到的目的之能力，……价值观念的吸引力"[4]，促成社会成员，特别是系统内的政府官员对现行上层建筑合法性的认知与认可。

2. 官场文化

基于现实经验观察，可以发现地方政府官员，特别是县域治理核心行动者的实际治理政策选择和具体的行为模式与意识形态的理想形塑结果存在一定差异，但这种差异又不是个别政府官员的莽撞专断的简单化行为，而是部分甚至是多数政府官员深谙官场文化，基于利害关系权衡的理性选择。所谓潜规则就是"不好明说，而又双方认可的行为准则，是彼此心照

---

[1] 黄新华：《政治发展中影响政治稳定的因素探析》，《政治学研究》2006年第2期。
[2] 〔美〕科斯、阿尔钦、诺斯等：《财产权利与制度变迁》，刘守英等译，上海三联书店，1994，第379页。
[3] 〔英〕阿瑟·刘易斯：《经济增长理论》，周师铭等译，商务印书馆，1983，第555页。
[4] 《邓小平文选》第2卷，人民出版社，1994，第313页。

不宣的期待"。① 有学者曾从历史政治的"陋规"中概括出"潜规则"的含义："真正支配历史官僚集团行为的东西，在更大程度上是非常现实的利害计算。这种利害计算的结果和趋利避害抉择的反复出现和长期稳定性，构成了一套潜在的规矩，形成了许多本集团内部和各集团之间在打交道的时候长期遵循的潜规则。这是一些未必成文却很有约束力的规矩。"② 著名社会学家贝克在谈到"亚政治"时曾表达过这样的意思："亚政治"是政治系统失去自主性，非政治因素介入政治生活，并把风险丢给政府，而政府需要为超出其控制的东西负责的现象。③

官本位是传统专制社会普遍存在的社会心态。这种官本位或者说权力本位暗含的行为逻辑结果自然是挖空心思地掌握权力，然后是享有与权力对等的名利。著名学者王亚南先生曾言："中国的官僚阶层，或者换一个表现方式，中国的士大夫阶层，不代表贵族阶级利益，也不可能代表资产阶级的利益，而是陶希圣讲对了的那一句话：'自有特殊利益'。"④ 官场潜规则泛滥将直接侵蚀正式规范（包括主流意识形态）的权威，形成正式规则形式治理，而潜规则实质治理的格局。官场潜规则的存在是对正式规则体系的故意曲解、内容过滤和形式变通，形成公共政策的执行"梗阻"和"走样"，进而导致人们丧失对现行官僚体系的信心。

第二节 发达县域核心行动者个体特征与行动策略的交互演化

县域核心行动者作为制度局中人会受到来自正式与非正式制度的双重规引，同时也会对制度规则产生反向作用力。但制度框架只是从外在角度构筑了一个统一的客观环境，县域核心行动者基于自身的认知和行为能力而作出的对制度环境的主观回应，才真正构成其行为空间和行为模式。从根本上讲，这可视为县域核心行动者内在解构的分析基点和逻辑起点。核心行动者个体特征、教育背景与任职经历等，都已内化于政治心理，并外

---

① 吴思：《潜规则：中国历史中的真实游戏》，云南人民出版社，2001，第2~3页。
② 吴思：《潜规则：中国历史中的真实游戏》，云南人民出版社，2001，第2~3页。
③ 〔德〕乌尔里希·贝克：《风险社会》，译林出版社，2004，第225页。
④ 王亚南：《中国官僚政治研究》，中国社会科学出版社，1981，第60~61页。

化于其行动选择。本书立足于县域治理核心行动者的生成逻辑，结合实证分析结果，就发达县域核心行动者个体特征与行动策略的交互演化逻辑，具体展开分析。

一 发达县域核心行动者个体特征折射的制度演化轨迹

实践证明，地方政府功能的有效发挥是县域治理持续发展的重要条件，而地方政府功能的形成和发挥又依赖地方政府官员，特别是核心行动者的行为选择和行动绩效。县域核心行动者的行动理念、行动策略和行动绩效会直接反映在县域治理的过程与结果上。因此，全国"百强县"核心行动者与全国百位优秀县委书记个体特征的呈现也折射出了县域治理相关制度演化的轨迹，主要反映在政治晋升竞赛指标、履职轨迹和结构的渐进完整、少数民族干部与民族政策的关系中。

（一）县域核心行动者政治晋升竞赛指标正在转型中

党的十九大提出，生产力的不断发展将中国特色社会主义由"新时期"推进到"新时代"。随着时代发展，社会主要矛盾转化为"人民日益增长的美好生活需要和不平衡不充分的发展之间的矛盾"[1]，中国的干部选拔标准和地方官员的行为逻辑也发生了深刻的变化。[2] 党的十八大以来，中央出台了若干办法，通过考核指标多元化和考核方式务实化，改变了以往公务员考核与晋升机制的"唯GDP论"，避免了考核的"唯分、唯票、唯绩"，并改善了考核与晋升的激励机制，从而有利于将更多优秀的领导干部选拔到合适的岗位上。[3] 通过对"百强县"核心行动者及全国百位优秀县委书记的样本进行分析，依据全部样本的年龄和工龄数值，结合所处时代背景（约为20世纪80年代末90年代初，升学读书的机会极为稀缺），可以认为两类样本中的核心行动者基本上是同龄人中的"知识分子"（例如优秀县委书记样本的现有学历中研究生比例高达约60%），这表明高学历（部分也反映了学习意愿与学习能力）是同年龄层县域核心行动者的

---

[1] 刘同舫:《新时代社会主要矛盾背后的必然逻辑》,《华南师范大学学报》（社会科学版）2017年第6期。
[2] 陈科霖、谷志军:《多元政绩竞赛：中国地方官员晋升的新解释》,《政治学研究》2022年第1期。
[3] 冉昊:《我国公务员考核与晋升机制研究：以地方主官为例》,《新视野》2023年第2期。

重要特征。并且,从官员特征对"百强县"评选的影响来看,县长的学历水平对所辖县域能否当选也有十分显著的影响。同时,从政绩结构上看,县域核心行动者在民生工程、扶贫工作与进出口贸易等方面的行动绩效对所在县域能否当选"百强县"都有较为显著的影响,单纯凭借 GDP 的成绩单无法叩开"百强县"的入选大门,县域核心行动者若无法实现政绩的"全面开花"便只能滑出"百强县"名单。而对全国百位优秀县委书记的分析证明,基本全样本的县域核心行动者都参与了民生工程工作,约有六成的县域核心行动者参与了环境建设、扶贫工作、反腐倡廉等工作,超过九成的县域核心行动者至少参加了 3 项政绩工作。需要关注的是,在优秀县委书记的评选上,各个省份的占比并不均匀,人口相对较多、经济总量较高的省份,其产生的优秀县委书记也相对较多,这说明经济绩效依然是晋升的核心指标。当然,特殊治理空间,如"红色圣地";特殊治理情境,如"抗震救灾";坚定政治站位,如"从严治党"等也有入选轨迹显示,这从另一侧面体现了官员晋升竞赛指标的转型。事实上,基于全国差异化的地方治理情境,国家治理现代化进程中的地方治理,需要中央构建可选择性控制的官员治理创新晋升体系,以多样化的晋升指标促成对地方官员的多维度塑造和激励性遴选,从而持续保证地方治理的"鲜活性",完成国家治理创新所需的知识积累和样本观察。

(二) 县域核心行动者履职轨迹和结构应渐进"完整"

实践证明,多岗位历练是影响地方官员晋升的重要因素,岗位经历特别是多岗位历练对地方官员的职务晋升有较大影响。[①] 根据对"百强县"核心行动者与百位优秀县委书记的样本统计,52 岁前的分布呈现指数增长趋势,52 岁后的分布呈现直线下降趋势。同时,县域核心行动者均拥有多岗位任职经历,其中 15% 的样本经历过企业工作;16.8% 的样本具有乡镇工作经历;60% 的样本经历过外部调任,其中有省外工作经历的占 6.9%、有中央部门工作经历的占 0.9%。这表明,政治精英的选拔标准与程序大致沿着年龄限制、任期制、职务历练、逐级晋升等制度化的路径,遵循循序渐进、按部就班、一步一个台阶的阶梯式晋升规律。[②] 官员的能力与素

[①] 陈朋:《多岗位历练对地方领导干部职务晋升的影响——基于全国优秀县委书记候选人数据的实证分析》,《理论与改革》2023 年第 3 期。

[②] 李克诚:《政治精英流动走向制度化》,《南风窗》2012 年第 24 期。

质、见识与经验不会与生俱来，既需要岁月时光的人生积淀，又需要不同岗位的锻炼学习。有研究显示，在控制个人特征、县域特征、经济绩效与关系网络的影响后，职业经历对成为优秀县委书记有整体显著性影响。[①] 由此可见，政府体制外的工作经历能够为核心行动者带来多样的治理经验，从而使其可以更加得心应手地面对不同领域带来的治理挑战。给予时间，实现自内而外的体悟；轮岗换岗，促成阅历增长和技能丰富，这是官员成长的基本规律和客观需要。从相关样本分析结果可以看到，52 岁是县域核心行动者的年龄分水岭。同时，县域核心行动者的年龄与工龄存在高度的线性相关性，样本中的县域核心行动者基本上都是从 20 岁左右开始工作的。县域层面内外的工作调动是本批县域核心行动者的显著特征，体现了县域核心行动者对县政治理诸环节的深刻理解，其履职轨迹是渐进的，结构是"完整的"。

（三）少数民族干部的培养促进了民族政策的落实

党和国家立足中国实际，创造性地在我国少数民族聚居区设立了民族区域自治制度，并积极选拔少数民族干部参与本民族内部事务的管理。中国共产党章程明确"中国共产党维护和发展平等团结互助和谐的社会主义民族关系，积极培养、选拔少数民族干部，帮助少数民族和民族地区发展经济、文化和社会事业，铸牢中华民族共同体意识，实现各民族共同团结奋斗、共同繁荣发展"。[②] 2021 年 8 月，习近平总书记在中央民族工作会议上指出，"要坚持新时代好干部标准，努力建设一支维护党的集中统一领导态度特别坚决、明辨大是大非立场特别清醒、铸牢中华民族共同体意识行动特别坚定、热爱各族群众感情特别真挚的民族地区干部队伍"。打造一支"坚持新时代好干部标准"和"四个特别"要求的"忠诚干净担当的高素质专业化"的民族地区干部队伍，是推动新时代党的民族工作高质量发展的关键。[③] 近年来，以平等、团结和共同繁荣为内核的民族政策伴随西部大开发战略、"兴边富民行动"等战略的推进而逐步驶入快车道。而要推进上述战略，落实民族政策，培养少数民族干部更是关键。少数民

[①] 过勇、卢文超：《职业经历视角下优秀地方领导干部成长规律研究——以县委书记为例》，《公共行政评论》2018 年第 3 期。

[②] 《中国共产党章程》，https://www.12371.cn/special/zggcdzc/zggcdzcqw/，最后访问日期：2022 年 12 月 3 日。

[③] 洪雷：《新中国民族地区"好干部"标准的政策嬗变与展望》，《民族教育研究》2022 年第 5 期。

族干部最了解本民族特点及基层少数民族群众需要，又通晓本民族的语言文字，熟悉本民族的历史、生活习惯和宗教信仰，工作较易扎根落实和顺利开展。在全国百位优秀县委书记中，少数民族干部占比相对较高，共有16位少数民族干部脱颖而出，藏族最多，达到4人。这间接说明少数民族在中华民族大家庭中的重要地位，体现了执政党对民族融合和民族政策的重视；少数民族干部的成长也促进了少数民族地区经济社会的快速发展。

二　发达县域核心行动者个体特征对行动策略的影响

高层管理团队成员的个体特征（个体层面）直接或间接地影响高层管理团队的运作过程（团队层面），而团队运作效率（团队绩效）会影响组织战略选择和绩效产出（组织层面）。这种影响还与文化背景、行业特征以及企业性质等组织环境因素密切相关。[①] 通过相关回归分析，可以发现个体特征对相关决策（行动策略）有深刻影响，以科教文卫和扶贫两项工作为例加以具体说明。其一，随着县域核心行动者的学历增高，科教文卫的发展得到了重视，绩效提高明显；其二，有企业背景的县域核心行动者也会更加注重科教文卫的发展；其三，拥有下乡经历的县域核心行动者对扶贫工作政策制定的影响是较为显著的。以上三种相关性检验结果都显示，具有相关职业背景与工作经验的县域核心行动者，会更加重视自身所熟知的领域的发展工作。由此可见，应该继续推动机关干部下乡，并选拔任用有下乡经历的干部走上尚需强化脱贫效果、实现乡村振兴的县级领导岗位，通过其自身下乡经验，增强县域核心行动者对乡村工作的重视度与敏锐度。县是最全面的"块状"行政区块，是国家治理体系和治理能力现代化的基础空间维度，要演绎治理体系现代化进程中的国家主导逻辑，就必须选拔任用合适的县域核心行动者，保障县域治理效能的有效输出。

（一）辩证看待县域核心行动者的学历和专业背景

国家治理体系中的"条""块"关系如何理顺，形成纵横向治理效能的叠加一直是学界重点关注的研究主题。而官员是国家治理体系中的主体

---

① 陶建宏、师萍、段伟宇：《高阶理论研究综述——基于跨层次整合视角》，《科技管理研究》2013年第10期。

元素，其治理理念和治理行为决定了治理能力的输出状况。国家治理"条"线上的官员和"块"状上的官员职能结构、权力空间不同，部门利益维度差异明显，这对官员的理念结构和行为选择有差异化要求。县政是国家治理结构的基础性"块"状空间，对县域核心行动者的学历和专业究竟如何认知，值得予以学理观照和实践观察。基于本书样本的回归分析，可以发现两点。其一，县域核心行动者自然要选拔任用高学历背景的官员，一个地方官员在众多竞争者中之所以能脱颖而出、在不同的工作岗位进行历练进而获得晋升提拔，除了年龄、时机、队伍结构搭配等方面的机缘之外，自身的综合素养极为重要，[1] 兼具研究生学历教育背景和综合任职工作履历的县域核心行动者更有助于"百强县"的经济增长。[2] 当然，学历并不能完全代表能力，但是是最为便捷的能力评价参考标准。这表明，唯学历论肯定不正确，但依然要强调干部的知识化和专业化，并通过建设学习型政府，培育学习型官员来应对知识日新月异的现实。其二，样本的交叉学科的思维优势未能得到体现，这部分破除了既往的固化观念，要根据所在区域的政治、经济和社会情境，按权重排序确定最为重要的工作任务，进而选拔相适的学历和学科背景的官员，以期有效实现核心行动者与特定任务的匹配。当今世界面临着百年未有之大变局，面对的环境更加复杂、竞争更加激烈，核心行动者的选拔任用更要突出多元化选人用人标准，根据不同层级、不同部门、不同职位完善相适应的多元化标准，使党政干部队伍充满活力，彰显中国特色社会主义独特的生机活力，推动党和国家事业更好发展。[3]

（二）避免县域核心行动者任职年龄的"一刀切"

党的二十大报告指出："全面建设社会主义现代化国家，必须有一支政治过硬、适应新时代要求、具备领导现代化建设能力的干部队伍。"[4] 改

---

[1] 陈朋：《多岗位历练对地方领导干部职务晋升的影响——基于全国优秀县委书记候选人数据的实证分析》，《理论与改革》2023 年第 3 期。
[2] 文雁兵、郭瑞、史晋川：《用贤则理：治理能力与经济增长——来自中国百强县和贫困县的经验证据》，《经济研究》2020 年第 3 期。
[3] 陈松林、刘婷、余雨：《改革开放以来党政干部选拔任用制度演进研究》，《齐齐哈尔大学学报》（哲学社会科学版）2023 年第 4 期。
[4] 习近平：《高举中国特色社会主义伟大旗帜　为全面建设社会主义现代化国家而团结奋斗》，《人民日报》2022 年 10 月 26 日，第 1 版。

革开放后,社会主义现代化建设急需年富力强、德才兼备的优秀干部。[1]为此,邓小平提出:"目前的主要任务,是善于发现、提拔以至大胆破格提拔中青年优秀干部"[2],"要按照'革命化、年轻化、知识化、专业化'的标准,选拔德才兼备的人进班子"。[3]不可否认,"四化"方针为我国改革开放及现代化建设起到了不可忽视的重要作用。但伴随着中国特色社会主义进入新时代,在党政领导干部选拔任用和公务员公开遴选过程中适当规定候选人的年龄具有一定的积极意义,但若由此变成唯年龄论,过分强调年轻化,则会对党和国家的事业产生很多不利影响。[4]官员任职年龄"一刀切"似乎顺应了官员队伍年轻化的时代要求,也符合新老交替的自然规律。问题的关键在于选拔官员是为了把优秀、合适的人用到适合、关键的岗位,而不是机械式地追求年轻化(有的是为了拉低班子年龄平均值)。官员任职年龄"一刀切"必然会抽空年龄接近到站官员的"锐气","制度化"制造懒官;同时可能导致拔苗助长,让年轻干部过早承担责任,也并不利于年轻干部的成长。因为基于本书样本研究,官员履职结构的渐进和"完整"是非常重要的,官员预期的任职时间过长或过短都会对其施政行为和策略产生显著影响。[5]事实上,履职时间短、调动相对频繁肯定不利于落实"任期制"、保证执行力,反而会"激励"官员热衷于政绩工程,助长买官要官行为。基于样本的回归分析,可以发现,年龄并不是评估县域核心行动者进取程度的较好标准,至少在县域层面,应设置更加宽松的年龄任用和任职年限区间,避免"年龄到站"而被"一刀切"现象。

(三) 异地任职的腐败抑制效果尚需持续深化观察

20世纪90年代建立起来的党政领导干部交流制度是我国官员治理体制的重要组成部分。过往文献对官员交流制度影响的分析结果,大多证明

---

[1] 聂文婷:《善于发现和提拔中青年干部——改革开放初期邓小平关于重视培养选拔中青年干部论述》,《中国党政干部论坛》2023年第1期。
[2] 《邓小平文选》第2卷,人民出版社,1993,第323页。
[3] 《邓小平文选》第3卷,人民出版社,1991,第380页。
[4] 刘昕:《如何正确看待党员干部选任年轻化》,《人民论坛》2021年第23期。
[5] 张军、高远:《官员任期、异地交流与经济增长——来自省级经验的证据》,《经济研究》2007年第11期。

了完善和推进官员交流制度有助于减少腐败。①但通过回归分析，可以发现非异地任职（籍贯与任职区域相同）的县域核心行动者绩效表现良好，原因大致可归为他们的渐进履职轨迹和多岗位履职结构更加有利于其了解和体察当地民情民意；同时"熟人"社会空间的价值塑造和行为规约，让其更加注重个人口碑。另外，本地晋升的政府官员掌握着大量的"地方性知识"，熟知区域内的治理情境，较有能力调动政治、经济和社会的各种资源来实现施政意图。异地任职原本是为了防止腐败，但在现代化交通和通信条件下，物理空间的腐败防范和隔绝功能客观上被大大弱化。对此有学者认为，以"地域"为核心所设计的回避制度在当下地方治理背景下的正当性与合理性已然消解，回避制度的改革应当走向将"利益"作为核心元素的方向。②虽然实证分析未能就籍贯与任职区域相同的县委书记是否更趋向保守型的经济政策给予验证，但也表明异地任职应该因地制宜，具体问题具体分析。2016年1月12日，习近平总书记在十八届中央纪委六次全会上强调："每一位领导干部都要把家风建设摆在重要位置，廉洁修身、廉洁齐家，在管好自己的同时，严格要求配偶、子女和身边工作人员。"③党的十八届六中全会审议通过的《关于新形势下党内政治生活的若干准则》《中国共产党党内监督条例》，均对领导干部的家风问题提出了要求，将家风建设提到制度高度。而稳定的家庭生活是家风优良的重要保障之一，也能预防官员的生活腐化。④另外，关于任职时的年龄大小对施行的经济政策的影响以及籍贯与任职区域之间的关系对经济政策的影响的分位数回归分析也显示，性格对官员行动风格的影响根深蒂固，正所谓"江山易改，禀性难移"，这也从另一侧面间接证实异地任职对官员腐败防范的功能尚需进一步观察。

---

① 陈刚、李树：《官员交流、任期与反腐败》，《世界经济》2012年第2期。
② 胡萧力：《从"地域回避"到"利益回避"——国家治理中地方主官异地任职制度检讨》，《中外法学》2016年第3期。
③ 习近平：《在第十八届中央纪律检查委员会第六次全体会议上的讲话》，《思想政治工作研究》2016年第6期。
④ 相关学者通过对在中共山东省委党校学习的450名领导干部的问卷调研发现，落马领导干部一半以上有过异地任职的经历，平均异地任职时间为5.5年，75.6%的官员因各种原因曾两地分居，这是引起官员家庭生活危机的原因之一，相应呈现明显"双面人生"，即一边是工作上的废寝忘食，一边是生活上的贪污腐化。参见乔翠霞、魏联合《关注领导干部生活状态》，《学习时报》2014年9月1日，第A1版。

第三节 发达县域核心行动者组合行动
绩效的提升路径

县委书记和县长作为县域核心行动者，是域外经济、政治和社会因素作用于县域治理的基本桥梁，两者能否形成共同的行动理念和行动路径、强化行动执行是县域治理效能能否实现的关键。传统静态的体制机制分析无法解读其行动效应，需要实现行动者视域的相适转换。利用全国百位优秀县委书记及其所在县域县长的102对组合数据构建面板样本，对两类行动者个体特征差异对治理效能的影响进行分析，经过数据检验，可以发现县域核心行动者组合搭配时长与治理效能正相关；县域核心行动者组合平均学历水平、毕业院校水平与治理效能正相关；县域核心行动者毕业于经济学、管理学或法学专业与治理效能正相关；县域核心行动者直接升任与治理效能正相关。由结论，可以就县域核心行动者组合治理效能的提升路径提出如下愿景。

一 县域核心行动者合作时长优化

在我国的官员晋升体系中，一般而言，县领导班子的成员在各自任期期满后就会调任或升迁。而这种晋升体系会直接打破县领导班子的组合。有学者通过对西班牙1980~1998年区域数据的研究，证实了官员任期与经济增长存在负相关关系。[①] 若搭配时长过短，核心行动者之间难以形成较深的合作治理默契，绩效结果难以得到充分显现；若搭配时长过长，核心行动者之间的合作治理默契会随着时间的延长而不断消磨，绩效结果在达到峰值之后便难以继续攀升，甚至开始走下坡路，而且随着核心行动者各自的政治升迁，这种组合也会遭遇各种不确定性。从县域经济发展角度，经上述实证分析研究发现，一套县域领导班子的经济绩效一般呈现"先升后降"的倒U形，其峰值将在领导班子组成后的第5年左右达到，这是组合时长中的最大值。同时，相关研究基于全国省级核心行动者样本探讨任期与经济增长间的相关性，从任期内每个省份经济增长的轨迹来看，省委

---

① María García-Vega and José A., Herce, "Does Tenure in Office Affect Regional Growth? The Role of Public Capital Productivity," *Public Choice*, Vol. 146 (2011): 1-2.

书记、省长任期内的经济增长速度呈先升后降的倒U形,存在最优任期,即4.48年[1],比有的学者基于省级经验测算的最优任期4.96年更短[2],这虽与本书研究的对象不同,但结论具有相似性。就实际而言,现实中存在大量领导班子因其中某一方任期期满而被拆散,使经济绩效增长在倒U形前半段的爬坡期戛然而止。继任者虽有可能在前任的基础上继续进行经济建设,但核心行动者更换导致政策连续性的缺失使原本的经济发展成效大打折扣。此外,若新的领导班子改弦易辙,就需要重新开始倒U形的经济发展路径,这也在一定程度上造成了另一种资源浪费。因此,由分析结果可建议,对于一套县领导班子,其搭配时长可适当延长至5~6年,其间需观察其经济绩效,避免领导班子因搭配时长过长而导致搭配默契下降的问题,若出现经济绩效下降趋势,则应立即考虑调整党、政核心行动者搭配。

二 县域核心行动者学历背景搭配优化

有学者构建战略领导力整合模型,明确提出吸收能力(学习能力)、适应能力(变革能力)及管理智慧是战略领导力的核心内容。[3] 企业高层管理团队的平均受教育程度越高,团队获得有效信息的能力越强,就越有利于制定企业发展战略[4];区别于县域核心行动者,政府高层领导的教育程度明显正向影响国家经济增长[5],地市级层面的面板数据也提供了结论

---

[1] 沈承诚:《全国省级核心行动者个体特征的治理效能表现研究——基于高阶理论的面板数据分析》,《天津市委党校学报》2020年第5期。

[2] 张军、高远:《官员任期、异地交流与经济增长——来自省级经验的证据》,《经济研究》2007年第11期。

[3] Boal K. B., Hooijberg R., "Strategic Leadership Research: Moving on," *The Leadership Quarterly*, Vol. 11, No. 4 (2000): 515-549.

[4] Laszlo Tihanyi, Alan E. Ellstrand, Catherine M. Daily, Dan R. Dalton, "Composition of the Top Management Team and Firm International Diversification," *Journal of Management*, Vol. 26, No. 6 (2000): 1157-1177.

[5] 有学者通过对1970~2002年70个国家和地区的500个领导人的样本分析发现,教育程度及专业任职经历对于经济改革及经济改革绩效具有显著的正相关。参见Axel Dreher, Michael J. Lamla, Sarah M. Lein, Frank Somogyi, "The Impact of Political Leaders' Profession and Education on Reforms," *Journal of Comparative Economics*, Vol. 37, No. 1 (2009): 169-193. 有学者基于1875~2004年的跨国政治领导人数据,考察了领导人的教育程度是否会对经济增长产生影响,发现当具有较高教育程度的领导人离职之后,经济增长率出现了更大幅度的下降。参见Timothy Besley, Jose G. Montalvo, Marta Reynal-Querol, "Do Educated Leaders Matter?" *The Economic Journal*, Vol. 121, No. 554 (2011): 205-205。

支撑。① 从因果关系层面来看，伴随学历提升，官员的认知、判断能力会提升，相应在政策领会、政策创新和政策执行等方面产生积极作用，特别是对核心行动者而言，面对复杂的治理情境，既要吃透宏观政策，又要有面对具体问题的应对技巧和解决能力。经实证分析，找到了最有利于经济绩效的学历搭配和毕业院校搭配，学历组合最优为平均学历为研究生；院校组合最优为平均毕业院校为985院校或211院校。这与大部分的研究中"领导班子的学历和毕业院校水平对于经济绩效而言并不是越高越好"的结论也是相符的。这条建议为组建领导班子提供了新思路，若县领导班子中存在一位学历较低的官员，其实干经验会相对充足，那么寻找一位学历较高的官员与之搭配，一般而言会在经济绩效方面产生良好的"化学反应"。这种组合将实践经验较多但理论水平较低的低学历官员与理论水平较高但实践经验较少的高学历官员相结合，实际上符合"实践与理论相结合"的逻辑，对于毕业院校亦然。基于"泛珠三角"地级市党、政正职的数据样本，学历越高的市委书记越能够深刻理解国家调控政策，更能灵活地调动手头资源。② 当然，经济治理效能包含产业结构的优化升级，县域核心行动者学历与辖区产业结构的相关性值得进一步探索。在以经济特区2000~2018年面板数据为分析样本的实证研究中发现，学历水平较高和拥有企业工作背景的核心行动者更倾向于选择促进产业结构调整的政策，而随着官员任期的增长，其产业结构调整的偏好越发不明显，且官员任期与其政府主导偏好存在不显著的U形关系。另外，通过对全国百位优秀县委书记的样本分析发现，随着县委书记学历不断提高，科教文卫的发展得到了重视，绩效呈现明显。因此，在组建县级领导班子时，可以适当考虑学历水平更高、出身院校更好的官员并且注意考虑组成成员的学历及毕业院校的搭配情况，使之能够发挥出"1+1>2"的整体治理效能。

---

① 有学者基于2000~2015年277个地级市面板数据研究发现，市委书记教育水平的提高有助于推动辖区经济管理水平的提升。参见黄鹭苇《市委书记教育背景对地区全要素生产率的影响——基于2000至2015年277个地级市面板数据》，厦门大学硕士学位论文，2018，第45~65页。

② 龙志和、莫凡：《官员个人特征对地方政府债务的影响——以"泛珠三角"地级市党政正职为考察对象》，《软科学》2019年第7期。

三 县域核心行动者专业背景搭配优化

回归分析结果显示，最有利于经济绩效的县领导班子专业搭配为其中有一位官员为经济学、管理学或法学专业。在研究对象的组合平均毕业专业中，最优组合为经济学、管理学或法学，其次为组合中至少有一个核心行动者的毕业专业为经济学、管理学或法学。由此可见，出身于经济学、管理学或法学专业的县域核心行动者由于其自身专业底蕴，进入领导班子后能够更好地发挥自身学科优势，推动县域治理发展。此外，有学者从专业禀赋的角度，勾画了 1992～2008 年我国省委书记、省长与其省份经济增长相匹配的面板数据，从个人层面，定量识别不同专业禀赋的地方官员对区域经济增长的贡献，研究发现，具有专业禀赋的地方官员对区域经济增长的贡献具有负效应，引入控制变量后有所减弱，党、政一把手都具有经济学专业禀赋，对促进区域经济增长有积极的作用。[①] 有学者以 2009～2017 年西部某市区（县）委书记、区（县）长为研究样本，采用固定效应模型考察不同专业背景的区（县）级地方官员对辖区农村金融供给的影响，表明具有经济金融部门任职经历的区（县）委书记和接受过经济金融类专业教育的区（县）长，对促进农村金融供给起到了明显的推动作用。[②] 基于 2000～2015 年 277 个地级市面板数据的研究发现，市委书记为经济管理、人文和社会科学专业的对全要素生产率存在正向影响。[③] 虽然上述研究的对象不一致，但研究结论都一致，侧面验证了学科背景与治理效能的正相关性，即县域核心行动者的学历水平、毕业院校水平与专业选择都会影响县域治理效能。由此，县域党、政领导班子均多专业背景并存交融，以经济学、管理学、法学三个专业为主体，搭配行业分管需要的专业背景官员。这种组合方式较能保证县域领导班子在工作时凝聚共识，有效回应县域治理的主体需求和特殊需要。

[①] 张尔升：《地方官员的专业禀赋与经济增长——以中国省委书记、省长的面板数据为例》，《制度经济学研究》2012 年第 1 期。

[②] 沈承诚：《全国百位优秀县委书记个体特征、行动策略与行动绩效研究》，《江海学刊》2021 年第 4 期。

[③] 李树、许峻桦：《地方官员的专业背景与农村金融供给——基于西部 XX 市区（县）级官员的数据分析》，《金融经济学研究》2018 年第 5 期。

四 县域核心行动者优先选择本地官员晋升

研究发现，县领导班子成员均为本地晋升的经济绩效是最优的。这是组合平均升任方式得分的最大值。若无法改变任期规则，建议将任期届满的县长本地晋升为县委书记，或者将党、政副职晋升为县长，继续搭配原县委书记，以保证现有政策的相对稳定和持续推进。在研究统计分析的 102 对县领导组合中，仅有 8 对是同时从异地调任而来。可见，县域领导基本是从基层一步一个脚印、稳扎稳打发展而来，对任职地十分熟悉，能够较好地把握该县的发展方向。教育背景和熟悉度的回归分析表明，教育背景与熟悉度的交互作用相对于教育背景本身更为重要。县域核心行动者各自所受的良好教育促成基础性知识的有效储备和同一性判断的生成。同时，搭配时长和本地晋升方式促成对治理情境的准确判断，以上多变量交互作用促成治理效能的提升。异地调任虽然可以避免地方势力的坐大，维系共同体的有效运行，但异地主官与本地官员摩擦带来的政治损耗及地方政治参与低效，越来越影响县域治理现代化和地方政治参与。同时，相对于异地调任的政府官员及上级政府部门下派的官员，本地晋升的政府官员掌握着大量的"地方知识"，对当地的各种情况更为熟悉，有能力调动政治、经济等各种资源，所以，他们推进城市建设的积极性更高，从而对地方经济产生影响。[①] 因此，要综合考虑异地调任与本地晋升，既要维系地方政治共同体的有效运行，又要考虑地方经济发展需求，在实际考量县域发展需求的基础上，审慎选择核心行动者。

第四节 两类核心行动者个体特征、行动策略与行动绩效的比较

作为解释我国经济增长绩效的新视角，关于地方官员与区域经济增长之间内在关联关系的研究，将成为政治经济学研究的一个重要学术增长点。而经济特区政府与县级政府同为广义上的地方政府，两者之间具有相

---

① 傅利平、李永辉：《地方政府官员晋升竞争、个人特征对城市扩张的影响——基于全国地级市面板数据的实证分析》，《城市问题》2015 年第 1 期。

似的组织架构与行政职责。对经济特区政府核心行动者的实证分析，可以为进一步了解县级核心行动者提供别样的对比视角，从而侧面印证研究结果的可靠性与普适性。

一 经济特区核心行动者个体特征对产业结构调整的影响

具体来说，通过抽取2000~2018年深圳、厦门、珠海以及汕头四个经济特区的数据为分析样本，先对热点媒体新闻报道进行内容分析，实证追踪、观察和测量经济特区核心行动者的产业结构调整偏好，再通过对各样本区域统计年鉴的查阅，人工构建了产业结构调整的数据体系，统计产业结构转型升级的实绩，最终测量出核心行动者偏好（个体特征是偏好长期形成的影响要素）与产业结构调整间的因果关系。并以此为基础展开了从面到点、从浅到深的分析工作，得出如下结论。

（一）描述性统计分析中的发现

在描述性统计分析中我们可以发现，在经济特区治理过程中，随着时间的推进，核心行动者（无论市委书记还是市长）的产业结构转型偏好都呈现越来越高的水平，且经济特区的产业结构升级绩效呈现明显的上升趋势。而后通过多元回归分析我们可以得知，学历水平较高和拥有企业工作背景的核心行动者更倾向于选择促进产业结构调整的政策，而随着官员任期的增长其产业结构调整的偏好越发不明显，且官员任期与其政府主导偏好存在不显著的"U"形关系。

（二）实证性统计分析中的发现

首先，基于单因素方差分析可以发现，经济特区核心行动者生态环境偏好的增强引发了环境绩效（绿化比率增长率）的显著提升，而经济特区核心行动者的技术创新偏好和文化产业偏好对第三产业增长率具有显著的影响，说明核心行动者的产业升级偏好能够直接带来产业结构调整的良好绩效表现。其次，基于结构方程模型，研究发现相对于经济特区核心行动者的个体特征而言，官员的产业升级偏好对其所在辖区内的产业结构调整实际绩效存在更加明确和显著的影响，这表明虽然官员个体特征能够在一定程度上解释甚至预测其行为取向甚至组织绩效，但官员在成长、从政的过程中，其个体的价值判断、行为取向、自我观念都会发生转变，而这些转变会更加显著地对其政策选择及组织绩效产生影响。

二 经济特区核心行动者个体特征差异对经济增长的影响

以高阶理论为基础和依据，本书尝试以经济特区核心行动者间的个体特征异质性为一个测量指标或变量，对经济特区核心行动者间个体特征差异与地区经济增长绩效的关联关系进行实证分析。根据自行编制的核心行动者间个体特征异质性测算量表，研究对同辖区、同期内核心行动者间个体特征的异质性以及异质性指数进行测算，以此为基础，分别检验了年龄、任期、教育水平、任职经历和晋升方式异质性与经济特区经济绩效的相关关系，并实证检验了能够衡量核心行动者间异质性的异质性指数与经济绩效之间的内在关系。另外，为了检验核心行动者间相互关系对官员实际施政行为的影响，还以核心行动者间异质性指数为调节变量，通过数据分析检验了官员个体特征异质性水平对其个体特征与经济绩效之间关系的调节作用。通过研究分析可得到以下结论。

首先，地方政府核心行动者间个体特征的异质性水平的确会对经济绩效产生影响，且年龄、晋升方式等个体特征的异质性有利于提升辖区经济绩效，而任期、任职经历、教育水平等个体特征的异质性则不利于产出较好的经济绩效。因此可以发现，在官员的拔擢和晋升中，应着力避免能够给核心行动者带来不良影响的特征因素，注重不同年龄的党、政官员的搭配，以期核心行动者之间能够建立合理、规范、健康的互动关系，发挥不同个体特征的官员在认知多维性、决策全面性等方面的优势，从而提升辖区经济绩效。

其次，随着时间的推移，核心行动者间的异质性对经济特区经济绩效的影响逐渐由负向转为正向，对此可能的政策解释为：随着我国政治体制改革的深化，核心行动者互动关系逐渐趋于规范化、高效化，核心行动者个体特征异质性的不良影响逐渐减弱，决策的全面性和政策的科学性则越发得到强化。因此，在官员考核过程中应注意不同个体特征官员的相互搭配，丰富地方决策团队的价值观念、认知视角以及行为模式。

最后，核心行动者个体特征的异质性越高，核心行动者对经济发展个体化影响越不明显，这表明来自不同区域、不同晋升方式，具有不同年龄、不同任期和不同教育水平的官员所组成的地方决策团队，能够有效避免或制约个人权力过大、"一言堂"等集权行为的发生，从而能够提高决策质量，促进辖区经济增长。

三 经济特区经济增长对核心行动者晋升影响的延展讨论

从财政激励到政治激励的研究转向是伴随着我国地方政府的个人特征和主观性色彩越发凸显而开始的，地方政府官员在决策和施政向路上的个体倾向逐渐明晰，而政治擢升作为地方政府官员个人利益的核心内容，无疑也是学界研究的重要因素。然而，尽管有学者从经验分析的视角验证了官员个人政治晋升与辖区经济绩效之间的显著关系，但也有学者从理论的层面对此提出了质疑，并且其两者之间并无直接相关性的论断也得到了相关数据的支持。研究认为，这样多元化的研究结论是由地方官员的多样性造成的，因为在中国，地方官员的遴选和选派具有不同的目的和特定的情况，例如与在本地直接晋升的官员相比，上级政府派任的官员往往具有特定的任务和目标，这些任务和目标可能是经济性的，也可能是政治性的、社会性的，因而如果统一对这些官员按照经济性的指标进行考核，不够全面和客观。因此，选择经济特区为样本进行补充观察，主要是在新时代背景下，中央政府和省级政府均希望经济特区能够发挥产业结构调整先行先试的导引功能，空间演绎治理体系现代化进程中的"国家逻辑"。[1] 同时，由于经济特区核心行动者往往以经济发展为执政要务，以其为样本可以避免不同性质官员的任职目标差异性，有利于获取更为科学和客观的研究结论。通过模型建构和数据分析，可以发现如下四个特征。

首先，对于经济特区核心行动者而言，其任职期间的经济绩效往往比履历背景更能决定其晋升与否，经济绩效依然是晋升锦标赛的核心指标。这就对"关系论"进行了有力回击，也能证实中国官员晋升体系在国家治理上的有效性。即使中央权威没有以官方文件的形式明确某种核心指标的晋升功能，但作为局中人的官员会对其中规则进行适时适地的有效认知和积极的主体响应。

其次，拥有上级政府任职经历的地方核心行动者在政治升迁方面的表现较为理想。可能的解释：一是这类地方核心行动者面对上级较高绩效期待的回应主动性较强；二是此类官员可能带有任职的特定任务和目标，而

---

[1] 陈进华：《治理体系现代化的国家逻辑》，《中国社会科学》2019年第5期。

这些任务和目标比较容易被上级有效感知；三是此类官员能够有效汲取所在层级之上的多维资源，有利于经济绩效的有效呈现。

再次，作为上级党委常委会委员的地方核心行动者的政治晋升与经济绩效存在相互独立性。这表明上级党委常委会委员的影响力较为显著。当然，上级党委常委会委员的行政级别及影响力均高于所在区域其他官员，有利于有效统一治理理念、行动路径和资源整合，绩效的显现似乎应该更加突出。这种认知冲突的可能解释：一是需要认识到能够成为上级党委常委会委员的理应是上轮绩效晋升竞赛的胜出者；二是对于已经成为更高层级决策团体一员的地方核心行政者，会形成经济绩效外的多向度绩效关注。现实样本也证实，此类官员可能从"块"空间的核心行动者转变为"条"空间的上一层级分管官员。

最后，晋升激励的时间空当和晋升与否的稳定预期带来了官员动力的衰退。在实证研究中，我们发现在删除极端值后，从属于上级党委常委会的官员所在县的相对人均GDP为1.52，而非常委官员所在县的相对人均GDP则为3.44。可能的解释是被列为上级党委常委会委员的官员已是晋升后的结果，下一轮的晋升可能在后续职位调整后展开，存在晋升激励的时间空当；或者依据年龄规定形成了晋升与否的稳定预期。上述晋升激励的时间空当或晋升与否的稳定预期可能带来动力的衰退，抑制了主动施为。

四 结论的契合性分析

中国作为统一的中央集权国家，央地政府之间呈现明显的上下统属关系。区别于西方的央地关系，我国各级政府的权力来源于上级政府层层的授予与让渡，因此整体来说地方政府之间呈现权力的"条条"传输。而我国地方政府的包含范围极广，省（自治区、直辖市）、县（自治县、市）、乡（民族乡、镇）三级政府皆在内。由于"条条"结构的形成，上下各级地方政府虽在治理范围与具体治理内容之间具有差别，但整体来看仍然呈现权责结构的相似性。通过以上对经济特区核心行动者的相关分析可知，高阶理论不仅在县域治理中有所显现，在经济特区的治理场域中同样适用。作为其所属治理场域的党政领导，经济特区核心行动者个体特征与其各自辖区内行动策略、行动绩效的相关关系与县域核心行动者个体特征与其行动策略、行动绩效的相关关系在实证分析的结果上具有明显相似性。

因此，虽然分析主体之间存在差异，但通过对经济特区核心行动者的特征进行分析，可以从侧面印证对"百强县"核心行动者的分析结果，从而进一步加强对"百强县"核心行动者个体特征、行动策略与行动绩效之间联系的认知。

本章小结

要在整体性国家治理中调适同一性和差异性，实现政治秩序和有效治理的有机统一，既需要规塑，又需要给予地方官员一定的行动空间，形成多型局域治理行为来匹配差异治理情境，这集中体现于县域治理板块。县域是国家宏观政策与社会公众需求对接的基础板块，承载政策试验和政策落地的功能。习近平指出："在我们党的组织结构和国家政权结构中，县一级处在承上启下的关键环节，是发展经济、保障民生、维护稳定、促进国家长治久安的重要基础。"[1] "百强县"核心行动者样本及其所呈现的发达县域治理状况，是观察中国县域治理的重要样本。因此，系统分析"百强县"县委书记及其所在县域县长的组合特征与行动绩效之间的内在关联，有利于我们在发达县域党、政核心行动者选任组合等方面得出更具现实参考意义的结论。通过对核心行动者组合的学历背景、合作时长、升任方式等方面的统计分析，明晰什么个体特征的县委书记与县长组合可以最大限度地提升县域治理效能，这有助于县域党、政核心行动者选拔、考核及搭配体系的完善。

---

[1] 习近平：《做焦裕禄式的县委书记》，中央文献出版社，2015，第3页。

第六章
发达县域核心行动者的行动模式"偏好"

党的二十大报告明确指出:"高质量发展是全面建设社会主义现代化国家的首要任务。"① 可以说,高质量发展是关系中国式现代化建设全局的一场深刻变革。发达县域是县域体制转轨的试验载体,有意愿、有需求、有能力去承载区域高质量发展的愿景,理应承担先行先试的功能。作为县域核心行动者的县委书记是县政"一把手",其权力、意愿和行为将直接决定县域治理效能。对于发达县域核心行动者而言,压力传导、规范裁决和纵向检查叠加形成以板块排名为表征的全景敞视的治理行为规训空间。基于长三角高质量发展县域江阴、昆山和张家港的典型案例,对 2002~2022 年历任核心行动者的"行动轨迹"进行信息抓取,形成相对完整的证据图景,表明发达县域核心行动者要在激烈板块排名竞争中脱颖而出,首先,要保证常态治理的规定动作秩序井然,产出预期稳定绩效。另设置对应显绩任务的项目,实现"规定动作不出错,自选动作有亮点"的叠加效果。其次,要激活原科层对其施政意图的有效反应,需要进行两型的科层再造:一是任人为用,依据项目需要进行相关"节点"干部的任免;二是超越科层,新设领导小组、指挥部和工作专班等项目议事机构。最后,要通过多种途径使下层官员感知其注意力配置结构的动态变化,从而完成持续性政治动员,保证治理意图的有效落实。县域核心行动者是县级政府治理体系与治理能力现代化的能动主体,对其行为动机的形塑、行为方式的规范与行为效能的保障是实现县域治理现代化的核心维度。

---

① 习近平:《高举中国特色社会主义伟大旗帜 为全面建设社会主义现代化国家而团结奋斗——在中国共产党第二十次全国代表大会上的报告》,《人民日报》2022 年 10 月 26 日,第 1 版。

第一节　激烈排名竞争：发达县域核心
行动者的行动动机

压力型体制下，"政绩驱动"，即如期完成上级下达的各项任务指标并顺利通过考核，成为县域核心行动者竞争的主要动力，为了在"政治锦标赛"中脱颖而出，发达县域政府会通过主动加压、层层加码的方法来争得相对突出的政绩，用"项目制"方式获得财权与事权的对等，以此从"零和"的政治晋升中脱颖而出。因此，发达县域板块的高质量发展竞赛异常激烈。

一　压力型体制：发达县域核心行动者行动的基本背景

中国的历史与现实证明，统合体制与有效治理的矛盾张力将始终主导国家治理的结构与形态。改革开放前，经济的高度计划控制、政治的纵向科层控制和社会的单位控制（包括农村的公社）形成个体对体制的超强依附，社会发展活力丧失，经济濒临崩溃。虽然全社会形成了深化改革和对外开放的共识，但由于缺乏样本参考，中国的改革开放只能"摸着石头过河"，相应形成"分散烧锅炉"[①]式的体系风险控制机制。中央政府基于科层的纵向内部控制和正式、非正式权威，通过层层行政发包的形式，创造出有利于地方治理效能生成的官僚体系。[②]当然，由于纵向监督激励的科层递减现实与科层间信息不对称问题，需要基于可测度指标，创设可分离、可比较的横向绩效竞赛体制，以期调动地方官员的回应意愿。如果将改革开放以来的纵向关系动态调整，视为纵向控制权的配置结构和形式的

[①] "分散烧锅炉"指中央政府不直接烧"大锅炉"，而是分成数以千计的"小锅炉"（市、县级行政区，省略了省级政府），然后选拔和监督地方官烧各自的"小锅炉"。这就是"上下分治的政治体制"。用这种办法来治理整个国家，一个显而易见的好处是分散了执政风险，因为即使有少数地方官不小心把他们的"小锅炉"烧爆了，也不会影响到整个政权的安全。参见曹正汉《"分散烧锅炉"——中国官民分治政治体制的稳定机制探索》，《领导科学》2010年第24期。

[②] 中国国情的地域差异让改革开放的制度变革无法整齐划一地采用强制制度变迁模式，需要体制变革的活性载体来实施低成本的制度变迁知识积累和风险管控。中央政府因此会模糊制度变革的具体原则和清晰目标，仅设置政治稳定的改革"红线"，而给予作为制度创新主体的地方政府制度创新的空间和收益激励，实施地方试点先行的渐进制度变迁模式，即中央对地方的制度变革试验事前不表态，依据变革成效实现对地方创新的选择性控制。

相适变化，那么地方政府会利用自由裁量空间和设置对上级的信息封闭寻求制度性剩余，以便创设更大行动空间和政经收益。

县级政府作为中国现代构架中的一个重要层级，既承载国家意志、战略和政策，又体现地方的价值与诉求。从某种程度上讲，县政改革是中国政治体系中最迫切、最重要的内容，是中国改革新的突破口。县域核心行动者的权力、意愿和行为将直接决定县域治理效能，会对国家治理产生极为重要的影响。同时，改革开放以来纵向权力分工促成了以县域为主要空间载体的地方政府利益和功能的塑造，地方政府有发展地方经济、调控本地资源等权力，日益成为地方利益的代表人和运营者。在中央选择性控制的压力型体制下，中央政府依托考核体系和排名等推动地方政府加入围绕经济增长的政治锦标赛中[1]，促成了地方利益和核心行动者利益在特定空间、具体时点和治理内容上的匹配性契合，进而对地方政府核心行动者的行动形成了强有力的规约。

压力型体制主要指一级政治组织（县、乡）为完成上级下达的经济赶超任务以及各项指标，而采取的数量化任务分解的管理方式和物质化的评价体系。[2] 在我国，压力型体制的生成有其深刻的制度背景。其一，社会主义制度背景。"社会主义国家有个最大的优越性，就是干一件事情，一下决心，一做出决议，就立即执行，不受牵扯。"[3] 社会主义制度突出了集中力量办大事的制度优势，解决了我国公共管理领域诸多复杂的难题，使我国办成了许多国家难以办成的大事。[4] 但同时也存在政府体制高度集中的问题，即下级服从上级、地方服从中央，包括中央政府在内的上级政府采用集中的方式控制下级发展所需要的多种资源，使下级政府存在"任务—资源"失衡的压力与困境。[5] 其二，计划体制向市场体制转轨的制度残余。改革开放以来，地方政府的利益在政治体制中得到正式承认，地方政府面临着促进地方利益增长的现实任务及实现经济赶超的发展压力。而由于计划体制改革的不完全不彻底，地方利益主体无法通过市场体制取得

---

[1] 周黎安：《转型中的地方政府官员激励与治理》，格致出版社，2017，第87页。
[2] 荣敬本等：《从压力型体制向民主合作制的转变：县乡两级政治体制改革》，中央编译出版社，1998，第28页。
[3] 邓小平：《改革的步子要加快》，载《邓小平文选》（第3卷），人民出版社，1993，第240页。
[4] 李珍刚：《集中力量办大事：中国特色公共管理的时代价值》，《学习论坛》2019年第12期。
[5] 杨君、杨幸珺、黄薪颖：《压力型体制中的下级能动——基于"任务—资源"视角的分析》，《经济社会体制比较》2023年第2期。

应有资源，因而催生出对上级争取政策性支持，对下级实行高压性驱动的压力型体制。上级政府以行政命令的形式下达经济增长指标，用政治动员的方式来调集所需资源，这是"动员—命令"体制在市场经济发展条件下的变体。就运行而言，压力型体制大致可以划分为指标与任务的确定、派发、完成、评价四个阶段，其与压力环境、减压机制共同构成整个压力型体制的运行过程。[①] 下级政府在接到上级任务或制定社会经济发展目标后，将其量化分解，通过签订责任书的方式层层下派至组织及个人，要求其在规定的时间内完成来自上级的临时性或常规性任务与工作。对完成指标任务的组织和个人，除了采用授予称号这样的传统精神鼓励方式外，还会采用包括升级、提资、提拔、奖金等在内的一系列物质奖励。在惩罚上，对一些重要任务实行的是"一票否决"制，即一旦某项任务没有达标，就视其全年工作成绩为零，不能获得任何先进称号和奖励。[②] 由此可见，在压力型体制中，县级政府与核心行动者都背负着巨大的行动"包袱"，需小心谨慎，避免行差踏错。但实际上，在压力型体制中，县政府所承担的任务指标经常超出其现有能力范围。为如期完成上级下达的各项任务指标并顺利通过考核，不同县政府的实际治理行动带有明显的随机性、多变性、灵活性和非规范性。尤其是发达县域核心行动者，能够在压力型体制中取得行动上的层层突破，不仅因为县域本身的资源优势，还因为核心行动者在行动中能够发挥能动性，处理好各方关系，在发展中不断解决现实问题。由此可见，发达县域核心行动者的行动既被塑造，也不断造就新的发展环境，以此形成良性循环，以行动助推县域高质量发展。

二 板块排名：发达县域核心行动者的行动规训

规训是一种精心计算的强制力慢慢通过人体的各个部位，控制着人体，使之变得柔韧敏捷，并不知不觉地变成习惯性动作，最终"造就"个人。[③] 而科层制下的规训主要是为了更好地挑选和征用而进行训练，[④] 进而力求

[①] 李元、严强：《治理式执行：压力型体制视角下的地方政府政策执行——基于A县治理中小学大班额的分析》，《江海学刊》2016年第5期。
[②] 杨雪冬：《压力型体制：一个概念的简明史》，《社会科学》2012年第11期。
[③] 〔法〕米歇尔·福柯：《规训与惩罚》，刘北成、杨远婴译，生活·读书·新知三联书店，2021，第145页。
[④] 〔法〕米歇尔·福柯：《规训与惩罚》，刘北成、杨远婴译，生活·读书·新知三联书店，2021，第184页。

"通过训练将大量混杂、无用、盲目流动的"核心行动者与力量变成"多样性的个别因素"。[1] 不可否认,压力传导、规范裁决和纵向检查让发达县域板块排名演化为一种极具中国特色的科层制规训机制,形成全景敞视的行为规训空间,强力塑造着发达县域核心行动者的治理行为。

其一,压力传导的规训。多型任务治理压力是基层政府需时刻面临的客观情境,主要来源于纵向科层的"落实"压力传导,部分来源于横向府际的"对比"压力扩散,相应在科层体系内部形成"一种借助观看而实行强制的机制"[2],带来一定程度的信息共享和一致行动,形成一种"观看的技术"而"诱发出权力的效应"[3],从而为规训权力实施提供基础。持续且切实的类同"监视"的规训,将发达县域核心行动者治理行为嵌入一种"内在"体系中,与规训权力在其中发挥作用的那种机制的经济目标有了内在的联系,规训权力成了一种复杂的、自动的和匿名的权力。[4]

其二,规范裁决的规训。规训权力根据一个通用的准则来区分个人,它从数量上度量,从价值上排列每个人的能力、水准和"性质",它通过这种"赋予价值"的度量,造成一种必须整齐划一的压力。[5] 而且,一切规训系统的核心都有一个小型的处罚机制,它们规定和压制着重大惩罚制度不那么关心因而抬手放过的许多行为。[6] 板块排名背后是一系列目标体系,以全国"百强县"评选指标为例,具体包括:①经济实力,包含经济规模、发展水平2个子目标下的8个分类目标;②增长潜力,包含投资强度、创新活力2个子目标下的7个分类目标;③富裕程度,包含收入水平、消费能力2个子目标下的5个分类目标;④绿色水平,包含宜居程度、节能环保2个子目标

---

[1] 〔法〕米歇尔·福柯:《规训与惩罚》,刘北成、杨远婴译,生活·读书·新知三联书店,2021,第184页。
[2] 〔法〕米歇尔·福柯:《规训与惩罚》,刘北成、杨远婴译,生活·读书·新知三联书店,2021,第185页。
[3] 〔法〕米歇尔·福柯:《规训与惩罚》,刘北成、杨远婴译,生活·读书·新知三联书店,2021,第185页。
[4] 〔法〕米歇尔·福柯:《规训与惩罚》,刘北成、杨远婴译,生活·读书·新知三联书店,2021,第191页。
[5] 〔法〕米歇尔·福柯:《规训与惩罚》,刘北成、杨远婴译,生活·读书·新知三联书店,2021,第197页。
[6] 〔法〕米歇尔·福柯:《规训与惩罚》,刘北成、杨远婴译,生活·读书·新知三联书店,2021,第192页。

下的4个分类目标。① 另需特别关注不同区域范畴内的板块间排名规训，包括：跨省的"一体化"区域内地级市板块之间，如长三角区域内的苏州、杭州、合肥和宁波等；地级市下辖的县区板块之间，如苏州市下辖的工业园区、高新区、昆山和张家港等；县区下辖的乡镇板块之间，如张家港的杨舍镇、锦丰镇和南丰镇等。上述板块自然形成自上而下的排名压力传导，依据严格目标责任体系和规范化裁决机制，共同形塑出体系化的板块排名规训，而发达县域板块正处于这一体系的主体位置，将承载更强有力的"规训"。

其三，纵向检查的规训。检查是一种追求规范化的目光，……把权力的仪式、试验的形式、力量的部署、真理的确立都融为一体。② 检查把层级监视的技术与规范化裁决的技术结合起来，导入了一个完整的机制，将可见、可展示的权力转换为权力的行使。③ 另外，检查将作为个体的核心行动者引入文件领域，将其作为可描述、可分析的对象，将每个核心行动者变成一个"个案"，并构建了一个比较体系，对其进行度量，进而实现了对其在稳定体系下的监视。检查嵌入的规训能把个人既视为操练对象又视为操练工具，上级借助行政发包实现权责下移，通过设定发展目标并进行验收考核，实现被视为客体对象的核心行动者的被征服和被征服者的对象化。④ 而被规训后的发达县域核心行动者会竭尽全力对比考核要求，量身打造治理行为予以回应；同时，检查使核心行动者成为权力的后果与对象，并确保了能够对其进行分配与分类的重大规训功能。⑤

综上所述，规训权力是一种谦恭而多疑的权力，是一种精心计算的、持久的运作机制，⑥ 其有关对人的控制模式是一种不间断的、持续的强制。⑦

---

① 赛迪顾问县域经济研究中心：《中国县域经济百强研究》，2022，第33页。
② 〔法〕米歇尔·福柯：《规训与惩罚》，刘北成、杨远婴译，生活·读书·新知三联书店，2021，第199页。
③ 〔法〕米歇尔·福柯：《规训与惩罚》，刘北成、杨远婴译，生活·读书·新知三联书店，2021，第201页。
④ 〔法〕米歇尔·福柯：《规训与惩罚》，刘北成、杨远婴译，生活·读书·新知三联书店，2021，第199页。
⑤ 〔法〕米歇尔·福柯：《规训与惩罚》，刘北成、杨远婴译，生活·读书·新知三联书店，2021，第206页。
⑥ 〔法〕米歇尔·福柯：《规训与惩罚》，刘北成、杨远婴译，生活·读书·新知三联书店，2021，第184页。
⑦ 〔法〕米歇尔·福柯：《规训与惩罚》，刘北成、杨远婴译，生活·读书·新知三联书店，2021，第147页。

排名机制的引入使规训权力最终形成了一种理念中的"全景敞视"（panopticon）空间①，让排名成为"权力的眼睛"，变成一种监视的目光。② 任何此空间的个体，无论层级如何，均会在这种"目光"下，"逐渐自觉地变成自己的监视者，这样就可以实现自我监视。这个办法真是妙极了：权力可以如水银泻地般地得到具体而微的实施，而又只需花费最小的代价"。③ 发达县域核心行动者在"全景敞视"的规训空间中，既需要常态治理的规定动作，又需要孕育特色实现赶超的自选动作。常态治理的规定动作旨在给予官僚科层运行的规范和秩序，形成常规绩效的可预期生产；孕育特色实现赶超的自选动作旨在通过控制权扩展，营造试错空间，进而能够基于有效试验生成可并入常规治理的行动方案，以期缓解迫在眉睫的考核压力。而要在激烈板块竞争排名中脱颖而出并实现政治晋升④，就必须既在规定动作的常态治理上"不出事"，又在孕育特色实现赶超的自选动作上有"亮点"，譬如GDP显性数据增长、肉眼可见的城市空间扩张和全国文明城市等排名等。

第二节　两型科层再造：发达县域核心行动者行动的科层响应

发达县域治理中，单一的常态化科层运作无法承接压力型体制下上级政府行政发包的多维任务，同时也无法消解横向层级中激烈板块竞争带来的巨大压力。在此背景下，县域核心行动者为实现发展赶超，会通过设立打破科层的领导小组与单独的干部选任等超常规的制度安排对科层体制资源和运行规则进行调整，形成最大限度的资源集中和有效动员，以求更快更好地实现多元任务目标，消解板块竞争压力。

---

① 毛庆铎、甘甜：《科层式规训：政府排名的设置逻辑与作用机制》，《公共行政评论》2022年第2期。
② 〔法〕米歇尔·福柯：《权力的眼睛——福柯访谈录》，严锋译，上海人民出版社，2021，第134~135页。
③ 〔法〕米歇尔·福柯：《权力的眼睛——福柯访谈录》，严锋译，上海人民出版社，2021，第134~135页。
④ 中国地方官员的晋升锦标赛模式研究表明，政府官员晋升激励模式未发生改变，相较于地区财政收入，地方官员更关心的是自己的行政晋升和仕途。参见周黎安《中国地方官员的晋升锦标赛模式研究》，《经济研究》2007年第7期。

一 科层再造促成科层响应

美国社会学家彼得·布劳等指出:"在当今社会,科层制已经成为主导型的组织制度,并在事实上成为现代性的缩影。除非我们理解这种制度形式,否则我们就无法理解今天的社会生活。"① 在1921年德国社会学家马克斯·韦伯提出科层制理论后,由于具有严密性、合理性、稳定性以及普适性,并且适应现代社会的生产发展要求,科层制不断加速发展,成为世界许多国家政府的主流组织模式。科层制既是一种组织形式,也是一种管理模式,作为科层制理论的创始人,韦伯从组织标准、工作秩序、权力关系等方面对其进行了界定,认为理性科层制具有如下基本特征。首先,专业化的分工。明确划分每一组织成员的组织权限并以法规的形式严格固定这种分工。其次,层级节制的权力体系。明确每一位成员的职责和权限,按照地位的高低规定成员间的命令与服从关系。最后,按规办事的运作机制。通过制定一整套规则和程序规范组织及成员行为,保证整个组织管理工作的一致性和明确性。此外,形式正规的决策文书、非人格化的组织管理、专业的培训机制、合理合法的人事行政制度也是理性科层制组织的特点。科层制组织基于分工、制度、非人格化等建构起严谨、高效的运行秩序,能够有效约束和激励组织的执行者,提高组织的工作效率,从而保证组织目标的实现。

在中国,科层制实践经历了一段复杂而漫长的官僚化过程。伴随着改革开放以来法治建设和制度化建设的不断推进,我国政府初步建立了科层制的组织架构。各级官员在官僚制架构下按照职能专业化原则进行劳动分工,彼此之间有严格的等级划分,自上而下依次形成金字塔形状,下级必须听从上级的权力命令和工作安排,每个层级的行政组织都有明确的权责边界,形成相对固定的权限并可持续地发挥功能。② 然而,需要承认的是科层制无论在理论上还是实践中都遭受了一系列批评。随着社会治理复杂程度的提高,官僚制组织应对的事务日益繁杂,由于科层制的固有特点,其组织

---

① 〔美〕彼德·布劳、马歇尔·梅耶:《现代社会中的科层制》,马戎等译,学林出版社,2001,第8页。
② 庞明礼:《领导高度重视:一种科层运作的注意力分配方式》,《中国行政管理》2019年第4期。

结构不可避免地出现组织规模负效率现象，存在协调失灵和组织僵化、行动缓慢等问题，这些弊端阻碍了政府治理目标的实现。伴随新公共管理运动的兴起和发展，"流程再造"也逐渐被引入公共部门管理中，成为实现"政府再造战略"的重要工具，在降低行政成本、提高行政效率、促进部门协作、保证服务质量、满足公共需求等方面取得了显著的绩效。在新公共管理的语境中，再造（reinventing）是指对公共体制和公共组织进行根本的转型，以大幅提高组织效能、效率、适应性以及创新的能力，并通过变革组织目标、组织激励、责任机制、权力结构以及组织文化等来完成这种转型过程。[1] 由此可见，"再造"基于现有管理体系的刚性约束，强调在不改变现有基层管理体制的前提下，通过打造高绩效的工作团队、改变治理结构、优化政策流程、升级行政管理工具等方式来提高基层治理的效果。

县域治理中始终存在激烈竞争，核心行动者为了在压力型体制的政治锦标赛中完成多型任务指标，就必须在常规的规定动作外，设置更多项目进行回应。而原科层的体制性响应迟钝，需要进行多种形态的科层再造。发达县域核心行动者政治实践中采取的科层再造即在原本科层部门的基础上再造新的组织形式，进而对政府组织结构进行重构以优化管理制度，弥补科层制的不足。

二 发达县域治理中的两型科层再造

近代官僚制度的特有功能模式具有两项重要原则：其一，各部门通常有依据规则、法律或行政章程而来的明确的权限[2]；其二，官职层级有一套明确制定的上下级关系制度[3]，且成熟的官僚科层体制通常采取"一元制"支配形式[4]，即官员由上级任命，其"职务行使以规则为准，乃是根深蒂固的"[5]，相应科层秩序里的官僚，往往皆期望从"较低"的职位"提升"到较高的职位。[6] 改革开放的"摸着石头过河"需要形成以"分

---

[1] 〔美〕戴维·奥斯本、彼得·普拉斯特里克：《再造政府》，谭功荣、刘霞译，中国人民大学出版社，2010，第10页。
[2] 〔德〕马克斯·韦伯：《支配社会学》，康乐、简惠美译，上海三联书店，2020，第22页。
[3] 〔德〕马克斯·韦伯：《支配社会学》，康乐、简惠美译，上海三联书店，2020，第23页。
[4] 〔德〕马克斯·韦伯：《支配社会学》，康乐、简惠美译，上海三联书店，2020，第23页。
[5] 〔德〕马克斯·韦伯：《支配社会学》，康乐、简惠美译，上海三联书店，2020，第24页。
[6] 〔德〕马克斯·韦伯：《支配社会学》，康乐、简惠美译，上海三联书店，2020，第31页。

散烧锅炉"为典型的治理风险控制机制,即中央政府基于科层的纵向内部控制和正式及非正式权威,通过层层行政发包的形式,既创造出有利于地方治理绩效生成的官僚体系,又可以实现对制度变革风险的选择性控制。但纵向财权事权的错位现实与越发激烈的晋升竞争,致使地方官员不得不利用自由裁量空间和设置针对上级的信息封闭寻求制度性剩余,以便创设更大行动空间和政经收益,相应演化出体制性科层响应问题,集中表现为"上有政策、下有对策"的顽疾。面对科层响应的体制性迟钝,发达县域核心行动者需以科层再造来打破迟钝,主动寻求科层响应。这里的"科层再造",是指基本遵循现有科层体系中的结构、过程和方式,在科层体制内打造有效响应团队、优化局部科层结构、畅通行动流程和升级奖惩预期,具体表现为项目议事机构设置的"超越科层"方式和以"节点"干部任免为代表的"任人为用"方式。

(一) 议事机构:领导小组、指挥部与工作专班

基于目标责任体系的原则,政府组织内部的职能部门多将注意力与执行力聚焦自身所规定的职责任务,要消除相关政府部门同一项目运转过程中不同条块间的协同壁垒,需要超越科层体制,另设领导小组、指挥部和工作专班等项目议事机构。

领导小组、指挥部和工作专班"通常由权力层级较高的人物和部门牵头,联合多个部门,集中政治资源,协调和领导跨部门、跨系统或跨区域的政治活动"。[①] 通过将领导权威嵌入组织过程,科层化的权威推动成为领导小组运行的核心特征。[②] 一般情况下相关机构由主要党政领导人担任组长,全面负责小组工作,承担总揽全局、协调各方的职能。除此之外,领导小组等议事机构的领导系统一般还包括下一级负责人和任务执行相关部门的负责人,以确保议事机构权威的充分凸显,为后续的资源与利益整合、人员跨部门调配奠定良好基础。基于高规格机构设置与领导挂帅的领导小组等议事机构,能够凭借政治权威向下施加政治压力,将与行政任务有关的职能部门和层级政府纳入领导小组内部。有党政领导人挂帅,议事机构和其他职能部门的关系逐渐上升为临时性、非正式性的上下级关系,

---

[①] 吴晓林:《"小组政治"研究:内涵、功能与研究展望》,《求实》2009 年第 3 期。
[②] 原超:《"领导小组机制":科层治理运动化的实践渠道》,《甘肃行政学院学报》2017 年第 5 期。

相关部门被强制性地参与专项任务治理，并在协调过程中分享自身的优势资源和知识。① 执行系统则是以领导小组、指挥部和工作专班等议事机构为主导，负责具体目标部署与具体任务分工、指标设计、数据收集、执行反馈、监督激励等系列工作，主管部门以及协调部门配合议事机构执行具体任务。② 实际上，就是基于上级组织确定的总目标，以逐步分解和量化的方式向下级组织传递，并通过严格的考核机制确保组织成员受到强有力的约束，与上级保持高度一致。最终促进各责任主体之间紧密联系，激发组织内部成员的积极性从而实现既定目标。

同时，为了有效落实县域内"项目"，政府往往选择召开相关工作会议，传达县委关于各类项目的基本精神，对议事机构各相关成员单位进行职责分工，并且向下传递工作目标和方案。会议中，各成员单位会发表意见，出台各自的方案和措施。这种动员会议不仅明确了各成员单位的工作职责，更重要的是将项目治理上升到县委的"顶层设计"。前期的会议更多是对上级精神的学习和传达，借助政治权威将压力传导到各职能部门和层级政府，并通过会议显示出专项任务的重要性。后期的会议则具有更多的"部署"、"纠偏"和"经验交流"等功能。频繁的会议使各协作主体在相互交流和互动中逐渐明确与深化工作目标和工作方案，层层落实到各个协作主体。同时将专项工作纳入各县市区各部门目标管理考核内容，依赖条条关系向下动员。基层政府将来自上级政府和职能部门的各项任务继续细化与分解，结合上级政府的目标将政策改造为能够直接落地执行的政策工具。从系统运行可以看出科层制权威嵌入了领导小组、指挥部和工作专班等议事机构的各个环节，在议事机构领导者的推动下，各职能部门各司其职，相互协调配合，保障了治理意图的有效落实。领导小组、指挥部与工作专班"在组织人事上体现着很高的共通性"③，通常表现为领导与被领导的关系：领导小组、指挥部等通过间接或者直接方式指导专班工作。专班是针对某项具体工作设立的，统筹与之相关的各类人员，将责任进行分解并分配至个人，因此更多地

---

① 罗湖平、郑鹏：《从分割到协同：领导小组重塑条块关系的实践机制》，《中国行政管理》2021年第12期。
② 达木罕：《领导小组机制的运行逻辑与优化建构》，《领导科学》2022年第6期。
③ 刘鹏、刘志鹏：《工作专班：新型议事协调机构的运行过程与生成逻辑》，《中国行政管理》2022年第5期。

被运用于专项事务的处理上。另外，干部任免是科层再造的常规方式，但要明晰普通干部任免与"节点"干部任免的差异，普通干部任免更多是科层人员正常的"新陈代谢"；而"节点"干部任免更多传达了核心行动者的治理偏好及路径选择，着重取决于"节点"干部在项目及治理（特别是运动式治理）上的工作实绩。

（二）干部任免：普通科层干部与相关"节点"干部

科层再造的第二种常见方式就是相关"节点"干部任免，具体表现为"项目"推进直接对口部门的科层主官和运动式治理的实际负责人，主要是县域科层职能部门及重点乡镇（街道）板块的党政"一把手"。而这些中心工作和政治任务，事关党政主要领导干部的仕途发展，是其工作的重心。[1] 领导干部选拔任用工作要坚持党管干部原则，坚持德才兼备、以德为先，坚持五湖四海、任人唯贤，坚持事业为上、公道正派、注重实绩、群众公认，坚持民主集中制，坚持依法依规办事。[2] 根据新时代干部选拔任用的新要求与新特点，在坚持"德才兼备"标准的基础上，习近平总书记进一步深化发展了"要着力培养忠诚干净担当的高素质干部"[3] 的总体要求，突出了"把党的政治建设摆在首位"[4] 的政治标准考量，以"信念坚定、为民服务、勤政务实、敢于担当、清正廉洁"[5] 五条好干部标准为具体要求。随着领导干部考核指标不断多元化，考核方式逐渐务实化，选拔任用必经程序逐步完善，干部选拔任用制度越来越科学化。但在政府层级较低、权责难以匹配、现实任务繁重等实际情况的约束下，基层科层体制很容易出现内部激励不足的现象。发达县域核心行动者选择干部人才任免的方式对队伍人员进行政治激励，以提升管理效率，推动地方发展，某些"节点"干部兼任相关职务在一定程度上也传达了核心行动者的治理偏向与重视程度。各级干部的任免主要以工作实绩为依凭，通常伴随着项目申请、承接落实、考核验收各阶段工作的开展。将专项项目作为官员任用选拔的主阵地，优先考虑调整拔擢在专项工作中

---

[1] 季乃礼、张金城：《培养式选拔：干部晋升的一种解释框架》，《行政论坛》2022 年第 28 期。
[2] 《党政领导干部选拔任用工作条例》，《人民日报》2019 年 3 月 18 日，第 2 版。
[3] 习近平：《在全国组织工作会议上的讲话》，《当代党员》2018 年第 19 期。
[4] 习近平：《决胜全面建成小康社会 夺取新时代中国特色社会主义伟大胜利》，《人民日报》2017 年 10 月 28 日，第 1 版。
[5] 中共中央：《干部教育培训工作条例》，《光明日报》2015 年 10 月 19 日，第 10 版。

表现突出、绩效优秀、民众信服的干部,将更多资源和机会向先进人才倾斜,同时落实项目考核验收制度,以干部的考评结果为委任选派的重要标准与依据,并对工作作风不实、开展不力的官员及时进行调整或处理。上级政府制定的干部晋升考核制度及其指标为基层政府官员提供了明确且强有力的政治激励,将个人政治晋升与项目完成绩效挂钩,能够显著地影响项目成员的偏好与行为,进而提高政策执行力,充分保证基层政府的治理活力。

但在保证科层顺利再造的前提下,进行相关"节点"干部的选任,除了组织原则和锦标赛模式之外,主要领导的个人偏好也会发挥较大作用。什么样的政治战略和政策重心决定着什么样的干部,也就决定着什么样的选拔标准。[1] 在县域治理场域,核心行动者想要实现执政抱负、推行政策方针,就会优先选用与自己的执政理念相同的人马,塑造"众人拾柴火焰高"的治理氛围。这些人会被选用在县域党政体制中的重要位置,负责一些中心工作并协调推动实施相关重大项目。这些中心工作和政治任务,事关党政主要领导干部的仕途发展,是其工作的重心。[2] 为了高效推动治理工作,核心行动者需要选派一些有能力且信得过的人承担核心"节点"职责,确保其能有效领会自身治理意图,形成相通治理思想,进而认真贯彻落实施政政策,形成符合核心行动者个人意图的地方创新实践。

20世纪90年代以来,中国县域经济的成功得到社会的广泛关注。自1991年开始,国家统计局和一些社会研究机构对中国经济发展水平靠前的县级行政区进行评估。在中国县域经济的发展过程中,江苏江阴、昆山和张家港三个县级市常年雄踞全国"百强县"前三,作为高质量发展县域,在分析发达县域核心行动者的行动动机案例中极具代表性。为了更加直观地理解县域核心行动者通过项目制途径获取政绩的行为选择,本书以江阴、昆山、张家港三地为例,整理了发达县域核心行动者通过科层再造以获取政绩的情况(如表6-1、图6-1、图6-2所示)。

---

[1] 陈家喜:《百年大党的干部选拔任用制度:历史脉络与经验解构》,《上海大学学报》(社会科学版)2021年第38期。

[2] 季乃礼、张金城:《培养式选拔:干部晋升的一种解释框架》,《行政论坛》2022年第28期。

表 6-1　2001~2023 年长三角高质量发展县域政府部分科层再造的综合绩效

地区	在任时间	科层再造	综合绩效
江阴	2001.1~2005.3	1. 实施"三区两地"沿江开发战略，成立领导小组，召开新闻发布会，对江阴经济开发区展开多次调研 2. 召开全市开放型经济工作动员会议，表彰了经济工作先进镇，下发新一年开放型经济工作目标任务书 3. 时任代市长任江阴城市建设投资有限公司董事长	1. 以大项目为牵引，形成特色产业聚集和产业链条 2. 实现全市经济实力提升，在城乡建设、富民工程等方面取得明显成效
	2005.4~2011.9	1. 为实现敔山湾开发，召开敔山湾功能性设施规划研究推进会，实地考察开发现场，检查竣工交付的江阴会展中心，对环境、功能等细节提出优化要求 2. 承办第十九届金鸡百花电影节，成立电影节江阴执委会，时任市委书记、市长任执委会主任	1. 进一步完善城市功能，引发高端人才的入驻和集聚效应，推动产业和城市的同步转型 2. 突出对外宣传，展示城市形象，提升知名度、美誉度，推动政企合作，活跃经贸活动
	2011.9~2014.3	1. 推动"两河一路"交通重大项目建设，召开动员大会，成立全体工作小组，下发工程目标任务书 2. 时任副市长任市人民政府土地储备中心主任	1. "两路一河"工程快速推进，沿江城际轨道交通畅通，城市功能布局完善 2. 统筹规划设计、征地拆迁等工作，就"两路一河"工程做专门部署
	2015.12~2019.12	成立专项领导小组统筹协调全市"智慧江阴"建设的规划和推进，时任市委书记、市长担任组长	实现了全市大数据共享与开发利用和智慧城市综合管理
	2019.12~2020.7	实地调研全市专题科技创新工作，参加调研座谈会，明确工作要求	通过举办各类科技创新活动，营造创新文化氛围，全面提升创新驱动能力，为经济高质量发展提供新动能
昆山	2003.4~2006.6	1. 为激发民营经济发展活力，时任市委书记对玉山镇民营企业的招商引资、项目工程施工进度等方面作了深入调研 2. 成立市委先进性教育活动领导小组，时任市委书记任组长	1. 招商引资形势良好，半年基本完成了全年主要经济指标；私营企业迅速崛起，对地方税收的贡献超过外企 2. 通过两批学习，提高党员思想认识和各项素质，强化作风建设

续表

地区	在任时间	科层再造	综合绩效
昆山	2006.6~2011.4	加快昆山科技教育园区建设，成立领导小组，带领相关部门负责人实地调研，了解园区建设情况，检查工程建设质量，解决园区运行过程中碰到的问题	进一步完善园区功能设施，吸引大批高档科研院所入驻园区，提升园区知名度
昆山	2011.6~2014.12	领导昆山市党的群众路线教育实践活动，成立市委的群众路线教育实践活动领导小组，时任市委书记任组长	经过三个环节的工作，促进整改落实，推动建章立制，进一步提升各级党组织的战斗堡垒作用
昆山	2015.1~2018.1	成立市委全面深化改革领导小组，时任市委书记担任领导小组组长，部署全年深化改革工作	提高了公共资源配置效率与质量，城市治理更高效，实现党建人才管理制度创新
昆山	2019.12~2021.9	1. 建立市领导挂钩13家龙头企业、经济部门挂钩100家重点企业、区镇和招商护商专员挂钩服务1000家企业的"1311"分级服务机制，推出专项服务行动，由市领导挂钩驻点服务42家重点企业，带动招商护商政府专员"215"行动全面推进 2. 成立市政法队伍教育整顿领导小组，时任市委书记任领导小组组长	1. 稳外资交出合格成绩单，昆山营商环境得到优化，新设外资项目142个，实际使用外资14.01亿美元，同比增长119.5%，创历史新高。新增注册外资总量和实际使用外资总量双双位列全省县级市第一 2. 系统梳理检视问题，完善制度机制，切实提升政法队伍能力和水平
张家港	2002.1~2003.4	为带动宿豫县发展，切实加强南北挂钩工作的领导，成立市对口扶贫协作领导小组，时任市委书记任组长	落实32个帮扶项目，配合宿豫县干部队伍建设，组织劳务输出、招商引资等，宿豫经济总量实现明显增长
张家港	2005.12~2010.10	全面推进"协调张家港"建设，成立市作风建设领导小组，对"双服务"活动加强检查考核	整体提高了城乡规划、建设、管理水平，全市农村交通、卫生、教育等基础设施与城区全面接轨
张家港	2010.10~2013.6	1. 为解决张家港市人才需求问题，成立市人才工作领导小组，时任市委书记任组长 2. 任命时任市委副书记为沙洲职业工学院党委书记	1. 培育入选省"双创"和"姑苏"计划人才的数量和质量连续两年位居苏州县市之首 2. 为张家港市各行各业培养、输送大批高质量技能型专门人才

续表

地区	在任时间	科层再造	综合绩效
张家港	2013.6~2016.6	移动互联产业已经被确定为张家港"十二五"规划中最重要的高新技术产业，成立了由张家港市人民政府主要领导亲自挂帅的张家港移动互联高科技产业园发展规划小组及规划控制，协助推进产业园区的建设	张家港市新兴产业健康发展，2015年共完成新兴产业工业总产值1976亿元，比2010年末增加1098.04亿元，年均增长17.6%，占规模以上工业总产值的比重持续上升，由2010年末的22.1%上升到42.9%，呈现蓬勃发展的态势
	2016.6~2018.9	1. 围绕东沙化工园区关停整治过程中的问题，成立"263"专项行动领导小组 2. 为打造便民利民的服务体系，成立"3550"改革工作专班	1. 水质、空气污染等生态环境问题得到持续改善，多项数据相继达标 2. 进一步整合审批流程，推动实现"互联网+政务服务"，构建系统体系
	2018.9~2020.1	1. 成立苏州（张家港）LNG储备中心项目建设工作领导小组 2. 为高标准做好文明城市复评迎检工作，决定成立文明城市创建联合专班	1. 推进苏州（张家港）LNG储备中心项目建设工作统筹协调，优化各项服务保障 2. 通过每日例会、互联网平台完成任务分类，提高文明城市创建工作实效
	2020.4~2021.9	成立市委农村工作领导小组，召开小组会议和乡村振兴工作推进会，实施农村人居环境整治提升五年行动	村强民惠，产业发展大跃升。年内特色宜居乡村覆盖率超过80%
	2020.4至今	为修复长江生态环境，狠抓生态环境突出问题整改，成立长江经济带发展工作领导小组，下发工作要点	启动生态修复、码头复绿、基础配套等三大工程，实现长江沿岸生态岸线"全覆盖"

基于目标责任体系的原则，高规格的机构设置和领导挂帅的领导小组、指挥部和工作专班等，既能够将官员的注意力与执行力聚焦职位所规定的职责任务，消除项目运转中的信息孤岛和合作壁垒，又能够形成项目推进的整体性科层响应，即由于县域核心行动者任职项目议事机构，事实上形成了议事机构与其他职能部门临时性的非正式性上下级关系，项目所涉科层无论主动迎合还是被动裹挟，均需要参与和配合，从而保障项目的有效推进。

中国特色社会主义进入新时代以来，加强和创新基层治理已经成为当

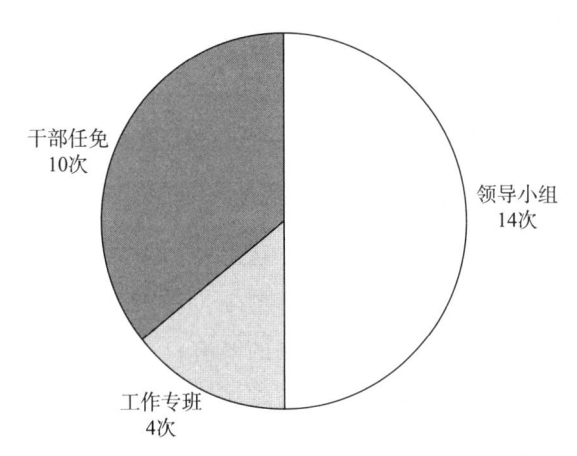

图 6－1　2001～2023 年长三角高质量发展县域政府部分科层再造的途径及出现频次

图 6－2　2001～2023 年基于词云统计的长三角高质量发展县域
政府部分科层再造的综合绩效

代中国政治生活中最为重要的政治议题之一。① 当前，国家治理体系和治理能力的现代化遵循明显的国家逻辑，地方治理体系和治理能力现代化也同样遵循一定的地方逻辑。重新审视当前地方治理任务，多是具备政治色彩的常规与非常规交织的治理任务，仅是依托传统科层结构，基于单向度常规治理来解决将无法奏效，反而会累积治理困境和压力。通过挖掘发达

---

① 郝宇青：《基层治理的中国式现代化道路探析》，《北京联合大学学报》（人文社会科学版）2023 年第 1 期。

县域政府核心行动者治理模式的动态实施过程，解析核心行动者完成政治任务或应对紧急事件背后政治动员、资源整合和层级协同的内在逻辑可知，常规治理与官员自选治理动作作为政府的治理工具在国家治理过程中同等重要。不同治理模式并非泾渭分明，常规科层治理稳定性强，但存在体制性迟钝，科层体制对核心行动者施政意图的响应不足，也不足以促成有效动员，而依托项目制的科层再造是核心行动者理性选择的结果。政府依靠行政任免与领导小组聚力，完成多型项目任务，从而有效整合资源缓解短期治理压力，既体现行政科层体制的既有权威，又灵活运用专门通道和途径将政府的治理理念分发至社会各领域之中，引领社会朝着政府既定目标发展。

第三节　持续政治动员：发达县域核心行动者的注意力被感知

注意力用来描述优先处理某件事而放弃其他事情[1]，演绎"偏好"逻辑，相应的注意力分配实质是一种选择性认知状态，是个体对环境中各类信息作出的差别处理。[2] 注意力资源的稀缺必然带来动态变化特性。发达县域核心行动者的注意力会基于板块排名规则而相适动态调整，特别是匹配显绩的自选动作，需要辖区科层内官员的注意力跟随。但这种跟随并不是完全被动和盲目的，存在被感知的困境，需要通过持续性政治动员予以有效传递。

其一，权威层级流失下的核心行动者注意力被感知困境。在任何大型、多层次的官僚组织中，其执行的行动中有很大一部分是与组织的目标完全不相关的，甚至与其高层官员的目标也不相关。[3] 在组织运作实践中，下级官员"会把不利于自身利益的信息部分地筛选出来，并且夸大那些有利于自身利益的信息……倾向于把不适当的优先权赋予最有利于他的利益

---

[1] Jan Lauwereyns, *The Anatomy of Bias: How Neural Circuits Weigh the Options*, Cambridge: MIT Press, 2010, p. 228.

[2] 孙柏瑛、周保民：《政府注意力分配研究述评：理论溯源、现状及展望》，《公共管理与政策评论》2022年第5期。

[3] 〔美〕安东尼·唐斯：《官僚制内幕》，郭小聪等译，中国人民大学出版社，2006，第270页。

的方案"①，这样的个体理性行为必然导致组织的非理性结果。事实上，任何科层官员"在把来自上级的命令转化成向下传达的命令的时候都具有自由裁量权，所以上司头脑中的意图，将不可能精确地贯彻到官僚层级体系的下层官员的命令中"②，因为"命令从上到下通过层级体系的各个层级进行传递的过程中都会出现某些权力流失，如果组织的层级很多，这种流失就会产生积累性效应"③。发达县域核心行动者的权威自然也会在科层中逐级流失，另因科层条块间的信息传输滞阻和失真问题，其被下级感知后的注意力会发生结构性位移，乃至被完全替代。

其二，持续性政治动员下的核心行动者注意力有效传递。发达县域核心行动者面对注意力被感知困境，既要对现有科层实施两型再造，又要以明察暗访、点位调研和讲话指示等方式实施持续性政治动员，让下级官员能有效捕捉其注意力配置的动态变化。以核心行动者项目专题会议为例，会议不仅明确了各成员单位的工作职责，更重要的是赋予项目政治色彩，显示专项任务的重要性，进而提升下级职能部门对项目任务的配合意愿；而项目推进后陆续召开的会议则更多侧重于"部署"、"纠偏"和"经验交流"等。持续性政治动员保证了核心行动者注意力的有效传递，项目涉及的科层及官员会逐渐明确和深化分工目标及方案，促成项目系统工作的分解；另由于项目专项工作被纳入科层部门的目标管理考核体系，会形成科层内的任务再细化与再分解，逐步将项目执行拆解为可追踪和可问责状态，从而有效抑制组织衰退，激活组织适应和执行能力。当然，在持续性政治动员下，核心行动者注意力被下级，特别是"节点"干部充分感知，会引发下级注意力在"并行"和"串行"间的快速切换，相应通过"戴帽"扩散来加速和强化注意力的聚集，而这类注意力并行与聚焦的变动必然带来政策执行波动④；而且，基层官员对核心行动者注意力的感知往往会"过载"，形成过度反应，带来注意力的优先次序急迫性重排，以现

---

① 〔美〕安东尼·唐斯：《官僚制内幕》，郭小聪等译，中国人民大学出版社，2006，第181页。
② 〔美〕安东尼·唐斯：《官僚制内幕》，郭小聪等译，中国人民大学出版社，2006，第134页。
③ 〔美〕安东尼·唐斯：《官僚制内幕》，郭小聪等译，中国人民大学出版社，2006，第135页。
④ 王惠娜、马晓鹏：《政府注意力分配与政策执行波动——B制革区企业整合重组政策的案例分析》，《公共管理与政策评论》2022年第3期。

存治理失序和治理资源耗费为代价展示对核心行动者的显性服从度。

综上所述,发达县域核心行动者利用明察暗访、点位调研和讲话指示等"倾向性动员"[①]方式,持续向下级官员释放其注意力信号,试图化解科层内权威与控制递减问题;另通过有效激励和预期惩罚并举促成可预期的科层响应,实现具体业务的指导和责任意识的赋予,进而最大限度地调配人力、物力和财力,从急、从重和从快地响应核心行动者治理意图。当然,有限治理资源条件下的基层政府面临"既要做什么,又要做什么"的复合抉择,往往事实上"什么都做不了",从而陷入"不得不"形式执行的窘境。由此,发达县域核心行动者要缓解层级传递中的注意力耗散与失衡,避免目标替代和形式回应,需先确保决策的科学性和可操作性,并相应促成匹配事权的资源下沉,为基层提供注意力有效感知后的回应可能。

基于科层再造和持续政治动员,通过设置领导小组、指挥部和工作专班等项目议事机构,以及采取明察暗访、点位调研和讲话指示等"现场主义"的持续政治动员方式,核心行动者可向特定科层和"节点"官员传递其注意力,保证自身治理意图的有效科层贯通和响应,促成治理目标的达成(见图6-3)。

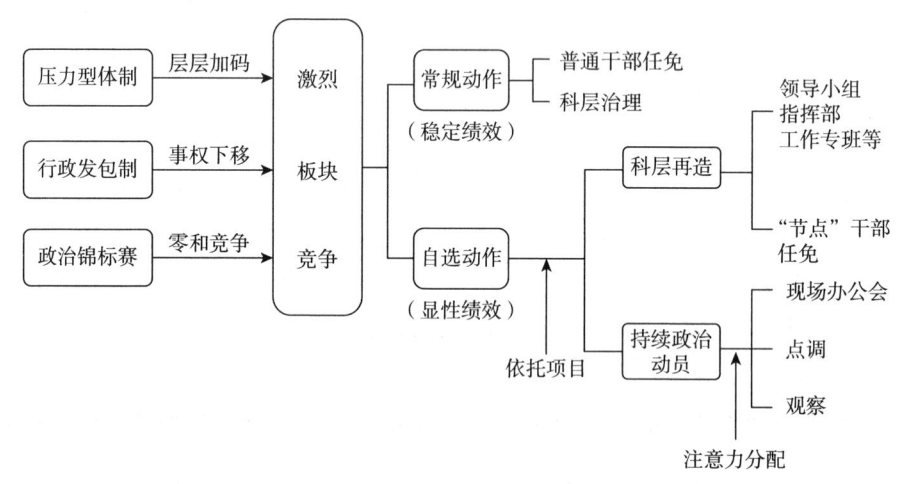

图6-3 发达县域核心行动者行动逻辑

---

① 〔美〕E.E.谢茨施耐德:《半主权的人民——一个现实主义者眼中的美国民主》,任军锋译,天津人民出版社,2000,第64页。

但由于注意力空间的有限性和决策者的有限理性，注意力配置本质上是一场"零和博弈"，当多类型政策与任务共同进入核心行动者视野时，必然会打破原有注意力空间格局，加之核心行动者拥有差异化的个体特征、议题偏好和工作环境，这些因素共同作用所带来的级联效应可能会对决策者的注意力配置产生深刻影响。[1] 注意力配置在地方一级政策的实施中发挥着重要作用，可以促进工作的有效推进，将领导人注意力转化为工作动力，协调各方关系，合理配置行政资源，有力推动政策实施。为了让"节点"干部有效捕捉核心行动者注意力，将工作重心聚焦某项特定政策或任务，在多型任务压力下，持续性政治动员必不可少，即使领导注意力持续增加，但其功能若发生目标替代，也未必会带来治理效应的同步。面对基层复杂的工作和巨大的压力，注意力分配问题不可避免地会出现，因此需优化注意力配置，形成良性的注意力分配秩序。

一 核心行动者的注意力感知起点：议题建构

政治动员总是紧密围绕公共政策而进行。政策议题建构是社会问题进入决策视野的首要环节，信息把关控制着信息筛选与流动，是政策议题建构至关重要的前置性节点。[2] 议题建构是由某一主体发起，通过传播扩散等方式，使议题引起公众或政府关注，并进入公众或政府议程的过程。最开始，议题可能只是某一问题、话题、事件、争议、政策等具体事项，通过传播和关注，最后成为公众、媒体、政府等团体中的议题。媒体对议题的广泛传播是议题引发关注并进入相应议程的重要但非唯一途径，其他方式可以完成议题建构。议题建构的主体同样多元，包含公众、媒体、政府等，它们可以在议题建构过程中同时出现，但承担的角色和重要程度会有所不同。议题建构是一个涉及多方的互动过程，但议题建构的最终结果是让议题成为公众议题或政府议题并得到他人认同，进而采取相应的执行措施。

在县域治理中，政策议题建构是社会问题进入决策视野的过程，对

---

[1] 燕阳、鲜逸峰、杨竺松：《当代中国地方治理中的议题政治学——基于政策注意力视角的分析》，《海南大学学报》（人文社会科学版）2022年第7期。

[2] 孙峰：《网络时代政策议题建构的信息把关过程研究》，《东北大学学报》（社会科学版）2018年第5期。

民主参与和科学决策具有重要作用。民主理论、政治系统理论等将其视为政治系统输入端与外部环境交换的重要机制，作为公共政策的初始环节，政策议题建构在问题与决策间扮演筛选和瓶颈角色，对决策具有深刻影响。① 众所周知，核心行动者应该思考政策议题建构在现代化情境下产生的变化，并且着重推进政策议题建构在顺应时代的前提下，更好地发挥沟通和科学决策的桥梁作用。由于政治体制与国情差异，我国现代化发展在法治、理性、民主参与等观念基础上，体现出国家和集体主义导向，注重工具理性和价值理性的统一。② 人们不再倾向于在已观察到的经验或偏好的基础上进行选择，决策者和公众更倾向于被证据和理性说服，而不是权威、经验、突发事件和政治思想带来的压力。③ 但是，并非所有的议题建构都可以体现并趋向于现代化。涉及政治、经济、社会等层面的各类议题经常被提起，但影响力有大小之分。各种议题之间也彼此竞争，以吸引大众的注意力。与此同时，不同阶层的受众关注的议题也会有很大的差异。因而，新时代的政策议程设置的任务聚焦于，如何在以人民为中心的基调上形成与国家治理体系和治理能力现代化相适应的政策议程设置模式。④ 这是在县域治理过程中对核心行动者来说至关重要的。

议题建构是一个整体的互动过程，在这个过程中，出现了以政府、公众和媒体为代表的三大舆论主体。政府、公众和媒体是议题建构研究的三大核心要素，体现在不同的应用领域和场景中。三大舆论主体就议题的话语权进行博弈和互动，控制着议题的发展方向。三者之间的积极互动将有助于在政策问题上达成共识，促进社会的稳定发展和长治久安。相反，三者之间如若出现分歧，则不利于社会稳定，也会带来障碍。"我们无法在混乱的环境下理解现实，也不能独立重建组织秩序，我们需要在介入与他人交往的活动时，找到处理无序和紧张局面的方法。通过与他人发生联

---

① 魏淑艳、孙峰：《政策议题建构现代化的驱动逻辑与实现路径》，《理论探讨》2018年第3期。
② 韩庆祥：《现代性的本质、矛盾及其时空分析》，《中国社会科学》2016年第2期。
③ 魏淑艳、孙峰：《"多源流理论"视阈下网络社会政策议程设置现代化——以出租车改革为例》，《公共管理学报》2016年第2期。
④ 孔繁斌、向玉琼：《新中国成立70年来政策议程设置的嬗变：政治逻辑及其阐释》，《行政论坛》2019年第5期。

系，对他人做出回应，我们就能发现新的道路，创造新的可能性和新的办法，以此处理世界的无序和差异。作为人，通过我们的共同努力，通过我们的思想和知识，通过我们与他人的互动，我们创造着我们生活的这个世界，并在此休养生息。"[1] 议题建构中的各种因素将结成一种共生关系，并通过合作行动去开展议题建构。[2]

政治动员中的议题建构强调政府与公众之间互动沟通、解决问题、达成共识。具体而言，议题建构过程包括议题提出与具化、议题传播与扩散以及议题认同与完成三个阶段。值得一提的是，议题建构的三个阶段没有完全的时间割裂，也存在一定的交叉融合。首先，议题提出与具化。议题建构是一个动态过程，该过程可能由某一问题、焦点事件、政治决策等作为出发点，动员主体在此基础上提出并形成动员议题，进而开展动员工作。成功的动员议题就如同一件"公共品"，能够大大降低大众完成认同聚合的成本，提高动员收益。[3] 其次，议题传播与扩散。政府提出并使动员议题具体化后，需通过各种渠道对确定议题进行传播扩散。核心行动者要实现组织政策目标，传播沟通环节必不可少。媒体是传播沟通过程中最具代表性的角色，依靠媒体传播可以扩大并巩固议题，从而为议题认同打下坚实基础。当然，借助媒体并非唯一选择，政府还可以通过其他途径进行议题扩散。核心行动者需尽最大努力促使议题的传播与扩散，从而动员公众配合各项工作。最后，议题认同与完成。议题认同与完成阶段是政府与公众在议题上达成共识的阶段。但需注意的是，试图让全部公众认同议题是不切实际的，现实情境中，能够让大部分公众认同议题并改变态度与行动，便已算得上是比较成功的。

二 核心行动者的注意力感知扩散：政治动员

为回应高质量发展的多型任务，发达县域核心行动者注意力感知扩散需要持续性政治动员，利用现场办公会、点调和视察等"倾向性动员"的强激励作用，以求化解信息不对称引致的代理方逆向选择和道德风险问

---

[1] 全钟燮：《公共行政的社会建构：解释与批判》，孙柏英译，北京大学出版社，2008，第46~47页。
[2] 张康之、向玉琼：《走向合作的政策问题建构》，《武汉大学学报》（哲学社会科学版）2016年第4期。
[3] 张凤阳：《政治哲学关键词》，江苏人民出版社，2014，第296页。

题，形成对科层体系和相关官员的有效激励，促成可预期的响应。在这一逻辑下，持续性政治动员客观上起到了避免组织衰退和刺激组织适应和创新的作用，基层政府由下至上完成上级的治理目标，为自身谋求政绩资本，同时也为上级政府的执政提供合法性支持。

县域的适度规模使其在自主制定战略规划的同时，又能保证与公民的密切接触与直接沟通，具有区域政策即时变动的灵活性优势。[①] 在县域议程设置的过程中，县域党委发挥着核心的作用，通过充分调动各种行政、法律、经济资源与推动中央和基层进行双重互动实现有效的持续性的政治动员。政治动员后，动员内容被动员对象认同，相关部门开始落实各项政策任务，使其从理想蓝图变为惠民现实，并且借助政治动员实现政府主导与群众协作的有机结合。所谓政府动员主要是指政府在一定名义下（一般表现为一定的意识形态旗帜），采用大众舆论、宣传教育、典型推介、利益诱导、组织控制等方式，以获取、集中、配置资源来实现特定目标、任务的行为过程。[②] 换言之，即指政府在一定名义下为了维护自身的利益或巩固国家政权长治久安，运用政权力量处理出现或潜在的社会利益关系，使社会成员的积极性与创造性得到某种程度的激发，从而实现特定政治目标的行为和过程。政治动员的功能探索重点，在于如何促进政治参与，提高决策效率，整合和聚集社会资源，实现认同聚合。其一，政治动员能够使政治决策执行效率得到有效提高。政治动员特别是大规模群众运动或诉诸大众传媒制造舆论来促进政治决策执行之所以有效，是因为它超越了一般的制度程序，引导了社会公众的舆论和潮流，将政治决策执行的重点放在了通过大众传媒制造舆论和动员广大人民群众参与上，因此必然会提高政治决策执行效率。[③] 其二，政治动员能够在一定程度上凝聚社会资源，为政治决策执行提供良好物质基础。"兵马未动，粮草先行"，必要的物质基础是保证政治决策有效执行的先决条件。借助政治动员，能够在短时间内将人力物力资源有效整合，实现"力量集中"，进而"办成大事"。其三，政治动员可促进心理认同。政治动员的最终效果能否被认同和接纳，核心行动者的注意力能否被准确感知，主要在于动员对象是

---

① 王敬尧、黄祥祥：《县域治理：中国之治的"接点"存在》，《行政论坛》2022 年第 4 期。
② 余敏江：《政府动员型城镇化政策的困境与反思》，《社会科学研究》2014 年第 2 期。
③ 万斌：《政治哲学》，浙江大学出版社，1996，第 130 页。

否接受和认同其被动员的内容。一般来讲，如果动员客体的政治倾向、政治态度与动员主体保持一致，那么心理认同就容易形成，政治动员的效果就好，反之，政治动员的效果就会受到影响。[①] 因此，某种程度上，核心行动者总是尽可能地借助一切可以运用的方式方法，来促成众多动员客体形成心理认同，进而将心理认同转变成政治行动。不可否认，过度的政治动员在一定程度上会产生一些负面影响，若政治动员不当，则可能会致使组织目标偏离甚至社会秩序紊乱。在飞速发展的信息化时代，别有用心之人极易利用网络世界的规约漏洞，散布负面言论，对政府形象产生极其恶劣的负面影响。因此，在持续的政治动员过程中，核心行动者若想注意力被动员客体充分感知，理应在政治动员程度与方式方法上下足功夫。表6-2、图6-4具体展示了长三角高质量发展县域政府的实践经验。

表6-2 2001~2023年长三角高质量发展县域政府部分持续政治动员的综合绩效

地区	在任时间	持续政治动员	综合绩效
江阴	2001.1~2005.3	1. 实施"三区两地"沿江开发战略，对江阴经济开发区展开多次调研 2. 召开全市开放型经济工作动员会议，下发开放型经济工作目标任务书	以大项目为牵引，形成特色产业聚集，沿江开发跨区联动效益提高
	2005.4~2011.9	召开敔山湾功能性设施规划研究推进会，实地视察开发现场	城市功能得到完善，推动产业和城市同步转型
	2011.9~2014.2	1. 推动"两河一路"交通重大项目建设，召开动员大会 2. 基于《江阴市城市总体规划（2011~2030）》，举行花园城市重大基础设施开工典礼	总投资120亿元的"两河一路"工程快速推进，沿江城际轨道交通畅通
	2014.3~2015.12	实地检查公园、河道等城区绿化项目，举行座谈会进行下一阶段规划部署	拓展城市绿色空间，打造环境优美、绿色宜居新江阴
	2015.12~2019.12	实地了解河水走向、水质监测等情况，研究河道断面水质达标实施整治方案	沿河污水得到集中处理，水质在较短时间内提升达标

---

① 杨小明：《政治动员的功能新探》，《浙江学刊》2012年第1期。

续表

地区	在任时间	持续政治动员	综合绩效
江阴	2019.12~2020.07	实地调研全市科技创新工作，参加专题调研座谈会，明确工作要求	营造创新文化氛围，全面提升创新驱动能力
昆山	2003.4~2006.6	针对玉山镇民营企业的招商引资、项目工程施工进度等方面做了深入调研	招商引资形势良好，市场环境优化
昆山	2006.6~2011.4	加快昆山科技教育园区建设，带领相关部门负责人实地调研，检查工程建设质量	完善园区功能设施，吸引大批高端科研院所入驻园区，提升园区知名度
昆山	2011.6~2014.12	赴花桥经济开发区调研重点外贸企业，了解企业需求，帮助解决困难	推动企业发展壮大，提升地方经济水平
昆山	2015.1~2018.1	考察花桥国际商务城区域总部基地，召开调研座谈会，提出下一阶段发展计划	实现区镇联动统筹发展，加强社会治理和城市管理
昆山	2019.12~2021.9	1. 市委、市政府召开春季重大项目签约暨集中开工建设推进会 2. 建立"1311"分级服务机制，由市领导挂钩驻点服务42家重点企业	加快经济建设，新设外资项目142个，实际使用外资14.01亿美元，同比增长119.5%，创历史新高
张家港	2002.1~2003.4	张家港市委、市政府每年均召开规模较大的绿化工作会议，市长与各镇、各部门签订年度绿化责任状	城市道路绿化，提升城市颜值
张家港	2005.12~2010.10	全面推进"协调张家港"建设，对"双服务"活动加强检查考核	提高城乡规划、建设、管理水平
张家港	2010.10~2013.6	专题调研东城区开发建设情况，作出东城区开发建设的战略决策	助于提升塘桥镇百姓的生活质量和生活水平
张家港	2013.6~2016.6	调研张家港市海归人才企业创新发展情况，实地走访江苏能华微电子科技发展有限公司，为企业发展把脉鼓劲	切实在排忧解难、助推发展中做到精准服务
张家港	2016.6~2018.9	召开专题会议，部署"263"专项行动（"两减六治三提升"），召开全市绿色发展推进会，并实施严格考核制度	"263"专项行动进行细化落实后生态环境持续提升
张家港	2018.9~2020.1	调研民生实事项目，详细了解工程规划设计、施工进度等情况，严格落实安全生产责任制	严把工程质量，切实增强人民群众的幸福感、获得感

续表

地区	在任时间	持续政治动员	综合绩效
张家港	2020.4~2021.9	1. 走访重点工业企业，详细了解企业当前生产经营、市场布局、发展规划等情况 2. 视察经开区（杨舍镇）悦盛社区，重点了解社区当前的基层组织建设、干部队伍建设等情况	1. 持续增强企业的核心竞争力 2. 推动社会各项事业全面发展、基层组织全面过硬
	2021.9至今	1. 把修复长江生态环境摆在压倒性位置，狠抓生态环境突出问题整改 2. 带领相关部门负责人，对秋收秋种、粮食收购工作进行调研	1. 促进长江沿岸生态岸线"全覆盖" 2. 确保入库粮食数量真实、质量良好、储存安全

注：原始资料来源于政府网站、网络媒体和报纸等，依据研究需要，予以信息整理与提取。

图 6-4 2001~2023 年基于词云统计的长三角高质量发展县域政府部分持续政治动员的综合绩效

基层社会是一个多元主体互动的制度空间组合体，其中国家与社会互动的主要制度空间为社会动员。① 社会动员实际是对官僚制的一种解构，

---

① 贾玉娇：《基层社会动员的机理与结构——一个透视国家与社会关系的分析框架》，《社会科学辑刊》2021 年第 1 期。

采取动员方式进行治理打破了官僚制的种种束缚,中央的决策通过动员能够直接传达到基层,因此极大地提升了治理速度与治理效率。① 这种非常规、全面动员的治理模式,实际上在短时期内将高度分化的科层结构重新"黏合",让各个部门的原有目标让位于紧急型的治理运动,同时,配备强大的正负激励,以及对各个部门行动空间的严格管控,从而让各个部门能够在目标、激励、约束等多方面整合一致完成上级的任务。② 在现代国家治理中,官僚制是政府管理最重要的组织和制度形式。但为了满足国家治理的基本需求,必须有足够的政治动员能力来整合国家资源以应对其他挑战。其中,领导在持续重视的过程中把握推动工作的主动性。由于县域治理中科层体制具有一定惰性,在执行上级某项政策或开展某项具体工作的过程中,下级不仅可能变通或选择性执行某项政策,还可能存在等待观望现象。③ 因此,若想保证核心行动者的注意力持续被感知,以及相关政策有效落实,持续性政治动员必不可少。

三 核心行动者的注意力感知结果：认同聚合

公众认同聚合是对动员议题的某种回应与认可,也是核心行动者注意力被感知的结果体现。政治动员中的议题选择和议题建构,只是动员主体自上而下单方意志的体现,只有最后自下而上形成公众的认同聚合,政治动员中符合政治精英预期目标的集体行动才算形成。④ 县域核心行动者从上到下获取一般符合社会利益需求的信息,这些信息被政府积极吸收、合成,并最终转化为政策输出,推出的措施能否被感知并在该地区获得公众认可,最终取决于政府动员引发的认同情绪能否有效聚集。核心行动者结合辖区治理实际推出相应治理措施,对这一措施从分散到集中的认同积累和整合过程,就是政府动员中的公众认同聚合。县域治理中,政府政策议题的建构若想最终转化为社会治理效能,则必须赢得公众的认可,在社会范围内采取措施以实现整个社会治理行动的一致性。"按照理性制度主义的解释,动员体系中认同聚合行为受权威、说服和交易三种机制的影响。

---

① 贺治方:《社会动员在国家治理中的功能及其合理边界》,《学术界》2019年第7期。
② 陈家建、边慧敏、邓湘树:《科层结构与政策执行》,《社会学研究》2013年第6期。
③ 陈辉:《县域治理中的领导注意力分配》,《求索》2021年第1期。
④ 孔繁斌:《政治动员的行动逻辑——一个概念模型及其应用》,《江苏行政学院学报》2006年第5期。

权威的实质是发布命令,是对他人判断未经检验的接受。权威者的身份、资源和品质是权威的主要根源。说服机制侧重说理,是人们对他人判断经过检验的接受,但并不等同于对'理性无知'的大众给予启蒙。"① 说服在某种程度上是对双方都有利的,这是为了在那些团结一致的人们之间重建共识,其效果通常取决于被说服者是否自愿接受说服者的意见。因此,说服是一种风险相对较小的权力形式。交易机制是潜在的,但又仅限于某些自由民主制度。如果公众在动员过程中不愿意有某种程度上的认同聚合,或者对核心行动者的动员问题持冷漠甚至抗拒的态度,那么这就是交易失败。对于政府来讲,相应的政府动员的规模越大,不同的认同聚合机制之间的交织就越紧密。

认同聚合的复杂性决定了聚合机制的作用发挥需要合理有序的工作安排。在县域的政策动员过程中,影响、说服与管制是常见的三种动员方式,其中影响和说服是能够起到正面引导和教育作用的手段,管制则是对一些表达异常意见的公众进行管理和疏导的一种方式,三种手段配合使用,在一定程度上能够有效聚合社会的政策认同。县域治理中,政府在将政策传达到社会之后,主要运用"影响"和"说服"这两种比较柔和的手段来引导政策的认同聚合,与此同时,为了确保聚合结果的有效性,还需要通过一定的"管制"手段来协助"影响"和"说服"手段的顺利实施。首先,影响就是通过大规模的政策宣传全面、深入地影响群众。如在明确一项政策目标之后,政府可以通过群众会议、街头宣传栏、广播、微信公众号、短视频等方式进行潜移默化的宣传与渗透;同时成立专门的项目宣传小组、招募志愿者,运用简单明了的方式进行政策宣传。媒体为公众讨论问题、参与议程提供表达的渠道,还可通过帮助公众参与公共事务、识别公民团体以及努力解决社会问题来促进社会建设和提升公众的政治认同感知。② 其次,运用好管制手段,对管制方式与程度做到有效把控。在政策出台与实施期间,为保证政策、目标有条不紊地开展与落实,应做好万全准备,对蓄意阻碍政策施行的行为进行及时管控。但需要明确的是,在公众认同聚合的过程中,当政府想要

---

① 余敏江:《政府动员型城镇化政策的困境与反思》,《社会科学研究》2014 年第 2 期。
② 阳长征:《基于社会嵌入视角的媒介接触对公众政治认同的影响研究》,《云南民族大学学报》(哲学社会科学版) 2022 年第 6 期。

运用管制手段获取政策认同时，有些采用强硬的施行方式，容易激发公众的逆反心理，进而造成公众的政治冷漠与情感不满，阻碍政府与公民间的互动交流。

另外，群众运动也是推进认同聚合的重要手段之一。县域社会治理体系包含多元治理主体、特定空间范围和复杂治理内容，不仅反映体制运作情况和变迁过程，而且作为协调"国家—社会"关系的中间环节，集中体现着国家与社会的关系互动。[1] 群众运动是政策动员的形式之一，县委、县政府领导群众运动的过程也是一种认同聚合的过程。通过认同聚合，其意志转化成大多数公众的自觉行动。群众运动是一种规模大、目的明确、组织性高、影响力强的政治性社会活动，内含扩大和强化社会政策认同的机理和力量。[2] 在大大小小的群众运动中，社会范围内对政府政策的认同被有效聚合，群众运动的发展阶段和推进程度都反映了认同聚合的过程和强度。社会心理学研究表明，群体中的个人在群体心理的作用下，其思想、感情和行为经暗示和传染后会表现得与单独一个人时的情况颇为不同，以至于个体会因为难以抗拒的冲动而采取某种行动。[3] 伴随着群众运动的不断推进，社会层面对政策的"不认同"会逐渐消弭，对政策强有力的认可逐渐占据上风并由此产生政策执行的坚实助力，社会的政策认同不断强化，政府获得公众层面的肯定与支持。因此，群众运动充满了转变和强化个人态度和行为选择的巨大能量。在将独立的社会成员融入群体后，会逐渐形成一种不断了解、认同治理政策的群体心态。这种群体心态对个人产生了不可阻挡的影响，为核心行动者在有效聚合社会政策认同上提供了强大动力。此外，传播学理论认为，在舆论生成的过程中，人们总是试图判断自己是否与大多数人站在一边，以及民意是否会朝赞同他们意见的方向改变，如果他们觉得舆论离自己的意见逐渐远去，他们就会倾向于保持沉默，结果赞同优势意见的人会日益增加。[4] 在县域治理

---

[1] 王敬尧、黄祥祥：《县域治理：中国之治的"接点"存在》，《行政论坛》2022年第4期。
[2] 彭正德：《阶级动员与认同聚合：党在乡村社会的一种政策动员模式——以湖南省醴陵县为中心的考察》，《湖南师范大学社会科学学报》2011年第6期。
[3] 〔法〕古斯塔夫·勒庞：《乌合之众：大众心理研究》，中央编译出版社，2000，第8~15页。
[4] 〔美〕沃纳·赛佛林、小詹姆斯·坦卡德：《传播理论：起源、方法与应用》，华夏出版社，2000，第298页。

中，为了更好地促成认同聚合，可以在政治动员过程中，发挥优秀模范的带头作用，让一些思想觉悟高、接受能力强的积极人员带动思想觉悟不突出、接受能力不强的组织内人员与群众等。这种从群众到群众的政策动员方式，不仅能给落后分子更多时间了解政府政策，还能发挥先进分子的模范带头作用，进而可以成功地促进社会政策认同从小到大、从分散到集中的聚合。

认同聚合是政府在全社会范围内全面进行政策动员，并使政府的政策能够获得绝大多数公众认同和支持的过程。在县域治理中，认同聚合阶段的主要着眼点是"群众"，认同聚合的过程也是县级政府领导群众运动的过程。通过认同聚合，县域核心行动者在某种程度上促使相关政策转化成大多数公众的自觉行动，能够进一步有效消解社会上对政策的不同声音，并赢得尽可能多的支持者，因而极大地拓展了政策传播和动员的效果，有力地推动了政策的贯彻执行，促使组织目标、政府职能得以实现，国家对社会的政治整合与管理得以巩固。

当前，我国正处于社会主义初级阶段的新发展阶段，即高质量发展阶段。要动员全社会贯彻新发展理念，构建新发展格局，凝聚社会力量、团结协作，构建适合中国国情和社会条件的政治动员结构，发挥政治动员的优势作用。"领导重视"是县域治理中分配注意力、贯彻领导意志、分配稀缺资源的重要机制。[1] 核心行动者作为注意力主体，拥有权威与资源整合能力，能够主导资源配置与议程设置。因此，需有效发挥核心行动者的主动性，同时限制其自主性偏好的过度发挥，避免领导注意力焦点对其他议题产生挤出效应[2]；需发挥核心行动者的领导作用，同时优化民意导向，注重社会力量的动员作用，提高政治动员的全面性。同时也要辩证看待动员，动员要有度：动员的程度过高容易产生社会不稳定的情况；动员程度过低则难以产生促进政策顺利推行的效果，某种程度上还容易被群众忽略。因此，要保持持续政治动员的协调性，做到张弛有度的持续性政治动员。

---

[1] 陈辉：《县域治理中的领导注意力分配》，《求索》2021年第1期。
[2] 陶鹏、初春：《府际结构下领导注意力的议题分配与优先：基于公开批示的分析》，《公共行政评论》2020年第1期。

第四节　容纳式治理：发达县域核心行动者的行动方式选择

通过挖掘发达县域政府核心行动者治理行为的动态过程，解析核心行动者在竞争激烈的排名压力下，为获取更好的政绩，高效完成政治任务，顺利应对紧急事件而进行的政治动员、整合资源和层级协同的内在逻辑可知，如若单纯依靠传统的官僚体制及单向度的常规治理，经常会累积治理困境和压力，最终迫使核心行动者不得不选择"一刀切"的极端治理方式，进而对常态治理造成更大冲击并产生更高昂的治理成本，这实质是对国家治理能力的透支。因此，常规治理与运动化的官员自选治理动作作为政府治理工具在国家治理过程中同等重要。兼具常规与非常规动作的容纳式治理将是地方治理的基本图式。

一　容纳式治理：常规与运动式治理方式搭配

在当前的国家治理实践中，核心行动者的治理行为选择有两个看似矛盾的方面：一是通过科层化的行政方式展开的常规治理；二是以运动化的动员方式展开的各项治理。运动式的治理方式是非常规的，但由于其一可以超越科层制度的组织失败，进行纠偏、规范边界，二可以应对常规机制无法应对的环境突变，三可以在短期内将核心行动者的施政意图传递到各个领域、部门，[①] 因此，可以有效补充原有常规治理体制的客观弊端，助力核心行动者政策任务的快速达成与治理意图的快速实现。但运动式治理方式作为治理工具存在不可忽视的固有弊端：短期性和不可持续性。同样地，常规治理的正式性和科层化也无法对社会问题快速作出回应。因此，运动式治理和常规治理两者均是国家治理的重要工具，无优劣，无对错，只有针对不同情境采用不同对策。面对社会的急剧变迁和新旧问题在同一时空聚合，冲突和矛盾层出不穷，国家将承担起更为沉重的治理任务。针对重大急难险的问题，运动式治理因快速反应的特征成为政府治理的重要机制，常规治理在此时退出"主演舞台"，成为幕后人

[①] 周雪光：《运动型治理机制：中国国家治理的制度逻辑再思考》，《开放时代》2012年第9期。

员继续发挥协助作用，运动式治理发挥自身优势，将政府治理效能重新控制到正常水平，为常规治理的后续制度建设打好基础、赢得时间，并维护政府合法性，提高政府公信力。事件平息后，运动式治理将"主演舞台"交还给常规治理，此时，常规治理可立足长远制度建设，完善工作内容，弥补治理漏洞，让未来类似事件的解决有章可循、有法可依，提供治理经验。在此基础上，形成了兼蓄常规与运动两方优势的"容纳式治理"的核心逻辑与运作机制。

容纳式治理集工具理性和价值理性于一身，对现有社会治理模式进行优化与创新，且具有广阔的发展空间。其作为一种更加全面、更趋公平，同时也更具人文关怀和可持续性的发展理论和管理战略，拥有极为鲜明的理论特征以及严密的运行逻辑。新时代的地方政府容纳式治理要感知和适应社会基本矛盾的结构性变化，积极回应发展的不平衡和不充分问题，以责任型政府的治理意愿和效能型政府的治理能力，促成弱势群体权益状况的整体性改善。作为一种新的治理方式，容纳式治理并非传统常规治理和运动式治理的简单混搭，而是一种在制度建构和管理实践中相互依存和相互补充的有机模式。这主要体现在以下几方面。

首先，后发国家的现代化转型需立足长远，实现可控、可行和持续的渐进式制度变革，不能囿于短期治理问题，而照搬、照抄西方国家现代化模式，迟滞乃至放弃内生的制度成长，形成"后发劣势"。我国制度变革目标不是事先设定而是意识模糊下的摸索，地方政府是创新主体，中央依据创新绩效进行选择性控制，将自己置于观察者、评判者和校正者角色。而正是得益于运动式治理对基本治理绩效的有效保障，整体性的制度变革才没有被短期治理压力缠绕和牵绊，而错过内生主导型的自我制度革新。运动式治理过程可以深入获取广泛信息，这种积极的治理方式可以降低制度运行和变革的信息获取成本，实现方案设计与现实状况间的深度互动，弱化制度设计与现实情境的疏离，从而降低了制度变革的试错成本，促成制度持续演进。

其次，常规治理提供内在规范，运动式治理提供外在动力，缓解了常规治理弊端的积重难返，避免了反复运用运动式治理可能陷入的困境。以往研究表明，常规治理在应对和解决现实社会问题的同时，积累了诸如治理边界模糊、治理难题累积和治理资源不足等问题。当然，县域核心行动者的运动式治理偏好会形成路径依赖，形成"用运动来修补运动"的结果，导致无法在制度层面回应深层治理问题，存在难以治本、时效短暂和成本高昂等缺陷。在容纳式治理中，以常规治理为治理主线，运动式治理穿插其中，为常规治理的制度优化不断注入动力，实现制度运行效率的提升和治理绩效的获取。

最后，容纳式治理模式强调在固定的空间和时间范围内接受异质性的人或事物，不同主体间、事物间可以互相兼容，相较于运动式治理中被压缩的高度紧张的"空间场域"，容纳式治理是更具弹性的张力结构，因此它可有效缓解运动式治理的"空间紧张"，从而使得运动式治理的整个过程在重视效率的同时更加顾及民主、公平等内涵[1]。容纳式治理具备运动式治理的特征，但更加体现工具的理性倾向，通过容纳式治理"工具包"将运动式治理的负面影响降至最低，其边际创新集中体现在治理的"容纳式"上，强调利益相关者共同参与社会治理过程，平等共享发展成果与治理收益[2]。新时代的地方政府容纳式治理要感知和适应社会基本矛盾的结构性变化，积极回应发展的不平衡和不充分问题，以责任型政府的治理意愿和效能型政府的治理能力，促成弱势群体权益状况的整体性改善。

二 核心行动者行动模式"偏好"的延展分析

研究发现，层层加码的压力型体制、权力不断下移的行政发包制度以及政治锦标赛的晋升博弈共同构造了当前的县域治理模式。县域治理中的核心行动者想要在政治升迁中出人头地，就必须在激烈的竞争中"证明自己"。然而，常规治理的正式性和科层化无法对社会问题快速做出回应，依靠常规治理不能取得显著性绩效。这就要求以项目为载体，把两型科层再造和持续政治动员相结合，有效筛选和整合辖区内的治理资源并对运作的流程进行再造，实现"赶超式"发展，获取更多的绩效可能。以下三个方面为此提供了可扩展的讨论空间。

（一）"官场+市场"模式下的府际竞争

长期以来，以 GDP 数据为代表的经济绩效是政治锦标赛的核心可衡量

---

[1] 贾秀飞、王芳：《运动式治理的缘起、调适及新趋向探究》，《天津行政学院学报》2020年第3期。

[2] 徐倩：《包容性治理：社会治理的新思路》，《江苏社会科学》2015年第4期。

指标，也是评价地方官员能力强弱以及能否获得晋升最重要的因素，这一机制将政府间的政治竞争与各地区的市场竞争，乃至更广泛的国内外市场竞争相结合，在理论上建立了一个"官场+市场"模型。① 该模型将中国改革开放和地方经济发展的问题置于一个更加宏大的理论背景下，进一步丰富了政府间关系理论，并为解释中国经济增长和结构变迁提供了一个更为有效的分析框架。中国"官场+市场"的模式促成了政治精英与经济精英的紧密合作，实现了中国历史悠久的官僚政治传统与西方国家市场经济传统的创造性融合，为揭示中国增长之谜开辟了新的视角。

"官场+市场"模式最为直接的内涵体现在两方面。第一，地方政府之间的竞争关系与其所在地区的经济业绩是密切相关的。这也就意味着，在竞争过程中，地方政府会通过各种方式调动所有可以调动的资源。这种调动可能是产业政策的竞争、基础设施建设的竞争、行政服务质量的竞争、土地供给的竞争等，② 也可能是资金投入和信贷支持等。总而言之，通过调动各种资源来提升地方政府与企业之间的市场竞争能力，从而促进区域经济发展。第二，在当地政府的"扶持"与"合作"下，本区域企业在市场竞争中所取得的整体业绩（如 GDP、税收、招商引资规模与增速等）将对区域经济业绩的排名产生决定性影响，且对区域官员间的"竞争"有重要作用。

官场竞争的"零和博弈"特性导致了"恶性竞争"。由于行政管理部门核心行动者的行政行为各有不同，且行政管理部门间政策传递存在一定误差，不同辖区企业间的市场竞争更加激烈。当地政府为提高辖区内企业的市场竞争力，往往会给予其财政补贴、廉价土地和贷款优惠，并将重点放在企业上市和扩大融资渠道上。有了这些政府支持，辖区企业可能会过度进入某个产业，或者在市场上采取更加激进的竞争策略（如产量扩张和倾销）。由官场竞争导致的地方官员之间的非合作倾向也会影响地区之间的经济合作和一体化进程。

（二）注意力有限下的持续性政治动员

从积极的层面来看，政治动员作为一种行之有效的权力技术确实能够

---

① 周黎安：《"官场+市场"与中国增长故事》，《社会》2018年第2期。
② 江飞涛：《中国竞争政策"十三五"回顾与"十四五"展望——兼论产业政策与竞争政策的协同》，《财经问题研究》2021年第5期。

打破科层制的僵化，整治官僚体制的低效率，拆除部门之间的利益壁垒，协调各部门的工作，增强政府政策部门的回应性等。除了克服科层官僚行政体制的"官僚主义和形式主义"等弊病之外，还可以整合政策资源，改善政策环境，消除社会反对势力，实现政策目标。然而，不能忽略的是由于核心行动者注意力和个体理性的有限性，当多类型政策与任务共同进入核心行动者视野时，原有的注意力空间格局被打破，加之地方官员的个人背景、任务偏好和工作环境不同，这些因素的共同作用会对核心行动者的注意力配置产生深远影响。[1]

随着我国经济步入高质量发展时期，政府在不断整合各种政策资源以完成艰巨任务的同时，还要应对产业转型升级、生态环境保护、科创能力提高、共同富裕等一系列挑战，这使得注意力资源越发匮乏。处于官僚体制末端的基层政府因为其治理资源的匮乏，往往处于"既要做什么，也要做什么"的窘迫境地。这意味着下级官员既要承担中央政府下达的治理任务，又要面对上级政府下达的治理任务。为了能够在上级官员面前更好地吸引注意力，下级官员常常将工作重心集中到某一项具体的政策或任务上，以此来"迎合"上级的需求，实现在上级面前"刷存在感"和"秀政绩"。在多重任务压力下，基层政府必须进行持续有效的政治动员。持续的、弹性更强的政治动员背后，存在官僚制组织内部政治力量这一强力支持，这在提高执行能力方面发挥了催化作用，帮助减缓在等级传递的过程中执行能力的下降；[2] 然而，我国县域治理的复杂性及其相关的问责机制的过度使用，使得领导的注意力不断消散与失衡。从理论上说，随着领导注意力的增强，其职能应该有所转换，但在现实中，出现了目标替换的情况，在工作中领导可能只注重结果和业绩而忽略了政策、任务的实施过程。而下级科层则只会一味地接受指令，缺乏灵活性以及创新创造的想法。因此，必须对注意力配置进行优化，形成良性的注意力分配秩序。

（三）压力型体制下的官员行为异化

地方政府在财权与事权上都要受上级与中央政府的制约，譬如，上级

---

[1] 燕阳、鲜逸峰、杨竺松：《当代中国地方治理中的议题政治学——基于政策注意力视角的分析》，《海南大学学报》（人文社会科学版）2022年第7期。

[2] 李辉：《"运动式治理"缘何长期存在？——一个本源性分析》，《行政论坛》2017年第6期。

政府可以通过对考核内容的调整来引导地方政府的行为，抑或通过手中掌握的任命权来设定更高的经济和社会发展指标。在这样的压力型体制中，地方政府通过自身的组织权威优势，以加温加压的方式实现地方经济社会超常规发展，并通过以目标考核为核心的责任机制来实现其治理的有效运行。由此可见，核心行动者始终处于一定的压力之中。当然，适度的压力可转化为发展动力并助益政治晋升，但当资源、能力等不足以完成目标时，则会导致结果扭曲异化。这种现象在基层表现得更为突出，是因为作为行政权力末梢的乡镇或县区，不仅要接收上级下达的指令，还要在与社会、市场的接触中采取具体行动。[1] 在层层加码的压力型体制驱动下以及在我国以 GDP 为核心的观念引导下，[2] 核心行动者常常急功近利，以谋取在短期内达到政治晋升，这就导致其行为容易朝着畸形的方向发展，特别需注意压力型体制下官员行为短期化的问题。

各级地方政府（省、市、县、乡）都处于政治锦标赛中，行政发包事务由上至下层层加码。而地方政府官员为了实现晋升，都会在上级分发任务的基础上竞相提高标准。因此，在层层加码的压力驱动下，地方政府官员做行为选择时更倾向于那些能够在短时间内拉动经济增长、明确发送政绩信号的行为，并且热衷于"铺更多摊子"，为了出政绩，将大量的资源投入那些能够较快带动辖区经济增长而不是能够持续推动辖区经济发展的投资项目上。与此同时，由于县域官员存在任期上的限制，因此面对规定任期内的发展压力，核心行动者会下意识偏好"短、平、快"的发展项目与成效显著的"政绩工程"，而对出成绩较慢的长周期项目不感兴趣。这种一重又一重的压力，容易加剧官员的短期行为，迫使其在有限的任期内做出非理性的抉择。

本章小结

国家治理体系和治理能力的现代化遵循明显的国家主导逻辑，地方治理体系和治理能力现代化也会遵循一定的地方性逻辑，如追求地方财税资

---

[1] 张文翠：《基层政府政绩目标设置博弈与压力型体制异化——基于北方七个地市的实地调研》，《公共管理学报》2021 年第 3 期。
[2] 刘雪姣：《压力型体制与基层政府权责不对等》，《云南行政学院学报》2021 年第 5 期。

源最大化，尽可能索取制度性剩余权，扩大自由裁量空间等。从某种意义上看，地方核心行动者均面临以板块排名为表征的规训空间，仅是依托传统科层结构，基于单向度常规治理当然无法回应，反而会累积治理压力。事实上，高度组织化国家内的社会结构低度整合所形成的地方治理问题，需要赋予地方官员一定自由裁量空间，来实现对治理压力的应急性反应和基于权重排序的选择性治理。常规动作主要基于科层治理方式来实现基本响应，保证治理过程的制度化、程序化和规范化，达到预期治理效能，取得稳定绩效。但常规科层存在体制性迟钝，科层体制对核心行动者施政意图的普遍响应不足，因此非常规的自选科层再造动作便成为核心行动者获取排名竞争优势的必选之路。通过对激烈排名竞争、两型科层再造与持续政治动员的拆解分析，挖掘发达县域政府核心行动者治理模式的动态实施过程，解析核心行动者完成政治任务或应对紧急事件背后政治动员、整合资源和层级协同的内在逻辑。基于行动者行动策略、行动意图和行动原因的分析链条，剖析治理行为背后的行动者逻辑，归纳治理取向与治理规律，进而提出常规与运动式兼容并蓄的容纳式治理将是地方治理的主要图式，成为地方治理现代化的基本图景。

第七章
发达县域核心行动者的动力衰竭与行为异化

核心行动者作为地方治理过程中社会公共利益的代表者，其行为指向应当尽力扩大公共利益，但其作为社会人，也会追求自身效用最大化。伴随着改革开放以来社会利益的高速分化，核心行动者行为选择的公共导向与自身效用的需求扩大之间产生了分离，进而导致地方政府核心行动者的行为异化。地方政府核心行动者行为异化具有多种表现，如腐败寻租、公共资源浪费、地方保护主义等，其中最具代表性的便是官员腐败行为的发生。因此，本书选取发达县域核心行动者的腐败行为作为研究重点，探究发达县域核心行动者个体特征与行为异化的关联。

第一节 县域核心行动者动力衰竭与行为异化的外溢表现

在政策执行中，作为连接政府与人民"最后一公里"的县级政府，对上要贯彻党的路线方针政策，落实中央、省级、地市级政府的工作部署；对下要领导乡镇、社区，促进发展、服务民生。[1] 其政治代理人在政策执行中要考虑多种因素和利益，既要保证维护中央政策权威，又要在一定的自由裁量权内发挥主观能动性。近年来，县域治理困境逐步显现，表征多种多样。县域治理困境的衍生具有复杂的成因系统，但地方政府核心行动者的治理动力衰竭及相应行为偏差是成因系统中的唯一"活体"因素：既扮演着其他因素的作用媒介，又间接决定这些因素的作用结果。

---

[1] 杨书文、薛立强：《县级政府如何执行政策？——基于政府过程理论的"四维框架"实证研究》，《公共管理学报》2021年第3期。

一 县域核心行动者动力衰竭的行为表现

习近平总书记强调:"在我们党的组织结构和国家政权结构中,县一级处在承上启下的关键环节,是发展经济、保障民生、维护稳定的重要基础,也是干部干事创业、锻炼成长的基本功训练基地。"[1] 在"委托-代理"关系下,中央政府以政策制定者的角色将政策借由"属地化行政发包制"委托地方政府进行具体实施。但在实际运行中,作为委托人的中央政府想要完全掌握作为代理人的地方政府的执行是非常困难的。由于两者之间信息不对称的客观存在,代理人可通过隐瞒、修改、夸大等方式操控信息,影响中央政府对政策执行信息的获取判断,进而阻碍中央对政策执行偏差的感知与纠正。

计划经济时代,作为政策制定者的中央政府拥有绝对的政治权威与经济优势,悬殊的权力结构安排让央地政府间维持相对简单的"命令-执行"模式。[2] 改革开放后,随着中国经济社会的高速转型与央地权力的重新分配,大量政策执行问题在各地涌现。[3] 县域政策执行效果与县域核心行动者的行动选择息息相关。当政策利益与自身利益相冲突时,政策执行主体难免会对政策采取消极、抵制的态度。在经济、政治利益的驱动下,县域核心行动者会追求短期化利益,甚至个人利益的最大化。

(一) 政策的象征性执行

象征性执行,即政府部门与个人在贯彻上级政策时,并非完全依照政策框架,运用具体措施将政策内容准确落实到位,而是只做表面文章,追求形式完美的执行活动。象征性执行实际上是一种在组织计划、资源配置、监督检查上重形式轻内容、重表象轻本质、重布置轻落实的"阳奉阴违""松懈懒惰""推诿扯皮"的行政行为,并常常以形象工程、面子工程、政绩工程的形式展现。[4]

形式与内容疏离的象征性政策执行大致有如下成因。其一是政策本身

---

[1] 习近平:《在会见全国优秀县委书记时的讲话》,《人民日报》2015年9月1日,第2版。
[2] 殷华方、潘镇、鲁明泓:《中央—地方政府关系和政策执行力:以外资产业政策为例》,《管理世界》2007年第7期。
[3] 胡业飞、崔杨杨:《模糊政策的政策执行研究——以中国社会化养老政策为例》,《公共管理学报》2015年第2期。
[4] 徐刚、杨雪非:《区(县)政府权责清单制度象征性执行的悖向逻辑分析:以A市Y区为例》,《公共行政评论》2017年第4期。

的缺陷。在西方国家，党派斗争与不同利益集团的施压使一个政策法案不得不以牺牲明晰程度的方式争取议会的通过。[1] 在政策制定过程中，为了避免决策过程中的利益冲突，形成令各方满意的政策文本，政策制定者往往会使用含蓄、抽象的语言阐述尚未做出定论的宽泛内容，以顺利颁布政策。[2] 这也就造成模糊性政策与具体执行的基层组织间的相互矛盾，模糊性政策难以对具体执行者提出明确的任务指标与时限要求，进而使"地方政府仅仅停留于形式性、仪式性活动，热衷于'做表面文章'"。[3] 其二是政策执行的资源缺失。政策执行资源包括经济资源、信息资源、权威资源等，地方政府政策执行资源不足主要表现在信息资源不足、人力资源不足、权威资源不足等方面。[4] 其三是执行过程的梗阻。具体包括利益需求产生行为偏差、政策执行者政治倾向出现偏差、执行主体政治社会化机制乏力、公共政策执行体制的不完善、公共政策执行信息的非完备性、责任追究制度缺损以及政策主体的认知缺陷。[5] 其四是评估指标的难以量化。合理、完善的评估指标应具备以下三点特征：第一，可从多角度全面反映政策实施过程与效果；第二，所需数据便于收集、计算，即可操作性强；第三，指标与政策具有较强的相关性，能为决策者提供有效信息。[6] 但与私人部门相比，公共部门缺乏可以精确量化的数据，难以进行实证分析，因此地方政府官员趋于自利晋升而更多地追逐政绩工程、忽视公共利益。

从总体上看，象征性政策执行的表现形式主要有六种。①空响政策倡导。政策执行是指政府实际所做的事，而不是政府打算做或政府官员声称他们将要做的事。[7] 在象征性政策执行中，政策执行异化为空响口号，而

---

[1] Matland R., "Synthesizing the Implementation Literature: The Ambiguity-Conflict Model of Policy Implementation," *Journal of Public Administration and Research*, Vol. 5 (1995): 145-174.
[2] 孙发锋：《象征性政策执行：表现、根源及治理策略》，《中州学刊》2020年第12期。
[3] 杨宏山：《政策执行的路径—激励分析框架：以住房保障政策为例》，《政治学研究》2014年第1期。
[4] 陈菊香：《地方政府政策执行力研究》，《福建论坛》（人文社会科学版）2010年第S1期。
[5] 金太军等：《公共政策执行梗阻与消解》，广东人民出版社，2005，第184~195页。
[6] 薛亚利：《对扶贫再贷款政策效果评估指标体系建设的思考》，《经济研究导刊》2019年第13期。
[7] 〔美〕詹姆斯·E.安德森：《公共政策制定》，谢明等译，中国人民大学出版社，2009，第5页。

不能落到实处。打花腔、做样子的政策施行，不仅得不到老百姓的点赞，还会获得更多的"用脚投票"。②召开形式会议。主要体现在会议数量多、规模大、规格高三个方面。仅仅召集会议，无法把政策转化为执行层面的有效行动，反而会阻碍实际施行。③文本材料冗余。"执行"未动，"材料"先行，把蓝图当作现实，把计划当成经验总结，把试点当作工作实绩，极易形成弄虚作假的不良风气。①④督察检查考核异化。督察检查考核本是一种手段，但在象征性政策执行中，手段变为目的，更多地为了"检查而检查"。⑤视察调研异化。"彗星式"调研、"走马观花"式调研、"选择性"调研等，就其实质而言，都是一种形式主义，是调查研究的异化，无法与政策执行相匹配。⑥面子工程。在一些经济落后地区，核心行动者热衷建设见效快、看得见的项目，以此来掩盖对河流水质改善、水源地环境保护和生活垃圾处理等的疏忽。② 在政策执行不到位、执行不作为的情况下，利用"样板工程"来获取政治资本，企图"以形式取胜"。这种面子工程脱离实际、违背群众意愿，是政策执行的重大阻碍。

（二）政策的变通性执行

在政策执行过程中，政策执行主体根据政策环境的变化情况，在保证政策本质的前提下，因地制宜地选择政策执行方案以达到预期目标的行为即政策的变通执行。其中"变通"主要是指人们在处理事务的过程中，因实际情况的变化而对原定的办法或措施进行适当变更，但又不违背原定的处理事务的原则和目标。由此可见，"变通"一词其实暗含对人们在处理事务过程中发挥主观能动性和创造性的肯定。③

分税制改革后，财政资源向中央政府流动，政府决策也随之向中央集中。在中国科层制结构中，中央政府位于金字塔顶端，维护中央权威是变通执行的基础。中央政策与地方政策的宏观统一性表现在政策的层层传递以及贯彻落实中，而地方政策的微观差异性表现在各地出于实际情况的不同而选择变通。政策变通执行的积极作用表现在两个方面：其一是降低风险，政策能够良好运行的前提是中央政府与地方政府执行力的大体平衡，但在央地利益竞争下，一味强调政策统一性而忽视地方变通会挑战现行政

---

① 孙发锋：《象征性政策执行：表现、根源及治理策略》，《中州学刊》2020年第12期。
② 张建：《谨防生态保护中的形象工程》，《领导科学》2018年第30期。
③ 赖秀龙：《教育政策执行中的政策变通》，《教育发展研究》2009年第20期。

策的稳定性；其二是相互补充，在政策金字塔中，中央政策是总政策，而地方政策则是具体政策，变通执行能够调动地方官员的积极性，以实现政策目标，并对中央政策进行补充。

政府间的利益竞争是政策变通执行的制度根源，中央政府的政策制定主要立足国家长远发展的宏观视角，但主要负责政策具体落实的地方政府则更多立足于政策执行的成本与收益。综合已有研究发现，政策执行变通具有两个主要特征：其一，政策执行变通的对象多为上位政策，即政策执行的地方政府层级低于政策制定的政府层级，政策执行者与政策制定者分离，并且政策执行是一种上级委托的任务；其二，政策执行变通的原因都是政策目标和政策执行者的目标价值存在差距和冲突，即客观条件限制导致的差距和主观利益形成的冲突。[1] 以上两点导致政策执行者难以在政策执行中就现实执行困境进行针对性纠偏。因此，为达成政策落实，与中央保持形式上的一致，一些地方政府基于现有条件、自身利益最大化等考量会选择变通执行的方式，这也导致了政策失效等结果。

有些基层政府在执行政策的过程中"各吹各的号，各唱各的调"，虽然美其名曰助力政策实行的"因地制宜"，但大多成为解决现实问题的"拦路虎"。其中，较为有代表性的便是各地出台的"土规定"。所谓"土规定"，在现实生活中多指地方和基层在贯彻执行上级的政策文件时，按照切身利益需要来确定执行方式，通过附加、改变、歪曲等方式，致使政策的调控对象、范围、力度、目标异化，是偏离中央政策预期的一种新政策。[2] 表面上看，"土规定"是地方政府为更好落实上级政策而结合辖区治理实际出台的灵活政策，但实际而言，"土规定"的政策内核脱离了地区长远发展利益，也脱离了科学合理的政策执行逻辑，是徒有其表的"空中楼阁"。比起政策施行带来的发展利益，"土规定"的出现更多带来的是消极影响和负面效应。首先便是政策目标的偏离与政策对象的利益受损。政策的本质是利益调节和分配的工具，制定政策的目的在于调节部分利益关系，满足多数人的需求，以解决社会问题和矛盾。[3] 而"土规定"的出台

---

[1] 钱蕾：《公共政策执行过程中政策变通研究的路径分析》，《中国社会科学报》2019年11月1日，第6版。
[2] 颜克高：《基层"土规定"为何屡禁不止》，《人民论坛》2022年第7期。
[3] 颜克高：《基层"土规定"为何屡禁不止》，《人民论坛》2022年第7期。

偏离了原有的分配逻辑，只聚焦局部短期利益而缺失了宏观的发展眼光，严重破坏了长久稳定的发展进程。同时，"土规定"带来的利益分配的失衡，会直接导致民众信任感的削减，进而动摇社会治理稳定的群众基础，同时损害政府作为政策制定与政治决策机构的权威形象，进而影响社会有序运行。因此，政策的变通执行，必须在治理原则约束的合理范围内进行，决不能变成满足私欲的政治工具。

二 县域核心行动者动力衰竭与行为异化的外溢表现

党的二十大报告强调："腐败是危害党的生命力和战斗力的最大毒瘤，反腐败是最彻底的自我革命。"[1] 腐败与权力孪生，"顽疾"难清。对此，理论界与实务界的研究颇多，多学科基于差异视角抽取利己信息，形成了有一定阐释力的概念、范式和理论，从而有益于国家治理。县域是国家宏观政策与社会公众需求的连接板块，承载着政策试验和政策落地的功能，自古延存的"郡县治，天下安"的说法正是对县域治理重要性的注解。县域官场生态能否风清气正、县域治理核心行动者能否廉洁奉公，既关乎执政党的形象及其执政合法性的获取，又关乎社会稳定和社会发展。[2]

（一）官场生态退化与内部监督乏力下的腐败滋生

官场生态作为领导干部作风、政治生活状况和政治发展环境的综合反映，其建设核心在于实现内部系统的有机连贯和顺畅运行，并与外部系统和环境形成动态平衡。县域恰好处于宏观与微观、中央与基层的连接处，优化县域政治生态既是"党要管党、从严治党"的基本要求，也是提升基层政府社会治理能力和社会公信力的现实需要。[3] 而恶劣的政治生态是滋生腐败的温床，庞杂的朋党关系网络与官僚利益结盟为权力的滥用和越界提供了保护伞，使制约和监督越来越困难。权力运行中制约和监督机制的失灵，使人们对腐败现象逐渐从深恶痛绝到"习以为

---

[1] 习近平：《高举中国特色社会主义伟大旗帜　为全面建设社会主义现代化国家而团结奋斗——在中国共产党第二十次全国代表大会上的报告》，《人民日报》2022年10月26日，第1版。
[2] 沈承诚、许梦梅：《县域主政官员个体特征、成长轨迹与腐败的关联性研究——基于近20年的150个腐败案例》，《武汉科技大学学报》（社会科学版）2023年第2期。
[3] 周铁根：《加强县域政治生态建设的思路》，《领导科学》2011年第16期。

常"甚至到羡慕,某些贪得无厌的官员利用手中的权力为自己谋取私利的行径更为猖獗。因此可以说,县域恶劣政治生态的形成是县域治理核心行动者腐败的重要基础,县域治理核心行动者腐败是县域恶劣政治生态结出的"恶果"。

权力的制约强调进行权力运行的机制化设计,其目的是防止权力的扩张,使权力配置科学合理,是构建廉洁政治生态的有效路径之一。[①] 在过去的实践中,更多强调对权力的监督,缺乏对权力的制约。为加强反腐工作,权力制约应从"强监督弱制约"转向"强制约重监督"。强制约和重监督应双管齐下,将权力切实关进"制度的笼子"。[②]

腐败的滋生是从量变到质变的一个过程。要把不敢腐、不能腐、不想腐的要求落实到正风肃纪反腐各方面,既坚持"零容忍"严肃查处,又创新工作方式方法,整合监督力量,织密监督网络,常态化点名道姓通报曝光,用身边事教育身边人,督促广大党员干部以案为鉴,进一步净化风气,推动化风成俗。

(二) 社会监督意愿与监督能力不足下的腐败扩散

理想的腐败治理范式是置暗权力与隐利益于公众（即社会主体,泛指各类社会个体与社会组织）的监督之下,以阳光与透明扼腐败行为之要害。当然,这种假设是基于较高的民主水平（以及较完善的民主制度）与较高的经济发展水平。[③] 然而,现阶段社会力量主观监督意愿不足,客观监督能力缺乏,可笼统概括为不想监督、不敢监督和不会监督,这种状况使社会监督无法成为——至少现在无法成为腐败治理的重要力量。需要特别指出的是,显著的经济绩效将会无限放大地方政府的政治合法性,这种

---

① 王雷雨、王立新：《新时代廉洁政治生态建设：动力、机理与路径》,《社会科学》2021年第6期。
② 邱鸿雨、刘旭涛：《什么样的官员容易腐败：腐败成因的组态证据》,《公共管理与政策评论》2023年第2期。
③ 在民主与腐败治理的研究领域中,制度主义研究的核心观点可归纳为,随着民主制度的不断完善,民主水平越高,民主对腐败治理的影响越积极［详见 Charron, N., Lapuente, V., "Does Democracy Produce Quality of Government?" *European Journal of Political Research*, Vol. 49, No. 4 (1990): 443-470］；而制度主义研究之外的一些经验研究则认为经济发展水平与民主对腐败治理的影响呈正向相关关系,即经济发展水平越高,民主对腐败治理的积极影响越显著［详见 Welzel, C., Inglehart, R., "The Role of Ordinary People in Democracy," *Journal of Democracy*, Vol. 19, No. 1 (2008): 126-140］。

"政治杠杆"的传导作用会大大扩延社会主体对其腐败的容忍阈限[①];而社会主体的弱自组织性与社会主体活动的弱自控性,又极大削减了社会主体活动的开展与主体作用的发挥。

另外,囿于条件与体制壁垒,较强的能动作用仍难有相应的监督效应回馈,即使是社会治理研究领域渐趋"泛滥"的政务公开与网络监督,亦被公开主体(政府部门)和监督客体(政府官员)扭曲和恣用,形成"网络壁垒"(贿赂收受网络化与电子账户),用以"舆论逃避"(舆论控制与舆论引导),成为其腐败行为的遮羞布和挡箭牌。对社会主体监督能动性的质疑并非对其监督地位与关键作用的否定,而是基于现阶段具体现实的考量分析,力图寻找新的腐败治理路径与主动预防能动力量。

三 基于心理契约违背模型的核心行动者行为异化成因分析

县域政府核心行动者行为异化多发于基层、不易为人察觉、与群众生活息息相关,啃食的是基层群众最直接、最切身的利益,直接影响党和政府在群众心中的形象、腐蚀党的执政根基,危害不容小觑。从个体角度出发,核心行动者行为异化受到其心理契约破裂与违背的影响。党的事业,根基在基层,关键在干部。针对县域核心行动者的行为异化,要结合地方官员异化心理,强化监督执纪力度,健全完善廉洁文化教育机制,增强基层干部廉政意识,增强自律意识和纪法意识,推动新时代全面从严治党向纵深发展。

(一)心理契约违背模型的学理构建

地方政府核心行动者心理契约的破裂与违背是其动力衰竭的重要成因。所谓心理契约是指雇佣双方对交换关系中彼此义务的主观理解。心理契约违背是个体在组织未能充分履行心理契约的认知基础上产生的一种情绪体验,其核心是愤怒情绪,个体感觉组织背信弃义或自己受到不公正对待。[②] 心理契约理论起源于国外,在理论发展历程中出现了诸多代表人物:Argyris、Levinson、Tumley、Feldman、Morrison、Robinson 等。心理契约违

---

① 阈限(the threshold of awareness)乃是心理学名词,指外界引起有机体感觉的最小刺激量。在心理学中,该定义揭示了人感觉系统的特定属性之一,即只有刺激达到一定量时才会引起感觉。而在此笔者将其应用于社会主体对腐败行为的容忍,即腐败现象达到一定体量与程度时,才会引起社会主体的反抗与群体性行动。
② 王丽婷、阳林:《心理契约违背研究综述》,《合作经济与科技》2010 年第 6 期。

背是心理契约理论发展的重要成果,目前学界已达成心理契约违背作用机理的基本共识,这一共识体现在心理契约违背研究的两个经典模型上:Morrison 和 Robinson 研究设计的心理契约违背的发展过程模型[1]与 Turnley 和 Feldman 的差异模型。[2] 依据这两个模型,本书结合研究主题与逻辑进行了要素归纳与模型修正(如图 7-1 所示)。

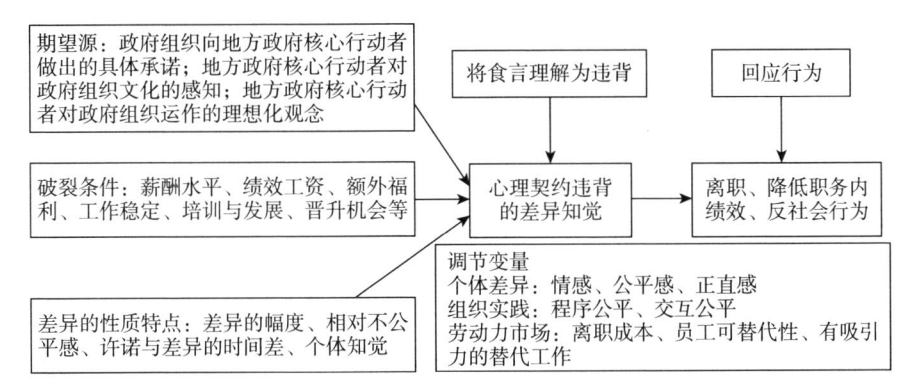

```
期望源:政府组织向地方政府核心行动者
做出的具体承诺;地方政府核心行动者对     将食言理解为违背        回应行为
政府组织文化的感知;地方政府核心行动
者对政府组织运作的理想化观念
                                          ↓              ↓
破裂条件:薪酬水平、绩效工资、额外福    →  心理契约违背    →  离职、降低职务内
利、工作稳定、培训与发展、晋升机会等        的差异知觉         绩效、反社会行为
                                          ↑
                                    调节变量
                                    个体差异:情感、公平感、正直感
差异的性质特点:差异的幅度、相对不公    →  组织实践:程序公平、交互公平
平感、许诺与差异的时间差、个体知觉         劳动力市场:离职成本、员工可替代性、有吸引
                                          力的替代工作
```

图 7-1 地方政府核心行动者动力衰竭的心理契约违背模型

上述模型为我们提供了分析地方政府核心行动者心理契约违背形成的基本路径,即找寻地方政府核心行动者心理契约违背的三大生成因素——期望源、破裂条件及差异的性质特点,列举心理契约的调节变量,明晰可能的回应行为。

公民公务员身份的确立意味着与政府达成了契约合同,彼此分配不同的权责。[3] 事实上,这些权责背后既暗含政府的组织目标及对公务员个体的角色期望,又暗含公务员的个体目标及对政府组织兑现承诺的期望。相比地方政府的普通公务员,地方政府的核心行动者与政府组织的契约关系更为紧密,原因在于契约关系的长期性与彼此目标实现的关联性。可从期望源、破裂条件、差异的性质特点、调节变量和回应行为五个方面探讨地方政府核心行动者心理契约违背的生成与结果。

---

[1] Morrison, E., Robinson, S., "When Employees Feel Betrayed: A Model of How Psychological Contract Violation Develops," *Academy of Management Review*, Vol. 22, No. 1 (1997): 226–261.

[2] Turnley W. H., Feldman D. C., "A Discrepancy Model of Psychological Contract Violation," *Human Resource Management Review*, Vol. 9, No. 3 (1999): 367–386.

[3] 我国公务员权利义务的内容主要体现在《国家公务员法》及相关法律、法规及其他规章制度上。

(二) 心理契约违背过程与动力衰竭

1. 期望源

这里的期望源主要有三个方面。①政府组织向地方政府核心行动者做出的具体承诺。政府组织向地方政府核心行动者做出的具体承诺主要是与职位相配套的政治与经济待遇。职位级别决定相应的政治与经济待遇，从这个角度看，地方政府核心行动者拥有职位晋升的巨大利益动机。②地方政府核心行动者对政府组织文化的感知。组织文化也是地方政府核心行动者心理契约内容的重要因素，而且"组织文化决定了组织中的心理契约类型，至少是提供了一个框架。组织不同的发展阶段会产生不同的文化，心理契约也将随着组织的发展而变化"。[1] 在我国，意识形态是组织文化的主体，拥有较强的政治整合功能，对塑造官员心理契约与行为有着不容置疑的作用，"尤其是在政治领域，作为政治团体成员共同的思想体系、理论体系和价值追求，意识形态能够使政治集团的成员团结起来，采取一致的行动"。[2] ③地方政府核心行动者对政府组织运作的理想化观念。每一位地方政府核心行动者都会对政府组织运作抱有自己的理想化观念。观念差异来源于各地方政府核心行动者不同的知识结构、利益结构和政治经历。如果现实的政府组织运作模式与地方政府核心行动者的理想化模式存在较大差异，要么地方政府核心行动者对自身的理想化观念加以修正，以适应现实，要么通过积极行动改变现实的政府组织运作模式。

2. 破裂条件

心理契约破裂条件具体包括薪酬水平、绩效工资、额外福利、工作稳定、培训与发展、晋升机会及工作本身等。对于大多数官员而言，职务晋升是最重要的行为动机。因为职务晋升与薪酬水平、绩效工资、额外福利、培训与发展有直接的正相关关系。对于地方政府核心行动者而言，晋升机会更是所有资源中最为稀缺的，而且一旦在晋升竞争中落败[3]，就意味着荣誉、薪酬、福利等收益难以获取合法增量。

---

[1] 〔英〕波特·马金、凯瑞·库帕、查尔斯·考克斯：《组织和心理契约》，王新超译，北京大学出版社，2000，第306页。

[2] 黄新华：《当代意识形态研究：一个文献综述》，《政治学研究》2003年第3期。

[3] 干部任期年轻化制度的实施本意在于打破领导干部任期终身制，为政治系统注入新鲜血液，促进政治发展。然而，每位官员都可以根据自己的级别与年龄进行政治晋升可能性的准确"预测"，即在晋升职位规定年限之前无法获得升迁就意味着自己政治仕途的终结。

具有聚集与放大效应的县域治理竞争是地方政府核心行动者之间晋升竞争的主战场，这也间接解释了各县域之间此起彼伏的恶性竞争现象。譬如，招商政策血拼、产业同构和地方保护主义盛行，等等。周黎安认为"地方官员之间对于'双赢'机会合作动机不足主要源于晋升竞争性质以及晋升竞争的官员之间利益补偿的困难"。① 因此，晋升机会丧失是引发地方政府核心行动者心理契约破裂的核心元素，而这种心理契约破裂带来的治理动力衰竭和行为变化又往往直接折射到县域治理上，尤其反映在县域治理困境的生成与走向上。

3. 差异的性质特点

差异的性质特点主要包括差异的幅度、相对不公平感、许诺与差异的时间差和个体知觉四个方面。

（1）差异的幅度，即地方政府核心行动者的收益预期与政府组织实际兑现之间的差距。

（2）相对不公平感，即不同地方政府核心行动者之间的收益差距形成的不公平感，譬如，地方政府核心行动者对过度奖励与奖赏不足的主观感受。

（3）许诺与差异的时间差，即政府组织对地方政府核心行动者利益诉求回应的时滞。

（4）个体知觉，即地方政府核心行动者对心理契约变化的主观感知程度。差异幅度越大、相对不公平感越强、许诺与差异的时间差越大和个体主观感知程度越高，地方政府核心行动者心理契约破裂与违背发生的可能性越大。

4. 调节变量

调节变量主要包括三个方面。

首先是个体差异。不同地方政府核心行动者存在一定的个体差异，这些差异主要涉及情感、公平感、正直感等方面。同一地方政府核心行动者在不同时间和地点也存在上述方面的认知差异。受情感因素影响较大的地方政府核心行动者往往会不自觉地部分脱离客观现实，放大自身的主观感受。根据情感因素对心理契约的正负向作用，个体认知差异的形成要么促

---

① 周黎安：《转型中的地方政府：官员激励与治理》，上海人民出版社，2008，第23页。

成心理契约巩固，要么加速心理契约破裂与违背。

其次是组织实践。主要包括宏观视角下的政治程序公平和微观视角下的交互公平。政治系统中的地方政府核心行动者必然受到现行政治程序的约束，对政治程序公平与否的主观认知评价对其心理契约走向有重要影响。地方政府核心行动者在其行动空间内必然会与不同权力主体和利益主体进行交流互动，交互公平（特别是与上级的交互）也是影响地方政府核心行动者心理契约走向的重要因素。

最后是劳动力市场。主要包括地方政府核心行动者的离职成本、可替代性以及替代工作的存在。从所处政治社会地位和经济收益来看，地方政府核心行动者的离职成本相对较高，相较地方政府一般官员，也拥有较强的不可替代性。对地方政府核心行动者而言，最有吸引力的替代工作是自己可能晋升的上层职务，选择政治系统外的替代性工作（如下海）的仅为个案。

5. 回应行为

心理契约破裂后，地方政府核心行动者的可能回应行为主要有离职、降低职务内绩效和反社会行为。①离职。对地方政府核心行动者来说，离职机会成本太高，且未来面临巨大的收益不确定性，毕竟在现有制度体系条件下，自己的收益还是有稳定预期的。②降低职务内绩效。降低职务内绩效是地方政府核心行动者在心理契约违背条件下的自然逻辑选择，也可以认为是"无法确认"的渎职行为，可形象描述为"不求有功，但求无过，既不让位，也不作为"。③反社会行为。从行为性质看，反社会行为是一种超越社会公认行为规范的越轨行为，如公职人员腐败行为、暴力违法犯罪行为等。伴随心理契约违背的形成，地方政府核心行动者不仅动力衰竭，而且可能进行"逆向"治理，实施反社会行为。由于县域治理生态赋予了地方政府核心行动者较大的行动空间和巨大的资源配置权力，如发生心理契约的破裂和违背，地方政府核心行动者的上述回应行为（离职除外）就可能发生，且具有易实施、难察觉和危害大三重特征。

从上述契约关系来看，地方政府核心行动者往往能通过对相关制度规章（譬如，职位待遇、到期换届、任职年限、干部年轻化等制度规章）的研读和对诸多现实案例的分析而对有形政治契约和经济契约进行准确的结果预期。而地方政府核心行动者的无形心理契约处于不断变更的状态，难以准确预期。相较有形政治与经济契约，心理契约无时无刻不影响、决定着地方政府核心行动者的行动策略选择，毕竟"抱负、成就和荣誉等已经与他们的生命融为一体，尽管工作依然是他们谋生的手段，但更是他们赢得尊重、展现才华的舞台"。[1] 因此，地方政府核心行动者一旦从工作中找寻不到抱负实现的可能，成就感与荣誉感就会逐步流失，心理契约破裂与违背就可能发生。

第二节 发达县域核心行动者个体特征与行为异化关联的实证检验

发达县域核心行动者个体特征与行为异化间的关联分析需要真实的案例信息予以支撑。选取发达县域核心行动者的腐败情况作为研究重点，搜集"百强县"中及其他近 20 年来落马县域核心行动者共 150 名，其中包括县长、任职地升迁县委书记和异地"空降"县委书记三大主体各 50 名，对数据进行描述性分析和回归性分析，得出核心行动者腐败的整体性特征，并构建分类预测模型，预测官员腐败情况的严重程度，为政府监管部门提供"照明灯"。

一 个体特征与成长轨迹：发达县域核心行动者行为异化的理论梳理

组织的复杂决策是行为因素的结果，并不是信息完备条件下经过纯粹理性分析而来。县域治理场域中，党政核心行动者作为场域中的组织行为者，有较高的灵活性与自主性，既可以通过自身治理行为实现实际治理手段与现实制度压力的松散耦合，达成治理目标、回应制度需求，也可利用制度漏洞，滥用委托权力，异化个体行为——实施腐败行为以谋取私利。目前，学术界对官员腐败的研究多从中观、宏观制度因素出发，探索官员腐败行为的机理。基于高阶理论，本书更注重对县委书记、县长的个体特征与成长轨迹的探究，前者更关注自身能力要素，后者则注重对官员任职经历等的考量。

---

[1] 赵琛徽:《失衡与重构：变革环境下公务员的心理契约及管理方略》，《中国行政管理》2005 年第 2 期。

（一）个体特征研究

就腐败的定义来看，其目的大多集中于追逐私人利益。Friedrich 认为，腐败是"以公共的代价获取私人的利益"[1]，即"通过关系有意识地不遵从规则，试图从该行为中为个人或相关的个体谋取利益"。[2] 追求金钱、地位等私人（个人、亲戚、党派）利益是腐败的主要目的。[3] 另外，当公职人员的人际关系和亲缘关系需求无法满足时，其会通过建立人际网络或与他人保持友谊来增强幸福感，调节公共诚信的关联性所造成的潜在危害，而这个过程则会衍生腐败。[4] 非正式的惯例（如裙带关系和不良风气的影响）、不同的激励因素（如宽松的腐败环境及其默许行为、对腐败成本与收益的预期估量）、个人道德水平不高等[5]，都有可能促使官员陷入追求个人利益、沉迷权欲的泥潭。

性别会影响腐败吗？Andreoni 等研究了性别在各种经济交易中的行为差异，得出"男性有更强的互惠感，而女性有更强的公平感"的结论，强互惠感使参与者在博弈过程中的信任关系更稳固，从而提高了腐败的发生频率。[6] Chaudhuri 综述了大量性别与腐败的文献，提出影响性别差异的关键环境因素是特定政治和经济文化，女性腐败程度较低的证据主要来自发达国家，但在腐败问题较严重的发展中国家并没有显著的性别腐败倾向差异。[7] Mishalova 等对苏联的 28 个转型经济体的分析显示，议会女性议员的数量和百分比与腐败之间存在显著的负相关关系。[8] 白仲林等对 881 件一审判决书进行

---

[1] Friedrich C. J., *The Pathology of Politics* (New York: Harper & Row, 1972), p. 5.
[2] 胡鞍钢：《中国：挑战腐败》，浙江人民出版社，2011，第 2 页。
[3] Nye J. S., "Corruption and Political Development: A Cost-benefit Analysis," *American Political Science Review*, Vol. 61, No. 2 (1967): 417–427.
[4] Zhang Yahong, Guo Jinyun, Kuo Ming-feng, et al., "How Do Intrinsic Motivations, Work-related Opportunities, and Well-being Shape Bureaucratic Corruptibility?" *Public Administration Review*, Vol. 79, No. 4 (2019): 552–564.
[5] 〔美〕苏珊·罗斯-阿克曼、邦妮·J. 帕利夫卡：《腐败与政府：根源、后果与改革》，郑澜译，中信出版集团，2018，第 27~28 页。
[6] Andreoni J., Vesterlund L., "Which Is the Fair Sex? Gender Difference in Altruism," *The Quarterly Journal of Economics*, Vol. 1 (2001): 293–312.
[7] Chaudhuri A., "Gender and Corruption: A Survey of the Experimental Evidence," *Research in Experimental Economics*, Vol. 1 (2012): 13–49.
[8] Mishalova J., Melnykovska I., "Gender Corruption and Sustainable Growth in Transition Countries," *Journal of Applied Economic Sciences*, Vol. 3 (2009): 387–407.

分析，发现国家工作人员的受教育程度与腐败金额呈显著正相关，学历越高，其腐败金额越大。① 有研究对2016年全国检察机关公开的8133件贪污贿赂罪起诉书进行分析，发现高学历领导干部受贿金额更大、作案次数及涉及罪名更多。②

(二) 成长轨迹研究

县委书记、县长作为地方政府核心行动者，其任期是与腐败相关的重要因素。陈刚、李树研究发现官员任期与腐败程度之间存在U形的曲线关系。③ 王一江等也得出类似结论，即官员在某岗位任职越久，越易腐败。④ 异地任职一直是学界探究官员腐败的热点，一般认为长期在一地任职会加深腐败，即任职时间与在任职地的腐败程度成正比⑤，Abbink 在实验中引入了一个随机再配对的实验情形，并将其与之前的实验进行对比，结果表明，岗位轮换确实可以显著地减少贿赂和降低贿赂导致的无效决策的频率，其有效性甚至超过惩罚、高薪养廉等机制。⑥ 中共中央印发《党政领导干部选拔任用工作暂行条例》，规定"地方党委、政府领导成员在同一职位上任职满十年的，必须交流"。

Alatas 等还检验了工作背景是否会对腐败行为产生影响，他们比较了印度尼西亚的学生被试和公务员被试的实验结果，发现学生被试不管是扮演企业管理人员还是扮演官员都比公务员被试更倾向于腐败。⑦ 有记者对2014年多个职位的参数进行梳理，观察"教师从政"现象，共统计410人，其中117人曾有过从教经历，占比28.5%；62位地方党政一把手中，7位书记和6位省长共计13人有从教经历，占比21%；在党的十八大后落马的47

---

① 白仲林、尹彦辉等：《政府反腐力度与养廉薪酬计划设计——基于动态离散选择模型的分析》，《统计与信息论坛》2017年第7期。
② 金鸿浩：《高学历领导干部腐败的十大特征与廉洁教育建议》，《领导科学》2019年第19期。
③ 陈刚、李树：《官员交流、任期与反腐败》，《世界经济》2012年第2期。
④ 王一江、迟巍等：《影响腐败程度的权力和个人因素》，《经济科学》2008年第2期。
⑤ 廖冲绪、李后强等：《地方"一把手"腐败的影响研究——基于十八大后落马市委书记的实证分析》，《社会科学研究》2017年第1期。
⑥ Abbink K., "Staff Rotation as an Anti-corruption Policy: An Experimental Study," *European Journal of Political Economy*, Vol. 20, No. 4 (2004): 887 – 906.
⑦ Alatas V., Chaudhuri A., et al., "Subject Pool Effects in a Corruption Experiment: A Comparison of Indonesian Public Servants and Indonesian Students," *Experimental Economics*, Vol. 12, No. 1 (2009): 113 – 132.

位省部级官员中,有 10 位曾有从教经历,占比 21%[1];这说明"教师"这一职业经历或许与官员腐败存在关联。此外,秘书作为领导干部的得力助手及密切接触者,因地位特殊且从属的领导干部多是部门、地方或单位的"一把手",很多事都由其经手安排,往往拥有一种领导干部延伸下来的隐性权力,并随着领导级别的增高,秘书活动的能力和空间也随之增加,[2] 其职业经历的后续张力同样不可忽视。据报道,在党的十八大后落马的 30 多位省部级以上高官中,职业生涯里有秘书经历的占近 1/3。[3] 同样地,在贫困县任职的官员会因为"二等官员"的自卑心理产生"边缘心态",但贫困县的贫困缘由,除了自然条件限制,政府的不作为和乱作为也难辞其咎。不管是"瞎折腾"——搞形象工程撑门面、赚政绩,还是独享"国家资源"——将权力集中在个人手上,都会让贫困县陷入贫困怪圈。[4] 综上可见,具备教师、秘书和在贫困县任职的经历也需纳入腐败相关性的考量。

综合研究现状,可以发现腐败的根源探讨聚焦于体制和机制层面,研究方法注重定性,定量研究依然不足,尚未将研究主题进行有效扩展,较多呈现一般性理论总结。腐败理论与实务应用之间"两张皮"的隔离状态始终存在,这种"理论+应用"的"拼盘式"对接,使相关理论脱离实际,较易成为悬置于空中的包装和点缀。基于上述不足,本书致力于建构体制空间与行动策略、政策文本与主体响应、制度局中人与制度间互动关系的学理分析模型,以 150 个腐败案例来深化研究县域核心行动者腐败的生成机理和治理路径,使这些研究摆脱抽象与随性,逐步走向具体与理性。

二 数据准备及研究假设

(一)数据准备

1. 数据来源

一般而言,政府官员的来源大致可以分为如下四种:来自上级政府部

---

[1] 马俊茂:《中国教师从政记》,http://news.takungpao.com/mainland/focus/2014-09/2722388.html,最后访问日期:2022 年 11 月 29 日。

[2] 李松:《资料:官员秘书成腐败易发高发区》,http://news.sohu.com/20140428/n398887289.shtml,最后访问日期:2022 年 11 月 29 日。

[3] 申冉:《朱佳木谈"秘书腐败":当年"老秘书"想都不敢想》,http://fanfu.people.com.cn/n/2015/0311/c64371-26672376.html,最后访问日期:2022 年 11 月 29 日。

[4] 郎友兴:《贫困县官员"边缘心态"剖析:过客心理缺乏归属感》,https://www.chinanews.com/gn/2011/12-23/3553547.shtml,最后访问日期:2022 年 11 月 29 日。

门下派、来自本地升迁、来自外地升迁、来自外地平调。① 为深入探究腐败，根据县委书记的来源，将其分为任职地升迁县委书记和"空降"县委书记（外地调任县委书记），分别探讨不同来源的县委书记及县长的腐败情况。研究中的150个样本主要通过中国裁判文书网、中国法院网、各级纪律监督检查委员会和人民网等媒体平台搜集。在案例选取上，任县长、县委书记后落马，且信息较完备的核心行动者才能入选。时间为2000~2020年的约20年时间。样本具体分为三大类：县长、任职地升迁县委书记和"空降"县委书记各50个。相应的数据包包括落马县域核心行动者（县委书记和县长）的个人基本数据、任职地相关因素和腐败相关因素三大类别，计43个数据包。

2. 数据准备

对搜集到的县长、任职地升迁县委书记和"空降"县委书记这三类腐败官员所对应的九维数据进行分析和总结，具体包括如下方面：落马时年龄、落马时工龄、落马时党龄、腐败年长、在落马地的工作年长、担任县长（县委书记）的工作年长、落马时行政级别、学历、受贿金额。其中，"学历"和"落马时行政级别"均为定性变量，需先对其进行定量化处理。考虑到数据的维度过大，研究首先通过主成分分析（Principal Component Analysis，简称PCA）的方法来降低维度，以便更好地解释说明。

主成分分析是一种统计方法，通过正交变换将一组可能存在相关性的变量转换为一组线性不相关的变量，转换后的这组变量叫主成分。先进行KMO和巴特利特检验，判断数据本身是否适合进行主成分分析。结果见表7-1：KMO值>0.65，显著性<0.01。可得结论：该批数据适合做主成分分析。

表7-1 KMO和巴特利特检验

\multicolumn{2}{c	}{KMO 取样适切性量数}	.832
巴特利特球形度检验	近似卡方	490.107
	自由度	36
	显著性	.000

---

① 马亮：《官员晋升激励与政府绩效目标设置——中国省级面板数据的实证研究》，《公共管理学报》2013年第2期。

表 7-2　总方差解释

成分	初始特征值			提取载荷平方和		
	总计	方差百分比	累积方差百分比（%）	总计	方差百分比	累积方差百分比（%）
1	3.587	39.859	39.859	3.587	39.859	39.859
2	1.095	12.169	52.028	1.095	12.169	52.028
3	1.037	11.521	63.549	1.037	11.521	63.549
4	.946	10.514	74.063	.946	10.514	74.063
5	.812	9.020	83.083	.812	9.020	83.083
6	.630	6.995	90.078			
7	.510	5.672	95.750			
8	.242	2.688	98.438			
9	.140	1.561	100.000			

可见，提取出的主成分总体保留了原数据83%（>82.5%）的信息量，降维效果较为理想。5列主成分对原数据的解释程度见表7-3。

表 7-3　成分矩阵 a 分析

	成分				
	1	2	3	4	5
落马时年龄	.913	-.144	-.051	-.145	.084
落马时工龄	.887	-.143	-.074	-.080	.068
落马时党龄	.856	-.121	-.113	-.139	.145
腐败年长	.591	.192	.165	.259	.471
在落马地的工作年长	.611	.165	.290	.024	.483
担任县长（县委书记）的工作年长	.060	-.192	.900	-.235	.271
学历	.014	.920	.155	-.006	.233
受贿金额	.330	-.106	.103	.862	.335
落马时行政级别	.633	.285	-.247	-.182	.289

注：提取了5个成分。

根据表7-3，容易看出第1个主成分与"落马时年龄""落马时工龄""落马时党龄""落马时行政级别"的线性关系较强，将其称为"资历"；类似的，其余4个主成分可以分别称为"学历"、"任期"、"腐败金额"和"腐败跨度"。根据表7-4所示成分得分系数矩阵,可以得到研究个体的各主成分的具体数值。后续研究在上述主成分的基础上进行分析,大大减少了数据本身多维度的问题。

表7-4 成分得分系数矩阵

	成分				
	1	2	3	4	5
落马时年龄	.255	-.131	-.049	-.154	.103
落马时工龄	.247	-.130	-.071	-.085	.084
落马时党龄	.239	-.110	-.109	-.147	.178
腐败年长	.165	.176	.159	.274	.580
在落马地的工作年长	.170	.150	.280	.025	.595
担任县长(县委书记)的工作年长	.017	-.176	.868	-.248	.334
学历	.004	.840	.150	-.006	.287
受贿金额	.092	-.096	.099	.911	.413
落马时行政级别	.176	.260	-.238	-.192	.356

(二) 研究假设

基于以上分析,具体提出如下假设:

假设1:腐败金额与官员的资历、学历、任期和腐败时长显著相关;

假设2:县委书记的腐败金额与资历、任期及腐败时长的相关性与晋升方式无明显关联;

假设3:县长的腐败金额与资历、任期和腐败时长正相关。

三 发达县域核心行动者个体特征与腐败关联的实证分析

实证分析既包括初步的描述性分析,还包括个体特征分析与成长路径分析。

(一) 描述性分析:基本背景、教育背景和成长轨迹

1. 个人基本背景分析

在落马年龄方面,共搜集到147个有效数据,多集中在50~55岁,有63人,占比为42.9%;从性别来看,在搜集的150个数据中,男性146

人，占比为 97.3%；在民族方面，收集到 148 个有效数据，其中汉族占绝大部分，有 129 人，占比为 87.2%；在工龄方面，收集到 150 个有效数据，多集中在 35~40 年，有 76 人，占比为 50.7%；在党龄方面，收集到 139 个有效数据，大多数人的党龄是 35~40 年，有 51 人，占比为 36.7%；在行政级别上，多集中在正处级、副厅级，共 128 人。

2. 教育相关背景分析

学历部分收集到有效数据 148 个，专科仅有 4 人，占比为 2.7%；本科有 62 人，占比为 41.9%；硕士研究生有 74 人，占比为 50.0%；博士研究生有 8 人，占比为 5.4%。其中大部分官员都是通过再教育提高学历，特别是通过各级党校的进修，其中，进修本科学历的有 15 人，有 38 人通过党校进修获得硕士研究生文凭。

3. 成长轨迹分析

从任职经历来看，共收集到 143 个有效数据，其中 39 位有过教师经历，占比为 27.3%，占比超过 1/4，由此可见"出仕"在我国多数人的观念中仍被认为是一种"人生价值""职业荣耀"的体现；在异地交流上，搜集到的有效数据为 149 个，异地任职的有 22 人，占比为 14.8%，异地任职并不多；在任职地特征上，搜集到 148 个有效数据，其中是贫困县的有 94 个，占比为 63.5%，在中途退出的有 6 个，占比为 4.1%，说明曾经的核心行动者也真抓实干过，曾兢兢业业为任职地的经济发展做贡献；从秘书经历来看，就搜集的信息而言，明确有秘书经历的有 29 人，占比为 20.3%，超过 1/5。

（二）个体特征分析："资历"、学历和家庭参与腐败

1. "资历"与学历分析

根据上述主成分分析的结果，即得到的 5 个主成分，来分析个体特征，此处主要分析资历、学历，通过卡方检验来做相关性分析，以研究三类腐败县领导的异同。对于总体（包括县长和县委书记）的每一个主成分，将其值域的范围三等分，分别定义为"高、中、低"三类，记录每一类中的频数；再对 5 列主成分两两做卡方检验，结果见表 7-5 和表 7-6（以主成分"资历"和"腐败金额"的结果为例）。

表7-5 资历与腐败金额交叉表

		腐败金额			总计
		低	中	高	
资历	低	5	45	6	56
	中	25	52	5	82
	高	6	4	2	12
总计		36	101	13	150

表7-6 卡方检验

	值	自由度	渐进显著性（双侧）
皮尔逊卡方	15.558[a]	4	.004
似然比（L）	16.582	4	.002
有效个案数	150		

注：a 表示3个单元格（33.3%）的期望计数小于5。最小期望计数为1.04。

由表7-5和7-6可知，总体上资历与腐败金额存在显著的相关性（p值<0.01）。为方便起见，将5个主成分资历、学历、任期、腐败金额和腐败跨度分别记为A、B、C、D和E。腐败县领导干部总体的和对比的卡方检验结果见表7-7和表7-8。

表7-7 卡方检验结果

总体	A	B	C	D	E
A	\		**	***	***
B		\		***	
C	**		\	*	**
D	***	***	*	\	***
E	***		**	***	\

注：* p<0.1；** p<0.05；*** p<0.01。

表7-8 三类数据卡方检验结果对比分析

对比	AB	AC	AD	AE	BC	BD	BE	CD	CE	DE
县长		**	**	**		**				

续表

对比	AB	AC	AD	AE	BC	BD	BE	CD	CE	DE
任职地升迁县委书记			*	***		**		**	**	***
空降县委书记		***	**	*		*				***

注：*p<0.1；**p<0.05；***p<0.01。

容易发现，三类腐败官员都具备的特点是：腐败金额与资历、学历的相关性都显著（三类官员的"AD""BD"的显著性至少为10%，且官员总体的"AD""BD"显著性为1%）。这说明，从资历角度来看，县域核心行动者的资历越老，其对腐败、任期的影响越大。就学历来看，目前官员腐败呈现高学历趋势，在县域核心行动者的仕途期，要特别注意对其的教育和引导，防止出现腐败情况或防止腐败影响扩大，尽快止损。一方面要加强纪检监督检查的作用，另一方面也要加强对核心行动者的考核和财产公示制度建设。

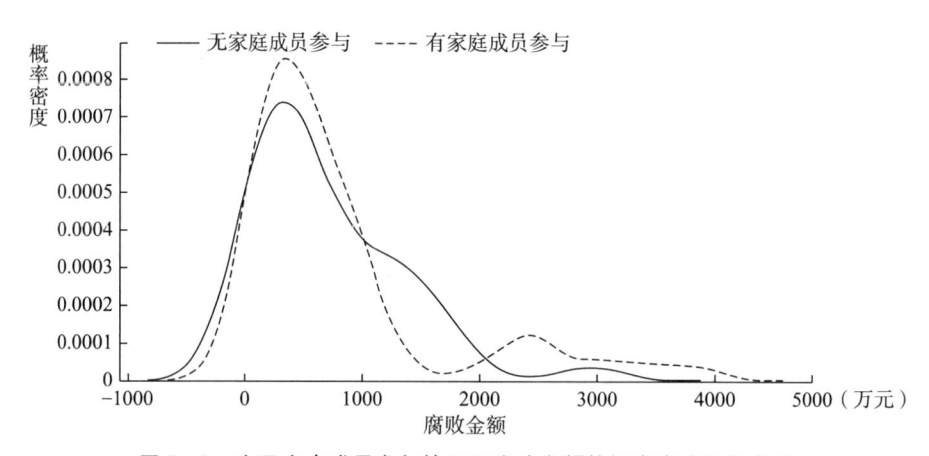

图7-2 有无家庭成员参与情况下腐败金额的概率密度函数曲线

说明：由于极个别的贪污官员的腐败金额过高，成为离群点，影响到图片的观测与绘制，所以此处为舍弃了离群点后的概率密度函数曲线图。

2. 家人参与腐败情况分析

如图7-2所示，无家庭成员参与腐败的官员，其腐败金额集中在500万~1500万元，但有家庭成员参与腐败的官员，其腐败金额呈两极分化状：低的集中在500万元左右，而高的集中在2500万~3500万元。可见，相对于无家庭成员参与腐败的官员，部分有家庭成员参与腐败的官员更容易进行更严重的腐败,可能是受到家庭成员的挑唆从而铤而走险地贪污更多的钱。所以从这点来看,监管官员的家庭成员的腐败情况,对于有效控制官员腐败会有积极作用。

(三) 成长路径分析:任职经历、任职时长、异地晋升与落马方式

1. 异地任职经历分析

数据中关于异地升迁的只有县委书记,所以此处不考虑县长。图7-3展示了任职地升迁县委书记和空降县委书记腐败金额的概率密度函数曲线。直观上来看,前者的腐败金额密集分布在0~2000万元,而后者的腐败金额则相对平均。

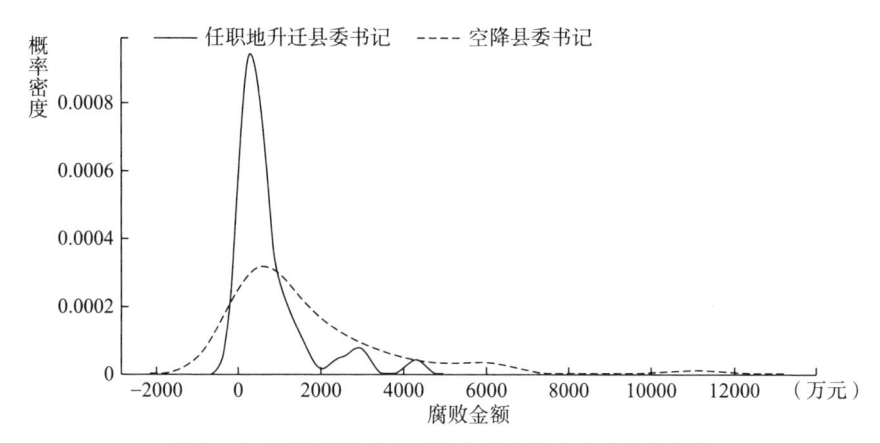

图7-3 两类县委书记腐败金额的概率密度函数曲线

说明:由于极个别的贪污官员的腐败金额过高,成为离群点,影响到图片的观测与绘制,所以此处为舍弃了离群点后的概率密度函数曲线图。

现利用秩和检验来检验二者是否属于同一分布,结果 $p = 0.09672541 < 0.1$,说明二者的分布不相同。所以认为,在10%显著水平的情况下,异地升迁与否对腐败县委书记的影响是显著的。即从降低腐败官员的腐败程度角度来看,在任职方式上采用"任职地升迁"或"空降"的效果会有较大的差异。从均值角度出发,样本中任职地升迁县委书记的平均腐败金额为3740.528万元,而样本中空降县委书记的平均腐败金额为1622.516万元,二者的比例约为2.3∶1,可认为:任职地升迁县委书记的腐败情况要远远严重于空降的异地县委书记,故从控制腐败的角度出发,建议对县领导班子多进行异地调任而非连任。

2. 教师、贫困县、秘书任职经历分析

在教师、贫困县和秘书的任职经历中，经检验，腐败金额、贫困县和秘书经历无显著的线性关系，但县长的腐败金额与"教师"经历有显著的线性关系。将县长的腐败金额与教师经历作线性回归，结果见表7-9、表7-10。

表7-9 教师经历和腐败金额的 ANOVA 表

模型		平方和	自由度	均方	F	显著性
1	回归	3839116.162	1	3839116.162	2.663	.089[b]
	残差	69207897.310	48	1441831.194		
	总计	73047013.472	49			

注：a. 因变量：腐败金额；
b. 预测变量：常量，教师经历。

表7-10 教师经历和腐败金额的回归模型系数

模型		未标准化系数		标准化系数	t	显著性	B 的 95.0% 置信区间	
		B	标准误差	Beta			下限	上限
1	常量	996.483	202.720		4.916	.000	588.886	1404.080
	教师经历	-641.582	393.182	-.229	-1.632	.089	-1432.128	148.964

注：a. 因变量：腐败金额。

可以看出，在10%显著水平下，线性方程整体和回归项显著（均有 p = 0.089 < 0.1），且常数项非常显著（p = 0.000 < 0.05）。得回归方程：

$$腐败金额 = -641.582 \times 教师经历 + 996.483$$

由回归项系数 -641.582 < 0，可得：腐败金额和教师经历呈负相关的线性关系，即担任过教师的腐败县长，其腐败金额相对较低。结合常数项996.483 来看，在腐败县长中，担任过教师的比没有教师经历的腐败金额要低64.38%。这样看来，从有教师经历的从政官员中选拔县长可以更好地预防腐败和降低腐败程度。

3. 腐败潜伏期和腐败跨度关系分析

经检验，腐败金额与腐败潜伏期、腐败跨度之间不存在显著的线

性关系或相关性。150 个官员样本的腐败潜伏期和腐败跨度的散点图如图 7-4 所示。

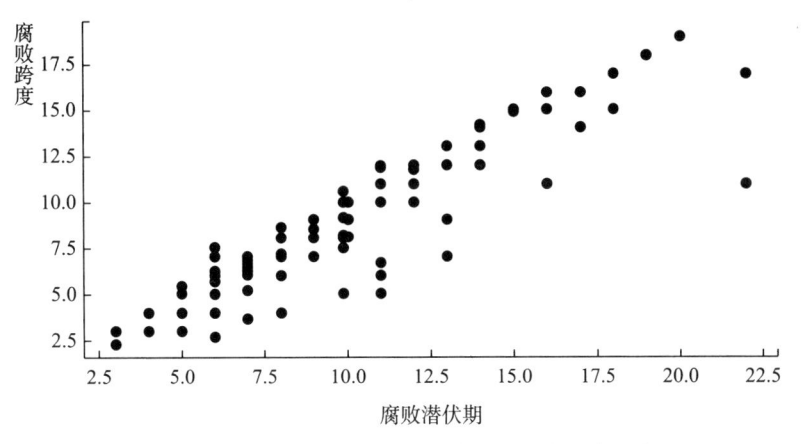

图 7-4　腐败官员总体的腐败潜伏期和腐败跨度散点图

容易看出，潜伏期和跨度具有明显的正相关关系，为进一步检验，作线性回归，结果见表 7-11 至表 7-13。

表 7-11　腐败潜伏期和腐败跨度的回归模型摘要

模型摘要						
模型	R	R^2	调整后 R^2	标准估算的误差	更改统计		
^	^	^	^	^	R^2 变化量	F 变化量	显著性 F 变化量
1	.909[a]	.826	.825	1.54271	.826	701.393	.000

注：a. 预测变量：常量，潜伏期。

表 7-12　腐败潜伏期和腐败跨度的回归模型 ANOVA 表

ANOVA[a]					
模型	平方和	自由度	均方	F	显著性
1　回归	1669.282	1	1669.282	701.393	.000[b]
残差	352.233	148	2.380		
总计	2021.515	149			

注：a. 因变量：腐败跨度；
b. 预测变量：常量，腐败潜伏期。

表 7-13 腐败潜伏期和腐败跨度的回归模型系数

系数^a

模型		未标准化系数		标准化系数	t	显著性	B 的 95.0% 置信区间	
		B	标准误差	Beta			下限	上限
1	常量	.366	.346		1.056	.293	-.319	1.051
	腐败潜伏期	.864	.033	.909	26.484	.000	.800	.929

注：a. 因变量：腐败跨度。

可得线性方程：腐败跨度 = 0.864 × 腐败潜伏期 + 0.366，其中方程整体和变量系数都是显著的（p = 0.000）。可见，二者具有极强的正相关关系，比例近似于 1:1，即腐败官员的潜伏期有多长，其腐败跨度就会有多长。这与一般常识是不符的，一般常识为：潜伏期 + 跨度 = 常数。此分析结果充分说明，当下的官员腐败已与以往不同，官员更倾向于"明哲保身"式的试探性腐败，他们会花较长时间周密策划受贿全流程，事先设计好退路，从而确保自己的腐败行为能够维持得更长久，即放长线钓大鱼的思路。

4. 落马方式分析

图 7-5 展示了不同落马方式下腐败官员的腐败金额概率密度函数曲线，由于极个别的贪污官员的腐败金额过高，成为离群点，影响到图片的观测与绘制，所以此处为舍弃了离群点后的概率密度函数曲线。

其中，将中央巡视组和省巡视组检查出的腐败金额进行比较，得到如图 7-6 所示概率密度函数曲线：直观上可发现，省巡视组检查出的腐败情况基本偏理想、腐败金额偏低，而中央巡视组则相反，其检查出的腐败金额较高。现利用秩和检验来检验二者是否属于同一分布，结果：p = 0.020637558243 < 0.05，说明二者的分布不同。所以认为，在 5% 显著水平情况下，巡视组的级别对能否检查出官员的真实腐败情况的影响十分显著。

地方上，官员相互熟悉等情况会导致权力勾结，因此省巡视组在进行检查时，只能或者只敢"打死小苍蝇"，而不敢"处决大老虎"。只有中央巡视组一视同仁、一网打尽时，才能更彻底地打击腐败。因此，只有中央巡视组增加巡视频次、省巡视组加大巡视力度，才能取得"打虎拍蝇"反

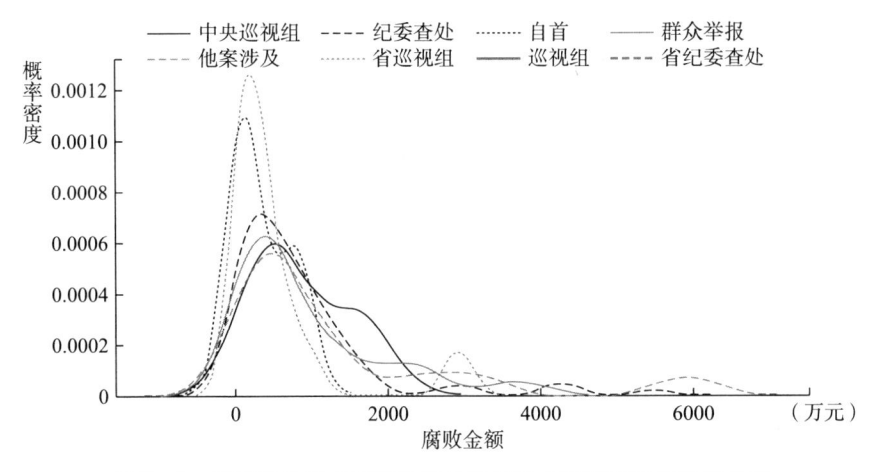

图 7-5 不同落马方式下腐败官员的腐败金额概率密度函数曲线

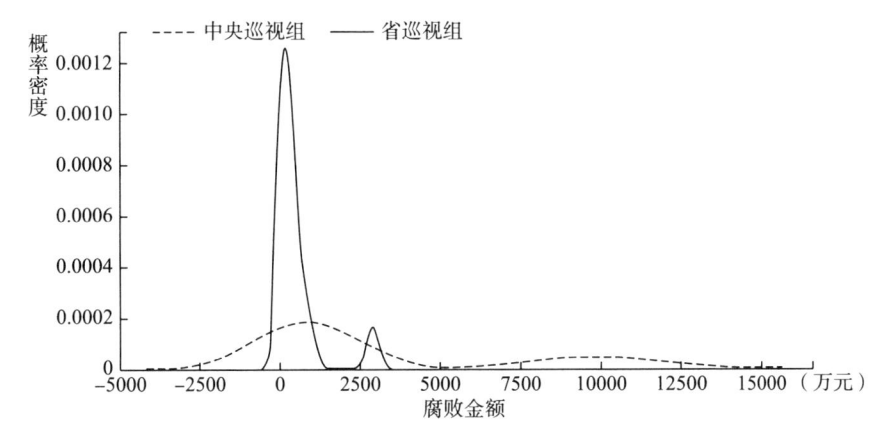

图 7-6 中央巡视组和省巡视组检查出的腐败金额概率密度函数曲线

腐败斗争的胜利。

此外,将各落马方式对应腐败金额的平均值进行比较,可得:中央巡视组(3131)>纪委查处(2451)>群众举报(1968)>自首(1892)>他案涉及(1281)>省巡视组(553)>巡视组(249)>省纪委查处(220)(其中"巡视组"和"省纪委查处"的样本数均为1,由于太少,故不列入讨论)。可见,省巡视组的检查力度是相对较轻的。在众多的落马方式中,中央巡视组虽然查处力度大,清扫更彻底,但其巡视的周期长、过程频琐,导致巡视频次低、巡视难度大。相比较而言,群众举报的"性价比"显得更高,一方面,其查出的腐败金额均值是省巡视组的近4倍,但其又没有中央巡视组的查处难度大;另一方面,能够充分调动人民的积极性,密切联系群众,让人民群众成为政府官员的"镜子",在人民的有效监管下,政府更透明的工作必将大幅降低官员的腐败程度。所以从这个角度来看,应当大力鼓励群众对官员的举报,使政府官员的工作更透明干净。

5. 任职时长分析

经检验,腐败金额与任职时长无显著的线性关系,其线性回归的数值的 p 值为 0.868。这充分说明了,腐败金额并不是随着任职时长的增加而增加,可能只需要一个契机就可以贪污巨额的财产(将官员分为县长和县委书记,分别对其腐败金额与任职时长作线性回归分析,其结果也是不显著的)。

第三节 发达县域核心行动者动力衰竭与行为异化的矫正

"人类理性是在制度环境中塑造出来的,也是在制度环境中发挥作用。"[1] 现有制度塑造了地方政府核心行动者的行动偏好与行动策略,并且明确了核心行动者的权责内容与行动边界。但制度局中人的行为选择并非对既有制度的被动反应,而是通过自身的行为选择形塑着既有制度环境、推动着现有制度的变迁。同时,稳定的行为模式也为正式制度的形成提供了重要来源。"制度就是人及规律性和重复性的互动模式。"[2] 制度体系明晰了制度局中人(包括核心行动者)的行为规则与行动边界,形成围绕制度局中人行为的一整套信息或者说符号系统。受制度体系的长期浸润,制度局中人会形成对上述信息与符号的敏感认知,主动调适自身行为。在当前中国的制度环境中,维系与提升发达县域治理体制效能,需要核心行动者发挥主观能动性,积极推动制度创新,强化制度支撑,从激励制度、包容制度和监督制度三个方面对制度体系进行塑造、优化,从而完善制度环境,引导行动者与制度实现良性交互。

---

[1] 〔美〕赫伯特·西蒙:《管理行为——管理组织决策过程的研究》,北京经济学院出版社,1998,第 99 页。

[2] Easterly, William, *The Elusive Quest for Growth: Economists' Adventures and Misadventures in the Tropics* (The MIT Press, 2001): 143.

一 激励制度规约

"把激励搞对"[1] 是地方政府治理的核心。改革开放以来,在我国经济社会快速发展的进程中,地方政府发挥了举足轻重的作用,而地方政府核心行动者在其中扮演了积极角色,其行为对地方经济的发展起着相当重要的作用,比如在推动经济发展、行政体制改革、区域经济合作、公共产品和公共服务的创新等方面。地方官员在经济发展过程中展现出非凡的激情和活力。正如周黎安、李宏彬和陈烨所言,"在中国经济以奇迹般速度增长的过程中,地方官员对当地经济发展所体现出的兴趣和热情在世界范围内可能也是不多见的"。[2] 学界对地方政府推动经济发展的理论进路一般有两条:一是财政激励;二是政治激励。前者围绕中央与地方的财政分权改革分析地方经济行为,认为财政分权给地方带来的财政激励促使地方政府核心行动者积极发展地方经济,分税制改革后,中央以转移支付的形式保证了地方政府对经济增长收入的分享,中国的分权体制继续激励着地方政府追求经济增长[3];后者认为地方政府核心行动者之所以追求地区内的经济增长或者推动地区制度变迁,其最终目的主要在于通过展示"政绩"实现职务晋升。[4]

从现实的分析视角来看,财政分权理论虽然在一定程度上解释了地方政府之间的行为差别,但其侧重于从地方财政收入激励角度分析问题的思路显然与现实不太吻合。事实上,现实世界中的政治组织常以职务晋升为激励官员努力工作的手段。[5] 并且,由于政治组织中工作人员的工资一般都会采取弱激励的固定工资制[6],职务晋升给地方官员带来的激励显然强

---

[1] 周黎安:《转型中的地方政府:官员激励与治理》,上海三联书店,2017,第4页。
[2] 周黎安、李宏彬、陈烨:《相对绩效考核:中国地方官员晋升机制的一项经验研究》,《经济学报》2005年第1期。
[3] 王贤彬、徐现祥:《转型期的政治激励、财政分权与地方官员经济行为》,《南开经济研究》2009年第2期。
[4] 周黎安:《晋升博弈中政府官员的激励与合作——兼论我国地方保护主义和重复建设问题长期存在的原因》,《经济研究》2004年第6期;周黎安:《中国地方官员的晋升锦标赛模式研究》,《经济研究》2007年第7期。
[5] 田伟、田红云:《晋升博弈、地方官员行为与中国区域经济差异》,《南开经济研究》2009年第1期。
[6] 王永钦、丁菊红:《公共部门内部的激励机制——一个文献评述》,《世界经济文汇》2007年第1期。

于地方财政收入的激励。随着研究的不断深入，学界普遍认为政治激励是地方政府核心行动者主动推动地方经济增长更加关键的激励因素，具有更加坚实的经济学微观基础。[①]例如，作为一个研究的典型，周黎安特别提出，从20世纪80年代开始的地方官员之间围绕GDP增长而进行的"晋升锦标赛"是理解政府激励与增长的关键线索之一。[②]那么，基于这样的逻辑框架，地方政府核心行动者所面临的晋升激励与地方政府官员行为图式之间必然存在高度相关关系；换句话说，地方官员的行为模式，以及具体行为选择的特定后果，必然会对其政治晋升产生显著的影响。

一直以来，政府人事权集中与公务员系统的封闭性共同形成对官员职业生涯的强"锁定"效应，对大多数官员而言，职务晋升是最重要的行为动机。因此，县域治理竞争是县域核心行动者之间晋升竞争的主战场，县域核心行动者在政治考核的压力和政治升迁的激励下，围绕GDP总量这一客观的、易于量化的经济指标展开晋升锦标赛。从改革开放以来中国各地经济连续多年保持高速增长的现象可以窥见单一经济指标的强激励对县域核心行动者行为模式的塑造，"GDP挂帅"驱使县域核心行动者只能拼命做大GDP，伴随而来的是核心行动者"政绩出官"理念的树立，以及行动者偏好主导的治理行为的扭曲，例如，遏制地方间合作、地方保护主义、重复建设、产能过剩，造成了环境污染、生态破坏、自然资源浪费。除此之外，公共产品选择性供应、创新规避也是诸多消极后果的突出表现。

从心理契约违背模型来看，激励制度规约致力于创造程序公平和交互公平，弥合可能的心理契约破裂。激励制度规约主要包括理念、手段、过程和结果四个方面。详细来说，一是激励理念。基于人本理念，将作为地方政府核心行动者的县域核心行动者视为政府组织最为重要的资源和财富，关注个体的心理特征与心理变化，为其自我价值实现创造条件。二是激励手段。实现权力控制、物质满足和精神鼓励三重激励手段的有机融合。单纯权力控制易引发消极对抗情绪，形成逆反心理与行为。单纯的物质满足易诱发欲望膨胀，且在财政资源有限的条件下难以维系。况且，需要考虑政府系统内外不同利益主体的分配正义问题。单纯的精神鼓励显得

---

① 王贤彬、徐现祥：《转型期的政治激励、财政分权与地方官员经济行为》，《南开经济研究》2009年第2期。
② 周黎安：《中国地方官员的晋升锦标赛模式研究》，《经济研究》2007年第7期。

苍白无力，陷入形式说教。三是激励过程。塑造公开和公正的激励过程，畅通与拓展激励信息沟通与分享的渠道，消除激励过程的神秘色彩和人治色彩。四是激励结果。在强调激励过程公开和公正的同时，要强调激励结果的相对公平。毕竟，人们习惯将收益进行纵横向比较，"一方面把自己现在所付出的劳动和所得的报酬进行历史比较（纵向比较），另一方面还把自己付出的劳动和所得的报酬与他人付出的劳动和所得的报酬进行社会比较（横向比较）"。① 只有激励结果在纵横向比较中都实现了相对公平，人们才会认为激励结果公平。因此，公平的激励结果有利于稳固县域核心行动者的心理契约，防范心理契约的破裂。

二 优化包容制度

不可否认，县域的复杂治理生态使县域核心行动者的任何创新行动都存在一定的政治风险，其创新动力不足可以理解。但县域治理不能因为可能存在的政治风险而裹足不前，使创新治理流于形式。应从制度层面拓展县域核心行动者的行动空间，营造相对宽松的创新氛围。

中国式政策创新机制主要有两种：命令式政策创新和锦标赛式政策创新。前者是在政府运作内部，上级政府官员通过命令的形式使下级官员学习贯彻新的发展理念、思路、政策经验。后者则是即便在没有命令式政策创新手段的前提下，下级政府官员也会在个人仕途晋升的过程中激发内在动力进行政策创新。这种政策创新机制在经济发达县域尤为普遍，其官员在发展过程中尤其注重政策创新。由于最先取得成功的经验模式会得到上级领导的关注和重视，在这种情况下，各地县域政府之间必定会激起政策创新的热潮，根据自身资源、经济结构进行发展模式的创新和探索。并且由于中央给予的政策宽松，发达县域官员有更多的机会与条件进行政策创新，县域核心行动者也可通过政策创新的成功而取得晋升的筹码。

事实上，任何改革都具有一定风险，要求每项改革举措都只能成功、不许出错、不许失败，本身就不符合社会发展规律。② 特别是改革开放行

---

① 朱立言、刘兰华：《服务型政府建设对公务员心理契约的影响及重构途径》，《行政论坛》2010 年第 4 期。
② 陈朋：《推动容错与问责合力并举》，《红旗文稿》2017 年第 14 期。

至今天已经进入深水区，剩下的都是"难啃的硬骨头"，每前进一步都需要很大的胆量，更需要给予县域治理容错空间，包容核心行动者的"合理性"错误。当然，这种合理性错误显然是以公共利益为依归，遵循现行公共决策程序，只是新旧制度之间存在"非耦合性"① 的调适障碍或遭遇突发的意外情境，无法完全实现预期制度效能，甚至产生负效能的情况。那种以制度变革为旗号，以个人利益为宗旨引发的错误不在"合理性"错误的范围，因而无法包容。从现实情况来看，确实存在部分地方政府核心行动者囿于个体利益或部门利益，在地方治理政策变革中抽取利己的倾向性决策信息，"不对政策的目标、后果、成本收益以及各种可能的方案进行充分深入的研究论证，搞暗箱操作，甚至对其他正确的意见、建议进行压制和封锁，导致一些制度安排不能达到应有的效果，甚至偏离公共利益的目标，给社会带来不良的后果"。② 因此，包容须有限度，主观故意和明为公利、实为私利的错误不在包容之列。

目前，包容制度陆续在各地出台。在法治化进程加快与问责制实施的背景下，地方政府核心行动者如没有"试错免责"的授权，就会"不求有功，但求无过，既不让位，也不作为"。部分学者片面强调法治与问责，认为包容制度的实施既是法治化进程的倒退，又与责任政府建设背道而驰。事实上，这种认知判断无法化解现实问题，更何况"既不让位，也不作为"的地方政府核心行动者行动策略更是对法治精神和责任精神的背离。另外，包容制度虽在法治化进程中赋予了地方政府核心行动者一定的"试错免责"权利，却反而使地方政府核心行动者丧失了改革开放初期"人治"色彩明显的"错误无责"特权，形成了对地方政府核心行动者政策试验的有效规引。

结合国内对包容制度的探索与学界的研究成果，本书对优化包容制度提出以下建议。首先，完善容错纠错的法律法规建设，构建系统完整、科学有效的法律法规体系，由国家出台统一、规范的包容制度，各级地方政府再因地制宜，进行细化与补充，规范制度运行流程。其次，推动容错理

---

① 制度体系中不同制度间形成互动支持的耦合关系时，制度体系的应有功能才能得到发挥。新旧制度之间由于在价值导向上就存在非耦合性，引致新旧制度作用方式和过程的差异性，进而导致结果冲突。

② 谢志岿：《外部约束、主观有限理性与地方行政改革的制度供给》，《经济社会体制比较》2011年第2期。

念进入政府官员人事制度中，搭建与其他相关配套制度的协同平台，组合协同要素，形成科学合理的政策群。例如，通过将容错理念与官员选拔任用制度结合增强官员的创新动力；将容错理念融入官员问责制度，形成包容制度与问责制度的双向织补，保护官员不受到错误问责。最后，适当提高公民参与度，引导树立包容制度的公信力，营造容错环境。

三 完善监督制度

既要给予地方政府核心行动者相应的行动空间，包容其"合理性"错误，又要通过监督制度对地方政府核心行动者可能的治理动力衰竭与行为偏差进行有效规约。目前的监督体系存在严重结构偏差：内部监督为主、外部监督不足，这种结构偏差也直接导致监督体系的效能低下。通过实证分析发现，省巡视组检查出的腐败金额偏低，而中央巡视组则相反。在5%显著水平的情况下，巡视组的级别对能否检查出官员的真实腐败情况的影响十分显著。将各落马方式对应腐败金额的平均值进行比较，可见中央巡视组查处力度更大，清扫更彻底，但以中央巡视组为代表的上级政府在难以获取县域治理的真实信息或者说在信息获取量巨大的情况下，会主动放弃监督，进入"理性无知"状态。更何况，横向监督因为直接的权力从属关系和紧密的利益关联，更流于形式，甚至是监督主体主动掩饰监督客体的不当行为。从外部监督来看，一方面，因为社会主体的散沙状结构，难以形成有监督能力的集体行动；另一方面，地方政府核心行动者也可通过信息控制形成外部主体监督的障碍，使其无法监督。更何况，社会主体监督意识的淡薄使其不想监督，封建文化的延续（如官字两张口，害怕打击报复等）使其不敢监督。

因此，首先要完善原有监督制度，提升其运作效能。譬如，增强上层政府的监督意愿与能力，建构灵敏的监督机制和严厉的惩罚机制，让地方政府核心行动者形成明确的错误受惩预期，自觉杜绝不当行为或主动修正不当行为。目前，我国正处于改革关键期，更应大力深化简政放权进程、最大限度释放改革红利，将"法无授权不可为"的理念根植于官员心中，厘清官商界限，明晰政府与市场的边界。"制度为一个共同体所共有，并总是依靠某种惩罚而得以贯彻。没有惩罚的制度是无用的。只有运用惩罚才能使个人的行为变得较可预见。带有惩罚的规则创立起一定程度的秩序，将人类的行为导入可合理预期的轨道。"①

其次，要特别提升横向监督中人大和政协的作用，通过完善相应参政议政程序强化对地方政府核心行动者的问责监督。另外，突出中央巡视组及纪委监督，强化群众监督。党的二十大报告明确指出："发挥政治巡视利剑作用，加强巡视整改和成果运用。"② 党的十八大以来，巡视工作的理论和实践深入发展，取得了明显成效，特别是《中国共产党巡视工作条例》的出台，对于强化巡视工作效用、推进巡视监督常态化意义重大。③ 根据数据分析可知，在众多落马方式中，中央巡视组与纪委的监督效果最好，省巡视组则偏理想化，其监督效能还有很大提升空间。中央巡视组查处腐败的效果虽好，但相较其较长的巡视周期及烦琐的巡视过程，群众举报这一途径显得"性价比"更高，因此，要密切联系群众，让人民群众成为政府官员的一面"镜子"。同时，要突出纪委监督的作用。一方面，省纪委要加强对县域领导班子的监督，了解县域工作实际，采取多种方式深化监督实效。另一方面，县纪委虽属县委书记领导，但也因此更接近领导班子，也更能深入群众，所以一是要切实发挥好县纪委的监督作用，保证纪委监督权能高效、严肃地行使；二是要强化上下级领导体制，落实好报告、约谈等制度，减少同级党委对纪委查办案件的不当干预。另外，也可建立分类预测模型，在只知道官员特征数据的情况下，以较大概率来预测其腐败情况，对于腐败防治极具意义。

最后，要培育整个社会的监督文化，使社会主体"想监督""敢监督"。同时，要实现政务公开，合理界定权力，主动晒权。应大力优化不同职能、层级和环节间的权力配置，落实好放权建设，规约好权限的使用范围，强化内部控制，特别是要规制好官商边界，完善公示制度建设，减少暗箱操作。党的二十大报告明确指出："完善权力监督制约机制，以党内监督为主导，促进各类监督贯通协调，让权力在阳光下运行。"④ 对县领

---

① 〔德〕柯武刚、史漫飞：《制度经济学：社会秩序与公共政策》，韩朝华译，商务印书馆，2000，第32页。
② 习近平：《高举中国特色社会主义伟大旗帜　为全面建设社会主义现代化国家而团结奋斗——在中国共产党第二十次全国代表大会上的报告》，《人民日报》2022年10月26日，第1版。
③ 乔德福：《省部级一把手腐败特点、趋势和风险防控机制创新——基于改革开放以来54例省部级一把手腐败案调查思考》，《理论与改革》2014年第3期。
④ 习近平：《高举中国特色社会主义伟大旗帜　为全面建设社会主义现代化国家而团结奋斗——在中国共产党第二十次全国代表大会上的报告》，《人民日报》2022年10月26日，第1版。

导班子多进行异地调任而非本地升迁，这对于突破当地权力圈子、畅通权力流通意义重大。政府应主动把权力"晒"出来，改进权力运行过程中存在的透明度低、权责不对等的问题，压缩权力寻租及腐败空间，对腐败实行釜底抽薪。

本章小结

核心行动者的动力衰竭导致政策的象征性与变通执行，使原有政策的治理效能难以发挥；政治生态衰退与权力制约不足也为核心行动者的行为异化提供助力。在政府官员心理契约破裂的背景下，县域核心行动者的动力衰竭与行为异化不可遏制。本书利用收集到的近20年来150个县域核心行动者的落马数据，建立腐败官员数据库，进行整体描述性分析和回归性分析，并通过描述性分析得出核心行动者在人口统计学因素、任职相关因素、腐败相关因素方面的整体特征和框架。基于数据分析结论，将行动者的动态视角与宏观制度的静态因素相结合，深入剖析官员行为异化的原因，并将其归结为选拔晋升机制不健全、忽视家风建设、规避监督风险、思想异化及再提高意识薄弱。基于此，本书对县域核心行动者行为异化的矫正路径进行了探索，并提出引导性对策。当前中国，要维系与提升县域治理体制效能，需核心行动者发挥主观能动性，积极推动制度创新，强化制度支撑，从激励制度、包容制度和监督制度三个方面对制度体系进行塑造、优化，从而完善制度环境，引导行动者与制度实现良性交互。

结论与讨论：
县域核心行动者
——拔擢、激励、行动与规约

古语云："贤良之士众，则国家之治厚；贤良之士寡，则国家之治薄。"[①] 作为中国现代国家构建框架中最全面的微观单位，县是国家上层与地方基层、中央领导与地方治理、权力运作与权力监控的"接点"部位[②]，其治理改革将是中国改革新的突破口。而处于县级政权结构顶端的核心行动者拥有很大的自主决策权，形成了较大的自由行动空间。这种空间源于高度组织化国家内的社会结构低度整合所形成的基层治理问题，需要地方政府官员拥有较大自由裁量空间，来实现对治理压力的应急性反应和基于权重排序的选择性治理。因此，需要聚焦作为县域治理"关键少数"的核心行动者，在其拔擢、激励、行动和规约上给予充足的学理探讨和实践观察。

一 拔擢："因地制宜"的选拔标准

以诺斯为代表的新制度经济学家曾认为，要素相对价格的变化引致的获利机会是促成制度局中人推动制度变迁的核心动力元素。然而，诺斯晚期的研究意识到，相对价格的变化必须通过参与人事先存在的感知来进行过滤，认为参与人的感知与意识在制度变迁过程中处于核心的位置（制度变迁的精神驱动）。[③] 这种研究结论差异实质上表明了制度变迁动力结构的变化：从收益驱动转向精神驱动。以诺斯、青木昌彦和鲍尔斯为代表的制

[①] 墨翟：《墨子·尚贤上》，付海江主编，西安交通大学出版社，2014，第28页。
[②] 徐勇：《"接点政治"：农村群体性事件的县域分析——一个分析框架及以若干个案为例》，《华中师范大学学报》（人文社会科学版）2009年第6期。
[③] 王缓、贾生华：《中国集体土地制度变迁与新一轮土地制度改革》，《江苏社会科学》2011年第2期。

度认知主义理论强调，制度变迁本质上是在行动人之间基于认知行为而产生的互动关系中逐步演化的，在这个过程中意识、信念起着核心的作用。行动人对外部环境的多样化感知是产生不同的制度变革路径的关键原因。[①]显然，相比一般制度局中人或者参与者，对制度变迁拥有诠释力和主导力的地方政府核心行动者的认知状况对制度变迁启动与否、走向如何影响巨大。

习近平总书记指出："光有思路和部署，没有优秀的人来干，那也难以成事。"[②] 现代化社会发展与知识革命进步助推政治、经济和社会生活知识的结构性变革，县域治理党政首长若想发挥核心行动者功能，需具备匹配国家战略意图和县域治理情境的综合知识体系和践行能力。因此，如何选拔适宜之人出任县域治理核心行动者，是保证县域治理效能的基础与根本。与西方世界的竞选角逐不同，我国地方官员的选拔多以委任制进行。作为两种存在明显差异的官员评价与选拔机制，竞选制与委任制对官员角色和行为的塑造过程与作用结果均存在明显差别。在竞选体制的规引下，政治家和政府官员必须获取相应选票，才能赢得竞选胜利，掌握制度决策权力。这种制度决策权力及具体行为取向在很大程度上受到选民意愿的形塑甚至是掣肘，导致制度供给不足、议而不决、决策成本高昂等问题。相比竞选制，在委任制的条件下，政治家及政府官员的评价主体主要是有组织人事决定权的上级领导（部门）。结合中国的政治场域，这种委任制表现为封闭式的政治锦标赛体制，即政府官员的晋升竞赛是一种以上级政府（主要是上级政府的主要领导）为评价主体，以可测度指标（主要是经济指标）为竞赛项目的强激励形式。从纵向权力关系来看，1978年以来的中国改革主要以经济分权为先导或者主体，且伴随经济分权而来的是中央政府将经济、社会和政治的一系列任务下放给地方政府。"分散的财政体制和经济管理事务的下放赋予了地方政府较大自主权。地方政府可以在多个任务之间进行权衡，并有所侧重。"[③] 但央地政府间的信息不对称（甚至地方政府有意控制信息流出，人为增加中央政府信息获取成本）以及多任务间

[①] 徐美银、钱忠好：《农民认知与我国农地制度变迁研究》，《社会科学》2008年第5期。
[②] 习近平：《贯彻落实新时代党的组织路线 不断把党建设得更加坚强有力》，《共产党人》2020年第15期。
[③] 王赛德、潘瑞姣：《中国式分权与政府机构垂直化管理——一个基于任务冲突的多任务委托–代理框架》，《世界经济文汇》2010年第1期。

的内在冲突性（财税资源稀缺条件下），形成了央地政府间多任务委托－代理关系及引致了一系列激励扭曲问题，即地方政府囿于自身利益最大化视角，偏离中央政府的政策目标。"虽然地方政府承担的任务是多重的，但在中国式分权体制下，在晋升激励下，地方政府官员存在非常强的单纯追求任期内或短期经济增长的倾向。"① 同时，由于中国行政结构的趋同性形成了较强的可比性，即省与省、地市与地市、县与县、部门与部门比。而且，"在竞赛平台上，有时并没有明确的测评指标，更加鼓励地方官员在大政策背景下，比创新、比解决新旧问题的能力、比分忧解困的思路"。②

不可否认，相比其他制度体系，封闭式的委任制和强激励的政治锦标赛对地方政府核心行动者行为模式塑造拥有强大的规引作用。毕竟，对县域核心行动者而言，晋升机会是所有资源中最为稀缺的，而且一旦在晋升竞争中落败，就意味着荣誉、薪酬、福利等收益难以获取合法增量。当然，在多任务委托－代理模式下，上级政府给定的目标是多维的和多任务的，且上级政府缺乏有效激励机制，即无法设计出或者根本就没有显性可测度指标来评判官员的晋升，而只能以一种主观的甚至是相对模糊的评价指标来决定。在这种主观随意的晋升评估体制下，县域核心行动者如果丧失晋升机会（有时是自我评价与上级政府评价的差异），就可能引发其心理契约破裂，进而导致治理动力衰竭和行为变化。因此，封闭式的委任制和强激励的政治锦标赛"虽然带来努力扭曲、政绩工程等问题，但至少换来了相当水平的经济增长，这比弱激励下的政府不作为、偷懒甚至腐败要好"。③

"知识革命所导致的政治生活知识化决定了任何政治行为如果缺乏充分的知识作为基础性力量，势必导致政治行为的效果与初衷相违背。"④ 县域核心行动者作为治理场域内的关键人物，是党和国家治国理政的骨干力量，在推进改革发展和国家建设中担负着重要责任、发挥着关键作用。县

---

① 王赛德、潘瑞姣：《中国式分权与政府机构垂直化管理——一个基于任务冲突的多任务委托－代理框架》，《世界经济文汇》2010年第1期。
② 李永刚：《多重比大小：地方官员的隐蔽治理逻辑》，《经济社会体制比较》2009年第2期。
③ 周黎安：《转型中的地方政府——官员激励与治理》，格致出版社、上海人民出版社，2008，第101页。
④ 洋龙、韩旭：《知识政治：迈向21世纪的中国政治学应当研究的一个问题》，《政治学研究》1998年第4期。

域核心行动者在县域治理中要发挥作用,"必须具有丰富的知识、强烈的参与意识和参与能力"。[①] 而且,县域核心行动者的政治行为也离不开知识的规引。因为从具体知识结构来看,县域治理涉及经济、政治和社会三个系统,具备相应知识是县域核心行动者作为地方政府核心行动者行为合理性的基本要素。具体来说,在经济全球化的时代背景下,现代经济管理知识是地方政府核心行动者应有的;在政治体制改革逐步加速的现实背景下,如何较好发挥县域治理效能,掌握县域治理的科学脉络,是考验地方政府核心行动者政治智慧的重要命题;在转型社会,利益分化形成,而在公平利益交换机制缺乏的前提条件下,如何化解县域治理过程中不同主体间的利益冲突,是地方政府核心行动者必须面对的现实难题。如果地方政府核心行动者缺乏上述对应知识结构,无效甚至低效的治理行为就会产生,从而衍生出治理困境。

现实经验证明,地方官员的个体特征分化显著,不同的教育背景、任职经历和执政偏好会形成不同的政策选择,导致不同的治理结果。例如,实证分析证明,就县委书记的教育经历来说,相比普通本科学历的县委书记,硕士研究生及以上学历的县委书记更倾向于采用积极型经济政策,并且这种差异十分显著。同时,回归分析结果验证了,毕业专业对县委书记经济政策选择的影响是显著的,如法学毕业的县委书记相比于经济学毕业的县委书记更倾向于采用温和的保守型经济政策,并且这种差异是明显的。关于经济特区核心行动者的相关分析也侧面验证了对县域核心行动者的分析结果,经济特区核心行动者学历特征与经济增长的多元回归分析结果通过了显著性检验,说明经济特区核心行动者的学历与该区域经济增长正相关。同时,长效稳定的政策导向也是实现县域高效发展的必要条件,频繁变更的政策导向极易扰乱微观发展秩序、偏离宏观发展趋势、阻碍区域健康发展。因此,需要保证县域核心行动者有合适的任职时长,以确保县域治理政策在一定时间内的连续性与可行性。实证分析证明,县域核心行动者组合搭配时长与治理效能正相关,一套县域领导班子的经济绩效一般为"先升后降"型,其峰值将在领导班子组成的 5 年前后达到,在此年限内,县委书记与县长的搭配组合时间越长,其治理效能的正向效应越

[①] 洋龙、韩旭:《知识政治:迈向 21 世纪的中国政治学应当研究的一个问题》,《政治学研究》1998 年第 4 期。

大。因此，需要依县域发展的实际现状与未来需要，以更加灵活适宜的选拔标准挑选与治理实际相符的党、政首长，实现人与制度的有效结合，进而实现县域的科学有序发展。需要注意的是，实证分析显示，异地任职对辖区经济绩效提升的影响有待商榷，但对预防官员腐败具有相对明显的作用。因此，对于官员的异地任职，需要结合治理场域现实进行官员选拔。

二　激励：“多维一体”的激励机制

从学理和现实的双重逻辑来看，县域治理过程中出现的政府治理的典型问题，如治理体制僵化、体制效能衰退、变革路径偏差和治理操作失当等，其生成、演进及结果均与县域核心行动者的行动理念、行动策略与行动结果密切相关。从政治社会学角度来看，"政治不是简单的权力与制度及其运行，而是人与制度的不断互动所构成的政治生活，……这决定了把握权力与制度固然重要，但是认识与把握生动的现实政治生活更为重要"。[1] 另外，制度结构虽然塑造着改革，但"结构最终离不开行动者的诠释，诠释能力的高低直接决定着改革的不同结果"。[2] 新制度主义也观察到，"核心人物"对制度变化与制度绩效的影响作用，"上层决策者的利益是影响制度变化的一个重要因素，他们成本与收益核算的结果往往决定制度变迁走向"。[3] 因此，可以说制度的实施过程、方向与运行绩效均是核心行动者"精心设计的改变博弈形式的产物"。[4] 从政府纵向权力配置结构来看，中央政府和省级政府往往侧重对县域共性治理理念、功能结构和体制系统的梳理和模式选取，并通过纵向权力运作加以推广。而各县域核心行动者更侧重于对县域治理理念、功能结构和体制系统的认知及相应政策的执行。县域核心行动者的治理行为实际组成了县域治理过程，或者说县域治理可直接从县域核心行动者的治理行为中找寻路线图。

---

[1] 〔美〕安东尼·奥罗姆：《政治社会学导论》，张华青等译，上海世纪出版集团，2006，第3页。

[2] 这里的行动者包括组织与组织成员两个部分，与研究的地方政府核心行动者有一定差异。参见 Zhichang Zhu, "Reform Without a Theory: Why Does It Work in China?"，转引自刘培伟《基于中央选择性控制的试验——中国改革"实践"机制的一种新解释》，《开放时代》2010年第4期。

[3] 〔美〕V. 奥斯特罗姆、D. 菲尼、H. 皮希特：《制度分析与发展的反思——问题与抉择》，王诚等译，商务印书馆，2001，第152页。

[4] 〔日〕青木昌彦：《比较制度分析》，周黎安译，上海远东出版社，2001，第205页。

从现代管理学理论来看，愿景是人心理需求的直接反映。应基于人本理念构筑有效的纵横向沟通平台与运作机制，在政府组织与县域核心行动者之间形成共同的愿景。共同愿景是"团体中成员都真心追求的愿景，它反映出个人的愿景"①，个人愿景的汇总与共性提取就组成组织与成员的共同愿景。这里的共同愿景是指政府组织与县域核心行动者形成共同认可和向往的愿望和景象，这种愿望和景象指引着县域核心行动者的行动理念和行动策略生成，并最终影响其行动绩效。当然，共同愿景"并不是僵化的，它是一个逐渐融汇开阔壮大的过程"，组织必须允许多样的愿景的共存，并通过多种渠道聆听这些愿景，从而能够找寻到超越和统合所有个人愿景的正确途径。② 通过动态的共同愿景建构与管理使政府组织形成一种内在的张力，唤起县域核心行动者的使命感和奉献精神。另外，愿景建构与管理也有助于形成有效的心理契约预警，对县域核心行动者的心理变动进行动态监测，致力于发现与弥合萌芽状态的心理契约破裂，实现早发现、早化解。

利益作为县域核心行动者的行动内驱，对其行为选择产生了重要影响，对利益结构的解构分析是研判其行为选择的基本路径。从利益结构看，县域核心行动者具有三种利益指向：公共人视角下的公共利益、系统维持视角下的政治升迁收益和经济人视角下的个体经济收益。具体来说，其一，县域核心行动者作为公共人，自然应该维护公共利益，但公共利益的整体与局部、长远与眼前的复杂划分，既模糊了县域核心行动者的行动方向，又赋予了县域核心行动者巨大的行动自由。县域核心行动者可依据公共利益的不同视角，在复杂现实环境中抽取对己有利的信息，形成与公共利益指向相同但偏好差异较大的治理政策。其二，政治升迁是县域核心行动者利益结构的重要组成部分，要获取政治升迁就必须遵循现存的政治升迁程序，并调适自身行为实现对政治系统的维持。相对封闭的委任制是现存的基本政治升迁程序，即"官员的晋升主要是由有委任权的组织和机构成员决定，而不是由所属的民众决定"。③ 在晋升收益内驱与委任制约束

---

① 〔美〕彼得·圣吉：《第五项修炼》，张成林译，上海三联出版社，1994，第241页。
② 〔美〕彼得·圣吉：《第五项修炼》，张成林译，上海三联出版社，1994，第251页。
③ 谢志岿：《外部约束、主观有限理性与地方行政改革的制度供给》，《经济社会体制比较》2011年第2期。

条件下，县域核心行动者的治理行为就可能存在"公共性"不足、短期机会主义等问题，引发县域治理困境。其三，县域治理场域中的党、政核心行动者也是社会人，自然会追求自身效用的最大化，往往在县域治理决策与治理过程中注入个体效用的考量因子。当然，合理的个人利益应该得到尊重和保护，政府组织本身亦存在公利与私利之分。否定县域核心行动者的私利动机，单纯强调公利至上的想法既缺乏理论解释力，又缺乏现实行动力。正如美国公共选择理论家丹尼斯·缪勒所说："公共选择的基本行为假定是：人是一个自私的、理性的、效用最大化者。"[①] 县域核心行动者的上述三种利益自然无法完全重合，其利益交集决定了县域核心行动者的行为策略选择。在县域治理上，县域核心行动者在公共利益、政治升迁收益和个体经济收益上均存在基于时间与地点的收益预期，一旦县域治理政策走向与治理结果不能与县域核心行动者的收益预期相契合，就极易出现县域核心行动者心理契约的破裂与违背，县域核心行动者就可能丧失治理动力，变更治理行为，低效甚至无效的县域治理行为输出就变得合乎逻辑，这必然促成县域治理困境的生成与恶化。

县域内的地方政府核心行动者通常在县域治理中寄托对理想的向往和对利益的追求。因此，应实现理念塑造与利益引导的融合。譬如，通过对县域核心行动者职业生涯的合理规划，实现长效激励与短效激励的良性统一，既激发县域核心行动者的使命感和成就感，又形成相应的安全感和满足感，从而有效防范心理契约破裂与违背（如59岁现象）。当然，对县域核心行动者的心理关注与关怀，切忌矫枉过正，不能一味迁就其心理与利益需求，而忽视政府的公利性本质。

由上可见，身处县域公共治理的核心位置，县域核心行动者个人利益对其行为导向有重要影响。伴随着我国地方政府越发凸显的个人特征和主观性色彩，地方政府官员在决策和施政向路上的个体倾向逐渐明晰。有学者曾从经验分析的视角验证了官员个人政治晋升与辖区经济绩效之间的显著关系，但也有学者从理论的层面对此提出了质疑，并且得到了相关数据的支持。而通过研究发现，这样多元化的研究结论是由地方官员的多样性造成的，因为在中国地方官员的遴选和选派具有不同的目的和特定的情

---

① 〔英〕丹尼斯·缪勒：《公共选择》，张军译，上海三联书店，1993，第1页。

况，例如与本地直接晋升的官员相比，上级政府派任的官员往往具有特定的任务和目标，这些任务和目标可能是经济性的，也可能是政治性的、社会性的，如果按照统一的激励体制评判这些行政官员，可能并不够全面和客观，也无法达到预期效果。因此，应当确立权力、物质、精神等多要素融为一体的激励机制，保障核心行动者多维合理的个人利益诉求，维护心理契约的延续，保证县域治理效力的有效发挥。

三 行动："动静相宜"的治理模式

在整体性国家治理中调适同一性和差异性，实现有效治理，需要给予地方官员一定的行动空间，形成多样局域治理行为来匹配差异治理情境。改革开放以来，纵向权力分工促成了以县域为主要空间载体的地方政府利益和功能的塑造，地方政府日益成为地方利益的代表人和运营者。同时，中央选择性控制下的压力型体制，匹配官员晋升的政治锦标赛模式，促成了地方利益和核心行动者利益在特定空间、具体时点和治理内容上的匹配性契合。这种匹配性契合对地方政府核心行动者的行动形成了强有力的规约，使项目制、科层再造、运动式治理等成为地方治理时常出现的行为选择。另外，县域作为当前中国最为全面的基层单位，是国家意志与国家政策能否"落地生根"的关键所在。县域核心行动者则是国家意志与国家政策落地的重要推手。基于此，县域核心行动者有意愿和动机摆脱科层制对其意图的迟钝反应，热衷依托自选治理动作来获取"政绩"。

本书结合"百强县"统计数据以及发达县域典型案例的研究样本，以县域核心行动者的治理动机为切入点，分析县域核心行动者行动模式的深层逻辑，通过对其行为选择进行拆解，挖掘县级政府的行动策略，解析核心行动者在完成政治任务或应对紧急事件背后为了政治动员、整合资源和层级协同而推行的若干举措，继而进行整体讨论。基于行动者行动原因、行动意图和行动策略的分析链条来剖析县域核心行动者背后的行动逻辑，归纳县域核心行动者的治理取向和治理逻辑，分析县域核心行动者行动策略与政府治理间的逻辑关系，厘清县域核心行动者在行动策略上的选择"偏好"，可以预见容纳式治理将是地方治理的主要图式，成为地方治理现代化的基本图景。

首先，官员行动策略与政府治理失败不存在简单因果线性关系。以运动式治理为切入点，对县域核心行动者的行为选择与治理失败间的关联关系进行分析可知，官员行动策略与政府治理失败之间不存在简单因果线性关系。当前的部分研究将以运动式治理为代表的官员行为选择作为治理弊端加以抵制，无法清晰地认识到运动式治理与常规治理皆是政府治理工具，而治理工具的作用则是辅助政府治理，提高政府治理效能。作为治理工具的常规治理、官员自选治理动作同质性研究与量化研究类似，一个研究工具本身自带优缺点，但并无优劣之分，更无完美无缺、普适性的治理工具，选择其一则就不可避免地会看到其缺点，这是无可非议的。从根本上讲，如政府治理失败，则不能片面地去质问和怀疑项目制的存在价值。不能将政府治理失败与治理工具进行简单的因果关系嫁接，忽视具体治理理念、过程、资源和主体等原因变量，更应该关注的是使用工具的"人"的因素，特别是核心行动者对治理目标的主体回应是否合理、有效。

其次，力图打破现有政治秩序、以实现政绩"弯道超车"为终极目标的科层再造不可避免会产生"副产品"。这种"副产品"集中表现为治理权力的变相扩张和以运动修补运动的循环悖论。科层再造过程呈现短时间内的资源集中，匹配领导小组、指挥部与工作专班等组织架构，同时选拔与核心行动者秉持一致行动理念的各级干部，赋予较大自由裁量空间，这相当于临时性简化权力运行程序，同时贯通执行节点，进而扩张权力边界。更何况，临时性机构有可能长期存在，变相成为常设机构。科尔奈曾言，每种体制在修正体制内部弊端之时，在无法彻底消除此体制产生的负面影响之时，还会产生自我复制倾向。[1] 科层再造与相关"节点"干部有目的的任免间断常规操作，短期内实现权力集中和资源汇聚，成为基层政府缓解压力的"特效药"，使其自身不断获得"出场"的"正当性"，形成用运动修补运动的循环。并且，核心行动者在科层再造所形塑的环境中，也会生成一定程度的"规则虚无主义"，追求过分简约化的决策和执行。

基于此，可以预见常规与运动式有机结合的容纳式治理将是地方治理的基本图式。不同治理模式并非泾渭分明，常规治理稳定性强，但存在体制性迟钝，科层体制对核心行动者施政意图的响应不足，也难以促成有效

---

[1] 倪星、原超：《地方政府的运动式治理是如何走向"常规化"的？——基于S市市监局"清无"专项行动的分析》，《公共行政评论》2014年第2期。

动员。项目制、运动式治理、科层再造等作为核心行动者理性选择的结果，可使县域核心行动者通过高强度政治动员塑造部分超越科层的部门，促成内部成员的协作，从而有效整合资源，缓解短期治理压力。同时，项目制、运动式治理、科层再造等官员自选治理动作还变相扩展了试错空间，进而能够基于有效试验生成新举措，融入常规治理的行动方案，成为常态工作和机制。另外，在应对突发公共事件层面，项目制、运动式治理等较多呈现事后弥补的色彩，但考虑到在风险社会背景下，突发公共事件本身的不确定性，项目制、运动式治理等依然有较强的应用价值。从某种意义上讲，项目制、运动式治理等推动着常规治理理念、内容和模式的改革，是县域核心行动者对压力型体制的被动回应，是对政治锦标赛模式的主动参与，以期缓解治理压力，获得上级的"稀缺"注意力。常规治理与项目制、运动式治理、科层再造等官员自选治理动作作为政府治理工具在国家治理过程中同等重要。单纯摒弃运动式治理的思维不仅无济于事，甚至会变相阻碍社会发展。

新时代背景下，国家治理体系和治理能力的现代化遵循明显的国家逻辑，那么地方治理体系和治理能力现代化也遵循一定的地方逻辑，这种地方逻辑又较显著地打上了核心行动者的个人色彩。重新审视当前地方治理任务，多是具备政治色彩的常规与非常规交织的治理任务，仅是基于单向度常规治理来解决将无法奏效，反而会累积治理困境和压力，最终选择"一刀切"的极端式治理方式，带来对常态治理的更大冲击和更高昂的治理成本。因此，兼具常规治理提供内在规范、运动式治理提供外在动力特点的容纳式治理将是地方治理的基本图式。重新审视当前国家治理任务，多是超常规、高难度、高协同性的政治任务，仅是基于单向度常规治理来解决复杂的社会公共事务，效果甚微，也会加剧政府治理思维上的狭隘性。

在现阶段及可预见的较长时期内，基于项目制的运动式治理和持续性政治动员仍将是县域核心行动者的基本选择和偏好。根本原因在于，其衍生和触发条件的中长期存续。首先，国家治理任务逐年递增的繁重性和复杂性与治理工具欠缺性之间的矛盾仍然持续存在；其次，中国仍是世界上最大的发展中国家，仍处于社会主义初级阶段不改变并可能长期不变的事实，使国家在改革开放道路上仍需不断努力，这就使运动式治理、项目制、科层再造等仍是国家推行高强度治理的首要工具，仍然需要"调动一切积极因素"，以"集中力量办大事"的方式向前发展；最后，在科层官僚制维持以及政治统治逻辑存续的前提下，政治锦标赛将会一直存在，晋升始终是县域核心行动者行动的最大动力，综合考核内容如不改变，官员将会持续偏爱自选治理动作。因此，未来，要强调高度法治精神，以制度化调控作为主体，实行容纳式治理，常规组织化吸纳自选动作部分举措，形成以政党执政为中心，政府积极配合行政、多元主体参政议政，社会各界加强监管的良性治理格局，共促项目制、运动式治理、科层再造等官员自选治理动作顺利转化为长效机制以助力县域政府高效治理。

四 规约："内外兼修"的规约方法

基于决策、执行与监督的结构区分，可将腐败现象分为决策腐败、执行腐败和监督腐败三种类型，且决策腐败被视为派生其他腐败行为的"腐败之母"[1]；而权力的"双刃"属性[2]又引起了权力腐败作为腐败行为终极阐释的讨论。[3] 无论决策腐败还是权力腐败，其背后逻辑起点皆在于行政自由裁量权的失控与失序。政治承包制为县域核心行动者创造了体制范围内的行动自由，在县域政府肩负保障国家政策"落地生根"任务的重要前提下，县域核心行动者的行为选择将直接影响县域治理的效能走向。因此，既要为县域核心行动者提供相应的行动空间，保障其行动自由，实现对县域的有效治理，化解县域治理的可能困境；又要动态观察县域核心行动者的心理契约变化，规制其行动自由，防范缺乏有效约束和监督的自由诱发县域核心行动者心理契约的变化、破裂与违背，进而导致治理动力的衰竭和行为的偏差。

---

[1] 陈国权、周盛：《决策腐败及其基于决策过程控制的治理》，《浙江大学学报》（人文社会科学版）2012年第2期。

[2] 刘金国指出："权力一方面可以使国泰民安、国富民强，公民自然会因此而信赖权力，依仗权力，拥护权力；另一方面它可以祸国殃民，令国不泰民不安，公民无疑会因此而怀疑权力，畏惧权力，痛恨权力。"而权力的"双刃"属性，则"使权力处在两难境地"。详见刘金国《权力腐败的法理透析》，《法学杂志》2012年第2期。

[3] 相关代表性文献如下：赵洪泽、王京雷以权力腐败为腐败的集中表现论述了腐败的新动向及其防治（详见赵洪泽、王京雷《腐败的新动向及其防治》，《中州学刊》2012年第1期）；而刘金国则以权力腐败为域境，对权力腐败的界定、性质特征和法律属性展开了讨论（详见刘金国《权力腐败的法理透析》，《法学杂志》2012年第2期）。

首先，明晰权力边界，规约行动空间。权力是腐败的重要土壤，而"只要存在腐败问题产生的土壤和条件，反腐败斗争就一刻不能停，必须永远吹冲锋号"。① 对相关县域落马官员进行分析可以发现：经济性腐败中，参与企业经营、插手项目审批等为腐败的多发形式，几乎所有官员都涉及此类问题，这源于权力过分集中在核心行动者手中，他人难以实现有效制衡。因此，需大力优化不同职能、层级和环节间的权力配置，落实好放权建设，规约好权限的使用范围，强化内部控制，特别是要规制好官商边界，完善公示制度建设，减少暗箱操作。党的二十大报告明确指出："完善权力监督制约机制，以党内监督为主导，促进各类监督贯通协调，让权力在阳光下运行。"② 同时，根据分析可知，异地升迁对腐败县委书记的影响是较为明显的。从降低腐败官员腐败程度的角度来看，本地升迁县委书记的腐败情况要远远严重于"空降"县委书记，故建议对县领导班子多进行异地调任而非本地升迁，这对于突破当地权力圈子、畅通权力流通意义重大。目前，我国正处于改革关键期，更应大力深化简政放权进程、最大限度释放改革红利，将"法无授权不可为"的理念根植于官员心中，厘清官商界限，明晰政府与市场的边界；政府应主动把权力"晒"出来，清除权力运行过程中存在的透明度低、权责不对等的现象，压缩权力寻租及腐败空间，以此釜底抽薪。

其次，强化教育引导，提升拒腐素质。党的二十大报告明确指出："加强新时代廉洁文化建设，教育引导广大党员、干部增强不想腐的自觉，清清白白做人、干干净净做事，使严厉惩治、规范权力、教育引导紧密结合、协调联动，不断取得更多制度性成果和更大治理效能。"③ 根据数据分析，很多腐败官员并非一上任就腐败，如"空降"县委书记初入职时一般作风正派，行事相对谨慎，收礼等腐败行为相对较少。"空降"县委书记从踏上工作岗位到初次腐败的平均时间跨度较长，若在此期间形成良好的从政习惯，腐败的可能性会随着任期增长而逐渐降低，而对在任职地升迁

---

① 习近平：《高举中国特色社会主义伟大旗帜 为全面建设社会主义现代化国家而团结奋斗——在中国共产党第二十次全国代表大会上的报告》，《人民日报》2022 年 10 月 26 日，第 1 版。
② 习近平：《高举中国特色社会主义伟大旗帜 为全面建设社会主义现代化国家而团结奋斗——在中国共产党第二十次全国代表大会上的报告》，《人民日报》2022 年 10 月 26 日，第 1 版。
③ 习近平：《高举中国特色社会主义伟大旗帜 为全面建设社会主义现代化国家而团结奋斗——在中国共产党第二十次全国代表大会上的报告》，《人民日报》2022 年 10 月 26 日，第 1 版。

的县委书记的分析结论正好相反。从腐败官员的学历来看，很多官员都通过再教育的方式提升了学历层次，而且拥有丰富的履职经历，具备了在工作岗位上大展身手的能力，但最终他们走入腐败的歧途，成为党和国家的蛀虫，令人惋惜。对此，一方面，国家应抓住时机，注重对官员进行教育和引导，加强党性教育，让为官者对腐败的危害性有深刻认识，并通过心理干预的方式，用大量真实、深刻的反腐败案例进行警示教育，营造浓郁的反腐败风气，使廉政教育内化于心；另一方面，国家应加强对官员内在德性的考核，除了注重学历、资历等硬实力外，更应发挥"德"的软实力，让官员德才兼备。此外，还要注重提升官员自我学习、自我约束、自我提升的意识。面对充满变革和诱惑的世界，学习意识和学习能力尤为重要，为官者只有在不断学习中提升自我，才能坚定信念、坚守底线。

最后，配置制度机制，培育防腐家风。相对于无家庭成员参与腐败的官员，部分有家庭成员参与腐败的官员更容易产生严重的腐败。党的二十大报告明确指出："严肃查处领导干部配偶、子女及其配偶等亲属和身边工作人员利用影响力谋私贪腐问题。"[1] 因此，应对官员家庭成员的腐败情况进行监管，建设和完善领导干部家风建设常态化机制，并将其融入日常党建及干部考核工作中，作为官员评优评先、奖惩晋升的重要参考。广大领导干部应深刻反思，坚守我国传统文化中质朴的家庭观，管好自家的后院，防止"腐败父子兵"情形的扩散。[2] 有研究者指出，可将家风建设从道德层面上升至法律的高度。同时，根据回归分析，腐败官员的潜伏期与腐败跨度具有极强的正相关性，这充分说明当下的腐败官员更倾向于"明哲保身"式的试探性腐败，即放长线钓大鱼的思路。从这个角度出发，国家应不断完善领导干部家庭财产申报公示的法规体系，细化申报内容和条文，加强法制化保障及制度执行力，明确公示内容及规则，并结合多重审查方式，不断扩大公示范围，将"收入"扩大为"财产"，将"本人财产"扩大为"家庭财产"[3]，延长申报时间，最大限度提升官员财产申报公

---

[1] 习近平：《高举中国特色社会主义伟大旗帜　为全面建设社会主义现代化国家而团结奋斗——在中国共产党第二十次全国代表大会上的报告》，《人民日报》2022 年 10 月 26 日，第 1 版。
[2] 黄红平：《家族式腐败的现实症象、诱发因素与治理策略》，《广州大学学报》（社会科学版）2019 年第 3 期。
[3] 汤啸天：《媒体称官员财产申报应与时俱进须包括家庭财产》，https：//www.chinacourt.org/article/detail/2009/03/id/348792.shtml.，最后访问日期：2023 年 6 月 12 日。

示的实效。

习近平总书记曾指出,"县一级工作做好了,党和国家全局工作就有了坚实基础"①。推进以人为核心的新型城镇化,构建城乡协调发展的有序格局,进而保障乡村振兴的有序推进,离不开作为城乡接点的县域及其功能的有效发挥。政府治理并非完全是纵横向权力在现存体制和机制环境中的运行,还包括行动者对既定制度环境的自适应及基于激励的反应行为,行动者与制度共同构成政府治理生态。在新时代的国家治理体系和治理能力现代化场域中,县域行动者与制度环境的互动将是一种复杂的政治、经济和社会建构。因此,对于官员拔擢,需秉持"因地制宜"原则,选拔匹配区域发展需要的官员主政;对于官员激励,需打造权力、物质和精神等要素"多维一体"的组合激励机制;对于行动模式,需"动静相宜"相机选择适配差异治理任务的工具;对于官员规约,需建构制度与心理"内外兼修"的双重约束体系,规塑官员合理合规行为,助力县域治理现代化的发展建设。

---

① 习近平:《做焦裕禄式的县委书记》,中央文献出版社,2015,第52页。

附 录

一 2016年"百强县"名单数据

	县（市、旗）	2016年生产总值（亿元）	2016年生产总值增速（%）	固定资产投资增长率（%）	社会消费品零售总额（亿元）	进出口总额（亿元）	进出口总额增长率（%）	一般公共预算收入（亿元）	一般公共预算收入增速（%）	人均可支配收入（元）	县委书记 参加工作时长（年）	县委书记 本地任职时长（年）	县委书记 年龄	县委书记 民族	县委书记 学历	县委书记 是否本地任职	县委书记 企业工作背景	县长 参加工作时长（年）	县长 本地任职时长（年）	县长 年龄	县长 民族	县长 学历	县长 是否本地任职	县长 企业工作背景
1	昆山市	3160.29	7.40	-6.60	815.04	4798.53	-13.40	318.92	12	46339	35	1.5	53	汉	硕士	否	无	17	2	40	汉	硕士	否	无

续表

	县(市、旗)	2016年生产总值(亿元)	2016年生产总值增速(%)	固定资产投资增长率(%)	社会消费品零售总额(亿元)	进出口总额(亿元)	进出口总额增长率(%)	一般公共预算收入(亿元)	一般公共预算收入增速(%)	人均可支配收入(元)	县委书记 参加工作时长(年)	县委书记 本地任职时长(年)	县委书记 年龄	县委书记 民族	县委书记 学历	县委书记 是否本地任职	县委书记 企业工作背景	县长 参加工作时长(年)	县长 本地任职时长(年)	县长 年龄	县长 民族	县长 学历	县长 是否本地任职	县长 企业工作背景
2	江阴市	3083.26	7.40	0.40	776.05	1319.25	4.20	229.91	5	46337	24	8	49	汉	硕士	否	无	32	5	53	汉	本科	否	有
3	张家港市	2317.24	7.00	-4.10	535.16	1821.12	-6.30	190	9.10	44977	34	6	51	汉	本科	否	有	23	3	45	汉	硕士	否	有
4	常熟市	2112.39	7.50	-13.70	740.78	1318.7	-10.40	173.58	10.10	45061	26	5	48	汉	博士	是	无	26	1	51	汉	硕士	否	无
5	石狮市	703.7	8.10	10.00	400.1	17.4	-35.80	60.01	1.20	43512	32	2	54	汉	本科	否	无		4	55	汉	本科	否	无
6	太仓市	1155.13	7.30	-7.00	287.31	728.26	-13.90	127.71	11.50	43900	27	2	50	汉	硕士	否	有	28	1	50	汉	本科	否	无
7	义乌市	1118.1	7.70	13.60	586.4	2229.5	5.00	81.79	3.20	53070	27	2	48	汉	专科	否	无	27	1	48	汉	本科	否	无
8	晋江市	1744.24	7.80	3.20	588.28			201.02	0.40	34080	35	11	53	汉	硕士	否	无	31	5	53	汉	本科	是	有
9	慈溪市	1209.42	6.50	12.40	518.9	647.2	1.80	83.9	7.60	44371	31	2	49	汉	硕士	否	无	29	1	48	汉	本科	否	无
10	宜兴市	1377.74	6.70	-19.00	1532.94	245.77	-3.20	108.65	6.00	37326	41	11	59	汉	本科	否	无	22	5	45	汉	硕士	否	有
11	龙口市	1111	8.10	14	393.9		-0.90	94.8	9.50	32026	26	5	48	汉	硕士	是	无	25	25	47	汉	硕士	是	无
12	余姚市	887.11	7.30	3.80	390.17	618.46	4.80	81.16	7.80	42493	29	5	51	汉	本科	否	无	29	4	47	汉	硕士	是	无
13	海宁市	744.09	6.40	8.00	370.22	413.31	13.60	72	4		27	0	45	汉	硕士	否	无	25	5	46	汉	本科	是	无
14	长沙县	1280.3	10.90	16.30	428.8	211.89	10	166.05	20.01	33952	19	4	41	汉	博士	否	无	36	14	53	汉	硕士	否	有

续表

	县（市、旗）	2016年生产总值（亿元）	2016年生产总值增速（%）	固定资产投资增长率（%）	社会消费品零售总额（亿元）	进出口总额（亿元）	进出口总额增长率（%）	一般公共预算收入（亿元）	一般公共预算收入增速（%）	人均可支配收入（元）	县委书记 参加工作时长（年）	县委书记 本地任职时长（年）	县委书记 年龄	县委书记 民族	县委书记 学历	县委书记 是否本地任职	县委书记 企业工作背景	县长 参加工作时长（年）	县长 本地任职时长（年）	县长 年龄	县长 民族	县长 学历	县长 是否本地任职	县长 企业工作背景
15	准格尔旗	1143.2	7.10	13.00	109.5			81.83	3.60	32469	34	5	52	汉	大专	否	有	25	2	48	蒙古族	本科	是	无
16	诸暨市	1099.06	7.30	14.20	395.2	309.71	5.40	71.79	1.80	43005	20	1	41	汉	硕士	否	无	25	5	48	汉	硕士	是	无
17	荣成市	1078	8.50	12.90	363	203.8	9.90	68.8	10.00	29095	25	6	48	汉	本科	是	无	20	1	44	汉	本科	是	有
18	丹阳市	1136.03	9.10	10.20	315.62	168.91	-9.20	65.55	-2.30	33088.8	28	5	48	汉	硕士	否	有	23	0	46	汉	硕士	否	无
19	桐乡市	693.73	6.40	12.30	327.87	281.53	6.70	58	5.20	29600	25	5	46	汉	博士	否	无	26	5	46	汉	硕士	否	无
20	广饶县	790.9621	7.50	-15.60	192.735	310.3039	-5.20	40.9396	-3.50	28442	36	10	51	汉	硕士	是	无	24	5	48	汉	硕士	是	有
21	胶州市	1035.9	4.40	15.70	373.2	410.6	2.60	92.0707	15.40	28783	25	5	48	汉	硕士	是	无	25	16	46	汉	本科	是	有
22	即墨市	1180.48	10	15.60	424.1	295	1.10	105.1	15.40	29405	32	2	54	汉	本科	是	有	25	2	47	汉	硕士	否	无
23	伊金霍洛旗	681	7.50	11	53.17			78.8558	2.06		30	0	52	汉	硕士	否	无	25	0	47	蒙古族	本科	否	有
24	南昌县	667	9.50	13.60	155.8	448.2	5.30	59.2	2.30	29000	31	2	50	汉	硕士	是	无	28	3	48	汉	硕士	否	无
25	平湖市	513.1	6.60	1.20	181.7	41.16	1.57	56.8	11.80		26	2	49	汉	硕士	否	无	16	5	39	汉	本科	是	有
26	扬中市	504.73	9.5	15	140.92			32.5	-4.5	35728.7	29	3	56	汉	硕士	是	无	36	5	53	汉	硕士	是	有
27	温岭市	900.27	8.5	18.8	526.76	247.12	4.3	61.69	9.1	38935	40	2	56	汉	硕士	否	无	32	5	53	汉	硕士	否	无

续表

	县（市、旗）	2016年生产总值（亿元）	2016年生产总值增速（%）	固定资产投资增长率（%）	社会消费品零售总额（亿元）	进出口总额（亿元）	进出口总额增长率（%）	一般公共预算收入（亿元）	一般公共预算收入增速（%）	人均可支配收入（元）	县委书记 参加工作时长（年）	县委书记 本地任职时长（年）	县委书记 年龄	县委书记 民族	县委书记 学历	县委书记 是否本地任职	县委书记 企业工作背景	县长 参加工作时长（年）	县长 本任职时长（年）	县长 年龄	县长 民族	县长 学历	县长 是否本地任职	县长 企业工作背景
28	嘉善县	456.95	8.3	14.2	184.54	232.2	9	41.8	17.3	50021	35	4	53	汉	硕士	是	无	40	1	59	汉	硕士	否	无
29	迁安市	918.8	3.7	10.1	247.1	111.445	-33.9	36.3	3.1	34637	42	3	59	汉	硕士	是	无	33	3	56	汉	硕士	是	无
30	海门市	1002	9.7	8.5	340	273.22	68.6	72.4			41	5	60	汉	硕士	是	有	39	5	58	汉	硕士	是	无
31	神木县	904.8	7.6	7.1	51.03			53.06	-9.3	30384	42	4	62	汉	本科	否	无	33	3	56	汉	硕士	是	有
32	玉环县	465.13	7.8	19.2	170.01	210.11	-3.6	42.62	8.9	44741	36	5	59	汉	本科	是	无	34	4	56	汉	硕士	是	无
33	海盐县	407.76	7	15.7	124.37	138.1918	-3	35.18	9	50216	38	7	58	汉	硕士	是	无	40	5	58	汉	硕士	是	无
34	瓦房店市	910	7.2	-70.3	210.3			19.6	20.1		38	3	59	汉	本科	是	无	36	3	58	汉	博士	否	无
35	乐清市	838.4	8.9	13.8	335.69	132.16	15.3	72.23	4.2	50263	40	2	59	汉	本科	是	无	42	2	61	汉	硕士	否	无
36	靖江市	801.75	5.7	0.8	177.24	195.4242	-9.1	58.93	-12.4	29544	44	4	61	汉	本科	否	无	27	3	50	汉	硕士	是	无
37	溧阳市	801.26	8.6	10	303.03	59.677	-3.6	59	5	31833	29	4	52	汉	硕士	是	无	31	4	53	汉	博士	是	无
38	浏阳市	1218.2	11	16.2	281.3	114.321	34.3	95.5	11.2	33492	30	2	52	汉	硕士	否	无	27	5	54	汉	硕士	是	无
39	三河市										43	4	61	汉	硕士	否	无	34	5	52	汉	硕士	是	无
40	瑞安市	783.84	8.6	13.6	351.75	224	15.1	59.05	3.95	50904	40	1	57	汉	硕士	是	无	40	1	59	汉	硕士	是	无

续表

	县(市、旗)	2016年生产总值(亿元)	2016年生产总值增速(%)	固定资产投资增长率(%)	社会消费品零售总额(亿元)	进出口总额(亿元)	进出口总额增长率(%)	一般公共预算收入(亿元)	一般公共预算收入增速(%)	人均可支配收入(元)	县委书记参加工作时长(年)	县委书记本地任职时长(年)	县委书记年龄	县委书记民族	县委书记学历	县委书记是否本地任职	县委书记企业工作背景	县长参加工作时长(年)	县长本地任职时长(年)	县长年龄	县长民族	县长学历	县长是否本地任职	县长企业工作背景
41	永康市	517.5	7.8	15	209.2	281.848	13.8	48.5	9.1	46463	42	4	60	汉	硕士	是	有	40	3	58	汉	本科	是	无
42	福清市	857.85	8.5	13.3	374.17	8.398	10.5	56.63	7.4	27043	36	3	57	汉	硕士	否	有	27	1	49	汉	硕士	否	无
43	寿光市	856.8	7.6	10.5	296.4	253	14.4	13.2	-16.4	27324	32	4	55	汉	硕士	是	无	37	9	55	汉	硕士	是	无
44	乌审旗	412.6	7.3	13	41.9794			33.69	19.8	27872	41	1	60	蒙古族	硕士	是	无	35	3	56	汉	硕士	否	无
45	阿拉善左旗	118	8	32				12	8	34920	30	3	52	蒙古族	硕士	否	无	37	2015年至今	58	蒙古族	本科	是	无
46	桓台县	536.15	7.3	13	214.61	132.61	48.7	33.12	7.1	27767	33	6	55	汉	硕士	否	无	30	6	51	汉	硕士	否	无
47	邹平县	869.77	6.5	13.8	176.7821	181.7658	0.02	63.6083	2.6	25065	31	1	55	汉	硕士	否	无	22	6	50	汉	博士	否	无
48	莱州市	766.77	8	13.9	339.82	89.16	-29.7	61.86	6.3	38965	31	6	53	汉	硕士	否	无	32	1	52	汉	硕士	否	无
49	格尔木市	298.5	8.1	10.1	60.24			18.06	6.4	16753	37	5	60	汉	本科	否	无	39	2015年至今	59	汉	硕士	否	有
50	启东市	881.85	9.5	14.1	324.57	217.2828	6.8	71.03	7.6	37390	37	4	59	汉	硕士	是	无	42	4	60	汉	硕士	是	无
51	章丘市	924.9	8	20	390.4			50.9	10.2	33220	39	6	60	汉	本科	否	无	27	5	48	汉	博士	是	有

续表

	县（市、旗）	2016年生产总值（亿元）	2016年生产总值增速（%）	固定资产投资增长率（%）	社会消费品零售总额（亿元）	进出口总额（亿元）	进出口总额增长率（%）	一般公共预算收入（亿元）	一般公共预算收入增速（%）	人均可支配收入（元）	县委书记 参加工作时长（年）	县委书记 本地任职时长（年）	县委书记 年龄	县委书记 民族	县委书记 学历	县委书记 是否本地任职	县委书记 企业工作背景	县长 参加工作时长（年）	县长 本地任职时长（年）	县长 年龄	县长 民族	县长 学历	县长 是否本地任职	县长 企业工作背景
52	滕州市	981.75	9.2	15.7	319	37.9632	13.1	64.07	5	28791	34	3	55	汉	博士	是	无	32	3	55	汉	本科	否	无
53	招远市	687.26	8.5	14.2	190.3	149.8	6	54.74	8	28799		5	61	汉	硕士	否	无		5	49	汉	硕士	是	有
54	象山县	437.14	5.2	11.4	171.08	173.2071	-2.6	38.07	0.3	38762	38	4	56	汉	本科	是	无	29	3	51	汉	硕士	是	无
55	昌吉市	384.76	6	-9.4	103.28	38.432	-15.87	70.55	45.8	27121	36	2	56	汉	本科	否	有	40	3	60	回族	硕士	是	无
56	垦利县	410.9	7.3	-31.9	67.7	88.2	69.9	21.3	3.4	28703	39	5	60	汉	本科	否	无	35	4	57	汉	硕士	否	无
57	长兴县	499.14	8	13.5	231.82	140.33	17.2	45.46	5.2	46026	39	2	58	汉	本科	是	无	34	1	53	汉	本科	否	有
58	新郑市	629	9	20.6	233.1			65.3	17.7	29054		4	1975~2020	汉	博士	否	无	33	3	55	汉	博士	是	无
59	海安县	755.29	9.6	14.6	273.74	109.47	9.1	57.58	7.2	27230	37	4	56	汉	硕士	是	无	40	2	59	汉	硕士	是	有
60	宁乡县	1098.35	11	16.2	275.5			65.58	9	29446	43	1	61	汉	硕士	否	无	35	4	54	汉	本科	是	无
61	德清县	425.2	8.3	13.7	151.3	140.8	2.4	42	8.5	37429	43	3	61	汉	本科	是	无	34	3	53	汉	硕士	是	有
62	南安市	898.14	8.6	12	385.47			66.2829	5.6	29112	45	4	62	汉	硕士	是	无		4	60	汉	本科	是	无
63	莱西市	560.33	7.9	11.3	294.43	165.59	8.7	53.55	11.3	26811	39	6	61	汉	本科	否	无	39	4		汉	博士	是	无

续表

	县(市、旗)	2016年生产总值(亿元)	2016年生产总值增速(%)	固定资产投资增长率(%)	社会消费品零售总额(亿元)	进出口总额(亿元)	进出口总额增长率(%)	一般公共预算收入(亿元)	一般公共预算收入增速(%)	人均可支配收入(元)	县委书记 参加工作时长(年)	县委书记 本地任职时长(年)	县委书记 年龄	县委书记 民族	县委书记 学历	县委书记 是否本地任职	县委书记 企业工作背景	县长 参加工作时长(年)	县长 本地任职时长(年)	县长 年龄	县长 民族	县长 学历	县长 是否本地任职	县长 企业工作背景
64	蓬莱市	502	7.6	14	163.89	10.04	8.1	31.5	9.5	39541	28	3	49	汉	硕士	否	无		2015年至今	54	汉	硕士		无
65	平度市	8812.7	8.5	14.8	386.3	194.849	10.7	49.8	13.9	24533	39	5	62	汉	硕士	否	无	32	2	56	汉	硕士	是	无
66	长乐市	628.71	9.5	11.3	191.16	130		55.37	10.4	39231	27	3	49	汉	硕士	否	无	2	2	60	汉	本科	否	无
67	邹城市	869.29	8.3	13.6	297.9	17.49	63.3	73.5	5.2	23932	39	5	60	汉	硕士	是	无	38	5	54	汉	硕士	是	无
68	诸城市	794.5	8.1	13.4	257.1	95.6	-20.2	73.2	7.6	26842	29	2	53	汉	博士	否	无	34	4	55	汉	硕士	否	无
69	四会市	351.83	5.8	5.3	122.08	121.79	12.8	12.5	-44.3	22936		4	55	汉	硕士	是	无	30	1	51	汉	硕士	是	无
70	奉化市	488.27	6.1	14.1	301.5	201	-4	37.05	3.1	35203	31	5	53	汉	硕士	否	无	29	1	55	汉	硕士	是	无
71	宁海县	465.36	6.9	16.5	436	179.89	-0.1	48.79	17.1	47702	28	3	49	汉	硕士	是	无	33	2	55	汉	本科	是	无
72	如皋市	904.27	9.6	14.3	342.21	181.76	-17.2	96.4	-4.1	36590	40	4	59	汉	硕士	是	无	34	3	55	汉	硕士	是	无
73	海城市	500.1	-17.5	-73.5	293.2			22.2	-4.6		31	1	55	汉	硕士	否	无	35	2	60	汉	硕士	否	无
74	东阳市	499.66	7.5	16.3	250.46	185.22	90	56.26	6.8	36461	25	4	49	汉	硕士	是	无	44	4	53	汉	硕士	是	无
75	惠安县	580.1						31.75			32	4	56	汉	硕士	是	无	35	5	64	汉	大专	是	无

续表

	县（市、旗）	2016年生产总值（亿元）	2016年生产总值增速（%）	固定资产投资增长率（%）	社会消费品零售总额（亿元）	进出口总额（亿元）	进出口总额增长率（%）	一般公共预算收入（亿元）	一般公共预算收入增速（%）	人均可支配收入（元）	县委书记参加工作时长（年）	县委书记本地任职时长（年）	县委书记年龄	县委书记民族	县委书记学历	县委书记是否本地任职	县委书记企业工作背景	县长参加工作时长（年）	县长本地任职时长（年）	县长年龄	县长民族	县长学历	县长是否本地任职	县长企业工作背景
76	肥城市	730.04	7.11	10.9	290.6	28.88	-19.3	42.1	4.9	24205	30	2	54	汉	硕士	否	无	32	2	54	汉	本科	是	无
77	临安市	505.2	8.6	15	174.08	160.488	6.1	37.3	14.7	44858	34	2	56	汉	硕士	是	无	36	2	56	汉	本科	是	无
78	郫县	462.7	8.1					40.5912	8		37	3	60	汉	硕士	否	无	34	1	59	汉	博士	否	无
79	府谷县	383.76	5.7	-29.7	47			51.28	-26.41	28417	43	1	61	汉	硕士	是	无	43	2	61	汉	硕士	是	无
80	石河子市										37	2	59	汉	本科	否	无	38	2	60	汉	本科	否	有
81	嘉兴市	820	10.7	14.3	214.7	177.761		57.2	8.4	36423	42	3	61	汉	本科	是	无		3	52	汉	硕士	否	
82	巩义市	682.16	8.7	14.3	276.7	33	11.5	38.4	8.2	23491	42	4	61	汉	本科	是	无		3	57	汉	本科	是	无
83	新泰市	815.6	6.7	12.2	315.5	15.7597	42.3		1.2	23718	34	2	57	汉	本科	是	无	29	3	52	汉	本科	否	无
84	锡林浩特市	228.1	7.5	21.6	62.5			29.4	11.2	39390	35	1	57	蒙古族	硕士	否	无		4	60	蒙古族	本科	是	有
85	东台市	727.01	8.9	15.4	253.5	52.99	3.5	60.25	-15.8	32070	30	4	55	汉	硕士	是	无	41	3	59	汉	本科	是	有
86	荣成市	629.6						37.2152	26.86									29	3	51	汉	硕士	否	有
87	宜都市	550.54	10.1	14.6	112.5659			38.5281	-11.6	31195	36	4	58	汉	本科	是	有	29	1	47	汉	本科	否	无
88	义马市	136.3407	-0.6	15.1	38.6713	1.566	851.8	12.7108	10.1	24310	35	5	56	汉	本科	否	无	37	4	57	汉	硕士	否	有

续表

	县（市、旗）	2016年生产总值（亿元）	2016年生产总值增速（%）	固定资产投资增长率（%）	社会消费品零售总额（亿元）	进出口总额（亿元）	进出口总额增长率（%）	一般公共预算收入（亿元）	一般公共预算收入增速（%）	人均可支配收入（元）	县委书记 参加工作时长（年）	县委书记 本地任职时长（年）	县委书记 年龄	县委书记 民族	县委书记 学历	县委书记 是否本地任职	县委书记 企业工作背景	县长 参加工作时长（年）	县长 本地任职时长（年）	县长 年龄	县长 民族	县长 学历	县长 是否本地任职	县长 企业工作背景
89	嵊州市	480.49	7.5	19.5	257.23	100		32.01	9.5	48062	32	3	53	汉	硕士	是	有	35	3	52	汉	硕士	是	无
90	青州市	615.7	8	13.5	246.6	41.4	13.9	45.99	10.1	23857	32	7	56	汉	硕士	是	无	35	4	56	汉	硕士	是	无
91	如东县	746.69	9.2	12	318.62	180.47	2.6	54.41		26683	43	2	58	汉	硕士	是	无	35	2	54	汉	硕士	是	无
92	桐庐县	370.38	8.7	2.5	147.84	93.774	4	26.17	0.4	42496	42	5	60	汉	硕士	否	无	30	7	52	汉	博士	否	无
93	安吉县	324.87	7.1	13.6	141.11	187.44	15.6	35.85	8.3	44358	42	1	62	汉	本科	是	无	35		58	汉	本科	是	有
94	新昌县	368.5	7.9	16.9	156.5	116.3	3.4	30.9	12.7	47045	35	3	57	汉	本科	否	无	17	2	45	汉	硕士	是	无
95	新密市	696.7	8.1	12.2	280.5	3.677		30.8	0.6	28337		3	62	汉	本科	否	无		1	56			否	无
96	龙海市	454.31	9.3	14.3	92.91	40.877	-3.7	31.1	-9.9	23765	41	3	57	汉	硕士	否	无	41	2	60	汉	硕士	否	无
97	蓟县	422.98	7.5	10.6	184.35			41.44	1C.7	23042		3	54	汉	硕士	是	无	32	4	54	汉	硕士	是	无
98	岱山县	231.73	11.4	16.1	69.73	102.698	10.2	14.09	1C	37607	32	4	61	汉	硕士	是	无	32	1	56	汉	本科	否	无
99	乳山市	512.12	8.2	12.8	237.64	53.4339	8	31.3298	10	23229	42	4	61	汉	硕士	是	有	43	1	56	汉	本科	否	无
100	安宁市	272.87	8	31.1	95.84			29.13	10.1	36798	37	1	58	汉	硕士	否			6	60	汉	本科	是	有

二 2017年"百强县"名单数据

	县(市、旗)	2017年生产总值(亿元)	2017年生产总值增速(%)	一般公共预算收入(亿元)	一般公共预算收入增速(%)	固定资产投资增长率(%)	社会消费品零售总额(亿元)	人均可支配收入(元)	进出口总额	进出口总额增长率(%)	县长 参加工作时长(年)	县长 本地任职时长(年)	县长 年龄	县长 民族	县长 学历	县长 是否本地任职	县长 企业工作背景	县委书记 参加工作时长(年)	县委书记 本地任职时长(年)	县委书记 年龄	县委书记 民族	县委书记 学历	县委书记 是否本地任职	县委书记 企业工作背景
1	昆山市	3520.35	7	352.51	10.5	0.1	945.85	50268	827.72亿美元	14.7	18	2	41	汉	硕士	否	无	35	2	52	汉	本科	是	无
2	江阴市	3488.3	7.2	235.2	2.3	1.8	863.4	50379	211亿美元	5.5	29	1	52	汉	本科	否	无	25	2	50	汉	硕士	否	无
3	张家港市	2606.05	7.3	210.01	10.5	0.3	581.46	48951	2179.26	20.5	32	1	53	汉	本科	否	无	24	2	46	汉	硕士	是	无
4	常熟市	2279.55	7.2	191.81	10.5	1	800.41	49066	244.74亿美元	23.3	27	1	52	汉	硕士	是	无	27	2	49	汉	博士	是	无
5	晋江市	1981.5	8.2	212.23	5.6	12.5	667.29	37022	620.84	4.7		1	49	汉		是	无	32	2	54	汉	本科	是	无
6	义乌市	1158	7.5	85	7.5	18.2	653.8	57811	2304.5	45.8	28	1	49	汉	本科	否	有	28	2	49	汉	本科	否	无
7	长沙县	1431.1	11.3	224.4	35.1	17.2	479.5	36977	46.5亿美元	15.3	24	1	46	汉	硕士	否	无	20	2	42	汉	博士	否	无
8	龙口市	1190.9	7	98	8.3	9.2	433.3	30378	140.9	4.1	26	1	48	汉	硕士	是	无	无	2	49	汉	硕士	是	无
9	即墨市	1310.6	9.2	104.3	2.5	8.4	462.4	32048	302.6		26	2	48	汉	本科	否	有	26	2	48	汉	本科	否	有

续表

县（市、旗）		2017年生产总值（亿元）	2017年生产总值增速（%）	一般公共预算收入（亿元）	一般公共预算收入增速（%）	固定资产投资增长率（%）	社会消费品零售总额（亿元）	人均可支配收入（元）	进出口总额（亿元）	进出口总额增长率（%）	县长 参加工作时长（年）	县长 本地任职时长（年）	县长 年龄	县长 民族	县长 学历	县长 是否本地任职	县长 企业工作背景	县委书记 参加工作时长（年）	县委书记 本地任职时长（年）	县委书记 年龄	县委书记 民族	县委书记 学历	县委书记 是否本地任职	县委书记 企业工作背景
10	慈溪市	1487.75	10.2	157.31	13.7	5.1	583.23	48008	754.62	16.6	30	1	49	汉	本科	是	无	35	2	53	汉	硕士	是	无
11	宜兴市	1558.25	7.1	111.15	2.3	5	181.89	40526	41.01亿美元	10.5	23	5	46	汉	硕士	否	有	33	2	54	汉	本科	否	无
12	太仓市	1240.96	7.2	141	10	0.4	310.15	47586	129.68亿美元	18.3	29	1	51	汉	本科	是	无	28	2	51	汉	硕士	是	无
13	胶州市	1137.02	9.2	96.51	6	5.1	435.7	31224	412.4	0.181	25	1	47	汉	本科	是	有	26	2	49	汉	硕士	是	无
14	荣成市	1160.3	8.3	71.9	9.7	11.9	400.8	31022	219.8	7.9	21	1	45	汉	本科	是	有	26	2	49	汉	硕士	是	无
15	诸暨市	1180.02	7	77.01	10.7	13.7	438.67	46994	337.36	11.7	23	1	45	汉	硕士	是	无	21	3	42	汉	硕士	是	无
16	石狮市	772.7	8.5	60.1	0.2	14.41	142.5	46955			20	1	45	汉	本科	是	无	33	3	55	汉	本科	否	无
17	浏阳市	1365.1	10.8	100.2	10.9	11.4	320.2	36437	17.24亿美元	3.7	28	1	47	汉	硕士	是	无	24	1	48	汉	博士	是	无
18	海宁市	866.07	8	77.72	6.5	11	407.1	44677	484.82	17.3	28	1	50	汉	本科	是	无	28	2	46	汉	硕士	否	无
19	余姚市	1023.23	13.1	90.65	7.8	7.8	1533.16	46125	720.22亿美元	17.2	22	1	42	汉	硕士	是	无	30	2	48	汉	硕士	是	无

续表

县(市、旗)	2017年生产总值(亿元)	2017年生产总值增速(%)	一般公共预算收入(亿元)	一般公共预算收入增速(%)	固定资产投资增长率(%)	社会消费品零售总额(亿元)	人均可支配收入(元)	进出口总额(亿元)	进出口总额增长率(%)	县长 参加工作时长(年)	县长 本地任职时长(年)	县长 年龄	县长 民族	县长 学历	县长 是否本地任职	县长 企业工作背景	县委书记 参加工作时长(年)	县委书记 本地任职时长(年)	县委书记 年龄	县委书记 民族	县委书记 学历	县委书记 是否本地任职	县委书记 企业工作背景
20 丹阳市	1233.27	7.1	61.05	6.9	4.5	349.23	36086.3	27.75亿美元	11.2	24	1	47	汉	本科	否	无	30	2	49	汉	硕士	是	有
21 温岭市	990.36	7.9	68.09	9.5	18.7	593.35	42571	297.52	20.4	23	1	44	汉	硕士	是	有	25	2	46	汉	硕士	否	无
22 海门市	1135.9	7.7	72.5	8.6	9.2	376.14	33032	345.48	34	32	5	51	汉	硕士	是	无	32	2	54	汉	硕士	是	无
23 准格尔旗	922.4	6.1	67.38	17.7	-12.9	125.82	35224			26	3	49	蒙古族	本科	是	无						否	
24 乐清市	947.45	9.1	79.4	6.3	13.9	397.82	54504	143.27亿美元	8.4	26	1	47	汉	本科	否	无	35	2	54	汉	硕士	是	无
25 如皋市	1025.8	8.2	71.31	0.1	10.1	376.26	39918	212.54	27.5	23	1	44	汉	硕士	否	有	27	2	48	汉	硕士	是	无
26 宁乡市	1093.85	10.3	71.42	12	17.3	318.12	32008	5.15亿美元	54.6	25	1	48	汉	本科	否	无	28	2	47	汉	硕士	是	无
27 桐乡市	802.61	7.1	61.69	5.1	11.1	361.55	42464	360.47	28		1	49	汉	硕士	是	无	27	2	47	汉	硕士	是	无
28 瑞安市	863	8.7	63.47	7.3	13.8	391.58	41515	254.08	13.4	27	1	45	汉	硕士	是	有	33	2	52	汉	本科	是	无
29 广饶县	869.2	7.2			10.7		29303	22603.31万美元	13.72	25	1	48	汉	硕士	否	无	22	2	44	汉	硕士	是	无

续表

	县（市、旗）	2017年生产总值（亿元）	2017年生产总值增速（%）	一般公共预算收入（亿元）	一般公共预算收入增速（%）	固定资产投资增长率（%）	社会消费品零售总额（亿元）	人均可支配收入（元）	进出口总额（亿元）	进出口总额增长率（%）	县长参加工作时长（年）	县长本地任职时长（年）	县长年龄	县长民族	县长学历	县长是否本地任职	县长企业工作背景	县委书记参加工作时长（年）	县委书记本地任职时长（年）	县委书记年龄	县委书记民族	县委书记学历	县委书记是否本地任职	县委书记企业工作背景
30	溧阳市	858.04	8	61.4	4	9.1	331.66	34816.7	67.4	23.7	24	1	46	汉	硕士	否	无	22	3	45	汉	硕士	是	无
31	启东市	989.5	7.7	71.13	0.1	9	352.97	31208	169.87	-14.5	35	3	53	汉	硕士	是	无	25	1	48	汉	硕士	是	无
32	南安市	977.38	8.5	70.3	6	18.1	440.3	31679	24.8亿美元			2	53	汉	本科	是	无	38	3	55	汉	硕士	是	无
33	平度市	875.19	8.1	54.2	10	5.3	421.5	26955.5	1.77亿美元	51.8	24	1	51	汉	硕士	否	无	32	3	55	汉	硕士	否	无
34	福清市	993.41	9.9	100.3	13.1	16.4	427.4	29587	159.26	6.3		1	45	汉	硕士	是	有	29	2	50	汉	本科	否	有
35	招远市	740.06	7.2	57.5	6.4	9.4	210.47	31287	178.43	6.5		1	42	汉	硕士	是	有	35	1	54	汉	大专	是	无
36	莱西市	595.72	7	52.75	0.1	-19.7	323.8	29208			32	4	52	汉	硕士	否	无	25	1	49	汉	硕士	是	无
37	迁安市	1047	5.5	40.5	11.7	9.5	273	29406	88	-1.3	30	1	50	汉	本科	是	无	26	2	49	汉	硕士	否	无
38	莱州市	769.25	0.5	58	-5.8	7.3	374.14	29616.72	283.6	11.8		1	41	汉	硕士	是	无	25	1	45	汉	硕士	是	无
39	寿光市	866.7	6	90.3	3	546.7	318.6	29780	38.62	53.8	30	3	48	汉	硕士	是	无	25	4	48	汉	硕士	是	无
40	如东县	852.5	7.9	55.56	7	9.1	347.45	29263.3	33.18	24.7	28	1	47	汉	硕士	是	无	36	2	49	汉	硕士	否	无
41	滕州市	1150.37	6.5	70.36	2.8	7.7	446.2	25028	127.24	16.2	25	1	48	汉	本科	否	无	27	2	48	汉	硕士	是	无
42	海安县	868.3	8.2	60.01	4.2	10.2	300.98	29896			23	1	46	汉	硕士	是	无	33	1	52	汉	硕士	是	无

续表

	县(市、旗)	2017年生产总值(亿元)	2017年生产总值增速(%)	一般公共预算收入(亿元)	一般公共预算收入增速(%)	固定资产投资增长率(%)	社会消费品零售总额(亿元)	人均可支配收入(元)	进出口总额(亿元)	进出口总额增长率(%)	县长 参加工作时长(年)	县长 本地任职时长(年)	县长 年龄	县长 民族	县长 学历	县长 是否本地任职	县长 企业工作背景	县委书记 参加工作时长(年)	县委书记 本地任职时长(年)	县委书记 年龄	县委书记 民族	县委书记 学历	县委书记 是否本地任职	县委书记 企业工作背景
43	乳山市	546.79	7.9	31.8	9	11	262.08	25390	52.21	10.8	21	1	43	汉	本科	是	无	25		49	汉	本科	否	无
44	扬中市	546.2	7.6	32	-1.53	8.5	155.9	39032.9	6.97	20.09	29	1	46	汉	硕士	是	无	31	2	49	汉	硕士	是	无
45	靖江市	923.35	7.8	60.09	2	8	197.04		29.43亿美元	9.1	20	1	43	汉	硕士	是	无	37	2	54	汉	本科	是	有
46	闽侯县	532.1	9.7	71.09	0.118	0.216	278.5	27666.5			29	2	44	汉	硕士	否	无		1	52	汉	本科	是	无
47	长乐市	740.31	11	65.03	17.5	21.7	212.64	31304	122.85亿美元	-12.3	29	1	50	汉	硕士	是	无	20	2	42	汉	硕士	否	无
48	嵊州市	532.16	7.8	38.02	20.8	16	284.5	39491.5	103.07	11.9	28	1	46	汉	硕士	是	无	25	3	46	汉	硕士	是	无
49	泰兴市	964.07	8.6	63.11	10.3	16.3	240.6	30459	38.22亿美元	48	27	1	45	汉	硕士	是	无	32	1	55	汉	硕士	否	无
50	玉环市	504.7	8.5	48.5	10.5	16.7	187.75	49006	236.8	12.7	26	1	48	汉	硕士	是	无	27	2	49	汉	硕士	是	无
51	蓬莱市	488.1	6.8	32.7	6.4	5	180.1	29626	66.3	3		1	47	汉	硕士	是	无	23	2	42	汉	硕士	否	无
52	伊金霍洛旗	530	6	63	12	6.7	53.2	28765			26	1	48	蒙古族	本科	是	无	31	3	53	汉	硕士	否	无
53	长兴县	553.21	8.1	49.5	8.9	13.4	258.4	40276	154.1	9.8	31	1	49	汉	本科	是	无	27	2	46	汉	本科	否	无

续表

	县（市、旗）	2017年生产总值（亿元）	2017年生产总值增速（%）	一般公共预算收入（亿元）	一般公共预算收入增速（%）	固定资产投资增长率（%）	社会消费品零售总额（亿元）	人均可支配收入（元）	进出口总额（亿元）	进出口总额增长率（%）	县长参加工作时长（年）	县长本地任职时长（年）	县长年龄	县长民族	县长学历	县长是否本地任职	县长企业工作背景	县委书记参加工作时长（年）	县委书记本地任职时长（年）	县委书记年龄	县委书记民族	县委书记学历	县委书记是否本地任职	县委书记企业工作背景
54	平湖市	605.8	9.5	68.9	16.5	15.5	200	42566.5	550.1	22.7	17	1	40	汉	硕士	否	无	33	2	55	汉	硕士	否	无
55	诸城市	824.69	6.5	71.2	3.5		277.6	29186	103.8	8.5	27	1	48	汉	硕士	是	无		1	50	汉	本科	是	无
56	嘉善县	520.95	8.6	51.72	22.5	10.4	203.87	43057	268.02	15.2	25	1	47	汉	本科	否	无	28	3	46	汉	硕士	是	无
57	肥城市	808.83	6.84	40.38		9.6	319.9	26335	32.9	14	22	1	44	汉	硕士	是	无		1	47	汉	本科	是	无
58	东阳市	553.91	7.5	58.58	12	18	276.74	39963	200.68	8.4	30	1	47	汉	本科	是	无	18	1	42	汉	硕士	否	无
59	宁海县	542.2	7.8	55.48	11.4	10.4	541.85	40107	213.81	29.3	26	1	48	汉	硕士	否	无	21	2	42	汉	硕士	是	无
60	新郑市	730.9	7.2	68.4	10.7	4.1	233.1	23377.5			26	1	48	汉	本科	是	无	14	2	42	汉	博士	否	无
61	神木市	1110.3	7.8	71.45	34.7	11.1	56.92	26671			26	1	49	汉	硕士	否	有	35	3	55	汉	本科	是	无
62	邳州市	917.65	8.4	60.05	5.3	9.7	279.9	28918	80	13.9	24	1	45	汉	硕士	是	无	23	1	46	汉	本科	是	无
63	东台市	812.81	7.5	54		10.6	344.1	25781	8.74	18.7	34	1	52	汉	硕士	否	无	27	2	48	汉	硕士	是	无
64	新泰市	842.6	6.2	40.6	-3	9.4			18.56	18	22	1	45	汉	本科	是	无	32	3	50	汉	本科	是	无
65	桓台县	584.86	8	35.29	7.9	-8.6	214.61	27767	196.67	47.5	23	2	44	汉	硕士	否	无	26	2	48	汉	硕士	否	无

续表

	县（市、旗）	2017年生产总值（亿元）	2017年生产总值增速（%）	一般公共预算收入（亿元）	一般公共预算收入增速（%）	固定资产投资增长率（%）	社会消费品零售总额（亿元）	人均可支配收入（元）	进出口总额（亿元）	进出口总额增长率（%）	县长 参加工作时长（年）	县长 本地任职时长（年）	县长 年龄	县长 民族	县长 学历	县长 是否本地任职	县长 企业工作背景	县委书记 参加工作时长（年）	县委书记 本地任职时长（年）	县委书记 年龄	县委书记 民族	县委书记 学历	县委书记 是否本地任职	县委书记 企业工作背景
66	象山县	498.9	6.5	39.27	2.3	1.08	191.2	37610.5	28.24亿美元	18.1	31	1	50	汉	本科	是	无	22	1	44	汉	硕士	是	无
67	永康市	528.6	5.3	52.36	7.56	11.2			40.4亿美元	6.57	28	1	49	汉	硕士	是	无	33	2	51	汉	本科	是	无
68	海盐县	460.1	7.1	40.65	0.133	0.128	137.5	43405	22.23亿美元	0.157	26	1	48	汉	硕士	否	无	31	6	51	汉	本科	是	无
69	邹城市	968.64	7.1	75.13	4	8.9	329.6	26134	18.19	4	26	1	48	汉	硕士	是	无	32	2	50	汉	硕士	是	无
70	南昌县	782	9.2	63.8	7.7	12.5	179.04	25979	185.01	25.5	25	1	48	汉	本科	否	无	32	2	51	汉	硕士	否	无
71	临安市	572.73	8.7	43.3	16.3	9.2					27	1	50	汉	本科	是	无	37	2	54	汉	本科	是	有
72	牟尔勒市	555.7	7.1	40.76	0.04	0.206	120.1	24546.5	7239万美元	41.5	33	3	54	汉	硕士	否	无	24	1	49	维吾尔族	本科	是	无
73	新密市	765.9	7.8	32.04	4.6	1	314.65	24784.5	53	-37.1	27	2	46	汉	硕士	是	无	27	2	46	蒙古族	硕士	否	无
74	德清县	425.5	6.8	20.8	28.1	0.077	168.4	40951			28	2	49	汉	硕士	否	无	34	2	55	蒙古族	硕士	是	无
75	乌审旗	363.44	3.8	16.31	-51.6	12.1	51.5	30205			31	1	52	汉	硕士	是	无	27	1	45	汉	本科	是	无
76	苍南县	512.67	9.2	33.7	7.6	0.124	326.63		44	0.1														

续表

	县(市、旗)	2017年生产总值(亿元)	2017年生产总值增速(%)	一般公共预算收入(亿元)	一般公共预算收入增速(%)	固定资产投资增长率(%)	社会消费品零售总额(亿元)	人均可支配收入(元)	进出口总额(亿元)	进出口总额增长率(%)	县长参加工作时长(年)	县长本地任职时长(年)	县长年龄	县长民族	县长学历	县长是否本地任职	县长企业工作背景	县委书记参加工作时长(年)	县委书记本地任职时长(年)	县委书记年龄	县委书记民族	县委书记学历	县委书记是否本地任职	县委书记企业工作背景
77	三河市	547.5	10	54.2	25.4	8.8			18.57	49.8	27	1	45	汉	硕士	是	无	36	3	54	汉	硕士	否	无
78	巩义市	784.08	9	42.4	10.4	13.7	309.2	25684	5.2		28	2	50	汉	本科	是	无	32	2	54	汉	本科	是	无
79	鄂托克旗	425.5	6.8	20.8	28.1	0.077	52.8	29802.5			27	2	49	汉	硕士	否	无	27	1	49	汉	硕士	是	无
80	宜都市	575.8	2.2	28	-24.3	-28.9	118.21	26549			17	1	39	汉	硕士	是	无	27	3	51	汉	本科	是	无
81	临海市	610.09	8.8	48.5	19.1	0.125	223.3	33132	21.5	17.6	23	2	47	汉	硕士	否	无	28	1	52	汉	硕士	否	无
82	大冶市	590.94	8.6	43.74	5.4	0.142	213.31	27629	26.17	11.5	26	2	44	汉	硕士	否	无	28	3	50	汉	本科	是	无
83	青州市	658.44	6.8	46.5	530	8.8	256.6	26046	50.3	40.8	28	1	49	汉	硕士	是	无	20	1	49	汉	硕士	是	无
84	高密市	643.22	5.6	49.14	5.6	0.031	223.19	27772	16.294	21.9			48	汉	本科	否	无	23	3	46	汉	硕士	是	无
85	酉昌市	145.52	8.3	8.27	11.2	0.155	280.78	25174	57.18	6	26	2	49	汉	硕士	否	无	35	5	54	汉	硕士	是	无
86	仙桃市	718.66	7.8	30.9	8.1	0.169	332.55	22963		17.2	26	3	48	汉	硕士	否	无	25	4	55	汉	硕士	否	
87	荥阳市	690.1	6.2	62.5	19	3.5	289	24912.5	12809万美元		22	2	44	汉	硕士	是	有		1	49	汉	硕士	是	无
88	惠安县	688.76	8.1	67.71		17	198.29	30111	24242.0万美元	255.4		3	51	汉	本科	是	无							

续表

	县（市、旗）	2017年生产总值（亿元）	2017年生产总值增速（%）	一般公共预算收入（亿元）	一般公共预算收入增速（%）	固定资产投资增长率（%）	社会消费品零售总额（亿元）	人均可支配收入（元）	进出口总额（亿元）	进出口总额增长率（%）	县长 参加工作时长（年）	县长 本地任职时长（年）	县长 年龄	县长 民族	县长 学历	县长 是否本地任职	县长 企业工作背景	县委书记 参加工作时长（年）	县委书记 本地任职时长（年）	县委书记 年龄	县委书记 民族	县委书记 学历	县委书记 是否本地任职	县委书记 企业工作背景
89	瓦房店市	975	6.9	51.7	19.1	103	247.2				29	3	51	汉	硕士	是	无	31	3	52	汉	硕士	是	无
90	登封市	647.31	7.4	25.02	7.3	-0.009	247.7	23391			33	2	54	汉	本科	是	无		1	44	汉	本科		无
91	邹平县	910.3	3.6	67.8	6.7	0.001	194.5	25362.5	214	18	21	1	47	汉	硕士	否	无		1	52	汉	硕士	是	无
92	仪征市	628.36	8	47.79	6.8	0.168	120.68	29359.5	98.61	63.1	37	1	55	汉	本科	是	无	35	2	52	汉	硕士	是	无
93	沛县	756.32	8.6	32.07	41.5	0.114	267.06	23313	32.53	63.1	28	1	51	汉	硕士	是	有	24	3	48	汉	硕士	否	无
94	肥西县	658	7.5	85.17	22.86	0.117	110.12	25427	12.1	-5	23	4	48	汉	硕士	否	无	13	1	40	汉	博士	是	无
95	射阳县	500.02	8.3	24.18	12	0.11	185.36	23755	33.52	69	25	3	46	汉	硕士	是	无	25	2	56	汉	硕士	是	无
96	醴陵市	607.2	8.2	54.09	8.1	14.6	204.8	30664	24.64	13.1	26	1	49	汉	硕士	否	无	30	2	53	汉	硕士	否	无
97	安宁市	317.61	15.5	28.88	13.1	-16.2	109	28199.5			25	1	45	汉	硕士	是	无	30	2	49	汉	硕士	是	有
98	兴化市	862.3	7.5	37.06	7.8	420	193.28	26949	46.37	21.5	32	1	51	汉	本科	是	无	27	1	46	汉	本科	是	无
99	寒亭市	617.5	8.3	30.7	-3.1	16.2	220	23986			25	2	44	汉	硕士	是	无	28	2	49	汉	硕士	否	有
100	惠东县	652.6	8	37.9	6.2	0.2	278.7	23120	100.6	11.4		2	46	汉	硕士	是	无	24	1	42	汉	硕士	是	无

三 2018年"百强县"名单数据

	县（市、旗）	2018年生产总值（亿元）	2018年生产总值增速（%）	一般公共预算收入（亿元）	一般公共预算收入增速（%）	固定资产投资增长率（%）	社会消费品零售总额（亿元）	人均可支配收入（元）	进出口总额（亿元）	进出口总额增长率（%）	县委书记参加工作时长（年）	县委书记本地任职时长（年）	县委书记年龄	县委书记民族	县委书记学历	县委书记是否本地任职	县委书记企业工作背景	县长参加工作时长（年）	县长本地任职时长（年）	县长年龄	县长民族	县长学历	县长是否本地任职	县长企业工作背景
1	昆山市	3832.06	7.2	387.89	10	2.7	1015.6	55081	891.4亿美元	7.7	19	1	42	汉	硕士	否	无	29	1	54	汉	硕士	是	无
2	江阴市	3806.18	7.4	254.04	8	5.6	949.29	54281	243.59亿美元	15.4	26	3	51	汉	硕士	否	无	30	1	53	汉	本科	否	有
3	张家港市	2720.18	6.7	233.43	11.2	-0.5	605.87	53456	364.67亿美元	13.5	37	1	54	汉	硕士	是	有	21	1	44	汉	硕士	否	无
4	常熟市	2400	6.8	211	10	4.6	824.92	53296	248亿美元	1.6	28	2	50	汉	硕士	是	无	28	1	53	汉	硕士	是	无
5	晋江市	2229.00	9.0	230.01	8.4	16.0	710.53	40212	221.46亿美元	57.7	33	2	55	汉	本科	是	无	31	2	50	汉	本科	是	无
6	慈溪市	1737.03	9.8	180.00	14.4	3.5	1612.5	52104	851.85亿美元	12.7	36	2	54	汉	硕士	否	无	25	1	50	汉	本科	是	无
7	长沙县	1509.3	9.6	240.4	7.1	15.3	519.9	40226	71.5亿美元	54.1	21	2	43	汉	硕士	否	无	24	1	47	汉	硕士	否	无
8	宜兴市	1713.28	7.5	120.01	8.0	7.1	667.27	44517	42.6亿美元	5.0	34	2	55	汉	本科	否	无	5	5	47	汉	硕士	否	有

续表

	县（市、旗）	2018年生产总值（亿元）	2018年生产总值增速（%）	一般公共预算收入（亿元）	一般公共预算收入增速（%）	固定资产投资增长率（%）	社会消费品零售总额（亿元）	人均可支配收入（元）	进出口总额（亿元）	进出口总额增长率（%）	县委书记 参加工作时长（年）	县委书记 本地任职时长（年）	县委书记 年龄	县委书记 民族	县委书记 学历	县委书记 是否本地任职	县委书记 企业工作背景	县长 参加工作时长（年）	县长 本地任职时长（年）	县长 年龄	县长 民族	县长 学历	县长 是否本地任职	县长 企业工作背景
9	义乌市	1248.1	7.0	153.4	8.0	15.1	668.8	62711	2560.0	9.4	29	1	50	汉	本科	否	无	27	1	46	汉	硕士	是	无
10	太仓市	1330.72	6.8	155.06	10.1	4.8	338.44	63076	145.7亿美元	12.3	29	2	52	汉	硕士	是	无	30	2	52	汉	本科	否	无
11	龙口市	1238.8	5.9	104.46	6.6	9.1	401.6	37451	259.5	10.3	28	3	50	汉	硕士	是	无	27	2	53	汉	硕士	是	无
12	荣成市	1211.2	6.3	74.8	4.1	8.6	381.5	34398	229.3	4.3	27	3	50	汉	本科	是	无	22	1	46	汉	本科	是	有
13	诸暨市	1225.25	6.7	87.37	13.5	13.7	350.99	51130	405.45	20.2	27	1	50	汉	硕士	是	无	24	2	46	汉	硕士	是	无
14	浏阳市	1342.1	8.6	69.2	11	16.7	348.8	39608	19.28亿美元	10.4	25	1	49	汉	硕士	否	无	21	2	48	汉	本科	是	无
15	胶州市	1211.4	8	100.38	4	9.9	487.7		452.2	15.2	27	2	50	汉	硕士	是	无	26	2	48	汉	本科	是	无
16	宁乡市	961.82	8	80.6	12.9	12	360.17	34887	6.45亿美元	25.2	29	2	48	汉	本科	是	无	26	1	49	汉	本科	是	无
17	余姚市	1105.08	8.0	100.63	11	-20.3	1405.62	50108	820.96	14.2	31	2	49	汉	硕士	是	无	23	1	43	汉	硕士	是	无
18	海门市	1249	8.0	71.01	-2.1	8.4	399.36	37620	202.2	-41.5	33	2	55	汉	硕士	是	有	26	1	48	汉	硕士	是	有
19	福清市	1102.1	9.6	131.0	28.0	15.1	469.5	32091	663.57	-4.0	30	2	51	汉	本科	否	有	25	1	46	汉	本科	否	有

续表

	县（市、旗）	2018年生产总值（亿元）	2018年生产总值增速（%）	一般公共预算收入（亿元）	一般公共预算收入增速（%）	固定资产投资增长率（%）	社会消费品零售总额（亿元）	人均可支配收入（元）	进出口总额（亿元）	进出口总额增长率（%）	县委书记参加工作时长（年）	县委书记本地任职时长（年）	县委书记年龄	县委书记民族	县委书记学历	县委书记是否本地任职	县委书记企业工作背景	县长参加工作时长（年）	县长本地任职时长（年）	县长年龄	县长民族	县长学历	县长是否本地任职	县长企业工作背景
20	丹阳市	1250.25	2.8	61.4	0.6	-31.5	358.74	25007	32.06亿美元	15.5	30	2	50	汉	硕士	是	有	25	2	48	汉	本科	否	无
21	乐清市	1078.52	9.2	94.3	18.8	8.6	461.42	49739	160.6	15.9	36	2	55	汉	硕士	是	无	27	1	48	汉	本科	是	无
22	海宁市	948.73	6.1	89	14.5	7.6	439.43	48020	563.15	16.2	29	2	47	汉	硕士	否	无	29	1	51	汉	本科	是	无
23	温岭市	1091.07	7.7	77.29	13.5	8.1	633.34	32227	328.45	10.5	26	2	47	汉	硕士	否	无	24	1	45	汉	硕士	否	无
24	如皋市	1120.48	7.3	70.01	-1.8	8.5	404.27	32580	244.72	15.1	38	1	49	汉	硕士	是	无	24	1	45	汉	硕士	否	有
25	启东市	1063.33	7.4	72.31	1.7	8.2	376.94	34766	194.35	14.4	26	1	49	汉	硕士	否	无	36	5	54	汉	本科	是	无
26	准格尔旗	938.18	2.0	77.71	15.3	-64.9	124.24	37963			29	1	50	汉	硕士		无	27	4	50	蒙古族	硕士	是	有
27	瑞安市	948.02	8.0	71.09	12.0	8.5	452.68	49953	277.25	9.1	34	2	53	汉	硕士	是	无	28	1	46	汉	本科	是	有
28	广饶县	932.1	3.6	43.4	8.2	5.0	208.2	33250	603.7	23.2	23		45	汉	硕士	是	无	26	1	49	汉	硕士	是	无
29	迁安市	965.4	7.6	61.00	50.6	7.1	295.4	32808	17.8亿美元	-1.6	27	2	50	汉	硕士	是	无	31	1	51	汉	本科	否	无
30	靖江市	1002.05	7.1	65.71	9.3	12.2	204.07	37597	28.31亿美元	-3.8	38	2	55	汉	本科	否	无	21	2	44	汉	硕士	是	无

续表

	县（市、旗）	2018年生产总值（亿元）	2018年生产总值增速（%）	一般公共预算收入（亿元）	一般公共预算收入增速（%）	固定资产投资增长率（%）	社会消费品零售总额（亿元）	人均可支配收入（元）	进出口总额（亿元）	进出口总额增长率（%）	县委书记 参加工作时长（年）	县委书记 本地任职时长（年）	县委书记 年龄	县委书记 民族	县委书记 学历	县委书记 是否本地任职	县委书记 企业工作背景	县长 参加工作时长（年）	县长 本地任职时长（年）	县长 年龄	县长 民族	县长 学历	县长 是否本地任职	县长 企业工作背景
31	泰兴市	1050.34	7.2	74.51	18.1	13.7	237.05	33520	52.06亿美元	36.1	36	2	55	汉	本科	是	有	28	1	46	汉	硕士	是	无
32	溧阳市	935.51	8.0	66.29	8.0	10.1	356.82	39424	75.5	11.9	23	3	46	汉	硕士	是	无	25	2	47	汉	硕士	否	无
33	南安市	1067.82	8.4	79.96	11.4	19.7	514.2	34377			39	3	56	汉	硕士	是	有		3	54	汉	本科	是	无
34	新泰市	843.4	5.9	40.7	0.1	10.0	333.8	27947			33	3	51	汉	本科	否	无	23	2	46	汉	本科	否	无
35	莱西市	620.11	7.2	55.47	5.9	3.0	342.98	31742	217.19	18.8	26	1	50	汉	硕士	是	无	25	1	48	汉	硕士	是	无
36	平度市	895.9	6.4	56	3.3	3.1	441.5	29001	29.6亿美元	19.6	33	4	56	汉	硕士	是	无		1	52	汉	硕士	是	无
37	桐乡市	893.51	8.2	72.4	17.4	8.6	392.74	45796	426	18.2	28	2	48	汉	硕士	是	无	26	1	50	汉	本科	是	无
38	南昌县	811.6	9.0	70	9.8	11.4	200.5	28905	10.3亿美元	5.6	33	2	52	汉	硕士	是	无	26	2	49	汉	本科	否	无
39	滕州市	1190	4.5	70.6	9.3	2.0	486.98	24334				2	49	汉	硕士	是	无	24	1	49	汉	本科	否	无
40	邳州市	920.66	3.5	58.78	-2.4	-3.1	303.56	25965	101.24	27.9	25	2	46	汉	硕士	是	无		1	47	汉	本科	是	无
41	石狮市	836	9.1	41.82	0.5	13.7	494.8	50983	14.6	9.8	34	3	52	汉	本科	是	无	20	2	46	汉	本科	是	无
42	莱州市	805.64	6.1	61.5	6.5	9.2	343.92	31831	93.78	12.6	26	1	46	汉	硕士	否	无		1	42	汉	本科	是	无

续表

	县（市、旗）	2018年生产总值（亿元）	2018年生产总值增速（%）	一般公共预算收入（亿元）	一般公共预算收入增速（%）	固定资产投资增长率（%）	社会消费品零售总额（亿元）	人均可支配收入（元）	进出口总额（亿元）	进出口总额增长率（%）	县委书记 参加工作时长（年）	县委书记 本地任职时长（年）	县委书记 年龄	县委书记 民族	县委书记 学历	县委书记 是否本地任职	县委书记 企业工作背景	县长 参加工作时长（年）	县长 本地任职时长（年）	县长 年龄	县长 民族	县长 学历	县长 是否本地任职	县长 企业工作背景
43	海安市	993	8.1	61.71	2.8	8.6	324.93	33659	122.3	-3.9	34	1	53	汉	硕士	是	无	24	1	47	汉	硕士	是	无
44	招远市	780.9	6.3	61.25	6.5	10.6	195.45	33860	147.55	-7.5	36	1	55	汉	本科	是	有			43	汉	硕士	是	有
45	诸城市	877.73	6.5	72.8	2.2	7.9	259.9	31553	116.6	12.4	26	2	51	汉	硕士	是	无	48	2	49	汉	硕士	是	无
46	寿光市	902.7	6.5	93.5	3.5	14.6	313	32156	353.6	23.2	33	4	49	汉	硕士	否	无	31	4	49	汉	本科	是	无
47	仁怀市	722.74	13.9	67.3	49.58	7	60.7	23374	24.1	13.3	33	2	54	汉	硕士	否	无	28	1	49	汉	硕士	是	无
48	邹城市	1008.18	5.3	109.55	4.1	8.0	338.4	28329	404.03	54.8	33	2	51	汉	硕士	否	无	27	1	49	汉	硕士	否	无
49	新郑市	769.01	4.7	75	9.7	11.9	300.8	28522	9.52亿美元	6.5	28	2	43	汉	硕士	是	无	27	1	49	汉	硕士	是	无
50	如东县	952.29	7.5	57.55	3.6	8.0	377.66	32760	9.7	12.2	31	4	53	汉	硕士	是	无	29	1	48	汉	硕士	是	无
51	东台市	878.6	5.6	56.7	5		290.1	31817	267	8	28	2	49	汉	硕士	是	无	35	2	53	汉	硕士	否	无
52	荥阳市	127.4	7.9	46.9	9.31	20	220	25026			31	4		汉	本科	否	无	26	1	47	汉	硕士	否	无
53	平湖市	690	9.0	81.9	18.9			46250			34	2	53	汉	硕士	是	无	18	1	41	汉	本科	否	无
54	肥城市	602.28	6.88	40.42	0.1	8.2	320.5	28573	34.51	4.9	26	2	48	汉	本科	是	无	23	1	45	汉	硕士	否	无

续表

	县（市、旗）	2018年生产总值（亿元）	2018年生产总值增速（%）	一般公共预算收入（亿元）	一般公共预算收入增速（%）	固定资产投资增长率（%）	社会消费品零售总额（亿元）	人均可支配收入（元）	进出口总额（亿元）	进出口总额增长率（%）	县委书记 参加工作时长（年）	县委书记 本地任职时长（年）	县委书记 年龄	县委书记 民族	县委书记 学历	县委书记 是否本地任职	县委书记 企业工作背景	县长 参加工作时长（年）	县长 本地任职时长（年）	县长 年龄	县长 民族	县长 学历	县长 是否本地任职	县长 企业工作背景
55	肥西县	703.08	8.7	51.52	10.4	22.7	126.64	28211	23.31亿美元	40.4	24	1	49	汉	本科	否	无	14	1	41	汉	硕士	否	无
56	扬中市	542	5.0	32.77	2.38	-76.4	166.51	43291	7.15亿美元	1.52	32	2	50	汉	硕士	是	无	30	2	47	汉	硕士	是	有
57	三河市	487.7	6.3	60.1	10.8	2.9	195.7	31681	1.8亿美元	-5.1	37	3	55	汉	硕士	否	无	28	1	46	汉	硕士	是	无
58	伊金霍洛旗	601.6	6.5	73.6	16.9		340.3	33307			29	1	56	汉	硕士	是	无	27	1	49	汉	本科	是	无
59	巩义市	815.57	8.1	45.4	7.2	10.6	203.63	28030	7.1亿美元	14.9	36	2	55	汉	本科	是	无	32	1	50	汉	硕士	是	无
60	兴化市	905.13	4.5	39.41	9.3	-5.1	62.11	29991	7.31亿美元	-	33	2	52	汉	硕士	是	无	21	1	43	汉	硕士	是	无
61	神木市	1298.03	8.6	87.55	22.5	60.9	325.7	27947	-		36	3	56	汉	本科	否	无	27	4	50	汉			有
62	新密市	791.8	7.9	35	9.4				6	10.09	26	4	50	汉	本科	是	无	22	1	44	汉	本科	是	无
63	乳山市	565.52	6.3	33	4	6.1	129.57	27559	65.18		38	1	56	汉	本科	否	无	36	2	53	汉	硕士	是	无
64	仪征市	673.94	6.7	50.92	6.5	12.1		33362	17.08		29	3	47	汉	硕士	是	无	26	1	48	汉	本科	否	无
65	嘉善县	582.60	8.5	61.6	19.1	8.6	216.5	46721	295.28	10.2														

续表

县(市、旗)	2018年生产总值（亿元）	2018年生产总值增速（%）	一般公共预算收入（亿元）	一般公共预算收入增速（%）	固定资产投资增长率（%）	社会消费品零售总额（亿元）	人均可支配收入（元）	进出口总额（亿元）	进出口总额增长率（%）	县委书记参加工作时长（年）	县委书记本地任职时长（年）	县委书记年龄	县委书记民族	县委书记学历	县委书记是否本地任职	县委书记企业工作背景	县长参加工作时长（年）	县长本地任职时长（年）	县长年龄	县长民族	县长学历	县长是否本地任职	县长企业工作背景
66	永康市	557.71	6	56.36	7.64	12.7	238.87	41461	46.7亿美元	15.56	34	2	52	汉	本科	是	无	29	1	50	汉	硕士	是	无
67	东阳市	585	5.5	65.75	12.3	13.8	280.18	30777	207.31	4.6	19	1	43	汉	硕士	否	无	31	1	48	汉	硕士	是	无
68	长兴县	609.78	8.5	59.37	19.9	5.5	282.41	44055	191.28	23.7	28	2	47	汉	本科	否	无	32	1	50	汉	硕士	是	无
69	玉环市	580.77	6.8	53.34	10.0	-12.4	199.71	53017	273.52	14.2	28	2	50	汉	硕士	是	无	27	1	49	汉	硕士	是	无
70	嵊州市	560.65	8	45.49	19.6	17	315.23	42909	114.46	11.1	26	3	47	汉	硕士	是	有	22	1	44	汉	本科	否	有
71	浦县	762.62	3.6	56.21	3.0	-7.0	294.46	25513	45.18	38.9	29	2	52	汉	硕士	否	无	25	3	49	汉	本科	否	无
72	临海市	670.92	7	64.07	18	10.1	265.79	39469	244.2	13.3	24	2	48	汉	硕士	是	无	29	1	53	汉	硕士	是	无
73	青州市	704.1	6.7	48.4	4.0	5.1	239.7	28213	66.3	22.2	26	3	50	汉	硕士	是	无	29	1	50	汉	硕士	否	无
74	句容市	571.1	5.5	50.0	13.6	15.2	167.54	35907	6.88亿美元	31.8	28	2	50	汉	硕士	是	无	18	1	42	汉	本科	否	无
75	宁海县	603.64	7.7	61.63	11.1	15.0	536.71	46299	239.2	11.9	22	2	43	汉	硕士	是	无	27	1	49	汉	硕士	是	无
76	闽侯县	603.55	8.6	34.7	-8.4	20	317.31	29213	108.8	8.2	37	5	45	汉	硕士	否	无		1	53	汉	本科	是	无
77	惠东县	623.9	4.5			7.9	300.6	25260				2	56	汉	硕士	否	无	25	1	44	汉	本科	是	无
78	蓬莱市	536.3	6.4	35.2	7.5		165.9	32088	72.2	8.9	22	2	43	汉	硕士	否	无		2	48	汉	硕士	是	无

续表

	县(市、旗)	2018年生产总值(亿元)	2018年生产总值增速(%)	一般公共预算收入(亿元)	一般公共预算收入增速(%)	固定资产投资增长率(%)	社会消费品零售总额(亿元)	人均可支配收入(元)	进出口总额(亿元)	进出口总额增长率(%)	县委书记参加工作时长(年)	县委书记本地任职时长(年)	县委书记年龄	县委书记民族	县委书记学历	县委书记是否本地任职	县委书记企业工作背景	县长参加工作时长(年)	县长本地任职时长(年)	县长年龄	县长民族	县长学历	县长是否本地任职	县长企业工作背景
79	瓦房店市	874	4.3	18.4	-64.4	-55.1	262.9	22931			30	1	49	汉	硕士	是	无	30	3	52	汉	硕士	是	无
80	宜都市	606.74	7.7	23.00	7.1	12.0	131.88	28446	5.16亿元	10.4	28	3	52	汉	本科	是	有	18	2	40	汉	硕士	是	无
81	醴陵市	652.13	7.4	41.8	-22.7	7.8	224.8	33424	4.8亿美元	31.8	27	2	50	汉	硕士	否	无	31	3	54	汉	本科	否	无
82	高邮市	669.02	8.0	36.8	12.8	16.0	191.15	28597	4.94亿美元	5.5	26	2	47	汉	本科	否	无	23	2	52	汉	硕士	是	无
83	登封市	700	6.6	27.5	9.9	4.8						1	45	汉	硕士	否	无	28	1	46	汉	本科	否	无
84	大冶市	623.64	8.6	45.01	2.9	11.0	282.0	29903	3.78亿美元	13.3	27	3	45	汉	硕士	否	无	29	2	51	汉	本科	否	有
85	仙桃市	800.13	8.3	33.35	10.2	11.9	373.15	24884	10.22亿美元	30.5	27	2	49	汉	硕士	否	无	26	5	46	汉	硕士	否	无
86	苍南县	560.6	7.2	37.7	11.9	6.9	385.6	36519	50.7	35.4	32	2	53	汉	硕士	是	无	28	2	46	汉	本科	是	无
87	禹州市	697.83	9.2	20.87	11.5	9.2	225.24	23641	2.63亿美元	18.1	33	2	52	汉	硕士	是	无	36	2	54	汉	本科	是	无
88	高密市	673.8	6.6	50.6	3	0.8	206.5	29973	164	8.2		2		汉	本科			24	1	47	汉	硕士	是	无

续表

	县（市、旗）	2018年生产总值（亿元）	2018年生产总值增速（%）	一般公共预算收入（亿元）	一般公共预算收入增速（%）	固定资产投资增长率（%）	社会消费品零售总额（亿元）	人均可支配收入（元）	进出口总额（亿元）	进出口总额增长率（%）	县委书记参加工作时长（年）	县委书记本地任职时长（年）	县委书记年龄	县委书记民族	县委书记学历	县委书记是否本地任职	县委书记企业工作背景	县长参加工作时长（年）	县长本地任职时长（年）	县长年龄	县长民族	县长学历	县长是否本地任职	县长企业工作背景
89	西昌市	509.38	7.0	43.93	7.0	-5.1	283.66	29021			27	5	50	汉	硕士	否	无	38	2	55	汉	硕士	是	无
90	邹平县	862.2	-4.9	71.2	5	-26.5	196.9	6.1	253.4	18.4	37	2	53	汉	硕士	是	无	16	6	44	汉	硕士	否	无
91	新沂市	653.32	4.3	52.38	10.1	3.1	209.48	23482	81.89	80.1	22	1	48	汉	硕士	是	无	24	1	46	汉	硕士	是	无
92	库尔勒市	616.14	4.4	34.03	-1.1	-29.5	129.2	25761			25	2	51	汉	硕士	否	无	27	1	46	维吾尔族	硕士	是	无
93	射阳县	536.61	5.6	26.36	9	9.6	190.02	25953	4.73亿美元	6.7	34	4	55	汉	硕士	是	无	26	4	47	汉	硕士	否	无
94	海盐县	503.27	7	47.52	16.9	8.4	147.45	24523	185.36	23.1	29	1	47	汉	硕士	否	无	27	1	49	汉	硕士	否	无
95	潜江市	755.78	8.3	25.84	9.6	11.3	260.11	37756	46.3	121.1	25	1	47	汉	硕士	否	无	34	1	55	汉	硕士	否	无
96	海城市	558.2	4.6	32.2	32.6	0.4	306.3	43937	5.5亿美元	29.4	25	3	49	汉	硕士	否	无	11	2	47	汉	硕士	否	无
97	新昌县	421.09	7.4	41.88	15.2	4.4	186.36	25570	158.2	15.6	29	1	51	汉	本科	否	无	27	2	39	汉	硕士	否	无
98	昌吉市	382.78	4.6	41.94	-0.4	-41.1	121.25		5.6亿美元	56.6	31	1	51	汉	本科	否	无	22	2	48	汉	硕士	是	无
99	鄂托克旗	453.3	7	26.2	26.4	-5.9	45.8	35356	170.0		28	1	50	汉	硕士	否	无	22	1	50	蒙古族	本科	是	无
100	德清县	517.0	8.0	59.1	21.5	10.2	183.9	44729		4.7	28	1	47	汉	硕士	否	无		1	44	汉	硕士	是	无

四 2019年"百强县"名单数据

	县(市、旗)	2019年生产总值(亿元)	生产总值增速(%)	一般公共预算收入(亿元)	一般公共预算收入增速(%)	固定资产投资增长率(%)	社会消费品零售总额(亿元)	人均可支配收入(元)	进出口总额(亿元)	进出口总额增长率(%)	县长参加工作时长(年)	县长本地任职时长(年)	县长年龄	县长民族	县长学历	县长是否本地任职	县长企业工作背景	县委书记参加工作时长(年)	县委书记本地任职时长(年)	县委书记年龄	县委书记民族	县委书记学历	县委书记是否本地任职	县委书记企业工作背景
1	江苏昆山	4045.1	6.1	407.3	5.00	2.70	1081.26	59735	826.72	-7.82	22	2	60	汉	硕士	是	无	20	2	43	汉	硕士	否	无
2	江苏江阴	4001.12	6.8	256.58	1.00	6.10	1036.15	59036	235.01	-3.50	35	3	59	汉	本科	否	有	23	4	46	汉	硕士	否	无
3	江苏张家港	2547.26	6.1	247	5.80	10.30	639.62	57957	343.61	-5.80	26	2	50	汉	硕士	否	无	38	1	55	汉	硕士	是	无
4	江苏常熟	2269.82	5.3	203.2	-3.80	15.90	1031	57831	225.79	-10.60	27	2	51	汉	硕士	是	无	29	1	54	汉	硕士	是	无
5	福建晋江	2546.16	8	221.62	-3.60	2.70	783.3	43441	761.19	-2.70	30	5	56	汉	硕士	否	无		7	57	汉	硕士	否	无
6	湖南长沙	1709.96	8.2	111.18	8.00	11	570.8	43920	100	47.60		5	53	汉	本科	是	有	21	1	48	汉	硕士	是	无
7	浙江慈溪	1898.64	6.2	201.69	12.00	11.40	669.64	56653	885.11	3.90	30	2	56	汉	硕士	是	无	37	3	55	汉	硕士	否	无
8	江苏宜兴	1770.12	7	123.85	3.20	6	727.66	48506	44.64	4.80		8	53	汉	本科	否		35	3	56	汉	硕士	否	无
9	江苏太仓	1324.97	5.4	163	5.10	9.20	363.15	56950	133.57	-8.30	30	3	58	汉	本科	否	有	30	4	53	汉	硕士	是	无
10	山东龙口	1074.8	6.1	101	-3.30	8	309.7	40590	177.6	6.40	32	1	55	汉	硕士	是	无		4	51	汉	硕士	是	无
11	浙江义乌	1421	7.4	101	6.30	18	722.6	68121	2967.8	15.90	32		52	汉	硕士	是	无	30	1	51	汉	本科	否	无

续表

序号	县(市、旗)	2019年生产总值(亿元)	生产总值增速(%)	一般公共预算收入(亿元)	一般公共预算收入增速(%)	固定资产投资增长率(%)	社会消费品零售总额(亿元)	人均可支配收入(元)	进出口总额(亿元)	进出口总额增长率(%)	县长-参加工作时长(年)	县长-本地任职时长(年)	县长-年龄	县长-民族	县长-学历	县长-是否本地任职	县长-企业工作背景	县委书记-参加工作时长(年)	县委书记-本地任职时长(年)	县委书记-年龄	县委书记-民族	县委书记-学历	县委书记-是否本地任职	县委书记-企业工作背景
12	山东胶州	1147.59	7.9	101.4	1.00	25.80	537.7	36669	514.2	15.00	32	3	56	汉	本科	是	无	28	3	51	汉	硕士	是	无
13	山东荣成	930.8	3.6	63.6	-15.00	8	417.1	37146	257	12.10	27	3	52	汉	硕士	是	有	28	4	51	汉	硕士	是	无
14	湖南浏阳	1408.8	9.2	128.4	13.30	12	387.2	43253	20.84	6.20	27	5	54	汉	硕士	是	无	26	2	50	汉	硕士	否	无
15	江苏海门	1352.37	6.4	71.02	0.00	7.40	423.72	40949	194.19	-4.00	31	3	54	汉	硕士	是	无	34	3	56	汉	硕士	是	有
16	浙江乐清	1208.93	8.7	99.69	5.70	10.10	535.41	54775	185.66	15.70	32	3	54	汉	硕士	是	无	37	3	56	汉	硕士	是	无
17	浙江余姚	1166.26	7.9	107.23	6.60	10.60	506.72	54502	942.84	14.90	28	2	49	汉	硕士	否	无	32	3	50	汉	硕士	是	有
18	福建福清	1150.15	7.6	139.2	8.70	3	503.8	34900	619.6	-4.60	30	3	52	汉	本科	是	无	31	3	52	汉	本科	否	无
19	江苏丹阳	1121.99	4.7	62.01	1.00	0.50	379.45	42045	31.49	-1.80	31	1	52	汉	硕士	否	无	26	1	49	汉	本科	否	无
20	湖南宁乡	1069.1	9.1	88.03	9.20	10.20	401.43	38168	12.05亿美元	87.00	31	4	55	汉	本科	是	无	30	3	49	汉	本科	是	无
21	浙江诸暨	1312.36	7.5	89.81	2.80	7.30	385.95	53839	488	20.40	29	3	52	汉	本恶看	否	无	28	1	51	汉	硕士	是	无
22	江苏如皋	1215.18	6.1	70	0.01	8	427.7	35495	246.14	0.60	29	3	51	汉	硕士	是	有	49	2	65	汉	硕士	否	无
23	浙江海宁	157.36	2.8	97.02	9.00	11.70	477.48	38700	562.83	-2.40	34	3	54	汉	本科	是	无	30	3	48	汉	硕士	否	无

续表

	县(市、旗)	2019年生产总值(亿元)	生产总值增速(%)	一般公共预算收入(亿元)	一般公共预算收入增速(%)	固定资产投资增长率(%)	社会消费品零售总额(亿元)	人均可支配收入(元)	进出口总额(亿元)	进出口总额增长率(%)	县长 参加工作时长(年)	县长 本地任职时长(年)	县长 年龄	县长 民族	县长 学历	县长 是否本地任职	县长 企业工作背景	县委书记 参加工作时长(年)	县委书记 本地任职时长(年)	县委书记 年龄	县委书记 民族	县委书记 学历	县委书记 是否本地任职	县委书记 企业工作背景
24	浙江温岭	1105.13	6.5	78.27	1.30	22.20	693	50745	360.26	9.80	29	4	51	汉	硕士	否	有	27	3	48	汉	硕士	否	无
25	福建石狮	917.84	7.6	58.8	-9.60	7.50	569	54960	340	98.00		3	52	汉	硕士	是	无		4	57	汉	本科	否	无
26	江苏泰兴	871.82	4.6	39.76	0.90	-8.70	253.57		7.52亿美元	2.90	33	2	52	汉	硕士	否	无	37	3	56	汉	本科	是	无
27	江苏启东	1157.55	5.5	70.65	-2.30	7.20	397.45	37825	249.53	28.20	24	1	45	汉	硕士	是	无	27	2	50	汉	硕士	是	无
28	福建南安	1295.44	8	89.23	11.60	15.50	521.73	37365	153.6		44	8	62	汉	硕士	是	无	21	7	56	汉	本科	是	无
29	河北迁安	957.8	6.2	63	3.30	7.80	322.3	34546	172	46.20	32	6	56	汉	硕士	是	无	37	6	54	汉	硕士	是	无
30	江苏靖江	979.57	7.2	66.61	1.40	11.50	219.09	40941	34.47亿美元	21.80	26	3	50	汉	硕士	是	无	39	3	56	汉	硕士	否	无
31	浙江嵊州	1003.96	7.6	79.64	12.00	10.00	525.37	49109	309.01	11.90	33	3	52	汉	硕士	是	有	35	3	54	汉	硕士	是	无
32	内蒙古准格尔旗	820.05	3.1	82.6	6.30	16.10	128.46	40669	无	无	33	1	55	蒙古	硕士	是	无	33	1	51	汉	硕士	否	无
33	山东广饶	589.3	4.2	43.6	4.20	-45.80	170.5	33878.5	616.1	0.80	31	2	55	汉	硕士	否	无	24	3	46	汉	硕士	是	无
34	山东滕州	748.35	4.3	68	-3.70	-13.60	388.4	26291	37.73亿美元	6.60	36	1	57	汉	硕士	是	无	27	1	50	汉	硕士	否	无

续表

	县（市、旗）	2019年生产总值（亿元）	生产总值增速（%）	一般公共预算收入（亿元）	一般公共预算收入增速（%）	固定资产投资增长率（%）	社会消费品零售总额（亿元）	人均可支配收入（元）	进出口总额（亿元）	进出口总额增长率（%）	县长 参加工作时长（年）	县长 本地任职时长（年）	县长 年龄	县长 民族	县长 学历	县长 是否本地任职	县长 企业工作背景	县委书记 参加工作时长（年）	县委书记 本地任职时长（年）	县委书记 年龄	县委书记 民族	县委书记 学历	县委书记 是否本地任职	县委书记 企业工作背景
35	山东莱西	526.35	6.5	66.89	27.90	31.30		34404	225.5	3.30	30	1	54	汉	硕士	是	无	27	2	51	汉	硕士	是	无
36	江苏海安	1133.21	6.6	62.66	1.50	8.40	344.98	36662	139.4	14.00	29	2	53	汉	硕士	是	无	35	2	54	汉	硕士	是	无
37	山东寿光	768.1	3.7	94.4	1.00	-25.40	333.9	34798	402.9	14.10	36	6	55	汉		否	无	30	1	49	汉	硕士	否	无
38	浙江桐乡	968.17	7	79.65	10.00	11.40	424.76	60880	419.19	-1.60	15	2	42	汉	硕士	是	无	29	3	49	汉	硕士	是	无
39	山东招远	682.16	7.4	53.12	-13.30	7.30	231.9	36746	151.43	7.50		7	49	汉	硕士	否	无	35	8	56	汉	硕士	否	无
40	河南新郑	779.3	7	80.4	7.20	4.50	365.7	23500	4.3亿美元	6.80	5	4	55	汉	硕士	是	无		8	52	汉	本科	是	有
41	山东诸城						274.3	32518			33	3	51	汉	硕士		无	23	3	46	汉	硕士	是	无
42	山东平度	684.7	6	58.1	3.60	16.10	311.3	31465	202.95	5.80	29	2	48	汉	硕士	是	无	27	1	47	汉	硕士	否	无
43	山东莱州	663.67	0.6	40	-35.00	5.60	280	47371	104.78	5.10	25	2	54	汉	硕士		无	30	2	49	汉	硕士	是	无
44	江苏如东	1053.42	6.7	57.7	0.30	7.80	397.3	34782.5	377.19	-6.60	32	4	55	汉	硕士	是	无	24	3	46	汉	硕士	否	无
45	山东邹城	807.64	3.1	51.04	6.30	-1.60	363	30586	33.57	39.30	29	2	53	汉	硕士	否	无	24	3	46	汉	硕士	否	无
46	江苏邳州	959.7	5.3	42.86	42.87	7.00	348.2	28300	136	34.60	30	4	53	汉	本科	否	无	24	4	47	汉	硕士	是	无
47	江苏溧阳	1010.54	7.8	70.27	6.00	5.60	381.62	43010	80.38	6.40														

续表

	县（市、旗）	2019年生产总值（亿元）	生产总值增速（%）	一般公共预算收入（亿元）	一般公共预算收入增速（%）	固定资产投资增长率（%）	社会消费品零售总额（亿元）	人均可支配收入（元）	进出口总额（亿元）	进出口总额增长率（%）	县长 参加工作时长（年）	县长 本地任职时长（年）	县长 年龄	县长 民族	县长 学历	县长 是否本地任职	县长 企业工作背景	县委书记 参加工作时长（年）	县委书记 本地任职时长（年）	县委书记 年龄	县委书记 民族	县委书记 学历	县委书记 是否本地任职	县委书记 企业工作背景
48	江苏东台	834.91	4.7	52	-8.30	5.70	242	34571	10.3	-8.20	40	3	59	汉	硕士	是	无	29	3	50	汉	硕士	是	无
49	贵州仁怀	1297.04	10.1	72.3	7.41	9.20	60.7	25615	1.3	34.00	33	3	54	汉	本科	是	有	26	3	52	布依族	本科	否	无
50	江西南昌	1027.8	8	74.5	6.30	10.30	1027.76	30805	329.4	25.60	38	1	58	汉	硕士	否	无	34	3	56	汉	硕士	是	无
51	山东新泰	500.8	6.1	224.6	2.36	3.00		30973	168	5.50		3	52	汉	本科		无	34	4	52	汉	本科	是	无
52	山东肥城	690.28	6.8	40.42	13.20	-20.80	2102.54	51592	34.9	1.10	28	3	51	汉	硕士	是	无	27	3	49	汉	硕士	是	无
53	浙江平湖	765.8	7.6	88.4	8.00	13.80	214.4	37869	665.7	2.30	32	1	52	汉	硕士	是	无	35	3	54	汉	硕士	是	无
54	河北三河	504.8	7.7	61.3	2.00	10.10			145416万美元	-19.60	33	4	52	汉	硕士	是	无	38	4	56	汉	硕士	是	无
55	内蒙古伊金霍洛旗	732.2	4.1	75.2	2.10	8.40	0.584	41521			32	2	55	蒙古	本科	是	无	30	2	50	汉	硕士	是	无
56	陕西神木	1362.9	7.5	91.2	4.20	8.80	64.6	30328	5.46	42.20	32	5	55	汉	否	是	无	37	4	57	汉	硕士	是	无
57	河南巩义	801.21	5.8	45.4	6.20	9.10	375.2	30467	47.5	569.00	42	2	62	汉	本科	是	有	26	5	48	汉	硕士	否	无
58	浙江玉环	617.5	5.2	53.92	1.10	20.50	216.76	57691	267.94	0.10	32	2	55	汉	硕士	是	无	29	3	51	汉	硕士	否	无

续表

	县(市、旗)	2019年生产总值(亿元)	生产总值增速(%)	一般公共预算收入(亿元)	一般公共预算收入增速(%)	固定资产投资增长率(%)	社会消费品零售总额(亿元)	人均可支配收入(元)	进出口总额(亿元)	进出口总额增长率(%)	县长参加工作时长(年)	县长本地任职时长(年)	县长年龄	县长民族	县长学历	县长是否本地任职	县长企业工作背景	县委书记参加工作时长(年)	县委书记本地任职时长(年)	县委书记年龄	县委书记民族	县委书记学历	县委书记是否本地任职	县委书记企业工作背景
59	安徽肥西	803.86	6.7	50.71	-1.60	13.40	144.11	31237	23.75	14.70	19	5	46	汉	硕士	否	无	25	2	50	汉	硕士	否	无
60	浙江长兴	693.28	8.2	35.03	3.10	11.20		49008	193.87	1.90	23	1	44	汉	硕士	是	无	29	3	48	汉	本科	否	无
61	江苏兴化	871.82	4.6	39.76	0.90	-8.70	210.4	32642	7.52亿美元	2.90	26	2	49	汉	本科	否	无	34	3	53	汉	本科	是	无
62	河南荥阳	535.5	7.3	25.37	8.13	11.40	234.1	29058			28	5	51	汉	本科	是	有							
63	浙江嘉善	626.81	5.8	67.79	10.10	0.40	134.55	63287	305.47	3.80	31	3	54	汉	硕士	否	无	30	4	48	汉	硕士	是	无
64	江苏扬中	487.83	6.9	34.01	3.80	9.10	136.96	46906.6	5.2	-27.59	35	2	53	汉	硕士	否	无	33	4	51	汉	硕士	是	无
65	江苏仪征	791.72	6.9	44.8	5.00	6.70	308.2	35189	22.3	31.00	32	2	55	汉	硕士	是	有	39	5	57	汉	硕士	是	无
66	江苏沛	777.96	6	45	-19.90	-37.10	256	27764	52.58	17.60	29	3	47	汉	硕士	否	无	30	4	53	汉	本科	是	无
67	山东青州	549.3	5.4	48.9	1.00	5.50	302.17	30533	70.8	8.40	34	3	56	汉	硕士	是	无	27	4	51	汉	硕士	否	无
68	浙江东阳	638.45	5.7	69.9	6.30	15.50	354.33	48155	31.38亿美元	-0.23	27	2	50	汉	硕士	是	无	20	4	44	汉	硕士	否	无
69	福建闽侯	740.22	7.9	116.31	-8.20		197.87	32092	176.3	-0.70	31	4	56	汉	硕士	是	无			46	汉	硕士	否	无
70	河南新密	791.8	7.9	35	9.40			29192	6		3			汉			无		5					

续表

县(市、旗)	2019年生产总值(亿元)	生产总值增速(%)	一般公共预算收入(亿元)	一般公共预算收入增速(%)	固定资产投资增长率(%)	社会消费品零售总额(亿元)	人均可支配收入(元)	进出口总额(亿元)	进出口总额增长率(%)	县长参加工作时长(年)	县长本地任职时长(年)	县长年龄	县长民族	县长学历	县长是否本地任职	县长企业工作背景	县委书记参加工作时长(年)	县委书记本地任职时长(年)	县委书记年龄	县委书记民族	县委书记学历	县委书记是否本地任职	县委书记企业工作背景
71 山东乳山	277.36	-2.8	27.89		-35.40		39593	60.3	-7.40	27	5	50	汉	本科	是	无	27	2	51	汉	本科	否	无
72 河南永城	615.79	8.4	45	10.30	10.00	226.47	23800	3.9	1836.00		2	50	汉	本科	否	无		1	50	汉	硕士		无
73 辽宁瓦房店		4.5		101.30	8.00	224				32	1	55	汉	硕士	是	无	31	2	50	满族	硕士		无
74 湖北大冶	680.69	8.1	43.02	-4.46	12.70	363.54	32580	29.27	17.30	25	2	47	汉	硕士	否	无	30	2	52	汉	硕士	否	无
75 浙江宁海	701.08	6.1	66.02	7.10	4.20	251.16	47440	302.95	26.60	32	2	55	汉	硕士	是	无	28	1	50	汉	本科	是	无
76 浙江苍南	652.21	6.2	69.5		10.00	395.94	39932	56.59		33	3	52	汉	本科	否	无	33	3	54	汉	硕士	是	无
77 山东邹平	554.26	1.5	23.5	-2.50	-17.90	124.01	31392	241.9	-4.50	29	1	50	汉	硕士	是	无		4	4	汉	硕士	是	有
78 湖北宜都	679.24	9.3	31.8	2.30	12.70	148.05	31539.5	32	-15.50	23	4	45	汉	本科	是	无	29	4	53	汉	硕士	是	无
79 广东蓬东	626.3	7	33	-8.60	12.90	329	27528	152.2	40.00	48	1	67	汉	大专	否	无	23	3	44	汉	本科	否	无
80 山东蓬莱	356.95	6.1	51.41	-6.20		131.1	34777	71.9	31.30	30	3	50	汉	硕士	是	无	26	1	48	汉	硕士	否	无
81 湖北仙桃	800.13	8.3	51.41	9.50	11.90	445.2	27172	10.22	30.50	25	4	47	汉	硕士	否	无	30	2	48	汉	硕士	否	无
82 浙江海盐	539.65	6.3	52.28	10.00	11.60	159.49	52736	168.8	-9.20	22	3	55	汉	硕士	否	无	35	1	53	汉	硕士	是	无
83 山东高密	500.05	0.8	50	9.60		214.8	32350	155.3		30	3	53	汉	硕士	是	无							

续表

	县（市、旗）	2019年生产总值（亿元）	生产总值增速（%）	一般公共预算收入（亿元）	一般公共预算收入增速（%）	固定资产投资增长率（%）	社会消费品零售总额（亿元）	人均可支配收入（元）	进出口总额（亿元）	进出口总额增长率（%）	县长 参加工作时长（年）	县长 本地任职时长（年）	县长 年龄	县长 民族	县长 学历	县长 是否本地任职	县长 企业工作背景	县委书记 参加工作时长（年）	县委书记 本地任职时长（年）	县委书记 年龄	县委书记 民族	县委书记 学历	县委书记 是否本地任职	县委书记 企业工作背景
84	江苏沭阳	950.17	7.1	47.9	1.90	7.50	248.61	24633	8.97	13.10	32	2	54	汉	硕士	是	无	30	2	53	汉	硕士	否	无
85	江苏新沂	686.4	6	35.55	-32.10	6.80	219.87	25580	91.22	11.90	29	3	52	汉	硕士	是	无	23	2	49	汉	硕士	是	无
86	江苏射阳	563.87	6.6	28.6	8.50	9.70	205	28326	6.695亿美元	41.50	20	2	43	汉	硕士	是	无	37	1	57	汉	本科	否	无
87	辽宁海城	552	6.9	32.5	9.00	4.50	327.7		3.16	24.50	26	3	50	汉	硕士	是	无		1	46	汉	硕士	否	无
88	浙江永康	629.56	6.2	59.93	6.30	20.30	254.22	47210	46.83亿美元	0.31	34	2	55	汉	硕士	是	无	35	3	53	汉	硕士	否	无
89	江苏句容	661.48	6.3	53.5	7.00	3.90	155.6	38891	6.79亿美元	-1.20	33	1	57	汉	硕士	是	无	19	1	43	汉	本科	否	有
90	湖北潜江	812.63	7.9	27.5	6.40	12.40	291.35	26882	77.7	68.70	39	3	61	汉	硕士	否	无	31	1	52	汉	硕士	否	无
91	湖南醴陵	716.4	8.3	44	5.30	14.90	248.3	36582	1.9	14.50	21	1	43	汉	硕士	否	无	28	5	51	汉	硕士	否	无
92	辽宁庄河	600.7	6		7.20		244.8	23884	106	18.50		5	54	汉	硕士	是	无	24	1	46	汉	硕士	否	无
93	河南济源	686.96	7.8	57.1	13.80	-1.10	201.7	29065	146.8	9.10	33	2	54	汉	硕士	否	无	34	3	56	汉	硕士	否	无
94	河南登封	448.1					164.1	20200				2		汉				2	46	汉	本科		无

续表

	县（市、旗）	2019年生产总值（亿元）	生产总值增速（%）	一般公共预算收入（亿元）	一般公共预算收入增速（%）	固定资产投资增长率（%）	社会消费品零售总额（亿元）	人均可支配收入（元）	进出口总额（亿元）	进出口总额增长率（%）	县长 参加工作时长（年）	县长 本地任职时长（年）	县长 年龄	县长 民族	县长 学历	县长 是否本地任职	县长 企业工作背景	县委书记 参加工作时长（年）	县委书记 本地任职时长（年）	县委书记 年龄	县委书记 民族	县委书记 学历	县委书记 是否本地任职	县委书记 企业工作背景
95	贵州盘州	535.21	10.3	45.73	11.72	5.50		20718			30	5	52	汉	硕士	否	无	35	4	57	汉	硕士	否	无
96	湖北枣阳	705	8	26.9	2.00	11.20	269.5	28851.5			31	3	51	汉	硕士	否	无	27	1	46	汉	硕士	是	无
97	新疆库尔勒	650.23	4.6	34.03	-1.10	-29.50	139.5	27459			28	3	52	维吾尔族	本科	否	无	28	2	47	维吾尔族	硕士	是	无
98	江苏高邮	660	8	36.8	12.80	16.00	204.62	31072	4.94	5.50	25	1	48	汉	硕士	是		27	3	48	汉	硕士	否	无
99	河南汝州	474.23	7.5	33.2	5.10	-14.50	185.4	23677.3	1645万	93.60		2		汉	本科	是		25	1	47	汉	硕士	否	无
100	新疆昌吉	402.04	5.3	39.24	-6.40	-26.30S	268.6	26568	40808.35万美元	-26.60	28	3	53	回族	本科	是	无	24	1	47	汉	本科	否	无

五 全国百位优秀县委书记辖区GDP增长率

区、县、旗	年份	省份	GDP总值 2008	2009	2010	2011	2012	2013	2014	2015
西城区	2010.07~2015.10	北京	9	32.2	13.3	14.72	9.86	9.33	7.64	7.14

区、县、旗	年份	省份	GDP总值 2008	2009	2010	2011	2012	2013	2014	2015
红安	2012.12至今	湖北省		15.1	11.5	25	16	12	12.2	9.5

续表

区、县、旗	年份	省份	GDP总值 2008	2009	2010	2011	2012	2013	2014	2015	区、县、旗	年份	省份	GDP总值 2008	2009	2010	2011	2012	2013	2014	2015
朝阳区	2012.07~2015.07	北京	12.3	10.2	12	8.1	8.9	9.13	9.43	6.98	巴东	2011.10至今	湖北省	26.6	11.8	13	16	14	13	10.06	9
宁河县	2011.11~2015.10	天津	20.8	20	9.7	32.3	24.5	47.7	21.2	19.59	嘉鱼	2011.10~2016.03	湖北省	16.4	13.7	37	39	21	13.6	8.4	8.5
静海县	2013.04~2015.10	天津	20.9	25.3	25.3	23.5	20.9	22.1	15.01	15.2	衡阳	2013.12~2015.11	湖南省	12.1	14.7	15.1	21	14	11.1	10.1	12
香河县	2011.07至今	河北省	14.1	12.6	13.2	10.4	10.4	9.5	7.5	10.9	中方	2011.12~2015.09	湖南省		18.1	29	26	19	11.6	5.2	8.3
秦皇岛海港区	2011.06~2015.07	河北省		10.2	13.1	13	9.2	8.5	7.9		桂阳	2014.03~2015.10	湖南省	9.2		16	26	12.6	14	13	9.2
威县	2013.04~2015.07	河北省					11.1	11.6	20.2	6.8	宁乡	2015.04~2016.07	湖南省	16	16.5	16.5	30	14.8	14	9	12.1
邯郸	2013.04~2016.09	河北省	11.1	11.2	13.1	12.2	11.1	-31	4.7		江门市蓬江区	2011.08~2016.04	广东省	15.1	11.1	11.2	12.5	0.5	3	2.8	11
涿鹿	2011.11~2016.02	河北省	13	d	15.4	11.6	9.7	11	12.3		新丰县	2012.03~2015.10	广东省			21.6	25	21	19.1	13.3	
浮山县	2013.01~2016.01	山西省	18.6	17.92	25.94	21.16	22.02	10.06	11.3	-2.7	广州市越秀区	2010.07~2015.10	广东省	10.19	6.7	11.2	14.8	11.8	11	3.8	7.3
潞城县	2011.04~2015.12	山西省		67.5	72.1	26.24	6.63	-7.8	10.1	-14	天峨县	2011.05~2016.01	广西壮族自治区		8.5	10.2	-9.7	-3.6	-13.2	47.5	13.1
杭锦后旗	2013.01~2015.11	内蒙古自治区	16.5	20	19.98	12.6	8.4	10	2.8	6.4	北海市铁山港区	2011.05~2016.04	广西壮族自治区	13.6		26	71.5156		25.7	23	8.3

续表

区、县、旗	年份	省份	GDP 总值 2008	2009	2010	2011	2012	2013	2014	2015	区、县、旗	年份	省份	GDP 总值 2008	2009	2010	2011	2012	2013	2014	2015
翁牛特旗	2013.02~2015.10	内蒙古自治区	18.3	13.3	13.7	24.3	18.2	10.3	6.5	7.6	贵港市覃塘区	2010.05~2016.05	广西壮族自治区			22	13	7.15	15.5	10.1	8.9
卓资	2011.04~2015.11	内蒙古自治区		13.6	13.6	22.1	8.84	8	7.9	4.6	梧州市长洲区	2011.05~2015.09	广西壮族自治区		14.9	22	109	255	13.6	11.2	12.2
兴城	2012.05~2015.11	辽宁省	13.5	24.5	23.5	16.3	-27	19.2	13.7	10.3	乐东黎族自治县	2012.06至今	海南省	11.7	12.4	10.8	25	4.4	11.1	15.6	10.5
鞍山市立山区	2011.06~2015.09	辽宁省	18.3		23.5	13.43	10.13	9.01-43		7.5	江津区	2012.02~2016.07	重庆市	17.5	16.5	17.6	27	11	14.2	13.9	12.2
大连市甘井子区	2011.03至今	辽宁省			19.6	17.4	8.1	34.8-19.6	19.6		梁平县	2013.04~2015.10	重庆市	45.6	16	16.1	18	19.1	16.6	19.2	10.5
镇赉县	2011.03~2016.01	吉林省	13.4	25.3	24	28	4.6	13.6	12	7.4	攀枝花市东区	2013.06~2016.04	四川省	13.5	11	12	20.1	11.6	6.6	7.2	8.1
梅河口	2012.04~2015.07	吉林省			20	17.5	20	17	12	8	眉山市东坡区	2011.10至今	四川省	15.6	14.3	13.2	15.4	15.2	11	10.2	10
绥芬河	2015.04至今	黑龙江省	20.7	10.2	11	15.2	14.3	10.5	8.1	5.1	甘孜县	2014.05~2016.04	四川省	10.4	9	14.1	22.7	15.2	13.6	17.5	5.1
抚远县	2014.03至今	黑龙江省			16.9		12.9	-5.7	5.8	6	旺苍县	2011.07~2015.12	四川省	7.2	16.4	14.4	16.3	14.2	10.3	10.5	8.7

续表

区、县、旗	年份	省份	GDP总值 2008	2009	2010	2011	2012	2013	2014	2015
望奎县	2011.10~2015.10	黑龙江省	12.3	10	10.4	19	31.8	16.7	14.7	
静安区	2013.07~2015.11	上海市	10.1	8.1	5.5	5.2	8.5	8	7.5	12.5
黄浦区	2015.01~2016.07	上海市				5.5	7.7	7.2	5.5	10.2
泰州市高港区	2007.11~2016.07	江苏省	26	19.3	112	18.8	12.1	12.8	12.9	11.1
海门市	2011.06~2016.07	江苏省		11	20.5	18	12.3	14.6	10	9.8
常熟市	2011.10~2016.01	江苏省	14	12	18.1	17.6	9.3	5.9	1.46	7.2
诸暨市	2011.11~2015.05	浙江省	9.5	5.9	18.1	19.2	11.1	9.8	8.23	7
开化县	2013.06~2015.12	浙江省	13.3	7.45	17.9	13.3	11	8.2	3.67	5.7
建德市	2013.12至今	浙江省	17.8	5.3	11.5	10.5	10.6	9.6	10	8.9
砀山县	2011.11~2015.12	安徽省	9.2	15.7	20.5	25.7	15.8	13.1	9.8	9.2
广德县	2010.04至今	安徽省	20	17.1	19.7	15.9	11.5	9.3	8.5	8.4
天长市	2015.01~2016.01	安徽省	12.7	13.6	20.1	25.7	14.2	12.5	10.3	10.7
合肥市包河区	2011.12~2015.07	安徽省		16	13.99	15.6	11.8	10.3	8.7	

区、县、旗	年份	省份	GDP总值 2008	2009	2010	2011	2012	2013	2014	2015
射洪县	2013.01~2015.10	四川省	13.9	11	17.7	18.9	14.4	6	8.3	12.6
汶川县	2014.02~2016.01	四川省	-50.1	63.7	34.3	10.7	9.5	3.9	13.3	8.2
德江县	2011.09~2016.01	贵州省			18.2	23	26.9	18.9	22	
长顺县	2011.04~2015.11	贵州省		17.5	17	19.7	37.9	20.7	15.3	13.6
丹寨县	2013.05~2016.03	贵州省	11.6	12.6	16.4	20.7	31.8	18.1	15.1	13.1
遵义县	2014.02~2016.01	贵州省	14.6	12.5	14.7	17	14.1	19.1	19.6	13.2
福贡县	2011.05~2015.09	云南省	10.4	10.2	13.2	12.9	15	11.2	32.1	16.32
石屏县	2012.05~2015.10	云南省	12	10	10.3	19	21.6	19.6	11.5	10
洱源县	2011.03~2016.01	云南省		13.5	19.1	23.2	20.4	16.5	13.8	9.5
师宗县	2012.03~2015.10	云南省			21.8	20.8	20.7	19.7	8.2	10
聂拉木县	2012.04~2015.07	西藏自治区				11		11.4	14	-9.2
察雅县	2012.11~2016.01	西藏自治区				15.6		23.98		
改则县	2012.05~2015.10	西藏自治区				13		12	13	20.4

续表

区、县、旗	年份	省份	GDP 总值								区、县、旗	年份	省份	GDP 总值							
			2008	2009	2010	2011	2012	2013	2014	2015				2008	2009	2010	2011	2012	2013	2014	2015
尤溪	2011.06~2015.11	福建省	-1.7	17.4	15	13.2	12.25	12.7	11.1	9	双湖县	2013.01至今	西藏自治区				11.6		9.2	11	13.5
石狮	2011.06~2015.10	福建省	15	8.45	11.2	14.8	14.28	12.7	10	10.2	紫阳县	2011.08~2015.09	陕西省	15.2	16	18.6	25.7	26	21	19.14	16.1
南靖	2011.07~2015.09	福建省		13.1	23.1	22.5	27.5	26.7	12.8	11.2	富县	2011.08~2015.09	陕西省			33.2	30.6	18.9	14.6	17.19	
政和	2011.06~2015.11	福建省	13.5	13.2	11	11.5	12.8	12.5	10.1	10.7	礼泉县	2011.10~2015.09	陕西省	15.4	15.1	32.3	28.5	16.4	17	13.4	11
信丰	2012.11~2016.01	江西省	13.2	14.5	15.6	11.7	11	13	11	10.3	宁强县	2011.06~2015.09	陕西省	12.6	14.5	21.7	29	16.4	15	10.9	12.2
奉新	2012.10至今	江西省	15.6	14.1	15.5	15.4	13.5	10.6	9.57	9.8	环县	2011.09~2015.05	甘肃省	17.4	15.8	18.9	27.2	23	16.2	15	20.9
广丰	2014.01~2015.06	江西省	10.2	13.3	17.98	16.9	12.6	9.7	10.5	10.9	两当县	2011.07~2016.01	甘肃省			10	9.8	11.3	14	8.5	
秦安	2012.03~2015.10	山东省	13.4	14.2	13.9	11.5	11.1	11.9	10.1	8.7	高台县	2011.06~2016.08	甘肃省			11.6	13.5	15.2	12.6	9.2	
安丘	2011.11~2015.10	山东省		11.2	13.1	10.1	10.2	10.3	9.5	8.6	同德县	2011.01~2015.12	青海省			6.8	8.8		11.78	13.2	
淄博	2010.12~2015.11	山东省	13	13.4	14.6	11.85	10.45	9.06	7.25	6.95	玛多县	2011.04~2015.11	青海省	13		11.24	12.14	12.62	32.08	27	7.7
威海翠微区	2013.5~2015.10	山东省	12	11.5	15.1	11.5	10.8	10.2	9.8	9.1	门源县	2012.02~2016.01	青海省			16.26	20.28		31.91	21.2	
齐河	2013.07至今	山东省		20	24	16.95	14.35	14.83	10.9	9.1	西吉县	2014.06至今	宁夏回族自治区				14	12	11.1	8.3	9.1
兰考县	2012.10~2016.02	河南省	12.7	14.2	14.3	11.2	11.2	11.1	10.7	10.1	托克逊县	2011.07~2015.07	新疆维吾尔自治区			9.1	14.3	17.7	25.1	-8	

续表

区、县、旗	年份	省份	GDP 总值 2008	2009	2010	2011	2012	2013	2014	2015
睢县	2011.03~2016.01	河南省	12.1	9.3	10.7	11.3	7.9	7.3	8.13	8.3
淮滨	2011.06~2015.12	河南省	12.4	10.7	19.2	11.5	13.2	13.9	12.6	9.6
郑州市金水区	2011.12~2016.05	河南省	13	11.5	12.5	11.4	15.3	10	11.8	6.9
许昌市魏都区	2011.04~2015.11	河南省	16.1	12.9	13.2	14.8	13.9	11.1	9.2	11.8
西城区	2010.07~2015.10	北京	9	32.2	13.3	14.72	9.86	9.33	7.64	7.14
朝阳区	2012.07~2015.07	北京	12.3	10.2	12	8.1	8.9	9.13	9.43	6.98
宁河县	2011.11~2015.10	天津	20.8	20	9.7	32.3	24.5	47.7	21.2	19.59
静海县	2013.04~2015.10	天津	20.9	25.3	25.3	23.5	20.9	22.1	15.01	15.2
香河县	2011.07至今	河北省	14.1	12.6	13.2	10.4	10.4	9.5	7.5	10.9
秦皇岛海港区	2011.06~2015.07	河北省		10.2	13.1	13	9.2	8.5	7.9	

区、县、旗	年份	省份	GDP 总值 2008	2009	2010	2011	2012	2013	2014	2015
吉木乃县	2011.01~2015.12	新疆维吾尔自治区			14.2	17.5	13.4	37.7	39.7	
库车县	2012.04~2015.10	新疆维吾尔自治区			36	27	24.9	8.4	7.4	11.75
乌鲁木齐高新技术产业开发区	2011.01~2015.12	新疆维吾尔自治区	15		35	81	21.8	16.8	12.3	
英吉沙县	2011.01~2015.12	新疆维吾尔自治区			15.8	17.4	20.5	20.6	16.3	
红安	2012.12至今	湖北省		15.1	11.5	25	16	12	12.2	9.5
巴东	2011.10至今	湖北省	26.6	11.8	13	16	14	13	10.06	9
嘉鱼	2011.10~2016.03	湖北省	16.4	13.7	37	39	21	13.6	8.4	8.5
衡阳	2013.12~2015.11	湖南省	12.1	14.7	15.1	21	14	11.1	10.1	12
中方	2011.12~2015.09	湖南省			29	26	19	11.6	5.2	8.3
桂阳	2014.03~2015.10	湖南省	9.2	18.1	16	26	12.6	14	13	9.2

续表

区、县、旗	年份	省份	GDP总值 2008	2009	2010	2011	2012	2013	2014	2015	区、县、旗	年份	省份	GDP总值 2008	2009	2010	2011	2012	2013	2014	2015
威县	2013.04~2015.07	河北省					11.1	11.6	20.2		宁乡	2015.04~2016.07	湖南省	16	16.5	16.5	30	14.8	14	9	12.1
邯郸	2013.04~2016.09	河北省	11.1	11.2	13.1	12.2	11.1	-31	4.7	6.8	江门市蓬江区	2011.08~2016.01	广东省	15.1	11.1	11.2	12.5	0.5	3	2.8	11
涿鹿	2011.11~2016.02	河北省	13		15.4	11.6	9.7	11	12.3		新丰县	2012.03~2015.10	广东省			21.6	25	21	19.1	13.3	
浮山县	2013.01~2016.01	山西省	18.6	17.92	25.94	21.16	22.02	10.06	11.3	-2.7	广州市越秀区	2010.07~2015.10	广东省	10.19	6.7	11.2	14.8	11.8	11	3.8	7.3
潞城县	2011.04~2015.12	山西省		67.5	72.1	26.24	6.63	-7.8	10.1	-14	天峨县	2011.05~2016.01	广西壮族自治区		-7.3	10.2	-9.7	-3.6	-13.2	47.5	13.1
杭锦后旗	2013.01~2015.11	内蒙古自治区	16.5	20	19.98	12.6	8.4	10	2.8	6.4	北海市铁山港区	2011.05~2016.04	广西壮族自治区	13.6	8.5	26	71.5	156	25.7	23	8.3
翁牛特旗	2013.02~2015.10	内蒙古自治区	18.3	13.3	13.7	24.3	18.2	10.3	6.5	7.6	贵港市覃塘区	2010.05~2016.05	广西壮族自治区		11.1	22	13	7.15	15.5	10.1	
卓资	2011.04~2015.11	内蒙古自治区		13.6	13.6	22.1	8.84	8	7.9	4.6	梧州市长洲区	2011.05~2015.09	广西壮族自治区		14.9	22	109	255	13.6	11.2	
兴城	2012.05~2015.11	辽宁省	13.5	24.5	23.5	16.3	-27	19.2	13.7	10.3	乐东黎族自治县	2012.06至今	海南省	11.7	12.4	10.8	25	4.4	11.1	15.6	8.9
鞍山市立山区	2011.06~2015.09	辽宁省	18.3		23.5	13.43	10.13	9.01~43		7.5	江津区	2012.02~2016.07	重庆市	17.5	16.5	17.6	27	11	14.2	13.9	12.2

续表

区、县、旗	年份	省份	2008	2009	2010	2011	2012	2013	2014	2015	区、县、旗	年份	省份	2008	2009	2010	2011	2012	2013	2014	2015
							GDP 总值											GDP 总值			
大连市甘井子区	2011.03 至今	辽宁省			19.6	17.4	8.1	34.8	-19.6		梁平县	2013.04~2015.10	重庆市	15.6	16	16.1	18	19.1	16.6	19.2	10.5
镇赉县	2011.03~2016.01	吉林省	13.4	25.3	24	28	4.6	13.6	12	7.4	攀枝花市东区	2013.06~2016.04	四川省	13.5	11	12	20.1	11.6	6.6	7.2	8.1
梅河口	2012.04~2015.07	吉林省			20	17.5	20	17	12	8	眉山市东坡区	2011.10 至今	四川省	15.6	14.3	13.2	15.4	15.2	11	10.2	10
绥芬河	2015.04 至今	黑龙江省	20.7	10.2	11	12	14.3	10.5	8.1	5.1	甘孜县	2014.05~2016.04	四川省	10.4	9	14.1	22.7	15.2	13.6	17.5	5.1
抚远县	2014.03 至今	黑龙江省			16.9	15.2	12.9	-5.7	5.8	6	旺苍县	2011.07~2015.12	四川省	7.2	16.4	14.4	16.3	14.2	10.3	10.5	8.7
望奎县	2011.10~2015.10	黑龙江省				19	31.8	16.7	14.7		射洪县	2013.01~2015.10	四川省	13.9	11	17.7	18.9	14.4	6	8.3	12.6
静安区	2013.07~2015.11	上海市	12.3	10	10.4	5.2	8.5	8	7.5	12.5	汶川县	2014.02~2016.01	四川省	-50.1	63.7	34.3	10.7	9.5	3.9	13.3	8.2
黄浦区	2015.01~2016.07	上海市	10.1	8.1	5.5	5.5	7.7	7.2	5.5	10.2	德江县	2011.09~2016.01	贵州省			18.2	23	26.9	18.9	22	
泰州市高港区	2007.11~2016.07	江苏省	26	19.3	112	18.8	12.1	12.8	12.9	11.1	长顺县	2011.04~2015.11	贵州省		17.5	17	19.7	37.9	20.7	15.3	13.6
海门市	2011.06~2016.07	江苏省		11	20.5	18	12.3	14.6	10	9.8	丹寨县	2013.05~2016.03	贵州省			16.4	20.7	31.8	18.1	15.1	13.1
常熟市	2011.10~2016.01	江苏省	14	12	18.1	17.6	9.3	5.9	1.46	7.2	遵义县	2014.02~2016.01	贵州省	11.6	12.6	14.7	17	14.1	19.1	19.6	13.2
诸暨市	2011.11~2015.05	浙江省	9.5	5.9	18.1	19.2	11.1	9.8	8.23	7	福贡县	2011.05~2015.09	云南省	14.6	12.5	13.2	12.9	15	11.2	32.1	16.32

续表

| 区、县、旗 | 年份 | 省份 | GDP 总值 |||||||| 区、县、旗 | 年份 | 省份 | GDP 总值 ||||||||
			2008	2009	2010	2011	2012	2013	2014	2015				2008	2009	2010	2011	2012	2013	2014	2015
开化县	2013.06~2015.12	浙江省	13.3	7.45	17.9	13.3	11	8.2	3.67	5.7	石屏县	2012.05~2015.10	云南省	10.4	10.2	10.3	19	21.6	19.6	11.5	10
建德市	2013.12至今	浙江省	17.8	5.3	11.5	10.5	10.6	9.6	10	8.9	洱源县	2011.03~2016.01	云南省	12	10	19.1	23.2	20.4	16.5	13.8	9.5
砀山县	2011.11~2015.12	安徽省	9.2	15.7	20.5	25.7	15.8	13.1	9.8	9.2	师宗县	2012.03~2015.10	云南省		13.5	21.8	20.8	20.7	19.7	8.2	10
广德县	2010.04至今	安徽省	20	17.1	19.7	15.9	11.5	9.3	8.5	8.4	聂拉木县	2012.04~2015.07	西藏自治区				11		11.4	14	-9.2
天长市	2015.01~2016.01	安徽省	12.7	13.6	20.1	25.7	14.2	12.5	10.3	10.7	察雅县	2012.11~2016.01	西藏自治区				15.6		23.98	20.4	
合肥市包河区	2011.12~2015.07	安徽省	-1.7	16	13.99	15.6	11.8	10.3	8.7		改则县	2012.05~2015.10	西藏自治区				13		12	13	
尤溪	2011.06~2015.10	福建省	15	17.4	15	13.2	12.25	12.7	11.1	9	双湖县	2013.01至今	西藏自治区				11.6		9.2	11	
石狮	2011.06~2015.10	福建省	8.45	13.1	11.2	14.8	14.28	12.7	10	10.2	蒙阴县	2011.08~2015.09	陕西省	15.2	16	18.6	25.7	26	21	19.14	13.5
南靖	2011.07~2015.09	福建省		13.5	23.1	22.5	27.5	26.7	12.8	11.2	富县	2011.07~2015.09	陕西省		15.1	33.2	30.6	18.9	14.6	17.19	16.1
政和	2011.11~2015.11	福建省	13.5	13.2	11	11.5	12.8	12.5	10.1	10.7	礼泉县	2011.10~2015.09	陕西省	15.4	15.1	32.3	28.5	16.4	17	13.4	11
信丰	2012.11~2016.01	江西省	13.2	14.5	15.6	11.7	11	13	11	10.3	宁强县	2011.06~2015.09	陕西省	12.6	14.5	21.7	29	16.4	15	10.9	12.2
奉新	2012.10至今	江西省	15.6	14.1	15.5	15.4	13.5	10.6	9.57	9.8	环县	2011.09~2015.05	甘肃省	17.4	15.8	18.9	27.2	23	16.2	15	20.9
广丰	2014.01~2015.06	江西省	10.2	13.3	17.98	16.9	12.6	9.7	10.5	10.9	两当县	2011.07~2016.01	甘肃省			10	9.8	11.3	14	8.5	
泰安	2012.03~2015.10	山东省	13.4	14.2	13.9	11.5	11.1	11.9	10.1	8.7	高台县	2011.06~2016.08	甘肃省			11.6	13.5	15.2	12.6	9.2	

续表

区、县、旗	年份	省份	GDP总值 2008	2009	2010	2011	2012	2013	2014	2015	区、县、旗	年份	省份	GDP总值 2008	2009	2010	2011	2012	2013	2014	2015
安丘	2011.11~2016.01	山东省		11.2	13.1	10.1	10.2	10.3	9.5	8.6	同德县	2011.01~2015.12	青海省	13			8.8		11.78	13.2	
淄博	2010.12~2015.11	山东省	13	13.4	14.6	11.85	10.45	9.06	7.25	6.95	玛多县	2011.04~2015.11	青海省			11.24	12.14	12.62	32.08	27	7.7
威海翠微区	2013.5~2015.10	山东省	12	11.5	15.1	11.5	10.8	10.2	9.8	9.1	门源县	2012.02~2016.01	青海省			16.26	20.28		31.91	21.2	
齐河	2013.07至今	山东省		20	24	16.95	14.35	14.83	10.9	9.1	西吉县	2014.06至今	宁夏回族自治区				14	12	11.1	8.3	9.1
兰考县	2012.10~2016.02	河南省		12.7	14.2	11.8	11.2	11.1	10.7	10.1	托克逊县	2011.07~2015.07	新疆维吾尔自治区			9.1	14.3	17.7	25.1	-8	
睢县	2011.03~2016.01	河南省		9.3	10.7	11.3	7.9	7.3	8.13	8.3	吉木乃县	2011.01~2015.12	新疆维吾尔自治区			14.2	17.5	13.4	37.7	39.7	
淮滨	2011.06~2015.12	河南省	12.4	10.7	19.2	11.5	13.2	13.9	12.6	9.6	库车县	2012.04~2015.10	新疆维吾尔自治区			36	27	24.9	8.4	7.4	11.75
郑州市金水区	2011.12~2016.05	河南省	13	11.5	12.5	11.4	15.3	10	11.8	6.9	乌鲁木齐高新技术产业开发区	2011.01~2015.12	新疆维吾尔自治区	15		35	81	21.8	16.8	12.3	
许昌市魏都区	2011.04~2015.11	河南省	16.1	12.9	13.2	14.8	13.9	11.1	9.2	11.8	英吉沙县	2011.01~2015.12	新疆维吾尔自治区			15.8	17.4	20.5	20.6	16.3	

参考文献

一　中文文献

（一）经典著作

《邓小平文选》（全3卷），人民出版社1994年版。
《列宁选集》（全4卷），人民出版社2012年版。
《马克思恩格斯文集》（全10卷），人民出版社2009年版。
《毛泽东选集》（全4卷），人民出版社1991年版。
《毛泽东著作选读》（上、下册），人民出版社1986年版。
《十八大以来重要文献选编》（全3册），中央文献出版社2018年版。
《习近平谈治国理政》（全4卷），外文出版社2020年版。

（二）中文书目

〔美〕阿尔温·托夫勒：《第三次浪潮》，朱志焱、潘琪译，北京三联书店1983年版。

〔美〕阿尔温·托夫勒、海蒂·托夫勒：《创造一个新的文明——第三次浪潮的政治》，陈峰译，上海三联书店1996年版。

〔英〕阿克顿：《自由史论》，胡传新等译，译林出版社2012年版。

〔美〕艾里希·弗洛姆：《健全的社会》，孙恺祥译，上海译文出版社2018年版。

〔以〕艾森斯塔特：《现代化：抗拒与变迁》，张旅平译，中国人民大学出版社1988年版。

〔英〕安东尼·吉登斯：《民族—国家与暴力》，胡宗泽等译，生活·读书·新知三联书店1998年版。

〔英〕安东尼·吉登斯：《现代性的后果》，田禾译，译林出版社 2022 年版。

〔美〕奥利弗·E. 威廉森：《治理机制》，王健等译，中国社会科学出版社 2001 年版。

〔美〕巴林顿·摩尔：《专制与民主的社会起源：现代世界形成过程中的地主和农民》，王茁、顾洁译，上海译文出版社 2013 年版。

〔加〕本·阿格尔：《西方马克思主义概论》，中国人民大学出版社 1991 年版。

〔美〕彼得·埃文斯、〔美〕迪特里希·鲁施迈耶、〔美〕西达·斯考克波编著《找回国家》，方立维等译，生活·读书·新知三联书店 2009 年版。

〔瑞典〕博·罗斯坦：《政府质量：执政能力与腐败、社会信任和不平等》，蒋小虎译，新华出版社 2012 年版。

〔法〕布尔迪厄：《国家精英》，杨亚平译，商务印书馆 2020 年版。

〔美〕查尔斯·林德布洛姆：《决策过程》，竺乾威、胡君芳译，上海译文出版社 1988 年版。

陈晓明：《解构的踪迹：历史、话语与主体》，中国社会科学出版社 1994 年版。

〔美〕戴维·奥斯本、特德·盖布勒：《改革政府：企业家精神如何改革者公共部门》，周敦仁等译，上海译文出版社 2021 年版。

〔美〕戴维·波普诺：《社会学》，李强等译，中国人民大学出版社 2007 年版。

〔美〕戴维·伊斯顿：《政治结构分析》，王浦劬等译，北京大学出版社 2016 年版。

〔美〕戴维·伊斯顿：《政治生活的系统分析》，王浦劬主译，人民出版社 2012 年版。

〔美〕丹尼尔·贝尔：《资本主义文化矛盾》，严蓓雯译，江苏人民出版社 2010 年版。

〔美〕丹尼斯·姆贝：《组织中的传播和权力：话语、意识形态和统治》，陈德民、陶庆、薛梅译，中国社会科学出版社 2000 年版。

〔美〕道格拉斯·C. 诺思：《制度、制度变迁与经济绩效》，杭行译，格致出版社、上海三联书店、上海人民出版社 2014 年版。

〔美〕道格纳斯·C.诺思：《经济史上的结构和变革》，厉以宁译，商务印书馆1992年版。

邓正来、〔英〕杰弗里·亚历山大编《国家与市民社会：一种社会理论的研究路径》（增订版），上海人民出版社2006年版。

〔美〕杜赞奇：《文化、权力与国家：1900—1942年的华北农村》，王福明译，江苏人民出版社2010年版。

〔美〕菲利普·塞尔兹尼克：《社群主义的说服力》，马洪、李清伟译，上海人民出版社2009年版。

冯钢：《转型社会及其治理问题》，北京社会科学文献出版社2010年版。

〔美〕弗朗西斯·福山：《国家构建：21世纪的国家治理与世界秩序》，郭华译，上海三联书店2020年版。

〔美〕弗朗西斯·福山：《政治秩序与政治衰败：从工业革命到民主全球化》，毛俊杰译，广西师范大学出版社2015年版。

〔美〕弗里德里希：《超验正义：宪政的宗教之维》，周勇译，生活·读书·新知三联书店1997年版。

〔美〕盖伊·彼得斯：《政治科学中的制度理论：新制度主义》，王向民、段红伟译，上海人民出版社2016年版。

甘绍平：《应用伦理学前沿问题研究》，贵州大学出版社2019年版。

高亮华：《人文主义视野中的技术》，中国社会科学出版社1996年版。

〔美〕H.乔治·弗雷德里克森：《公共行政的精神》，张成福等译，中国人民大学出版社2013年版。

〔德〕哈贝马斯：《合法化危机》，刘北成、曹卫东译，上海人民出版社2019年版。

〔德〕哈贝马斯：《后形而上学思想》，曹卫东、付德根译，译林出版社2012年版。

〔德〕哈贝马斯：《交往行为理论》，曹卫东译，上海人民出版社2018年版。

〔德〕哈贝马斯：《在事实与规范之间——关于法律和民主法治国的商谈理论》，童世骏译，生活·读书·新知三联书店2014年版。

〔德〕哈贝马斯：《作为"意识形态"的技术与科学》，李黎、郭官义译，学林出版社1999年版。

何显明：《群体性事件的发生机理及其应急处置——基于典型案例的分析

研究》，学林出版社 2010 年版。

〔美〕赫伯特·马尔库塞：《单面人》，左晓斯译，湖南人民出版社 1988 版。

〔美〕赫伯特·马尔库塞：《单向度的人：发达工业社会意识形态研究》，刘继译，上海译文出版社 2014 年版。

〔德〕《黑格尔著作集》（第 7 卷·法哲学原理），邓安庆译，人民出版社 2017 年版。

〔法〕亨利·列斐伏尔：《空间与政治》，李春译，上海人民出版社 2015 年版。

胡鞍钢：《中国：挑战腐败》，浙江人民出版社 2001 年版。

胡伟：《制度变化中的县级政府》，中国社会科学出版社 2007 年版。

〔美〕吉尔伯特·罗兹曼：《中国的现代化》，国家社会科学基金"比较现代化"课题组译，江苏人民出版社 2018 年版。

〔英〕J. S. 密尔：《代议制政府》，汪瑄译，商务印书馆 1997 年版。

〔澳〕柯武刚、〔德〕史漫飞、〔美〕贝彼得：《制度经济学》，韩朝华译，商务印书馆 2018 年版。

〔英〕拉尔夫·达伦多夫：《现代社会冲突》，林荣远译，中国人民大学出版社 2016 年版。

〔美〕兰迪·T. 西蒙斯：《政府为什么会失败》，张媛译，新华出版社 2017 年版。

〔阿根廷〕劳尔·普雷维什：《外围资本主义》，苏振兴、袁兴昌译，商务印书馆 2015 年版。

〔美〕劳伦·勃兰特、托马斯·罗斯：《伟大的中国经济转型》，方颖译，上海人民出版社 2009 年版。

李景鹏：《权力政治学》，北京大学出版社 2008 年版。

廖炳惠：《关键词 200：文学与批评研究的通用词汇编》，江苏教育出版社 2006 年版。

刘建成：《第三种模式：哈贝马斯的话语政治理论研究》，中国社会科学出版社 2007 年版。

〔匈〕卢卡奇：《历史与阶级意识》，杜章智、任立、燕宏远译，商务印书馆 1999 年版。

陆学艺主编《当代中国社会阶层研究报告》，社会科学文献出版社 2002

年版。

〔美〕罗伯特·杰维斯：《系统效应：政治与社会生活中的复杂性》，李少军、杨少华、官志雄译，上海人民出版社 2020 年版。

罗荣渠：《现代化新论——世界与中国的现代化进程》，商务印书馆 2009 年版。

〔澳〕马尔科姆·沃特斯：《现代社会学理论》，杨善华、李康等译，华夏出版社 2000 年版。

马建中：《政治稳定论：中国现代化进程中的政治稳定问题研究》，中国社会科学出版社 2003 年版。

〔德〕马克斯·韦伯：《经济通史》，姚曾廙译，商务印书馆 2021 年版。

〔德〕马克斯·韦伯：《经济与社会》，阎克文译，上海人民出版社 2020 年版。

〔英〕迈克尔、H. 莱斯诺夫：《二十世纪的政治哲学家》，冯克利译，商务印书馆 2015 年版。

〔美〕曼瑟尔·奥尔森：《集体行动的逻辑》，陈郁、郭宇峰、李崇新译，世纪出版股份有限公司、格致出版社、上海人民出版社 2018 年版。

〔法〕米歇尔·福柯：《规训与惩罚》，刘北成译，生活·读书·新知三联书店 2019 年版。

〔法〕米歇尔·福柯：《性经验史》，佘碧平译，上海人民出版社 2016 年版。

〔英〕尼格尔·多德：《社会理论与现代性》，陶传进译，社会科学文献出版社 2002 年版。

潘天群：《博弈生存——社会现象的博弈论解读（修订第三版）》，凤凰出版社 2010 年版。

〔英〕齐格蒙·鲍曼：《后现代伦理学》，张成岗译，江苏人民出版社 2003 年版。

〔美〕全钟燮：《公共行政：设计与问题的解决》，黄曙曜译，台湾五南图书出版公司 1994 年版。

〔美〕塞缪尔·P. 亨廷顿：《第三波：20 世纪后期的民主化浪潮》，欧阳景根译，中国人民大学出版社 2013 年版。

〔美〕斯蒂芬·戈德史密斯、威廉·D. 埃格斯：《网络化治理：公共部门的新形态》，孙迎春译，北京大学出版社 2008 年版。

〔美〕斯蒂文·R.史密斯、海伦·英格兰姆：《新公共政策：民主制度下的公共政策》，钟振明、朱涛译，上海交通大学出版社 2005 年版。

〔斯洛文尼亚〕斯拉沃热·齐泽克、泰奥德·阿多尔诺等：《图绘意识形态》，方杰译，南京大学出版社 2002 年版。

宋惠昌：《权力的哲学》，中共中央党校出版社 2014 年版。

孙立平：《断裂：20 世纪 90 年代以来的中国社会》，社会科学文献出版社 2003 年版。

孙立平：《现代化与社会转型》，北京大学出版社 2005 年版。

〔希〕塔基斯·福托鲍洛斯：《当代多重危机与包容性民主》，李宏译，山东大学出版社 2012 年版。

〔德〕托马斯·海贝勒、〔德〕舒耕德、杨雪冬：《"主动的"地方政治：作为战略群体的县乡干部》，刘承礼等译，中央编译出版社 2013 年版。

〔美〕W. E. 哈拉尔：《新资本主义》，冯韵文、黄育馥译，社会科学文献出版社 2010 年版。

汪民安、陈永国等编《福柯的面孔》，文化艺术出版社 2001 年版。

王汉生、杨善华主编《农村基层政权运行与村民自治》，中国社会科学出版社 2001 年版。

王希：《原则与妥协：美国宪法的精神与实践》，北京大学出版社 2014 年版。

王岳川：《后殖民主义与新历史主义文论》，山东教育出版社 1999 年版。

〔日〕尾关周二：《共生的理想：现代交往与共生、共同的思想》，卞崇道、刘荣、周秀静译，中央编译出版社 1996 年版。

〔德〕乌尔里希·贝克：《风险社会：新的现代性之路》，张文杰、何博闻译，译林出版社 2018 年版。

〔美〕西里尔·E.布莱克主编《比较现代化》，杨豫译，上海译文出版社 1996 年版。

〔美〕谢茨施耐德：《政党政府》，姚尚建、沈洁莹译，天津人民出版社 2016 年版。

〔古希腊〕亚里士多德：《政治学》，吴寿彭译，商务印书馆 2011 年版。

杨雪冬：《市场发育、社会生长和公共权力构建——以县为微观分析单位》，河南人民出版社 2002 年版。

〔美〕约翰·奈斯比特：《大趋势——改变我们生活的十个新方向》，梅艳译，中国社会科学出版社1984年版。

〔美〕詹姆斯·M.布坎南、戈登·图洛克：《同意的计算——立宪民主的逻辑基础》，陈光金译，上海人民出版社2017年版。

〔英〕詹姆斯·威廉姆斯：《利奥塔》，姚大志译，黑龙江人民出版社2002年版。

张静：《基层政权：乡村制度诸问题（2018年修订版）》，社会科学文献出版社2019年版。

章国锋：《关于一个公正世界的"乌托邦"构想：解读哈贝马斯〈交往行为理论〉》，山东人民出版社2001年版。

周黎安：《转型中的地方政府：官员激励与治理》（第二版），格致出版社、上海三联书店、上海人民出版社2017年版。

周庆智：《县政治理：权威、资源、秩序》，中国社会科学出版社2014年版。

〔日〕滋贺秀三、寺田浩明、岸本美绪、夫马进：《明清时期的民间审判与民间契约》，王亚新、范愉、陈少峰译，法律出版社1998年版。

（三）中文论文

柏立华、宋健强：《论"第四权力"与司法权力的运行规律》，《北方论丛》2004年第5期。

蔡禾：《从统治到治理：中国城市化过程中的大城市社会管理》，《公共行政评论》2012年第6期。

曹芸：《从异化劳动到异化消费——西方马克思主义社会批判视角的转变及启示》，《山西师大学报》（社会科学版）2011年第5期。

陈辉：《县域治理中的领导注意力分配》，《求索》2021年第1期。

陈进华：《治理体系现代化的国家逻辑》，《中国社会科学》2019年第5期。

陈剩勇、于兰兰：《网络化治理：一种新的公共治理模式》，《政治学研究》2012年第2期。

程同顺、邢西敬：《从政治系统论认识国家治理现代化》，《行政论坛》2017年第3期。

程同顺、杨倩：《政治学研究需要处理好的几对关系》，《人民论坛》2014年第17期。

崔晶：《"运动式应对"：基层环境治理中政策执行的策略选择——基于华

北地区 Y 小镇的案例研究》,《公共管理学报》2020 年第 4 期。

邓大才:《反向避责:上位转嫁与逐层移责——以地方政府改革创新过程为分析对象》,《理论探讨》2020 年第 2 期。

邓沛勇、刘毅华:《中国县域单元城镇人口收缩的空间格局及其影响因素分析》,《现代城市研究》2018 年第 3 期。

董海军:《依势博弈:基层社会维权行为的新解释框架》,《社会》2010 年第 5 期。

都建兴、高翔:《企业社会责任中的经济因素与非经济因素》,《经济社会体制比较》2008 年第 2 期。

樊红敏、周勇振:《县域政府动员式社会治理模式及其制度化逻辑》,《中国行政管理》2016 年第 7 期。

范如国:《"全球风险社会"治理:复杂性范式与中国参与》,《中国社会科学》2017 年第 2 期。

冯广艺:《论话语权》,《福建师范大学学报》(哲学社会科学版)2008 年第 4 期。

冯仕政:《中国国家运动的形成与变异:基于政体的整体性解释》,《开放时代》2011 年第 1 期。

冯志峰:《中国政治发展:从运动中的民主到民主中的运动———项对 110 次中国运动式治理的研究报告》,《甘肃理论学刊》2010 年第 1 期。

傅利平、李永辉:《地方政府官员晋升竞争、个人特征对城市扩张的影响——基于全国地级市面板数据的实证分析》,《城市问题》2015 年第 1 期。

高峰:《社会秩序的结构论析》,《学习论坛》2012 年第 2 期。

公丕祥:《传统中国的县域治理及其近代嬗变》,《政法论坛》2017 年第 4 期。

龚长宇:《柔性管理:社会管理的重要机制》,《学习与探索》2011 年第 6 期。

龚长宇、郑杭生:《陌生人社会秩序的价值基础》,《科学社会主义》2011 年第 1 期。

谷志军、陈科霖:《当代中国决策问责的内在逻辑及优化策略》,《政治学研究》2017 年第 3 期。

郭劲光、王杰：《"调适性联结"：基层政府政策执行力演变的一个解释》，《公共管理学报》2021年第2期。

郭小聪：《中国地方政府制度创新的理论：作用与地位》，《政治学研究》2000年第1期。

何晓斌：《以县域为基础的现代化和共同富裕》，《探索与争鸣》2021年第11期。

何艳玲：《"社区"在哪里：城市社区建设走向的规范分析》，《华中师范大学学报》（人文社会科学版）2007年第5期。

何艳玲：《中国行政体制改革的价值显现》，《中国社会科学》2020年第2期。

贺建平：《媒介权力与司法监督》，《上海大学学报》（社会科学版）2004年第4期。

贺雪峰：《"基层治理现代化"笔谈》，《政治学研究》2018年第5期。

胡锐军：《县域公共权力运行的超内卷化风险及悖论性矛盾纾解》，《学术界》2022年第10期。

胡税根、翁列恩：《构建政府权力规制的公共治理模式》，《中国社会科学》2017年第11期。

黄建洪：《中国城镇化战略与国家治理现代化的建构》，《苏州大学学报》（哲学社会科学版）2016年第2期。

黄卫平：《中国选举民主：从广度到深度》，《吉林大学社会科学学报》2008年第3期。

姜晓萍：《国家治理现代化进程中的社会治理体制创新》，《中国行政管理》2014年第2期。

赖诗攀：《强激励效应扩张：科层组织注意力分配与中国城市市政支出的"上下"竞争（1999—2010）》，《公共行政评论》2020年第13卷第1期。

李谧、唐伟：《风险社会渊薮的资本逻辑考察》，《理论与改革》2010年第2期。

李树、许峻桦：《地方官员的专业背景与农村金融供给——基于西部XX市区（县）级官员的数据分析》，《金融经济学研究》2018年第5期。

李晓飞：《行政发包制下的府际联合避责：生成、类型与防治》，《中国行政管理》2019 年第 10 期。

林尚立：《协商政治：对中国民主政治发展的一种思考》，《学术月刊》2003 年第 4 期。

刘滨、许玉镇：《权责失衡与剩余权配置：基层减负进程中的"问责悖论"》，《求实》2021 年第 3 期。

刘祖云：《政府与企业：利益博弈与道德博弈》，《江苏社会科学》2006 年第 5 期。

吕德文：《基层权力失控的逻辑》，《南风窗》2012 年第 14 期。

庞明礼：《领导高度重视：一种科层运作的注意力分配方式》，《中国行政管理》2019 年第 4 期。

彭茜、锐敏：《行政压力和制度空间双重作用下基层官员的"层级博弈式"避责行为》，《甘肃行政学院学报》2021 年第 4 期。

彭正波：《后现代语境中的公共行政解读》，《中共济南市委党校学报》2004 年第 4 期。

人民论坛问卷调查中心：《经济增长动能抑或政治晋升比拼——当代中国地方政府竞争状况问卷调查分析报告》，《人民论坛》2010 年第 5 期。

汝绪华：《话语权观的流派探微》，《湖北行政学院学报》2010 年第 1 期。

沙安文、沙萨娜、刘亚平：《地方治理新视角和地方政府角色转化》，《公共行政评论》2009 年第 3 期。

沈承诚：《地方政府核心行动者的生成逻辑：制度空间与制度规引》，《社会科学战线》2012 年第 6 期。

沈承诚：《经济特区治理困境的内生性：地方政府核心行动者的动力衰竭》，《社会科学》2012 年第 2 期。

沈承诚：《论经济性特区治理体制变革失序的"核心行动者"逻辑》，《学习与探索》2015 年第 1 期。

沈荣华、王扩建：《制度变迁中地方核心行动者的行动空间拓展与行为异化》，《南京师范大学学报》（社会科学版）2011 年第 1 期。

石国亮：《主体特质与话语表达：基于"能量场"的政策体制探析》，《浙江社会科学》2012 年第 6 期。

宋朝龙：《社会主义市场经济对后发国家现代化制度症结的破解》，《科学社会主义》2020 年第 6 期。

宋希仁：《保护弱势群体是德治的应有之义》，《前线》2001 年第 5 期。

孙雨：《中国地方政府"注意力强化"现象的解释框架——基于 S 省 N 市环保任务的分析》，《北京社会科学》2019 年第 11 期。

陶鹏、童星：《纵向府际关系情境下政治注意力演化的理论建构》，《江苏社会科学》2021 年第 4 期。

田先红：《中国基层治理：体制与机制——条块关系的分析视角》，《公共管理与政策评论》2022 年第 1 期。

托马斯·海贝勒、舒耕德、刘承礼：《作为战略性群体的县乡干部（上）——透视中国地方政府战略能动性的一种新方法》，《经济社会体制比较》2013 年第 1 期。

汪金爱、宗芳宇：《国外高阶梯队理论研究新进展：揭开人口学背景黑箱》，《管理学报》2011 年第 8 期。

王启友：《论城市社区建设中的社区自治与委托代理》，《当代财经》2006 年第 11 期。

王贤彬、徐现祥：《转型期的政治激励、财政分权与地方官员经济行为》，《南开经济研究》2009 年第 2 期。

王鑫哲、肖振红、章昌平：《领导力、主动作为与收缩型城市治理——县域政府推进"人的城镇化"的启示》，《公共管理学报》2022 年第 4 期。

王战军：《群体性事件的界定及其多维分析》，《政法学刊》2006 年第 5 期。

王振耀：《中国的村民自治与民主化发展道路》，《战略与管理》2000 年第 2 期。

吴春来：《条块关系与基层形式主义演化逻辑》，《华南农业大学学报》（社会科学版）2021 年第 2 期。

吴敏、周黎安：《晋升激励与城市建设：公共品可视性的视角》，《经济研究》2018 年第 12 期。

吴玉军：《理性的狂妄与自然的终结——对现代自然观及其实践困境的一种考察》，《南京农业大学学报》（社会科学版）2011 年第 1 期。

武晗、王国华：《注意力、模糊性与决策风险：焦点事件何以在回应型议程设置中失灵？——基于 40 个案例的定性比较分析》，《公共管理学报》2021 年第 18 期。

谢友倩、徐峰：《在风险社会中求得和谐》，《唯实》2007 年第 4 期。

谢志岿：《外部约束、主观有限理性与地方行政改革的制度供给》，《经济社会体制比较》2011年第2期。

熊易寒：《地方政府要告别压力型体制》，《社会观察》2010年第9期。

徐现祥、王贤彬、舒元：《地方官员与经济增长》，《经济研究》2007年第9期。

徐勇、邓大才：《社会化小农：解释当今农户的一种视角》，《学术月刊》2006年第7期。

徐勇：《"接点政治"：农村群体性事件的县域分析——一个分析框架及以若干个案为例》，《华中师范大学学报》（人文社会科学版）2009年第6期。

徐勇：《农民改变中国：基层社会与创造性政治对农民政治行为的经典模式的超越》，《学术月刊》2009年第5期。

徐勇：《农民理性的扩张："中国奇迹"的创造主体分析——对既有理论的挑战及新的分析进路的提出》，《中国社会科学》2010年第1期。

徐勇：《转型期的中国政治发展：困境与出路》，《政治学研究》1989年第1期。

许宝健：《习近平关于县域治理的重要论述及其实践基础》，《行政管理改革》2022年第8期。

许玉镇：《避责与剩余控制权：决策避责类型及治理研究》，《政治学研究》2020年第4期。

薛澜、张杨：《构建和谐社会机制治理群体性事件》，《江苏社会科学》2006年第4期。

杨发祥、伍嘉冀：《"省直管县"下的新型县域治理何以可能？——以安徽省桐县为个案》，《江苏行政学院学报》2017年第3期。

叶贵仁、陈燕玲：《约束型自主：基层政府事权承接的逻辑》，《中国行政管理》2021年第1期。

叶贵仁、江惠枝：《县级政府领导人履历对其晋升的影响——基于广东省119个县党政"一把手"的研究》，《广东行政学院学报》2018年第4期。

尹利民、田雪森：《"责任兜底"：基层政府的避责行为与逻辑——基于J县精准扶贫实践的经验分析》，《南昌大学学报》（人文社会科学版）

2021 年第 3 期。

张尔升：《地方官员的专业禀赋与经济增长——以中国省委书记、省长的面板数据为例》，《制度经济学研究》2012 年第 1 期。

张国磊、张新文：《行政考核、任务压力与农村基层治理减负——基于"压力—回应"的分析视角》，《华中农业大学学报》（社会科学版）2020 年第 2 期。

张国祥：《社区自治与社会控制》，《社会主义研究》2007 年第 6 期。

张军、高远：《官员任期、异地交流与经济增长——来自省级经验的证据》，《经济研究》2007 年第 11 期。

张俊现：《领导决策中的隐形雷区和防避策略》，《领导科学》2019 年第 11 期。

张可创：《群体事件的社会心理分析及应对策略》，《理论导刊》2009 年第 5 期。

张力伟：《从共谋应对到"分锅"避责：基层政府行为新动向——基于一项环境治理的案例研究》，《内蒙古社会科学》（汉文版）2018 年第 6 期。

张小明：《约瑟夫·奈的"软权力"思想分析》，《美国研究》2005 年第 1 期。

折晓叶：《县域政府治理模式的新变化》，《中国社会科学》2014 年第 1 期。

周飞舟：《锦标赛体制》，《社会学研究》2009 年第 3 期。

周黎安：《官员晋升锦标赛与竞争冲动》，《人民论坛》2010 年第 5 期（下）。

周黎安：《中国地方官员的晋升锦标赛模式研究》，《经济研究》2007 年第 7 期。

周展虹：《城乡一体化进程中的"过渡型社区"研究》，《济南大学学报》（社会科学版）2011 年第 1 期。

二 英文文献

Boal K. B., Hooijberg R., "Strategic leadership research: Moving on," *The Leadership Quarterly*, 2001 (11).

Christopher Pollitt, Geert Bouckaert, *Public Management Reform: A Comparative Analysis*, Oxford: Oxford University Press, 2000.

David L. Wank, "The Institutional Process of Market Clientelism: Guanxi and Private Business in a South China City," *The China Quarterly*, 1996 (147).

Donald C. Hambrick, Sydney Finkelstein, Ann C., "Mooney. Executive Job Demands: New Insights for Explaining Strategic Decisions and Leader Behaviors," *Academy of Management Review*, 2005, 30 (3).

Eran Vigoda-Gadot, Aviv Shoham, Nitza Schwabsky, "Public Sector Innovation for Europe: A Multinational Eight-Country Exploration of Citizens' Perspectives," *Public Administration*, 2008, 86 (2).

Finkelstein S., Hambrick D. C., *Strategic Leadership: Top Executives and Their Effects on Organizations*, St. Paul, MN: West Publishing Company, 1996.

Hambrick D. C, Mason P. A., "Upper Echelons: The Organization As a Reflection of its Managers," *Academy of Management Reviews*, 1984 (9).

Laszlo Tihanyi, Alan E. Ellstrand, Catherine M., "Daily, Dan R. Dalton. Composition of the Top Management Team and Firm International Diversification," *Journal of Management*, 2000 (35).

March, J. G., Simon, H. A., *Organizations*, New York: John Wiley, 1958.

Sanford Borins, "Public Management Innovation Toward a Global Perspective," *American Review of Public Administration*, 2001, 31 (1).

后 记

随着《发达县域治理：从核心行动者出发》一书的完成，我对县域治理与主政官员间互动关系的探讨也画上了阶段句号。在中国现代国家体系中，县作为最全面的微观单位，承载国家意志、战略和政策在地方基层的"落地生根"。县域主政官员是县域科层结构的核心行动者，其对体制环境的自适应及基于激励或压力的反应行为是县域治理的重要组成，因应治理行为与体制环境共同构成实际治理生态。而以发达县域为空间样本研究主政官员治理行为，一是源于发达县域既有意愿，又有需求，更有能力去先行先试，成为县域体制转轨的试验载体，率先探索县域治理的现代化转型，从而承载国家治理现代化的时代愿景；二是因为发达县域拥有的较充裕的财力能够在更大程度上激活主政官员的治理意愿，相应生成丰富的治理行为表征，利于研究观察与学理提炼。

学界现有研究往往偏好将县乡政府作为一个抽象的整体加以处理，较少关注政府内部具体的个体或群体的行为与角色。而在研究方法上，研究虽呈现了多学科的视角，但仍然偏重静态描述，未能实现有效交叉，研究过程表现出分割性，研究结论偏宏观，厚植程度尚不足。基于此，本书基于高阶理论，借助 SPSS、STATA 和 AMOS 软件对全国"百强县"的主体样本与全国百位优秀县委书记的辅助样本进行数据分析与样本对比，剖析县域主政官员个体特征与行动策略、个体特征与行动绩效以及行动策略与行动绩效间的关联逻辑，以求展现县域主政官员作为制度局中人与制度、效能之间的互动轨迹，从而对"百强县"主政官员的体制空间与行动策略、政策文本与主体响应、制度局中人与制度间互动关系进行学理分析。同时，选取经济特区主政官员进行对照分析，以求佐证研究分析结果。希望通过对"百强县"主政官员个体特征、行动策略与行动绩效之间关系的整合分析，为县域主政官员的拔擢、培训，及其体制空间的重构和行动模式的重塑提供智力支持和对策建议。

本书是国家社会科学基金项目"全国'百强县'主政官员个体特征、行动策略与行动绩效研究"（18BZZ070）的研究成果。自课题立项至结题，前后经历了五年的研究时间。回顾研究之路，有过疑惑不解，也有过奋力钻研。但好在，耕耘终有所获，在课题良好结项的同时，书稿也渐渐成形。付梓之际，首先，感谢全国哲学社会科学工作办公室的项目资助，为本书的调研与写作提供了项目驱动；其次，要感谢苏州大学人文社会科学学术专著出版计划为本书出版提供的资助；再者，要十分感谢社会科学文献出版社法治分社总编辑刘骁军老师和易卉编辑在本书选题审核、修改及编校过程中给予的关心和帮助，她们认真、专业和负责的职业态度为本书的结构优化和文字润色提供了有力支持。另外，我的学生王晓燕、侯玉芬和许梦梅三位同学承担了研究资料的收集及整理工作，王晓燕同学还承担了书稿的校对工作。本书的部分内容曾发表于《中国行政管理》《江海学刊》《江苏社会科学》《江汉论坛》《学习与探索》《中共天津市委党校学报》等刊物。曾被《新华文摘》、《中国社会科学文摘》、人大复印报刊资料的《政治学》和《中国共产党》等二次转载。1篇论文入选微信公众号"政治学人"2023年度最受认可的政治学学术文章（TOP30）。在此衷心感谢以上刊物编辑、平台编辑和外审专家在论文评审及发表过程中给予的帮助，这为本书的成稿同样提供了极大助力。

最后，要深深感谢我的家人！一直以来，家人的支持与肯定是我学习工作的最大动力。长久以来，我的父母辛勤付出，养育我与姐姐，始终给予我理解和宽容，也是父母的培养教育，才使我成为现在的自己。而我的妻子，是我最重要的支持者和陪伴者。没有她对家庭的全心付出，我无法安心投入学术研究之中。她默默承担着一双儿女大部分的养育工作，为我减轻了诸多压力，让我在面对繁重的科研任务时，能够在家庭中获得支持和动力。我的一双儿女是上天给我的最好的礼物，他们的欢声笑语是我缓释压力最好的良药。一直以来，我都认为家庭是人生最重要的部分，也希望自己能够始终承担好为人子、为人夫、为人父的责任，完善自我，不断前行。

国家治理体系和治理能力现代化是一个长周期、多变量和多层次的系统过程，需要学界同仁的持续关注与渐进探索。期待本书的出版能够激发更多学者加入体制结构与行动者互动关系的研究中，共同为实现国家治理体系和治理能力现代化贡献力量。当然，世事皆难完满。因种种缘由，本书还存在疏漏和不足之处，仍需补充完善和持续探讨，敬请各位同行、专家和读者批评指正，可通过邮箱 scc@suda.edu.cn 交流沟通。

沈承诚

于苏州大学独墅湖畔

2024 年 6 月

图书在版编目(CIP)数据

发达县域治理：从核心行动者出发/沈承诚著.-北京：社会科学文献出版社，2024.6
ISBN 978-7-5228-2717-9

Ⅰ.①发⋯ Ⅱ.①沈⋯ Ⅲ.①县-地方政府-行政管理-研究-中国 Ⅳ.①D625

中国国家版本馆CIP数据核字（2023）第206653号

发达县域治理：从核心行动者出发

著　　　者／沈承诚

出　版　人／冀祥德
组 稿 编 辑／刘骁军
责 任 编 辑／易　卉
责 任 印 制／王京美

出　　　版／社会科学文献出版社·法治分社（010）59367161
　　　　　　 地址：北京市北三环中路甲29号院华龙大厦　邮编：100029
　　　　　　 网址：www.ssap.com.cn
发　　　行／社会科学文献出版社（010）59367028
印　　　装／三河市尚艺印装有限公司

规　　　格／开　本：787mm×1092mm　1/16
　　　　　　 印　张：19.25　字　数：315千字
版　　　次／2024年6月第1版　2024年6月第1次印刷
书　　　号／ISBN 978-7-5228-2717-9
定　　　价／128.00元

读者服务电话：4008918866

版权所有 翻印必究